LAUFBUCH

LAUFBUCH

MARTIN GRÜNING » JOCHEN TEMSCH » URS WEBER

Süddeutsche Zeitung Edition

INHALT

	Seite
Vorwort	008

KOPF VORAUS

Nr.		Seite
001	Vorläufer verstehen	012
002	Schlauer werden	015
003	Anständig bleiben	018
004	Läufer verstehen	021
005	Locker machen	025
006	Durchhalten	028
007	High sein	040
008	Augen zu und durch	043
009	Taktisch vorgehen	045
010	Gegner abschirmen	053
011	Blutvergießen vermeiden	054
012	Aussicht genießen	056
013	Schatz suchen	062
014	Frisieren	065
015	Schminken	069
016	Warmen Kopf bewahren	071
017	Erleuchtung finden	073
018	Fliegen fischen	077
019	Für Aufsehen sorgen	079
020	Durchatmen	080
021	Anständig schleimen	083
022	Laufend schlucken	086
023	Filme gucken	088
024	Einstöpseln	091
025	Musik hören	094

BRUST RAUS

Nr.		Seite
026	Die Brust schützen	102
027	Rauchen aufhören	106
028	Rauchen anfangen	109
029	Sich aufblasen	111
030	Ein großes Herz haben	113
031	Herz zeigen	117
032	Aufs Herz hören	131
033	Schweiß verlieren	136
034	Richtig chillen	143
035	Brust an Brust rennen	148
036	Ein breites Kreuz haben	152
037	An die Brust heften	159

ARME HOCH

Nr.		Seite
038	Anderen begegnen	166
039	Schwung holen	171
040	Zupacken	178
041	An die Hand nehmen	183
042	Schmuck tragen	186
043	Warm halten	192
044	Tätowieren lassen	193

BAUCH WEG

Nr.		Seite
045	Genießen	198
046	Abnehmen	203
047	Party machen	212

Nr.		Seite
048	Dopen	214
049	Geheimrezepte ausprobieren	220
050	Feste trinken	228
051	Schwanger laufen	232
052	Bauchschmerzen bekämpfen	236
053	Sodbrennen löschen	240
054	Bauchgefühl entwickeln	241
055	Bauchlandung vermeiden	243
056	Mit Hunger laufen	246
057	Ohne Hunger laufen	247

HÜFTE SCHWINGEN

Nr.		Seite
058	Sich erleichtern	252
059	Sich beschweren	259
060	Keine Blöße geben	261
061	Geschmeidig bleiben	264
062	Laufen und lieben	266
063	Nackt laufen	271
064	Po kräftigen	273

BEINE LOCKER

Nr.		Seite
065	Souverän auftreten	276
066	Waden schützen	277
067	Mit Hund laufen	279
068	Einen Kampfhund wiederbeleben	284
069	Beine heben	286
070	Beine stillhalten	290
071	Spagat wagen	295
072	Weglaufen	297

Nr.		Seite
073	Strümpfe anziehen	300
074	Beinfreiheit genießen	302
075	Knie schonen	306
076	Übers Knie brechen	310
077	Aufstampfen	318
078	Niederknien	320

• • • • • • FUSS FASSEN

Nr.		Seite
079	Unten ohne laufen	328
080	Laufschuhe durchschauen	335
081	Größen vergleichen	338
082	Laufschuhe kaufen	339
083	Laufschuhe selber basteln	346
084	Fremd gehen	350
085	Abfedern	352
086	Weich landen	354
087	Schuhe binden	357
088	Schein wahren	361
089	Einlagen herausnehmen	364
090	Achilles besiegen	367
091	Nägel pflegen	369
092	Einen Marathon in Flip-Flops laufen	372
093	Albern laufen	373
094	Füße hochlegen	376
095	Laufschuhe ausziehen	380

• • • • • • ANHANG

	Seite
Dank an unsere Laufpartner	383
Register / Autoren	386

VORWORT

Läufer sind in den Augen ihrer Umwelt manchmal seltsame Wesen. Sie rennen mit bunten Kunststoffklamotten durch die Gegend, studieren die Nährwertangaben auf der Müslipackung und tragen GPS-Uhren in der Größe von Zigarettenschachteln am Handgelenk. Und sie werden immer mehr. Stadtparks, Wälder, Gebirgspfade, Wüsten, nicht einmal mehr das Eis der beiden Pole ist sicher vor dem Energieüberschuss der Freizeitsportler. Aber gewundert haben wir uns über etwas ganz anderes.

» Als wir anfingen, über das Laufen und seine Auswirkungen von Kopf bis Fuß nachzudenken, kamen uns die meisten Ideen nicht etwa zum Fuß – sondern zum Kopf. So wurde uns klar, wie toll es eigentlich ist, dass ein Sport, der für Nicht-Läufer oft etwas mit Langeweile, Monotonie und sehr großer Anstrengung zu tun hat, in Wahrheit so anregend, spannend und spaßig ist. Und genau das wollen wir mit diesem Buch zeigen. Deshalb haben wir nicht nur Trainingspläne, Ernährungstipps und Ratschläge zur richtigen Ausrüstung zusammengetragen, wie das in den meisten Büchern zum Thema der Fall ist, sondern uns um die letzten, wirklich entscheidenden Fragen gekümmert: Warum sind Läufer die einfühlsameren Liebhaber? Kann man Cellulite weglaufen? Welchen Weltrekord kann ich am leichtesten knacken? Wie lange muss ich laufen, bis ich die Kalorien einer Tafel Schokolade verbrannt habe? Wie laufe ich am elegantesten mit einer Tüte Frühstückssemmeln vom Bäcker nach Hause?

» Obwohl wir seit Jahren begeistert laufen und auf einige Erfahrung zurückgreifen können, wussten wir auch nicht auf alles eine Antwort. So suchten wir schließlich Rat bei Experten, die bis dahin noch nicht einmal ahnten, dass sie zu den Fachleuten in Sachen Laufen zählen; beim Friseur Udo Walz zum Beispiel, bei Paartherapeuten, Pokerspielern, Philosophen, Bauern und einem Massai-Krieger. Aber auch bei Weltklasse-Sportlern wie Haile Gebrselassie, Dieter Baumann, Paula Radcliffe, Patrick Makau und Ulrike Maisch. Wir verrannten uns sogar in so seltsame Nischen wie dem Nacktlaufen, dem Gloucester Käserennen, Sprints in

Stilettos, Marathons in Flip-Flops und den garantiert festesten Knoten, mit denen Sie Ihre Laufschuhe binden können.

» Egal, ob sie nur gelegentlich mal um den Block joggen oder diszipliniert auf eine neue Marathonbestzeit hin trainieren – gemeinsam ist allen Läufern der Spaß an der Bewegung, die Freude beim Blick auf die Waage und dieses schwer zu beschreibende Gefühl des Glücks und der Leichtigkeit unter der Dusche, wenn sie sich zuvor beim Laufen angestrengt haben. Wir wünschen uns, dass Sie beim Lesen neugierig werden und Lust kriegen, dieses Gefühl einmal selbst zu erleben. Und wir wünschen Ihnen allzeit einen guten Lauf!

Martin Grüning, Jochen Temsch, Urs Weber

001 VORLÄUFER VERSTEHEN

Ein bisschen Neandertaler steckt in jedem von uns. Obwohl wir in einer hochkomplexen, computerisierten Gesellschaft leben, ist unser Körper immer noch so primitiv veranlagt wie der unserer Vorfahren in der Steinzeit, die eigentlich Vorläufer waren – denn wenn sie eines nicht getan haben, dann war es herumsitzen und sich chauffieren lassen.

» ***Adrenalin ausschütten*** Jeder Sinnesreiz, der auf uns einwirkt, wird an der Amygdala, einem entwicklungsgeschichtlich besonders alten Teil des Gehirns, vorbeigeleitet und dort bewertet. Stehen die Signale auf Gefahr, richtet sich der Körper blitzschnell auf zwei mögliche Reaktionen ein: kämpfen oder wegrennen. Explosionsartig wird das Hormon Adrenalin ausgeschüttet, das Herz schlägt schneller, die Atmung beschleunigt sich, der Blutzuckerspiegel steigt. Dieser Mechanismus stammt noch aus der Zeit der Säbelzahntiger, als jedes Knacken eines Zweigs todbringende Bedrohungen signalisierte. Unsere Vorläufer durften nicht lange überlegen, sie mussten instinktiv reagieren – und gute Sprinter sein. Doch seit der Steinzeit sind 10.000 Jahre vergangen. Heute gibt es keine Säbelzahntiger mehr, dafür andere garstige Wesen: rücksichtslose Verkehrsteilnehmer, gemeine Chefs oder intrigante Kollegen. Es gibt Tage im Büro, an denen jedes Klingeln des Telefons eine potentielle Bedrohung anzeigt. Ohne, dass es uns bewusst ist, reagieren wir wie die Neandertaler: Adrenalin schießt in die Blutbahn, das Herz schlägt schneller. Wir machen uns bereit zu Kampf oder Flucht – bleiben dann aber nur am Schreibtisch sitzen, fressen die unangenehmen Gefühle in uns hinein, gehen nach Hause und lassen den Ärger beim kleinsten Anlass an unseren Lebenspartnern aus. Das nennt man dann Stress.

» ***Flucht planen*** Wenn Sie zu viel Stress aufgestaut haben, schüttet Ihr Körper nicht mehr nur kurzfristig Adrenalin, sondern das länger anhaltende Hormon Cortisol aus. Können Sie Ihren Cortisol-Pegel nicht senken, sprich Ihrem alltäglichen Druck nie ausweichen, zum Beispiel mit einem längeren Urlaub, wird der Stress chronisch. Das kann zu schwerwiegen-

Evolution

den Problemen führen wie Verspannungen, muskuläre Dysfunktionen, Magenbeschwerden, Schlafstörungen, andauernde Erschöpfung und Depressionen. Machen Sie es wie Ihre Ur-Ur-Ur-Ur-Ur-Ur-Ahnen: flüchten Sie. Bewegung signalisiert Ihrem Gehirn, dass Sie etwas gegen die Bedrohungen des Alltags tun. Laufen baut Adrenalin und Cortisol ab. Es ist eine ganz einfache, hochwirksame Methode gegen Stress und Depressionen.

» Appetit zügeln Unsere Vorläufer mussten nicht nur vor Raubtieren flüchten. Sie mussten auch selbst hinter Tieren her sein, um etwas zu essen zu bekommen. So oder so war Laufen und Überleben eins. Genetisch gesehen sind wir noch immer Jäger und Sammler. Die körperliche Ausstattung des Menschen hat sich seit der Steinzeit nicht wesentlich verändert. Erst vor 5.000 bis 6.000 Jahren haben unsere Vorläufer die Agrarwirtschaft entwickelt und sind sesshaft geworden. Zuvor streiften sie Jahrtausende lang auf Nahrungssuche durch die Gegend. Sie wanderten mit ihrer Beute, die sich im Sommer in anderen Gegenden als im Winter aufhielt. Dabei legten sie Hunderte Kilometer zurück und kamen bei einzelnen Jagdzügen, zum Beispiel auch bei stundenlangen Treibjagden bis zur Erschöpfung des Tiers, auf 20 bis 40 km Lauf- und Wanderstrecke täglich. Die körperliche Belastung war hoch, die Nahrung knapp. Auf diesen Mangelhaushalt ist der menschliche Stoffwechsel heute noch programmiert. Überschüssige Energie wird für schlechtere Zeiten in Fettpolstern gespeichert und bei Bedarf abgerufen. Der Steinzeitmensch kam mit diesem effektiven System gut klar. Ötzi und Kollegen führten sich so viel Energie zu, wie sie verbrauchten. Der Büromensch hat zwar noch den gleichen Stoffwechsel und Appetit wie sein alter Höhlenverwandter, aber nur noch einen Bruchteil von dessen Bewegung.

» Radius erweitern Laut Bundesministerium für Gesundheit arbeitet jeder zweite Erwerbstätige in Deutschland am Computer. Frauen sitzen pro Tag im Schnitt 6,7 Stunden, Männer 7,1 Stunden lang. Rechnet man acht Stunden Schlaf dazu, verstreicht mehr als die Hälfte des Tages ohne jegliche körperliche Aktivität. Eine Rezeptionistin legt laut Gesundheitsministerium durchschnittlich 1.200 Schritte am Tag zurück, ein Grafikdesigner 1.400, eine Managerin 3.000 und ein Verkäufer 5.000. Eine Hausfrau mit Kindern kommt immerhin auf 13.000 Schritte, ein Postbote auf 18.000. Rechnet man pro Schritt mit ungefähr 60 cm zurückgelegter Distanz, dann schafft die Managerin nicht einmal zwei Kilometer, und selbst der Briefträger kommt nur auf elf Kilometer pro Tag – schätzungsweise viermal weniger als der Steinzeitjäger. Durchschnittlich geht jeder Deutsche täglich nur 1,4 km zu Fuß. Volksleiden wie Übergewicht, Diabetes, Gefäßverkalkungen und Herz-Kreislauf-Erkrankungen bis hin zum Schlaganfall sind die Folge dieses unnatürlichen Bewegungsmangels.

SCHLAUER WERDEN

„Ein Schlauer trimmt die Ausdauer", warb der Deutsche Leichtathletik-Verband (DLV) Anfang der 1970er Jahre für die Trimm-Trab-Bewegung. Dafür erfand der DLV eigens die Figur „Trimmy", dauergrinsend mit roter Hose, weißem Trägerhemd, streberhaftem Seitenscheitel und nach oben gerecktem Daumen. So schaffte Trimmy es nach Coca-Cola auf Platz zwei der Markenbekanntheit in Deutschland. Zur Seite stand ihm niemand geringerer als der Bundespräsident, der hieß damals Walter Scheel und machte sich zum Vorkämpfer gegen Zivilisationskrankheiten und die Trägheit der Bevölkerung. Mehr als 1.000 Trimm-Dich-Parcours entstanden in Deutschland, der DLV erlebte einen Mitglieder-Boom: Die bürgerliche Mittelschicht entdeckte Laufen als intellektuellen Ansatz, sich selbst zu helfen oder gar sich selbst zu verwirklichen.

» **Klug entscheiden** Wenn Sie anfangen wollen zu laufen, haben Sie bereits eine kluge Entscheidung getroffen. Und in Sachen Intelligenz sind Sie in guter Gesellschaft. Das Bildungsniveau unter Läufern ist höher als in der Durchschnittsbevölkerung. Politiker und Manager zeigen sich gerne – und imagefördernd – mit Joggingschuhen. Auch Intellektuelle und Schriftsteller haben das Laufen für sich entdeckt. Das Laufen selbst trägt natürlich nicht zum Bildungsprozess im Sinne der Wissensvermehrung bei. Aber Laufen befeuert Ihre Denkprozesse. Von Ihrer gesteigerten Kreislaufaktivität profitiert auch Ihr Gehirn. Es wird stärker durchblutet und mit Sauerstoff versorgt – mit bis zu 25 Prozent mehr als beim Sitzen. Damit steigt Ihre Konzentrationsleistung, und die beiden Gehirnhälften arbeiten besser zusammen. Kurzzeit- und Langzeitgedächtnis profitieren gleichermaßen von dem Sauerstoffschub.

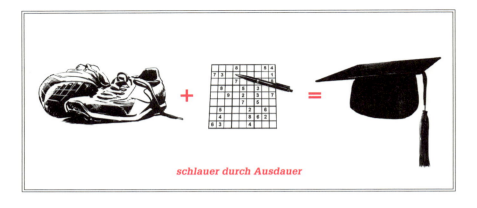

schlauer durch Ausdauer

» **Mit Hirn joggen** Bereits in den 1970er Jahren wurden zahlreiche wissenschaftliche Untersuchungen über die Zusammenhänge zwischen sportlicher Betätigung und Intelligenz angestellt, und bald machte der Begriff Gehirnjogging die Runde. Siegfried Lehrl gilt als einer der ersten, der den heute überstrapazierten Begriff systematisch nutzte. Er fand heraus, dass sich das Gehirn trainieren lässt wie ein Muskel beim Sport, „vielleicht sogar einfacher als etwa der Oberschenkelmuskel", wie er mutmaßte. Das Training besteht dabei in Denkaufgaben wie Wortsuchspielen, Rechen-, Symbol- und Erinnerungsrätseln. Die Kombination von Denkaufgaben und Sport verspricht sogar besonderen Erfolg: Bei einem Intelligenztest mit Studenten schnitten diejenigen besser ab, die sich während der Lösung der Aufgaben auf einem Ergometer bewegten. Es lassen sich zahlreiche Nachweise finden, dass sportlich Aktive Informationen besser verarbeiten: Visuelle und motorische Reize werden besser wahrgenommen, gemerkt und wiederholt. Umgekehrt gilt dies leider nicht. Wenn Sie faul im Sessel sitzen, sich eine Leichtathletikübertragung im Fernsehen anschauen und ein paar Übungen zum Gehirnjogging machen, steigert das Ihre 10.000-Meter-Bestzeit keineswegs.

» **Der Vergreisung davonlaufen** Die kognitiven Verbesserungen lassen sich auch physiologisch belegen. Regelmäßiger Ausdauersport hilft, die Gehirnleistung länger zu erhalten. Die Gewebedichte des Gehirns nimmt langsamer ab. Je höher das wöchentliche Laufpensum, desto langsamer altert das Hirn. Es gibt sogar Nachweise, dass Sportler, die mindestens dreimal pro Woche aktiv sind, seltener an Alzheimer erkranken.

» **Von schlauen Vorläufern lernen** Bereits in der Antike war man sich über die Zusammenhänge von Sport und Klugheit im Klaren. Cicero und Seneca formulierten ganzheitliche Konzepte von Körper und Geist. Heute werden diese Überlegungen gerne auf das Schlagwort „Mens sana in corpore sano" reduziert, auf die angebliche Konsequenz „ein gesunder Geist in einem gesunden Körper". Dieses Zitat des römischen Dichters Juvenal ist allerdings aus dem ursprünglichen Zusammenhang einer Satire gerissen. In Wirklichkeit machte sich Juvenal über die Faulheit seiner Zeitgenossen lustig, aber auch darüber, dass sportliche Menschen oft ihre Bildung vernachlässigten – weshalb man laut dem Spötter nur beten könne, dass in einem gesunden Körper auch ein gesunder Geist steckt, im lateinischen Original: „Orandum est, et sit mens sana in corpore sano."

» **Beim Laufen denken** Wenn Sie laufen, gewinnen Sie Zeit, ungestörten Freiraum und im wörtlichen Sinn Abstand, um über Ihre Probleme nachzudenken. Wahrscheinlich wirken Ihre Probleme nach der körperlichen Anstrengung und dem damit verbundenen Stressabbau auch nicht mehr so groß. Kreative und Manager nutzen diese Effekte. So hält zum Beispiel Microsoft-Chef Steve Ballmer Mitarbeiter-Meetings beim Joggen ab. Olympiasieger Dieter Baumann nutzt seine Trainingsläufe zum Nachdenken über seine Zeitschriften-Kolumnen. Der Schriftsteller Marcus Imbsweiler hat sogar eine Produktivitätsformel gefunden: Er schätzt, dass ihm eine Stunde Laufen im Idealfall drei Seiten Text bringen. Seine Läufe beendet er deshalb meist am Schreibtisch, wo er sich gleich Notizen macht. Der Detmolder Musikprofessor Michael Hoeltzel komponiert beim Laufen. Er schrieb ein Gedicht darüber. Darin heißt es: „Und hab, vom Lauf zurückgekommen, ein Notenblatt zur Hand genommen, am Stehpult eilends aufgeschrieben, was mir der Schweiß ins Hirn getrieben." Machen Sie es genauso. Schreiben Sie sich gute Gedanken direkt nach dem Laufen auf, bevor sie verfliegen. Schweißtropfen auf Ihrem Notizblock beglaubigen die Anstrengung, die in Ihre Ideen geflossen ist. Albert Einstein sagte dazu: „Genie ist ein Prozent Inspiration und 99 Prozent Transpiration."

ANSTÄNDIG BLEIBEN

Wenn Sie laufen, tun Sie sicher etwas Richtiges. Aber es gibt auch Falsches in diesem Richtigen. Denn Sie sind nicht alleine da draußen unterwegs. Und immer, wenn mehrere Menschen zusammentreffen, kommt es zu Spannungen untereinander. Dann stellt sich die Frage, wie Sie sich korrekt verhalten. Moralische Normen und Prinzipien, die dem menschlichen Handeln im Sport zugrunde liegen, werden in der Philosophie im Bereich der Sportethik untersucht. Dabei geht es zum Beispiel um Fairness, wozu auch das Thema Doping gehört. Auch auf die ganz banalen Fragen des Läuferalltags gibt der Sportphilosoph und Sportpädagoge Professor Elk Franke Antworten:

Darf ich erwarten, dass meine Umwelt meine Laufleidenschaft toleriert? Ja. Auch wenn Ihre Laufleidenschaft für manche keinen Sinn ergibt. Denn die Sportwelt ist eine Welt, in der man beispielsweise akzeptiert, dass jemand möglichst schnell 400 m im Kreis läuft, nur um wieder dort anzukommen, wo er gestartet ist. Niemand sagt: Da hättest du ja gleich stehenbleiben können. Laufen ist eine Ausprägung der Sinnhaftigkeit von Sinnlosigkeit, gleichsam ein quasi ästhetisches Element, wenn man Ästhetik als nutzloses und zweckloses Kriterium definiert. Kant hat beispielsweise von der Zweckhaftigkeit der Zwecklosigkeit der Kunst gesprochen. Sport ist ästhetischen Welten strukturverwandt.

Darf ich über eine rote Ampel laufen, um nicht auszukühlen? Nein. Es ist das Merkmal von Verkehrszeichen und -regeln, dass sie gerade unabhängig von persönlichen Umständen Gültigkeit beanspruchen, da ihre Missachtung andere Personen gefährden könnte. Zumal, wenn auch kleine Kinder an der Ampel stehen, ist es schon aus gesellschaftspolitischen Gründen angebracht, dass Sie ein Beispiel geben und nicht bei Rot über die Ampel laufen. Auch an Ampeln haben Sie ausreichend Möglichkeiten, sich so zu bewegen, dass Sie nicht auskühlen.

Wie lange muss ich auf meinen Laufpartner warten? Die Wartezeit einer Viertelstunde ist generell üblich und entspricht den allgemeinen Höflichkeitsregeln. Kommt es selten oder normalerweise gar nicht vor, dass Ihr Laufpartner zu spät zum Lauftreff erscheint, sollten Sie länger auf ihn warten und nachfragen, ob es ernsthafte Gründe für seine Verspätung gibt. Vielleicht hatte er einen Unfall oder wurde in der Arbeit aufgehalten. Wenn Sie dafür kein Verständnis aufbringen und zum verabredeten Zeitpunkt einfach loslaufen, sind Sie der Rücksichtslose, nicht der zu spät Kommende. Passiert es häufiger, dass sich Ihr Laufpartner ohne wichtigen Grund verspätet, verkürzen Sie die Wartezeit von mal zu mal und laufen schließlich pünktlich los – das ist eine legitime Erziehungsmaßnahme.

Darf ich Passanten, die mich mit dummen Sprüchen provozieren, den Mittelfinger zeigen? Wenn Sie sich anstrengen und redlich um eine sportliche Leistung bemühen, haben Sie zunächst einmal Anspruch darauf, dass Ihre Handlung von außen toleriert wird. Wenn dennoch eine beleidigende Bemerkung von Passanten kommt, Sie aber Ihren Lauf nicht für eine Auseinandersetzung unterbrechen wollen, kann eine Geste aus der symbolischen Ausdruckswelt durchaus eine angemessene, zumindest aber eine verständliche Reaktion sein. Es handelt sich hierbei jedoch um eine Grenzsituation, das heißt, es ist nicht ohne

korrekt   *nicht korrekt*

weiteres festzulegen, welche Reaktionen in dieser Situation angemessen sind. In der Alltagswelt, also auch beim Joggen im Stadtpark, ist ein Stinkefinger juristisch gesehen eine Beleidigung und kann angezeigt werden. In der Wettkampfwelt dagegen werden Handlungssituationen anders beurteilt. Sportregeln erlauben einiges, was im Alltag verboten ist, und bestrafen vieles, was dort erlaubt ist. Zum Beispiel beim Foul: Körpereinsatz kann eine rote Karte bedeuten, muss aber nicht, denn die körperliche Auseinandersetzung gehört zur Sportwelt. Wenn der Gefoulte allerdings zurücktritt oder ein Spieler den anderen beleidigt und dieser ihm daraufhin einen Kopfstoß versetzt, gibt es auf jeden Fall Strafen. In der Alltagswelt ist es umgekehrt: Dort gelten bei Handlungen aus dem Affekt mildernde Umstände.

Darf ich in der Laufgruppe laut pupsen und rotzen? Dies ist eine Stilfrage. Rotzen und pupsen werden unter Umständen toleriert, wenn erkennbar wird, dass es sich hierbei um Kennzeichen besonderer Anstrengungen handelt – und eher stigmatisiert, wenn sie zu einem öffentlichen Ausdrucksmittel von eigentlich dem Intimbereich zugeschriebenen körperlichen Verhaltensweisen werden. Beim Sport gelten nicht die Benimmregeln etwa einer Partysituation. Aber wenn sich eine Person warmläuft und dabei laut rotzt und pupst, würde man durchaus sagen: Das muss jetzt nicht sein.

Darf ich Wasserbecher und Gelverpackungen auf den Boden werfen? Im Alltag, zum Beispiel beim Joggen im Stadtpark, dürfen Sie Ihren Abfall auf keinen Fall einfach fallenlassen. In organisierten Wettbewerben schon – so lange Sie niemanden behindern. Im Wettkampf gelten Wettkampfregeln, nicht die, die sonst auf der Straße üblich sind. Es geht darum, dass Sie Ihren Flüssigkeitsverlust ausgleichen können und trotzdem einen Becher nicht länger als nötig mit sich herumtragen müssen. Es ist eine Güterabwägung: Die Gesundheit der Läufer ist höher einzuschätzen als die Sauberkeit der Straße. Trotzdem sollten Sie sich so von Ihrem Müll trennen, dass er andere Teilnehmer nicht beeinträchtigt. Becher sind Hindernisse und machen den Untergrund glitschig. Sie gefährden andere und verschlechtern deren Wettbewerbschancen. Werfen Sie Ihren Abfall an den Straßenrand oder an Sammelplätze; meist gibt es dazu genaue Regeln. Das gilt auch bei organisierten Berg- und anderen Landschaftsläufen.

Darf ich vor dem Laufen eine Kopfschmerztablette nehmen? Wenn Sie bei einem Wettkampf laufen, gibt es klare Regeln dazu, welche Substanzen als Dopingmittel gelten. Wenn Laufen für Sie privater Freizeitsport ist, können Sie tun, was Sie wollen. Aus therapeutischen Gründen, zur Vermeidung einer besonderen körperlichen Belastung, dürfen Sie zu einer Schmerztablette greifen, wenn Ihnen diese überhaupt erst ermöglicht, Sport zu treiben. Niemals jedoch ist es akzeptabel, wenn Sie als gesunder Mensch Medikamente aus präventiven Gründen einnehmen, um im Sport schmerzunempfindlicher und belastbarer zu werden. Das betrifft auch Mittel, die Ihre emotionalen und kognitiven Fähigkeiten oder Ihr Schlafverhalten beeinflussen. Hierbei spricht man von Enhancement oder Gehirndoping. Die Unterscheidung zwischen medizinischen und präventiven Gründen zur Einnahme einer Substanz ist entscheidend. Im Spitzensport verschwimmen diese Grenzen. Das Immunsystem eines Athleten ist ständig hohen Belastungen ausgesetzt, wodurch er krank werden kann. Deshalb ist es nicht unüblich, dass Sportler zu Medikamenten greifen, sobald das Training härter wird.

Darf ich gegenüber meinem – mich im Training einschränken wollenden – Lebenspartner eine Notlüge benutzen, um laufen zu können? Das kann höchstens eine kurzfristige Lösung zur Überbrückung eines Konfliktes sein. Notlügen ermöglichen vielen Menschen überhaupt erst einen funktionierenden Alltag. Die Frage ist allerdings, wann die kleine Lüge zu einer großen wird. Im Kern geht es doch um eine Auseinandersetzung darüber, wie viel individuelle Freiheit der eine Partner dem anderen in einer Lebensgemeinschaft zugesteht. Langfristig sollten Sie dieses Thema offen aushandeln.

Darf ich bei einem Straßenwettkampf abkürzen und über Bordsteine laufen? Wenn die Abmessungen der Wettkampf-Strecke so vorgenommen sind, dass die Bordsteinkante die Strecke begrenzt, ist jede Überschreitung der Kante eine Regelübertretung wie das Verlassen der Bahn im Stadion.

Darf ich mit meinen Bestzeiten angeben? Im Leistungswettkampfsport gehören Zeitmessungen zum Bewertungssystem, sie sind eines der wesentlichen Differenzierungsmerkmale innerhalb von sportlichen Welten. Deshalb ist es nicht von vornherein unangemessen, über Wettkampfzeiten zu sprechen. Allerdings: Ob und wann ich darüber spreche, ist Ausdruck persönlichen Wettkampfcharakters, eine Frage des persönlichen Stils. Sie müssen nicht unbedingt bei jeder Gelegenheit lospoltern: Hoppla, ich bin der Beste.

LÄUFER VERSTEHEN

Falls Sie ein Laufanfänger sind und im Gespräch mit Läufern nur Bahnhof verstehen, verzweifeln Sie nicht. Mit der Zeit gehören die zentralen Schlagworte zu Ihrem üblichen Wortschatz. Mit folgendem Glossar können Sie sofort mitreden:

Anfang, aller; ist stets schwer. Häufig die gewaltigste Hürde auf dem Weg zum passionierten Läufer. Der A. wird durch Übergewicht, Kurzatmigkeit, mangelndes Training oder zu hohes A.-Tempo erschwert. Am A. steht deshalb keineswegs das Wort, sondern das Schweigen. ***Brustwarzen, die;*** erogene Zonen bei Frauen und Männern. Lusthemmer auf langen Läufen, da durch Reibung von Funktionswäsche schmerzhafte, teils blutige Abschürfungen entstehen. Können durch **Vaseline,** besser aber durch Pflaster

Läuferbremsen

Zickzackläufer

Mann mit dem Hammer

geschützt werden. **Chase-Lauf, der;** vollst.: JPMorgan Corporate Challenge (JPMCC). Größte Firmenlauf-Serie der Welt mit bis zu 70.000 Teilnehmern allein in der Innenstadt von Frankfurt am Main. Verstopfungsbedingt geht es auf den zu bewältigenden 5,6 km nicht um sportliche Höchstleistungen. Dafür können aber selbst noch die unsportlichsten Controller Teamgeist vortäuschen und bei ihrem Chef für den einwöchigen Muskelkater Mitleid ernten. **Dackel, der;** kompakt gebaute und zur Jagd eingesetzte Hunderasse. Mit langem Rumpf und kurzen, krummen Beinen rein anatomisch das krasse Gegenteil zum Langstreckenläufer. Bremst selbigen durch scheinbar zufällige, gemeingefährliche Zickzackläufe aus. Kompensiert damit gegenüber dem langbeinigen Läufer entweder seinen eigenen Minderwertigkeitskomplex oder den seines phänotypisch ähnlich daherschlappenden Halters. **Ermüdungsbruch, der;** insbesondere im Bereich des Mittelfußknochens, des Wadenbeins und des Schienbeins, seltener am Schenkelhals eingebaute, körpereigene Notbremse. Wird gezogen, wenn die Trainingsumfänge zu hoch sind. Wird im Fachjargon Stressfraktur genannt und bedeutet extrem schlechte Laune, da zur Therapie ein zirka dreimonatiges Laufverbot mit entsprechender Gewichtszunahme gehört. **Finisher, der;** Person, die es bei einem Laufwettbewerb im vorgegebenen Zeitrahmen über die Ziellinie geschafft hat. Die F.-Werdung eines Läufers wird von diesem mit dem stolzen Tragen eines im Ziel ausgehändigten T-Shirts demonstriert – unabhängig von der gelaufenen Distanz und bisweilen noch viele Tage nach dem Zieleinlauf. **GPS-Uhr, die;** verniedlichender Begriff für einen Laufcomputer fürs Handgelenk. Die unterschiedlichen Modelle tragen Namen wie die Planeten bei „Star Trek" und verarbeiten pro Trainingsrunde so viele Daten wie ein Hochleistungsrechner in den neunziger Jahren an einem Tag. **Hammer, Mann mit dem, der;** Marathonphänomen; beschreibt den drastischen Leistungsabfall irgendwann ab

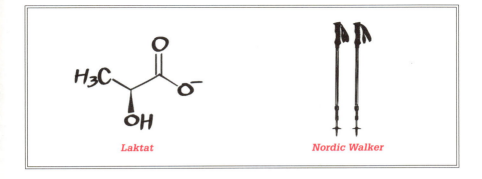

Laktat   **Nordic Walker**

Kilometer 30, wofür es allerlei komplizierte wissenschaftliche Erklärungen gibt. Nur helfen die alle nichts gegen die ungeheure Zielgenauigkeit des MmdH. Auch Davonlaufen bringt nichts. *Isotonie, die;* hervorstechende Eigenschaft von Getränken, die nach dem Laufen konsumiert werden. Bedeutet viele Mineralien, Kohlenhydrate und Vitamine. Wird nicht von alkoholhaltigen Flüssigkeiten geboten. Entgegen einem sehr weit verbreiteten Wunschdenken leider auch nicht von Weißbier. *Jogger, der;* abwertende Bezeichnung für ernsthaft den Laufsport praktizierende Menschen oder eine langsam laufende Person, die aber wenigstens schneller unterwegs ist als ein **Walker**. *Kalorie, die;* Energieeinheit, zu der Läufer ein völlig paradoxes Verhältnis pflegen, weil jede K. einerseits eine ungewünschte Gewichtszunahme bedeuten kann, andererseits vor Wettkämpfen mit wissenschaftlicher Akribie K.-Zufuhr betrieben wird. *Laktat, das;* Stoffwechselprodukt, das bei hohen Belastungen anfällt und die Beine schwer macht. Die Existenz von L. war einst nur Profi-Athleten bekannt. Heute kann jeder ehrgeizige **Jogger** seinen L.-Wert mit einem Mini-Labor aus dem Sportfachhandel überprüfen. *MDS, der; vollst.: Marathon des Sables.* Bis zu 250 km umfassender Etappenlauf durch die Westsahara. Nur für Läufer, die wissen, was TAR (Transalpine Run), UTMB (Ultra-Trail du Mont-Blanc), YAU (Yukon Arctic Ultra) und JM (Jungle Marathon) bedeuten. Garantiert nichts für Teilnehmer des JPMCC (**Chase-Lauf**). *Nordpolmarathon, der;* jährlich auf Drifteis am 89. Breitengrad gelieferter Beweis, dass der Lauftourismus keine Grenzen kennt und zum **Quatsch** tendiert. Rein klimatisch der Gegenpol zum **MDS** und wie dieser nur etwas für Läufer, die wissen, was TAR, UTMB, YAU und JM bedeuten. *Oma, die; Opa, der;* Läufer fortgeschrittenen Alters. Gelten insbesondere bei lebenslang beibehaltenen Trainingsroutinen als begabte Ausdauersportler, die selbst Jüngere hinter sich lassen. Werden dann nicht mehr O.

genannt, sondern Master. Der Marathon-Weltrekord in der Altersklasse der 80-Jährigen liegt bei 3:25:40 h. **Pheidippides, der;** armer griechischer Tropf, der am 12. September 490 v. Chr. unter Ausschluss der Öffentlichkeit und ohne jegliche Verpflegungsstation angeblich von Marathon nach Athen rannte, um die Botschaft vom Sieg über die Perser zu übermitteln. Auch wenn manche die Existenz von P. als **Quatsch** abtun, so ist eines doch sicher: Seine persönliche Bestzeit nahm er mit ins Grab. Logischerweise hätte P., wenn es ihn gab, den kürzesten Weg von Marathon nach Athen genommen, der etwa 39 km beträgt. Erst bei den Olympischen Spielen 1908 in London wurde die Marathon-Distanz auf die heute noch gültigen 42,195 km festgelegt. Die Strecke wurde zur Ergötzung der Royals um 195 m verlängert, vom Start bei Schloss Windsor bis zum Zielstrich vor der königlichen Stadionloge. **Quatsch, der;** findet einen grandiosen Nährboden in der Läufergemeinde, weshalb sich der Q. in allerlei technischem Schnickschnack, Nahrungsergänzungsmitteln, Lauftechniken und so weiter manifestiert. Nicht zu verwechseln mit dem Quatschen, das während des Laufens ebenfalls zu vermeiden ist. **Rift Valley, das;** großer Grabenbruch in Ostafrika und Provinz in Kenia, die als Brutkasten für Weltklasseläufer gilt. **Stadtpark, der;** zentraler Ort, an dem **Finisher, Jogger, Walker, Omas und Opas, Dackel,** kurz alle aufeinanderprallen, die mit dem Laufen zu tun haben. **Tchibo;** Weltmarktführer für den Verkauf von Laufklamotten und Laufzubehör. Insbesondere Tights, eng anliegende Stretchhosen. Hat aber auch Kaffee im Sortiment. **Urzeit, die;** Phase der Evolution, in der Menschen täglich zig Kilometer laufen mussten, um a) nicht gefressen zu werden und b) etwas zu essen zu jagen. Die U. wird von Fitness-Experten gerne angeführt, um die Faulheit der Wohlstandsgesellschaft zu geißeln. **Vaseline, die;** Schmiermittel a) gegen das Wundscheuern von **Brustwarzen** und anderen empfindlichen Körperstellen b) für merkwürdige Gespräche mit wildfremden Menschen vor Wettkämpfen, wenn man seine eigene V. zu Hause vergessen hat und deshalb welche schnorren muss. **Walker, die;** Laufwege verstopfende, sogar noch langsamer als **Jogger** sich bewegende Personengruppe. In ihrer verschärften Form als Nordic Walker mit Stöcken ausgerüstet, unüberwindbar und außerdem ständig am Quatschen. **XC, das;** Abkürzung für „cross country", im Englischen die Bezeichnung für querfeldein laufen. Heutzutage auch Trailrunning genannt. **Y-Chromosom, das;** Gendatenträger. Führt beim Laufen zu übertriebenem Jagdtrieb auf den Vordermann, müffelnden Trikots und permanentem Ausspucken. **Zahnfleisch, das:** a) der epitheliale, manchmal blutende Teil des Zahnhalteapparates, b) jenes Körperteil, auf dem der Läufer dann daherkommt, nachdem der **Mann mit dem Hammer** wieder mal zugeschlagen hat.

LOCKER MACHEN

Laufen macht Spaß, fördert Ihre körperliche und geistige Gesundheit und verlängert Ihr Leben. Das wissen Sie – deshalb laufen Sie ja auch. Zumindest gelegentlich? Oder etwa noch gar nicht? Sie würden aber eigentlich gerne etwas verändern? Wahrscheinlich haben Sie dann noch die üblichen Ausreden parat. Um Ihr Potential festzustellen, sollten Sie Ihre Einstellung überprüfen.

Punkte

Sie arbeiten gefühlte 15 Stunden am Tag. Wann laufen Sie?
a) Gar nicht. Wann soll ich das denn noch schaffen? *(10)*
b) Zeit zum Laufen finde ich immer. Entweder ich nutze den Weg zur Arbeit, laufe in der Mittagspause oder einfach mal zehn Minuten zwischendurch. *(3)*
c) Hin und wieder raffe ich mich auf. Oft kommt auch etwas dazwischen. Aber der Wille ist da. *(5)*

Ihr Wecker klingelt morgens um 6 Uhr. Was denken Sie?
a) Mensch, bin ich heute faul. Normalerweise wache ich von selbst auf. *(1)*
b) Gar nichts. Um diese Uhrzeit höre ich den Wecker nicht einmal. *(8)*
c) Okay, heute packe ich's aber wirklich mal und laufe ein paar Kilometer! *(4)*

Es regnet. Sie denken:
a) Glück gehabt, dann kann ich es heute ja mit gutem Gewissen bleiben lassen. *(12)*
b) Von mir aus könnte es auch hageln. *(2)*
c) Hm, ob ich lieber morgen laufe? Oder ich probiere meine neue Regenjacke aus. *(5)*

Haben Sie schon mal gehört, dass Laufen auf die Gelenke geht?
a) Ja, von dem übergewichtigen Arbeitskollegen, der sich an der Tischplatte abstützen muss, wenn er aus dem Bürostuhl aufsteht. Der muss es ja wissen. *(10)*
b) Naja, ich laufe lieber drei- bis viermal pro Woche 30 Minuten als nur zweimal pro Woche eine Stunde – so schone ich meinen Bewegungsapparat. *(1)*
c) Davon habe ich in den vergangenen Jahren nichts gemerkt. *(4)*

Punkte

Laufen ist ...
a) ... gut gegen Bluthochdruck, Cellulite, Depressionen, zu hohe Cholesterinwerte, Demenz, Herzinfarkt, Angstzustände, Rückenschmerzen ... soll ich noch mehr aufzählen? (5)
b) ... zu anstrengend, deshalb gefährdet es die Gesundheit. (15)
c) ... meine Lebensphilosophie. (2)

Was würden Sie lieber tun, um die Kalorien von einer Riesenpizza loszuwerden?
a) Eine halbe Stunde laufen. (4)
b) Wieso loswerden? Ich trinke einen Grappa und lege mich ruhig aufs Sofa. (12)
c) So eine Pizza verbrenne ich sowieso nebenbei. (1)

Sie wollen laufen gehen, aber draußen ist es schon dunkel. Was tun Sie?
a) Ich setze neue Batterien in meine Stirnlampe ein. (3)
b) Ich gehe ins Fitness-Studio. (5)
c) Dann schaue ich halt mal, was im Fernsehen kommt. (10)

Sie fühlen sich gestresst, abgespannt und überfordert ...
a) ... ja, ich müsste mal wieder laufen. (4)
b) ... ja, deshalb freue ich mich schon auf den Lauf heute Abend. Hinterher geht es mir wieder besser. (2)
c) ... ja, aber jetzt noch Sport? Das würde mich noch mehr stressen. (8)

Ihr Chef will, dass Ihre Abteilung an einem Firmenlauf teilnimmt. Wie reagieren Sie?
a) Sollen die doch. Ich mache höchstens auf Betreuer und halte die Wasserbecher. (10)
b) Tolle Idee, Laufen ist kommunikativ und fördert den Gemeinschaftssinn. (4)
c) Keine Lust, mir ist so ein Gehopse viel zu lasch und langsam. (1)

Ein Passant ruft Ihnen „hopp-hopp-hopp" nach. Wie reagieren Sie?
a) Mir vergeht die Lust; ich kehre um nach Hause. (10)
b) Ich bin so schnell an dem vorbei, dass ich sowieso nicht verstehe, was er brabbelt. (2)
c) Ich stelle mir vor, wie schwabbelig dieser Mensch nackt aussieht. (5)

Punkte

150 Euro für einen guten, neuen Laufschuh, ist Ihnen das zu teuer?
a) Wieso neue Laufschuhe? Ich habe doch noch meine alten, irgendwo.   (8)
b) Wieso teuer? Meine Laufschuhe halten im Schnitt ja 1.000 km, ich kaufe also nur ungefähr vier Paar pro Jahr.   (2)
c) Das kommt darauf an, ob die Dämpfung meiner alten durch ist.   (5)

Sie beobachten, wie Ihre korpulente Nachbarin zu ihrer Joggingrunde startet. Was denken Sie?
a) Na, die hat es aber auch bitter nötig!   (8)
b) Oh, prima, die hat den richtigen Dreh gefunden.   (4)
c) Die hat ja völlig falsche Schuhe, sie ist zu warm angezogen und sie läuft zu schnell los. Ich sollte ihr mal ein paar Tipps geben.   (1)

Auswertung

Mehr als 100 Punkte: Ihr zweiter Vorname lautet Ausrede, Ihr dritter Alibi. Ihre Laufkarriere ist noch ziemlich ausbaufähig. Sie glauben doch tatsächlich noch daran, dass es schlechtes Wetter gibt, keine guten Funktionsklamotten, und dass der Fitnesspapst Strunz heißt. Beim Blick in Ihren Terminplaner vergessen Sie völlig, sich auch mal etwas Zeit für sich selbst einzuräumen. Sie haben es lieber bequem und konnten sich bislang nicht wirklich vorstellen, sich jemals zum Laufen aufzuraffen, schließlich fanden Sie die Rennerei schon beim Schulsport ätzend. Aber jetzt zur guten Nachricht: Wenn Sie dem Laufen doch noch eine Chance geben, werden Sie innerhalb kürzester Zeit riesige Fortschritte machen. Sie sollten sich die Latte anfangs nur nicht zu hoch legen. Machen Sie ruhig Gehpausen. Sie werden bald Strecken zurücklegen können, von denen Sie jetzt noch nicht einmal zu träumen wagen.

Zwischen 20 und 100 Punkten: Sie wissen, was Sie tun. Sie haben die Erfahrung gemacht, dass es Ihnen nach dem Laufen immer besser geht als vorher. Sie unternehmen etwas für Ihre Fitness und Ihr Wohlbefinden. Sie haben keine Lust, sich selbst beim Dickwerden zuzuschauen und beim Treppensteigen aus der Puste zu kommen. Sie würden aber gerne noch regelmäßiger laufen und können sich vorstellen, etwas planmäßiger zu trainieren, damit es für Sie noch besser läuft. Oder damit Sie noch drei Pfund verlieren. Trotzdem muss es nicht gleich ein Marathon sein. Sie haben ja schließlich noch andere Dinge im Kopf. Sie genießen einfach die Zeit, in der Sie sich bewegen, und die Entspannung danach. An manchen Tagen benutzen Sie noch Ausreden – aber grundsätzlich sind Sie voll bei der Sache. Eventuell brauchen Sie noch etwas System oder ein läuferisches Ziel wie einen Zehn-Kilometer-Wettkampf oder Halbmarathon. Das wird Sie zusätzlich motivieren, mehr übers Laufen zu erfahren. *Unter 20 Punkten:* Es kann nur zwei Gründe geben, warum Sie diesen Test mitgemacht haben. Erstens: Sie sind ein läuferisches Naturtalent und haben es bislang noch nicht gemerkt. Oder zweitens: Sie sind schon völlig besessen vom Laufen und verschlingen sowieso alles an Informationen, was es dazu zu lesen gibt, seien es Trainingsbücher, Werbe-Etiketten an Funktionsklamotten oder ein Test wie dieser hier. Die einzige Ausrede, die Sie gegen das Laufen gelten lassen würden, ist, dass Sie mit zwei gebrochenen Beinen im Krankenhaus liegen. Aber Sie müssten schon komplett eingegipst sein.

006 DURCHHALTEN

*Am Anfang:
einen Steinwurf weit*

Der erste Schritt ist der schwierigste. Aber wenn Sie noch einen und noch einen machen, kommen Sie in kürzester Zeit wie von selbst ins Laufen. Denn dazu sind Sie geschaffen. Der Laufphilosoph George Sheehan sagte einmal: „Jeder Mensch ist zum Läufer geboren, aber nicht jeder befindet sich gerade im Lauftraining." Sie können ganz leicht damit beginnen. Die hier versammelten Ratschläge zeigen Ihnen das Prinzip des Einstiegs auf. Die Trainingswochen sind lediglich exemplarisch gemeint. Es gibt zig spezielle Trainingsbücher auf dem Markt. Die können Sie alle erst einmal studieren – oder Sie laufen einfach gleich mit dieser Schnellstart-Anleitung los.

» 500 Meter Pausen machen: Einen Stein wirft man etwa 30 m weit. Diese Distanz schaffen Sie auch im Laufschritt. Mehr muss es am Anfang auch gar nicht sein. Und dann machen Sie eine Pause. Sie laufen eine Minute, gehen eine Minute, etwa 20 Minuten lang. Sicher setzen Sie dabei noch keine Unmengen an Endorphinen frei. Aber das Hochgefühl, etwas für Ihren Körper getan zu haben, spüren Sie unter der heißen Dusche schon nach dieser ersten kleinen Laufeinheit. Bald schaffen Sie auf diese Weise auch 500 m am Stück. *Nicht auf andere hören:* Lassen Sie sich als Anfänger nicht von angeberischen Viel-Läufern beeindrucken. Diese definieren Gelingen oder Nichtgelingen ihres Trainings oft nur über den Grad der Anstrengung (Fachjargon: Intensität) und die heruntergerissene Kilometerlänge (Fachjargon: Umfang) – je anstrengender und länger, desto besser, behaupten sie. Kilometerschrubber sind keine guten Vorbilder für Sie als Einsteiger. *Kilometervorgaben ignorieren:* Als Anfänger sollten Sie sich nicht an Kilometervorgaben orientieren, sondern nur an Minuten. Sagen Sie sich nicht: „Heute will ich 500 m schaffen." Sondern: „Heute laufe ich vier Minuten am Stück." Vier Minuten bleiben vier Minuten, egal wie schnell oder langsam Sie laufen. Wer zu schnell losläuft, bekommt in den letzten Minuten Probleme. So lernen Sie rasch, die Zeit effektiv einzuteilen. Bei Kilometervorgaben ist dies anders: 500 m bleiben zwar auch 500 m. Aber an einem guten Tag schaffen Sie diese in drei Minuten, an einem schlechten Tag in 4:30 Minuten, und es besteht immer der Reiz, die Strecke so schnell wie möglich hinter sich zu bringen. *Sich unterhalten:* Das ideale Lauftempo ist das, bei dem

Sie problemlos mit Mitläufern reden können beziehungsweise könnten, falls Sie alleine laufen. Es sollte zwar nicht so langsam sein, dass es zum Schmettern von Opern-Arien reicht, aber es muss Ihnen genügend Luft für ein Schwätzchen bleiben. Laute Hecheltöne stoßen nur die aus, die entweder viel zu schnell unterwegs sind oder falsch atmen.

---

500 Meter – exemplarische Trainingswoche
(G = Gehen; L = Laufen)

Montag .... 3 min G, 1 min L, 3 min G, 1 min L, 3 min G, 1 min L, 3 min G, 1 min L, 3 min G, 1 min L
(= 5 x 3 min Gehen, 1 min Laufen)

Mittwoch .... 4 min G, 3 min L, 4 min G, 3 min L, 4 min G, 3 min L, 4 min G, 3 min L
(= 4 x 4 min Gehen, 3 min Laufen)

Samstag oder Sonntag .... 2 min G, 6 min L, 2 min G, 6 min L, 2 min G, 6 min L, 2 min G, 6 min L
(= 4 x 2 min Gehen, 6 min Laufen)

» Zwei Kilometer Trainieren: Wollen Sie nach den ersten Laufwochen mehr Ausdauer, mehr abnehmen, mehr Erholung, dann sollten Sie mehr laufen, länger und schneller laufen und jeden Lauftag fest planen. Ab dann können Sie von Training sprechen. **Strecken messen:** Um herauszufinden, wie weit Sie laufen, können Sie verschiedene Messmethoden anwenden. Am verlässlichsten sind Sportuhren mit GPS-Funktion. Günstigere Alternativen sind Fahrrad-Tachometer oder Landkartendienste mit Messfunktionen im Internet, zum Beispiel Google Earth. **Strecken ausbauen:** Als Einsteiger sollten Sie zunächst nur die Streckenlänge, die Sie am Stück laufen können, erweitern. Aus 500 m machen Sie 1.000 m. Aus einem Kilometer machen Sie zwei. Irgendwann brauchen Sie keine Gehpausen mehr dazwischen. Achten Sie beim Verlängern nur darauf, dass es zyklisch verläuft: Auf eine Steigerung des Laufumfangs folgt wieder ein Lauf mit geringerem Umfang, sodass Sie sich langsam an neue Belastungen gewöhnen.

» **Fünf Kilometer** *Öfter laufen:* Um von zwei auf fünf Kilometer zu kommen, müssen Sie mindestens zweimal pro Woche laufen. Und wenn Sie zweimal wöchentlich trainieren, sollten Sie sich zuallererst darum bemühen, eine dritte Einheit zu realisieren, bevor Sie die Intensität Ihrer Läufe verschärfen. Verschwenden Sie keinen Gedanken an Ihre Geschwindigkeit. Umso schneller sind Sie in der Lage, fünf Kilometer zu schaffen. *Pausen planen:* Generell heißt mehr Training aber nicht gleich mehr Leistung. Wenn die Regeneration zu kurz kommt, steigt die Verletzungsgefahr. Sollten Sie beim Laufen feststellen, dass Sie sich immer seltener frisch fühlen und für Ihr normales Dauerlauftempo immer mehr Energie aufbringen müssen, dann streichen Sie ruhig mal eine Laufeinheit. Ihr Körper dankt Ihnen das oft mit einer erstaunlichen Energiespritze am folgenden Tag.

Fünf Kilometer – exemplarische Trainingswoche

Montag	Ruhetag
Dienstag	20 min im Wohlfühltempo laufen
Mittwoch	Ruhetag
Donnerstag	5 min langsam, 15 min zügig, 5 min langsam laufen
Freitag	Ruhetag
Samstag oder Sonntag	30–40 min ganz langsam laufen

Vorsichtig steigern: Der US-amerikanische Laufguru Jack Daniels (er hat nichts mit dem gleichnamigen Whisky zu tun) gibt folgende vier Hinweise, wie Sie Ihre Laufdistanz erhöhen können: 1. Steigern Sie Ihr Pensum von Woche zu Woche nie mehr als um maximal zehn Prozent. 2. Verteilen Sie diese Umfangsteigerung gleichmäßig, entweder auf alle Lauftage oder führen Sie einfach einen weiteren Lauftag pro Woche ein, verkürzen Sie dafür entsprechend die anderen Lauftage. 3. Der längste wöchentliche Lauf sollte nie mehr als zehn bis 15 Prozent länger dauern als Ihr bisher längster Lauf. 4. Wenn Sie die Laufumfänge steigern, dann nehmen Sie Tempo heraus; das betrifft alle Dauerläufe, vor allem die längeren. *Rechenbeispiel:* Falls Sie fünf Kilometer in 20 Minuten schaffen möchten, sollten Sie fünfmal pro Woche trainieren, insgesamt vier bis fünf Stunden.

Wunschzeit auf 5 km	Dazu notwendiger Zeitumfang Training/Woche	Anzahl Trainingseinheiten
35 min	60 min–90 min	2–3
32:30 min	90 min–2:00 h	3
30 min	2:00 h–2:40 h	3
27:30 min	2:20 h–2:50 h	3–4
25 min	2:50 h–3:50 h	4
22:30 min	3:20 h–4:10 h	4–5
20 min	4:00 h–5:00 h	5
18:45 min	4:00 h–5:30 h	5–6
17:30 min	5:00 h–6:30 h	6

» **Zehn Kilometer** *Zeitziel setzen:* Geht es Ihnen darum, die zehn Kilometer möglichst schnell zu laufen, dann müssen Sie sich zunächst ein realistisches Zeitziel setzen. Laufen Sie dazu zehn Kilometer und stoppen Sie Ihre Zeit. Falls Sie 55 Minuten gebraucht haben, können Sie nicht davon ausgehen, schon drei Wochen später 45 Minuten zu schaffen. Peilen Sie lieber erst einmal 50 Minuten an. Realistische Ziele berücksichtigen nicht nur Ihr körperliches Leistungsvermögen, sondern auch Ihre berufliche Beanspruchung, Ihr privates Umfeld und Ihren Ehrgeiz. Haben Sie viel Stress in Familie und Beruf und außer dem Laufsport noch diverse andere Hobbys, dann sollten Sie mehr Zeit einplanen als jemand, der wochenlang sein gesamtes Privatleben nur dem Laufen unterordnet. ***Durch Wettkämpfe motivieren:*** Wettkämpfe sind nichts anderes als organisierte Laufveranstaltungen. Manche Teilnehmer laufen um die Wette, um zu ge-

Ruhephase   *Ruhmesphase*

winnen, aber die meisten suchen vor allem den Kontakt zu Gleichgesinnten. Sie wollen sich austauschen, Tipps und Anregungen finden. Außerdem können Sie auf einer abgemessenen Strecke Ihr Leistungsvermögen testen. Das motiviert fürs Training. **Wochen einteilen:** Ein sinnvolles Wettkampftraining setzt sich aus verschiedenen Laufinhalten zusammen. Die meisten Läufe absolvieren Sie im Wohlfühltempo. Um aber Ihre Leistungsfähigkeit herauszukitzeln, müssen Sie Ihren gewohnten Laufrhythmus unterbrechen und neue, ungewohnte Anforderungen an sich stellen. Das heißt, Sie bauen vermehrt intensive Belastungseinheiten ins Training ein, also Läufe im zügigen Lauftempo. ***Ideales Trainingstempo finden:*** Es gibt verschiedene Intensitäten des Lauftrainings, die Sie innerhalb einer Woche variieren. Es gibt den langsamen Dauerlauf (laDL), den lockeren Dauerlauf (loDL) und den zügigen Dauerlauf oder Tempodauerlauf (züDL). Wie hoch Ihr Tempo bei diesen Lauf-Arten ist, richtet sich nach Ihrem Leistungsstand. Eine andere Methode, das Trainingstempo festzulegen, richtet sich nach der Herzfrequenz *(siehe Kapitel 032, „Aufs Herz hören")*.

Wunschzeit auf 10 km	*Ihr Trainingstempo in min/km*		
70 min	laDL 7:40–7:55	loDL 7:25–7:40	züDL 7:10–7:25
65 min	laDL 7:15–7:30	loDL 7:05–7:15	züDL 6:45–7:00
60 min	laDL 7:10–7:30	loDL 6:40–7:00	züDL 6:15–6:35
55 min	laDL 6:35–6:50	loDL 6:10–6:25	züDL 5:45–6:00
50 min	laDL 6:10–6:25	loDL 5:45–6:00	züDL 5:15–5:30
45 min	laDL 5:55–6:10	loDL 5:25–5:45	züDL 4:55–5:10
42:30 min	laDL 5:35–5:55	loDL 5:10–5:25	züDL 4:40–4:55
40 min	laDL 5:20–5:40	loDL 4:50–5:00	züDL 4:20–4:35
37:30 min	laDL 5:15–5:30	loDL 4:35–4:50	züDL 4:00–4:15
35 min	laDL 5:00–5:20	loDL 4:15–4:30	züDL 3:40–3:50

Rechenbeispiel: Sind Sie ein Anfänger und wollen die zehn Kilometer in 70 Minuten laufen, dann trainieren Sie beim langsamen Dauerlauf in einem Tempo zwischen 7:40 und 7:55 min/km. Den lockeren Trainings-Dauerlauf absolvieren Sie in 7:25 bis 7:40 min/km, den zügigen Dauerlauf in

7:10 bis 7:25 min/km. Sind Sie ein ambitionierter Läufer und planen, die zehn Kilometer in 35 Minuten zu schaffen, betragen Ihre Zeiten im Training 5:00 bis 5:20 min/km beim langsamen Dauerlauf, 4:15 bis 4:30 min/km beim lockeren Dauerlauf und 3:40 bis 3:50 min/km beim zügigen Dauerlauf. Sie beginnen acht bis zwölf Wochen vor dem Wettkampf mit dem Training:

Zehn Kilometer – exemplarische Trainingswoche

Montag	Ruhetag
Dienstag	15 min Einlaufen, 20 min zügiger Dauerlauf, 10 min Auslaufen oder 15 min Einlaufen, 6 x 1 km schnell (mit Trabpause), 10 min Auslaufen
Mittwoch	Ruhetag
Donnerstag	50–60 min lockerer DL
Freitag	Ruhetag
Samstag	70–80 min langsamer DL
Sonntag	40–60 min lockerer DL

» 21 Kilometer Zeit nehmen: Der Schritt von zehn Kilometer auf Halbmarathon ist entscheidend, denn Sie werden beim Halbmarathon sehr viel länger als eine Stunde unter Dampf stehen. Die meisten Läufer brauchen zwischen 90 und 135 Minuten, was eine magische Grenze für den Stoffwechsel ist, den Sie an einen so langen Lauf gewöhnen müssen. Am besten, Sie nehmen sich zur speziellen Vorbereitung mindestens zehn, besser zwölf Wochen Zeit. **Nicht außer Atem kommen:** Das richtige Tempo für einen Halbmarathon-Wettkampf ist relativ leicht zu definieren. Es bringt Sie gerade so noch nicht außer Atem. Fachleute nennen diesen Belastungsbereich den aerob/anaeroben Schwellenbereich *(siehe Kapitel 032, „Aufs Herz hören")*. **Härte zeigen:** Anders als beim Marathon kommt es bei einem Halbmarathon nicht nur auf die Ausdauerfähigkeit an. Es gilt auch, die Tempohärte zu schulen. Es gibt diverse Trainingsformen, um die aerob/anaerobe Schwelle zu verbessern. Die wichtigsten dieser Trainingsformen sind Tempodauerläufe. Dabei laufen Sie über zunehmend längere Abschnitte nahezu im angestrebten Halbmarathonrenntempo. Das schult die Toleranz des Körpers bei diesem Tempo im Hinblick auf Ermüdung und Erschöpfung Ihrer Energiespeicher. Nicht zu verachten ist auch der psychologische Effekt, denn Sie gewöhnen sich dabei an die Wettkampfgeschwindigkeit und verlieren die Angst davor. **Tempo finden:** Einfach so sollten Sie auch bei einem Halbmarathon nicht mitlaufen. Am leichtesten lässt sich Ihr aktueller Leistungsstand anhand Ihrer Zeiten über kürzere Laufdistanzen analysieren.

> 5-km-Zeit x 4,667 = realistische Halbmarathon-Zielzeit
> 10-km-Zeit x 2,223 = realistische Halbmarathon-Zielzeit

Rechenbeispiel: Sie haben eine Zehn-Kilometer-Zeit von 50 Minuten erzielt. Dann multiplizieren Sie dieses Ergebnis mit Faktor 2,223 und erhalten Ihre realistische Halbmarathon-Zielzeit. In diesem Fall sind dies 1:51 Stunden. Diese Endzeit wiederum entspricht einem Tempo von 5:15 min/km.

21 Kilometer – exemplarische Trainingswoche

Montag	Ruhetag
Dienstag	15 min Einlaufen, 30–45 min zügiger Dauerlauf, 10 min Auslaufen oder 15 min Einlaufen, 8 x 1 km schnell (mit Trabpause), 10 min Auslaufen
Mittwoch	Ruhetag
Donnerstag	60 min lockerer DL
Freitag	Ruhetag
Samstag	90–120 min langsamer DL
Sonntag	40–60 min lockerer DL

» 42 Kilometer Mehr trainieren: Was unterscheidet den Halbmarathonläufer vom Marathonläufer? Die Anzahl der Kilometer, die der Marathonläufer sammeln muss. Einen Marathon kann man auch ohne jegliche Tempobelastungen problemlos schaffen, aber nicht ohne lange Vorbereitungsläufe. Beginnen Sie acht bis zwölf Wochen vor dem Marathon mit dem Training. **Wohl fühlen:** Grundsätzlich ist das Tempo für die meisten Marathonläufer im Wettkampf nicht schneller als ihr jeweils gewohntes Wohlfühltempo. Es geht also vor allem darum, im Training die Grundlagen zu legen, dass Sie sich eben nicht nur 70 oder 80 Minuten in einem Tempo wohlfühlen, sondern vier oder fünf Stunden und mehr. Um den Schritt vom Halbmarathon auf den Marathon zu wagen, reduzieren Sie zunächst Ihre intensiven Lauftrainings. Wer die 42 km nicht in weniger als vier Stunden laufen will, kann sie sogar ganz weglassen. **Länger lang laufen:** Öfter als einmal wöchentlich sollten Sie einen langen Lauf nicht einplanen, denn danach brauchen Sie zwei bis drei Tage zur Erholung. Eine Zeit, in der Sie gar keine beziehungsweise nur kurze Strecken im lockeren Lauftempo zurücklegen. Ihr langer Lauf sollte zu Beginn des Marathontrainings mindestens 100 Minuten dauern und Woche für Woche um 15 Prozent verlängert werden. Ihr Tempo ist langsam, und zwar richtig langsam. Die Belastung liegt bei 75 Prozent der maximalen Herzfrequenz *(zur Bestimmung siehe Kapitel 032, „Aufs Herz hören")* beziehungsweise Ihre Laufgeschwindigkeit ist zirka 90 sek/km langsamer als Ihr Halbmarathon-Renntempo. **Zielzeit festlegen:** Damit Sie sich in der Vorbereitung und vor allem im Wettbewerb nicht überfordern, können Sie vor dem Start ein realistisches Zeitziel errechnen. Dazu gibt es Formeln, die auf Laufresultaten über andere Distanzen basieren:

	5 km	**10 km**	**Halbmarathon**	**Marathon**
5 km	1,000	2,099	4,667	9,798
10 km	0,476	1,000	2,223	4,667
Halbmarathon	0,214	0,450	1,000	2,099
Marathon	0,102	0,214	0,476	1,000

Rechenbeispiel: Haben Sie eine Zehn-Kilometer-Bestzeit von 60 Minuten und wollen daraus Ihre realistische Marathon-Zielzeit errechnen, multiplizieren Sie Ihre Zehn-Kilometer-Zeit mit dem Faktor 4,667 – so erhalten Sie eine realistische Endzeit von etwa 4:40 Stunden. Ein anderes Beispiel: Sie haben eine Marathon-Bestzeit von 4:00 Stunden und wollen wissen, was Sie im Halbmarathon laufen können. Multiplizieren Sie die

Marathonzeit von 4:00 Stunden mit dem Halbmarathon-Faktor 0,476 – das ergibt als realistische Halbmarathonzeit 1:54 Stunden.

42 Kilometer – exemplarische Trainingswoche

Montag	Ruhetag
Dienstag	45–60 min ruhiger Dauerlauf
Mittwoch	45–60 min zügiger DL
Donnerstag	60 min lockerer DL
Freitag	Ruhetag
Samstag	1:40 h–3:30 h langsamer DL (evtl. mit Tempo-steigerungen auf dem letzten Strecken-Viertel)
Sonntag	40 min lockerer DL

» *100 Kilometer* Keine Angst haben: Es muss nicht sein, aber es gibt noch längere Läufe als den Marathon. Diese heißen Ultramarathons. Damit sind alle Wettkampfdistanzen jenseits der 42,195 km gemeint, egal ob sie 50 km, 100 km oder 24 Stunden umfassen. Sie sagen Wahnsinn? Nun denn. Ob Sie's glauben oder nicht: Es ist einfacher, einen 100-km-Lauf zu schaffen, als einen Marathon unter drei Stunden zu laufen. Für keine Wettkampfdistanz ist die Trainingsvorbereitung theoretisch einfacher als für einen Ultra: Sie laufen einfach nur jeden Tag im gemütlichen Tempo, so oft und so lange es Ihre Freizeit zulässt. **Einen Schritt nach dem anderen tun:** In der Vorbereitung auf einen Ultralauf können Sie jegliche Tempobelastungen vernachlässigen. Ihr Hauptaugenmerk richten Sie grundsätzlich auf eine Steigerung Ihres Kilometerumfangs insgesamt, aber auch auf die Strecken der einzelnen langen Läufe. Natürlich hängt Ihre Vorbereitung auch von der tatsächlichen Ultradistanz ab, die Sie angehen möchten. Tun Sie einen Schritt nach dem anderen. Das bedeutet, dass Sie als Marathonläufer zunächst vielleicht nur an einem 50- oder 60-km-Wettkampf teilnehmen und sich dann weiter steigern. **Hälfte schaffen:** Das wichtigste Lauftraining in der Vorbereitung auf den Ultra ist – wie beim Marathon – der lange Lauf. Der umfangreichste lange Lauf in der Vorbereitung auf den Ultra sollte mindestens die Hälfte der anvisierten Ultradistanz umfassen. Wollen Sie also an einem 100-km-Lauf teilnehmen, sollten Sie im Training mindestens einmal 50 km heruntergerissen haben. **Nach dem Puls richten:** Die langen Trainingsläufe haben Ihnen ein gutes Gefühl für Ihr Wohlfühltempo vermittelt. Im Idealfall haben Sie dieses Tempo in Bezug zu Ihrer Herzfrequenz gebracht und wissen somit, bei welcher Belastung Sie sich auch nach 50 km noch wohlfühlen. Irgendwo zwischen 75 bis 80 Prozent der maximalen Herzfrequenz liegt der richtige Belastungspuls für die ultralange Laufdistanz. Nutzen Sie auf dem ersten Streckenviertel den Pulsmesser als Schrittmacher, damit Sie nicht zu schnell loslaufen *(siehe Kapitel 032, „Aufs Herz hören")*. **Immer bei Atem bleiben:** Außer auf den letzten 50 m der Zielgeraden dürfen Sie niemals außer Atem kommen. Atemnot bedeutet Sauerstoffschuld, bedeutet übermäßigen Energieverbrauch, und wenn Sie mit etwas beim Ultra haushalten müssen, dann ist es Ihre Energie. Die Zeit zu essen und zu trinken müssen Sie sich beim Ultra unbedingt nehmen. Zeitdruck spüren unterwegs ohnehin nur die wenigsten Ultraläufer. Der Appetit spielt eine wichtigere Rolle, denn der geht Ihnen eventuell verloren. Das ist fatal. Sie müssen sich zumindest zum Trinken zwingen. Trockenes Brot mit Wasser passt dann oft besser als ein weiterer Energieriegel.

100 Kilometer – exemplarische Trainingswoche

Montag	60–90 min lockerer Dauerlauf
Dienstag	45–60 min ruhiger DL
Mittwoch	2–2:30 h min langsamer DL
Donnerstag	60 min lockerer DL
Samstag	2:30–5 h langsamer DL
Sonntag	40 min ruhiger DL

» Darüber hinaus Über Niederlagen hinweg Sie standen am Start und alles war perfekt. Das Wetter war gut, die Form war da, Sie waren hoch motiviert. Doch dann lief im Wettkampf alles schief und am Ziel war die Enttäuschung groß. Nach vielen harten Trainingseinheiten ein Rückschlag, der Ihnen womöglich auf Monate die Lust am Laufen vergällt.

Nur zwei Stunden ärgern: Eine Stunde, höchstens zwei, lassen Sie zu, um sich über einen schlechten Lauf zu ärgern. In dieser Zeit denken Sie darüber nach, was schiefgelaufen ist und vor allem warum. Auf gar keinen Fall aber ergeben Sie sich dem Pessimismus. Nach den zwei Frust-Stunden sind nur noch positive Gedanken erlaubt. ***Ursachen ergründen:*** Nachdem Sie die erste Enttäuschung überwunden haben, kann ein Blick in Ihr Trainingstagebuch helfen. Gehen Sie es, vom Wettkampftag angefangen, rückwärts durch. Haben Sie sich wirklich an den Plan gehalten? Waren Sie tatsächlich nicht krank? Suchen Sie wie ein guter Detektiv nach Indizien, die Sie auf die richtige Fährte bringen. Oder beherzigen Sie das afrikanische Sprichwort „Schau nach, wo du ausgerutscht bist und nicht, wo du liegst!" Im Klartext heißt das: Der schlechte Tag war nicht unbedingt der Wettkampftag. ***Neues ausprobieren:*** Wenn es Ihnen einfach nicht gelingen will, auf einer bestimmten Wettkampfdistanz das gewünschte Ergebnis zu schaffen, sollten Sie einmal die Strecke wechseln. Zum Beispiel, weil Sie die vier Stunden im Marathon nicht knacken können. Vergessen Sie für eine Weile den Marathon und versuchen Sie sich an einem Zehner oder Halbmarathon, eventuell gar einem 5.000-Meter-Rennen. Ebenso können es Streckenlängen sein, die nicht den üblichen Wettkampfdistanzen entsprechen, so genannte krumme Strecken, für die Sie keine auf die Sekunde genaue Vorstellung über erreichbare Zeiten haben – etwa ein grob vermessener Sieben-Kilometer-Geländelauf. Die Freude über einen guten Platz sollte Ihnen mehr wert sein als eine digitale Anzeige am Handgelenk. Womöglich ist es überhaupt die Uhr, die Stress in Ihren Laufalltag bringt. Lassen Sie das Ding beim nächsten Training zu Hause. ***Coach engagieren:*** Es kann sein, dass mit Ihrem Laufen nur eines nicht stimmt – es beschäftigt Sie zu sehr. Ständig machen Sie sich Gedanken, ob das Training zu hart oder zu weich ist, ob der eine oder andere Wettkampf hineinpasst oder ob jedes kleine Unwohlsein schon ein Zeichen von Formabfall ist. Der erfolgreiche Langstreckencoach Alberto Salazar sagte einmal: „Rennen Sie wie ein Pferd. Denken Sie nicht nach und laufen Sie einfach." Gerade wenn Erfolge ausbleiben oder sich eine Enttäuschung an die andere reiht, könnte die Betreuung durch einen Trainer die ersehnte Wende bringen. Schließen Sie sich einem Leichtathletikverein an, dann ist zumeist ein guter Trainer oder Übungsleiter im Mitgliedsbeitrag enthalten. Oder gehen Sie zu einem der zahlreichen Lauftreffs, die in der Regel von kundigen Leitern geführt werden. Dort treffen Sie auch andere erfahrene Läufer, von deren Wissen Sie profitieren können.

Ein Leben lang Dieter Baumann wurde 1992 Olympiasieger über 5.000 m und läuft noch immer täglich. Er läuft, seit er 15 Jahre alt ist, und will dies noch ein Leben lang weiter tun, obwohl er bereits alles in diesem Sport

erreicht hat. Baumann hat den Begriff des „Lebensläufers" erfunden. Wie auch Sie einer werden, erklärt er folgendermaßen:

Gelassen altern: Es gibt Dinge, die können Junge einfach besser: mit Druck und Stress umgehen, schnell und unkompliziert auf Neues reagieren, einen Rausch wegpacken, schnell laufen. Deshalb müssen Sie als älterer Mensch das Laufen nicht sein lassen. Es ist jetzt eine Art Lebenskunst. Sie tanken dabei Kraft für weitere Aufgaben; das geht wunderbar in einem lockeren, leichten Tempo. Und wenn Sie mal den Drang haben, dann laufen Sie so schnell Sie können. Und fühlen sich danach wie ein Junger. ***Bloß nicht golfen:*** Laufen ist besser für Ältere geeignet als jeder andere Sport. Golfen geht auf den Rücken, beim Segeln holen Sie sich eine Bronchitis. Laufen birgt keine Risiken, wenn Sie es gemächlich tun. Und die gesundheitlichen Effekte des Laufens sind auch im Alter genauso umfassend wie in jungen Jahren. *Würde bewahren:* Selbstverständlich können Sie auch mit 80 Jahren noch in kurzen Hosen durch den Wald laufen. Es kommt immer nur darauf an, mit wie viel Würde Sie durchs Leben rennen, ob mit 20 oder 80, ob in langen oder kurzen Hosen. *Zeit stillstehen lassen:* Laufen ist der einzige Sport, bei dem Sie auch mal nichts erleben können, gar nichts – und das ist wunderbar. Die Zeit steht still; das ist ein Hochgenuss in einer Welt, in der die Zeit rast. Nirgendwo sonst als beim Laufen haben Sie derart den Eindruck, angekommen zu sein. Nur dann sind Sie ganz bei sich. *Spät einsteigen:* Auch in fortgeschrittenem Alter und wenn Sie nicht seit Ihrer Jugend laufen, können Sie noch zum Lebensläufer werden. Dazu gehört einzig das Gefühl, dass Sie das Laufen genießen und dass Sie sich nicht vorstellen können, es jemals freiwillig wieder aufzugeben. *Immer weiter machen:* Was Sie als echter Lebensläufer niemals tun dürfen, ist, eine lange Laufpause einzulegen. Danach fällt es immer schwer, wieder anzufangen. Bleiben Sie dran.

007 — HIGH SEIN

Auf einmal ist alles einfach und leicht, Sie spüren Glück und Freude, nichts tut Ihnen mehr weh, Sie sind euphorisch und wollen, dass dieser Rausch nie aufhört – Sie wollen ewig weiterlaufen. Runner's High nennt sich das emotionale Hochgefühl, das Läufer immer wieder beschwören. Wissenschaftlich beweisen lässt es sich nicht. Viele wollen es schon erlebt haben, andere hoffen ein Leben lang vergeblich darauf.

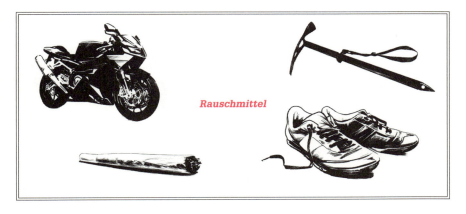
Rauschmittel

» Einsteigen Unter Belastung produziert der Körper Endorphine, die Schmerzen lindern und eine ähnliche Wirkung entfalten wie die Drogen Morphin und Heroin. Hohe Blutkonzentrationen von Endorphinen findet man nach körperlichen Extremsituationen, etwa nach einem Bungee-Sprung, beim Extrem-Bergsteigen oder nach einem anstrengenden Lauf. Ob Sie diese Endorphine allerdings auch spüren, ist fraglich. Als Anfänger werden Sie kaum den Eindruck haben, dass das Laufen vom ersten Tag an angenehme Gefühle mit sich bringt. Eine vermehrte, im Blut nachweisbare Endorphin-Produktion setzt bei Untrainierten erst im Verlauf von mindestens zwei Monaten regelmäßigen Laufens ein.

» Überdosieren Vor allem kurze, intensive Läufe steigern die Endorphinbildung. Je mehr die Übersäuerung Ihrer Muskeln zunimmt, desto mehr Endorphine produzieren Sie. Vielleicht ist das der Grund, warum manche Sportler nur dann Spaß am Laufen haben, wenn Sie übertrieben Tempo machen. Eine langfristige Leistungssteigerung lässt sich dadurch allerdings nicht erzielen. Das Geschwindigkeitsgebolze ist gegen jede Vernunft. Die Lust daran, beziehungsweise die fehlende Einsicht, wann es für den Körper genug ist, könnte wiederum im Zusammenhang mit der Endorphinwirkung stehen. Wissenschaftler haben eine solche Endorphin- oder Adrenalinsucht jedoch noch nie nachgewiesen. Genauso gut könnten psychosoziale Gründe, etwa der Wunsch nach Anerkennung, die Ursache für den Geschwindigkeitsrausch sein.

» **Ersatzdrogen ausprobieren** In einem Feldversuch absolvierten Läufer und Radfahrer harte Trainingseinheiten auf dem Laufband und dem Fahrradergometer. Die gemessenen Endorphinspiegel unterschieden sich: Alle Sportler hatten in ihrer jeweiligen Hausdisziplin bei gleicher Belastungsintensität deutlich höhere Werte. Dieses und andere Forschungsergebnisse deuten darauf hin, dass die Endorphinproduktion nicht nur durch physische Anstrengungen selbst, sondern bereits durch die Erwartung solcher Belastungen ausgelöst wird, vergleichbar mit der Speichelproduktion, die bei Hungergefühl in Erwartung einer Mahlzeit angeregt wird. Wahrscheinlich weckt – und stillt – eine dem Körper vertraute und angenehme Form der sportlichen Belastung eine ähnliche Art von Appetit.

» **Vom Highsein träumen** Wenn Sie schon selbst kein Runner's High erleben, können Sie sich wenigstens durch den Gedanken daran berauschen. Hier sprechen professionelle Läufer, die sich damit auskennen.

„Während eines 100-km-Laufs komme ich oft an einen Punkt, an dem mein Körper physisch nahezu tödlich erschöpft zu sein scheint. Mein Geist hat dann die Führung zu übernehmen. Erst tobt ein erbitterter Kampf zwischen Psyche und Physis. Gewinnt der Körper, muss ich aufgeben. Gewinnt der Kopf, komme ich weiter. Dann fühlt sich das an, als ob ich nicht mehr ich selbst bin. Ich beobachte meinen Körper von außen. Mein Kopf befiehlt, und der Körper folgt in ein paar Metern Abstand." *Yiannis Kouros, erfolgreichster 100-km-Läufer der Welt*

„Als ich noch ein Bahnläufer war, trank ich auch zu meinen besten Zeiten ab und zu Alkohol, um mich zu berauschen. Als Marathonläufer brauchte ich keinen Alkohol mehr. Bei den langen, harten Trainingsläufen kam ich in einen ähnlichen Zustand. Der hielt leider danach nie lange an – aber ich bekam auch keinen dicken Kopf davon." *Steve Jones, Marathon-Weltrekordler*

„Mein erstes Runner's High werde ich genauso wenig vergessen wie meinen ersten Schultag, meinen ersten Kuss, die Geburt meines ersten

Kindes. Für eine Meile, vielleicht auch zwei, eröffnete sich mir eine andere Welt, ein zeitloses Schweben, ohne Gestern, Heute oder Morgen. Ich flog dahin, zirka 15 Minuten, im Nichts. Fast hätte ich es nicht überlebt. Ein Hupen riss mich aus dem High in die Realität, erst in letzter Sekunde konnte ich mich vor dem Wagen ins Gebüsch retten. Ich hatte ihn weder kommen hören noch gesehen." *Amby Burfoot, Boston-Marathon-Sieger*

„Physisch gesehen musst du die Schwelle vom Normalen zum Anormalen überschritten haben, um in den Rauschzustand zu kommen, der das Laufen erst ausmacht. Beim Trainieren durchläufst du eine schwer zu beschreibende Entwicklung, an deren Ende du nur noch laufen willst, bis du nicht mehr laufen kannst. Und das ist auch der Grund, warum du immer wieder dahin willst!" *Douglas Wakihuri, Marathon-Weltmeister*

„Ich sah ihn, konnte es nicht glauben, dass es ihn gab. Er war so, wie ihn mein Großvater beschrieben hatte. Nur ohne Bart. Er nahm mich in seine Arme und drückte mich fest. Ich fühlte mich bei ihm geborgen und wäre gerne für immer bei ihm geblieben. Wir sprachen kein Wort miteinander, denn Worte wären keine Dimension für diese Momente gewesen. Es war ein Gefühl, was uns verband. Ich traf ihn oft bei meiner langen Reise, und ohne ihn hätte ich die Reise wohl nie überlebt. Gott, ich habe ihn nur beim Laufen getroffen." *Rune Larson, Trans-Amerika-Läufer*

AUGEN ZU UND DURCH

Ein blinder Läufer kann genauso viel Freude am Laufen haben wie Sie. Und er kann Ihnen unterwegs von Dingen berichten, die Sie zwar wahrnehmen können, die Ihnen vorher aber gar nicht aufgefallen sind. Sehbehinderte orientieren sich stärker über ihre übrigen Sinne – und natürlich über die Anweisungen des Menschen, der Sie führt: Das könnten Sie sein.

» **Blinde begreifen** Blinde üben statistisch betrachtet fast genauso häufig Sport aus wie Sehende. „Laufen ist für Blinde eine der einfachsten

Sportarten", sagt die Marathonläuferin Verena Bentele. Sie ist seit ihrer Kindheit blind und hat sich durch ihre paralympischen Goldmedaillen im Biathlon einen Namen gemacht. Sie orientiert sich über ihr Gehör. So lernte sie im gleichen Alter wie die anderen Kinder in ihrem Dorf Fahrrad fahren. Sie radelte im Hof im Kreis, die Wände um sie herum reflektierten den Schall. Das Gehör und die anderen Sinne werden bei blinden Menschen zwar nicht schärfer, aber sie können sie mit der Zeit besser nutzen.

gute Verbindung

» An einem Strang ziehen Zusammen laufen ist relativ einfach. Sie sind als Führungsläufer durch einen dünnen Strick, eine Schnur oder einfach einen Schnürsenkel mit Ihrem sehbehinderten Laufpartner verbunden. Wichtig ist, dass die Schnur lang genug ist, damit Sie und Ihr Partner sich frei bewegen und ungehindert mit den Armen schwingen können. Straffen Sie die Schnur nur, wenn Sie einen Richtungswechsel andeuten wollen. Denken Sie daran, dass Sie den blinden Läufer nur zu sich heranziehen können. Soll der Richtungswechsel in seine Richtung gehen, müssen Sie dies ansagen oder mittels leichter Armberührung andeuten. Bei einer Laufveranstaltung orientiert sich der Blinde stark über die Akustik. Durch genaues Hinhören merkt er, zu welcher Seite die anderen Läufer abbiegen. Viele Lauf-Gespanne geben sich durch bedruckte T-Shirts oder Blindenabzeichen zu erkennen. So wundern sich Passanten und Mitläufer nicht über das ungewöhnliche Team und können Rücksicht nehmen.

» Augen öffnen Diese Lauferfahrung ist für beide Läufer eine Bereicherung. Verena Bentele schwärmt von der Marathon-Atmosphäre, den begeisterten Zuschauern, den sich verausgabenden Mitläufern, dem engen

Kontakt zu so vielen Aktiven. Als Führungsläufer wiederum können Sie von der atmosphärisch verdichteten Wahrnehmung Ihres Laufpartners viel lernen, vor allem, was die Motivation betrifft.

» **Blind verstehen** Zum gemeinsamen Marathonlaufen gehören viele gemeinsame Trainingskilometer. Deshalb sollten Sie sich wirklich gut mit Ihrem blinden Laufpartner verstehen, gemeinsame Ziele bestimmen und Trainingszeiten planen.

» **Tempo machen** Wenn Sie jemanden wie Verena Bentele an Ihrer Seite haben, können Sie sich auf eine hohe Geschwindigkeit einstellen. Sie lief ihren ersten Marathon gleich unter vier Stunden. Die Deutsche Regina Vollbrecht hält die Weltbestleistung für blinde Marathonläuferinnen von 3:18 Stunden. Wenn Sie in dieser Leistungsklasse als Führungsläufer mithalten wollen, müssen Sie schneller sein als Ihr blinder Partner. Deshalb wird es für den Weltrekordhalter der blinden Männer, Henry Wanyoike, schon schwierig, einen Führungsläufer zu finden. Seine Bestzeiten können überhaupt nur wenige Menschen laufen, ob sehend oder nicht: 5.000 m in 15:11 Minuten, 10.000 m in 31:37 Minuten und Marathon in 2:31:31 Stunden. Der Ausweg für Sie, falls Sie da nicht mehr hinterher kommen: Im Marathon-Wettkampf ist es erlaubt, dass der blinde Läufer seinen Begleitläufer bis zu vier Mal auswechselt.

009 — TAKTISCH VORGEHEN

Sport hat viel mit Taktik zu tun. Vor allem gilt das für den Mannschaftssport. Aber glauben Sie ja nicht, dass Sie als einsamer Läufer einfach so drauflos rennen können. Erst recht nicht, wenn Sie an Wettkämpfen teilnehmen. Dabei sind Sie gut beraten, Ihrem Lauf auch eine gewisse Strategie zugrunde zu legen.

» **Bei der Anmeldung zu einem Wettkampf Früh buchen:** Die Teilnahme an einem Wettkampf kostet in der Regel eine Startgebühr, womit der

Veranstalter seine Kosten deckt. Je früher Sie sich anmelden, desto niedriger ist die Gebühr. Das ist nichts anderes als ein klassischer Frühbucherrabatt. Nutzen Sie ihn. **Schnell sein:** Informieren Sie sich schon zu Saisonbeginn über das Anmeldeprozedere und die Gebührenstaffelung bei allen Wettkämpfen, die Sie interessieren. Dabei erfahren Sie auch, welche Veranstaltungen stets rasch ausgebucht sind und welche bis zum Schluss noch Anmeldungen annehmen. Bei den meisten Marathons in Deutschland können Sie sich noch kurz vor dem Startschuss registrieren lassen. Die 40.000 Startplätze des Berlin-Marathons sind dagegen schon innerhalb von sieben bis acht Wochen weg. Bei besonders beliebten Rennen wie dem Syltlauf, dem Bamberger Weltkulturerbelauf oder dem Nikolauslauf in Tübingen haben Sie sogar nur wenige Stunden Zeit, bis alle Startplätze vergeben sind. **Sicher sein:** Überlegen Sie sich vor der Anmeldung, ob Sie wirklich an den Start gehen können. Falls Sie schließlich doch nicht antreten, ist Ihre Anmeldegebühr meist futsch. Die wenigsten Veranstalter erstatten Ihnen bei einem Rücktritt das komplette Startgeld. Sie dürfen Ihre Startnummer auch nicht ohne weiteres an einen anderen Interessenten weiterverkaufen. Gerade bei begehrten Veranstaltungen wie dem Berlin-Marathon, bei dem die Nachfrage nach Startplätzen immer größer ist als das Angebot, würden Sie Ihre Startnummer leicht loskriegen, dürfen aber nicht. **Glück haben:** Bei den begehrten Marathons in New York, Boston oder London bekommen Sie als Ausländer nur dann einen sicheren Startplatz, wenn Sie ein komplettes Reisearrangement inklusive Flug und Hotel buchen. Aber ein paar Schlupflöcher gibt es doch. Bei allen drei Marathons dürfen sich besonders schnelle Läufer auch direkt einkaufen. Sie müssen nur bestimmte Qualifikationszeiten aus dem Vorjahr vorweisen können. Informationen dazu finden sich gut versteckt auf den jeweiligen Webseiten. In New York beträgt die Qualifikationszeit beispielsweise für Männer bis 40 Jahre 2:55 h, für Frauen bis 40 Jahre 3:23 Stunden. Das ist hart, aber nicht unmöglich zu erreichen. In New York haben Sie auch die Möglichkeit, an einem Losverfahren teilzunehmen, zu dem Sie sich acht Monate vor dem Marathon angemeldet haben müssen. Ungefähr 90.000 Menschen machen bei dieser Lotterie mit, 400 Starts werden ausgelost. Viel Glück!

» **Vor dem Wettkampfstart** *Gang rausnehmen:* Ihr Training muss in den letzten Tagen vor einem Wettkampf sehr kontrolliert sein und möglichst stressfrei ablaufen. Stellen Sie sich gedanklich auf den Wettkampf ein. Machen Sie sich Mut und freuen Sie sich auf das Rennen. Malen Sie sich aus, wie gut es für Sie laufen wird. Träumen ist besser als verdrängen. *Stress vermeiden:* Viele Rennen werden schon bei der Anfahrt verloren. Planen Sie dazu genügend Zeitreserven ein. Reisestress bedeutet Energieverlust. Schließlich müssen Sie sich am Ort des Geschehens zuerst orientieren, eventuell noch anmelden und vielleicht die Strecke besichtigen. Sie können sich umso besser auf das bevorstehende Rennen konzentrieren, je mehr Ruhe Sie am Wettkampfort finden. Meist gibt es nur eine begrenzte Anzahl von Parkplätzen im Startbereich. Reisen Sie lieber mit öffentlichen Verkehrsmitteln an. Mit der U-Bahn kommen Sie meistens näher an den Startbereich als mit einem Taxi.

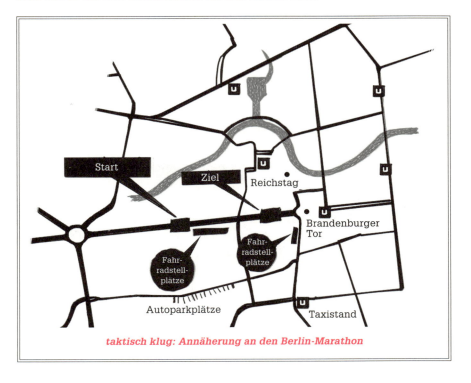

taktisch klug: Annäherung an den Berlin-Marathon

Visualisieren: Sie sind vor dem Start nervös? Haben Sie Bedenken, ob Sie der Streckenlänge, den Steigungen, dem Wetter oder sonstigen äußeren Bedingungen gewachsen sind? Das geht 90 Prozent Ihrer Mitstreiter ebenso. Machen Sie sich klar, wovor Sie Angst haben. Stellen Sie sich jede einzelne Herausforderung genau vor, visualisieren Sie die Situation. Was die Streckenlänge angeht: Laufen Sie die Strecke gedanklich Schritt für Schritt, Kilometer für Kilometer ab. Überlegen Sie sich, wie Sie im konkreten Fall mit einer misslichen Situation umgehen wollen. Die folgenden Fragen mögen albern klingen, die Antworten darauf werden Ihnen jedoch helfen:

Schaffe ich die lange Distanz? Ich habe doch fleißig trainiert. Was ist, wenn ich trotzdem schlapp mache? Dann lege ich eine kurze Gehpause ein. Was ist, wenn ich Hunger kriege? Dafür habe ich ein Kohlenhydrat-Gel einstecken. Kann es sein, dass mich meine Erzrivalin überholt? Klar, aber dann lasse ich sie einfach ziehen. Man sieht sich immer zweimal im Leben. Und wenn sich mein Knie wieder mal meldet? Die paar Meter hält es dann schon noch durch. Wenn ich aufs Klo muss … … dann bringe ich es eben schnell hinter mich.

Legen Sie sich Strategien zurecht. Dadurch programmieren Sie Ihr Gehirn, in bestimmten Situationen nach vorgefertigten Mustern zu reagieren. So sind Sie vorbereitet und müssen nicht ad hoc Entscheidungen treffen, sondern brauchen diese nur abzurufen. **Aufwärmen:** die letzte unmittelbare Vorbereitung auf den Wettkampf. Ziel ist es, durch leichte körperliche Aktivität die Durchblutung anzuregen und den Stoffwechsel auf die bevorstehende Energieleistung vorzubereiten. Das Aufwärmen gliedert sich grob in drei Teile: lockeres Einlaufen, Stretching, Steigerungsläufe. Das lockere Einlaufen sollte etwa fünf bis zehn Minuten dauern, daran schließt sich ein leichtes Stretching an. Jetzt ist es wichtig, den Körper warm zu halten, am besten mit einer Extraschicht Kleidung. Nach dem Stretching traben Sie ein wenig auf und ab und machen zwischendrin zwei bis drei Steigerungsläufe, also kurze Sprints, die Sie langsam beginnen, um dann immer schneller zu werden. Beenden Sie das Aufwärmen spätestens zehn Minuten vor dem Start. **Anstellen:** Früher gab es bei Wettkämpfen immer ein großes Gedrängel. Alle wollten in der ersten Reihe stehen, damit Sie beim Startschuss sofort losrennen konnten. Denn auch die Stoppuhr für alle Teilnehmer lief bereits ab dem Schuss. Wer weiter hinten loslief, bekam die Zeit, die er bis zur Startlinie brauchte, zusätzlich aufgebrummt. Heute ist das nicht mehr so. Dank Mess-Chips an den Laufschuhen oder an der Startnummer wird die Zeit für jeden Teilnehmer individuell ab dem Start- bis zum Zielbogen ermittelt. Die Startblocks sind nach den erwarteten Zielzeiten unterteilt. Reihen Sie sich dort ein, wo auch die anderen Läuferinnen und Läufer Ihrer Leistungsklasse stehen. Stehen Sie zu weit vorne, müssen die schnelleren Teilnehmer nachher an Ihnen vorbeiziehen – was weder für Sie noch für die anderen vorteilhaft ist. Stehen Sie zu weit hinten, müssen Sie ständig im Zickzack um langsamere Läufer herumrennen. Gibt es keine Unterteilung der Startblocks, fragen Sie die anderen Wartenden um sich herum nach ihren jeweiligen Zielzeiten und orientieren sich so, ob Sie richtig stehen.

» **Während des Wettkampfes** *Langsam starten:* Die meisten Läufer fetzen mit dem Startschuss los. Da hat sich in den letzten Stunden vor dem Start so viel Erregung aufgestaut, die muss jetzt einfach raus – leider ein Kardinalfehler. Beteiligen Sie sich nicht an der wilden Hatz der anderen, starten Sie langsam. Schnellstarter büßen später für ihr forsches Anfangstempo. Kontrollieren Sie Ihre Geschwindigkeit anhand der ersten Kilometermarkierungen, sofern solche vorhanden sind, oder nutzen Sie eine GPS-Uhr zur Tempokontrolle. *Renntaktik festlegen:* Die beste Taktik für ein Langstreckenrennen ist die 51-49-Einteilung. Aus Rennanalysen von Weltklasseläufern ging hervor, dass diejenigen die schnellsten Endzeiten erreichten, die die erste Hälfte in 51 Prozent der angestrebten Endzeit zurücklegten und die zweite Hälfte in den verbleibenden 49 Prozent der Zeit. Die meisten dieser Läufer besaßen dadurch noch die Kraft für ein starkes Schlussviertel und liefen die zweite Streckenhälfte sogar schneller als geplant. *Ein Beispiel:* Nehmen wir an, Sie wollen einen Halbmarathon in zwei Stunden bewältigen, was zwei gleichmäßigen Hälften von 60 Minuten auf je 10,55 km entspricht. So würde die 51-49-Renntaktik bedeuten, dass Sie die erste Hälfte in 61:12 Minuten (5:48 min/km) anlaufen und dann so forcieren, dass Sie für die zweite Hälfte nur 58:48 Minuten (5:34 min/km) benötigen. *Schmerzen verdrängen:* Stellen Sie sich eine große gelbe Narzisse vor. Versuchen Sie, die Narzisse durch fünf rote Rosen zu ersetzen. Voilà! Fünf rote Rosen stehen nun vor Ihrem geistigen Auge. Und Sie haben die Schmerzen in Ihren Beinen erfolgreich durch Ablenkung verdrängt. Das funktioniert auch in anderen Situationen. Wenn Sie müde werden, denken Sie daran, wie Sie den Kollegen am nächsten Tag von Ihrer Glanzleistung berichten – vielleicht, indem Sie eine Flasche Sekt spendieren? Schreiben Sie in Gedanken eine SMS mit der Erfolgsmeldung an Ihren Lebenspartner. Beim Endspurt, wenn Sie kaum mehr können, stellen Sie sich vor, Sie seien auf dem Weg zum Sieg. Reporter brüllen Ihren Namen in die Mikrofone der Fernsehsender. Sie haben schon einen Vorsprung auf Ihre ausnahmslos weltbekannten Verfolger herausgelaufen und fühlen sich noch immer locker und leicht. Sie finden solche Tagträume albern? Sie funktionieren!

Blüten statt Schmerzen

Strecke verkleinern: Wenn Sie sich von der Länge einer Wettkampfstrecke überfordert fühlen, teilen Sie sie gedanklich in einzelne, überschaubare Abschnitte auf. Dann sind es nur noch fünf Kilometer, und noch einmal nur fünf Kilometer und so weiter. Oder spielen Sie mit Assoziationen. Bauen Sie ein Haus vom Keller bis zum Dachgeschoss oder durchlaufen Sie Stationen Ihres Lebens, wie eine der besten Ultralangstreckenläuferinnen der Welt, Ann Trason. Sie beschreibt ihre mentale Taktik bei einem 100-Meilen-Rennen so: „Auf den ersten Meilen bin ich ein kleines Kind, welches versucht, laufen zu lernen. Auf dem zweiten Streckenabschnitt durchlebe ich die Jugend, renne locker und frei. Kommt eine Krise, ist dies die Midlife-Crisis. Aber die macht mir nichts aus, denn das

Leben geht danach noch weiter. Und wenn ich mich bei Meile 90 so richtig müde fühle, sage ich mir: So ist das eben, wenn man 90 Jahre alt wird, aber immerhin bin ich bis in dieses Alter, bis auf diesen Streckenabschnitt gekommen." *Einheizer engagieren:* Organisieren Sie sich lautstarke Unterstützung, die Sie an strategisch wichtigen Punkten der Strecke postieren. Mit einem leichten Fahrrad, das man zwischendurch auch in Bussen oder der U-Bahn transportieren kann, erreicht Ihr Helfer viele Streckenpunkte, ohne selbst aus der Puste zu geraten. Überlegen Sie sich, wo Sie diesen engagierten Unterstützer am meisten brauchen – da, wo es für Sie besonders hart werden wird. An einer Steigung? Nach 30 km? Im eintönigen Gewerbegebiet, das Ihnen wenig Abwechslung bietet und an Ihrer Motivation nagt? Wenn dort einer Ihrer Lieben auf Sie wartet, um Sie aufzumuntern, sei es mit Sprüchen, Transparenten oder einer Banane für zwischendurch, geht es Ihnen sofort viel besser. Sorgen Sie nur dafür, dass Sie und Ihr Partner am Streckenrand sich nicht übersehen (siehe Kapitel 013, „Schatz suchen"). *Sprüche klopfen:* Läufer nehmen Ihre Umwelt selbst im Wettkampf wahr, auch wenn ihre angestrengten, oft abwesend wirkenden Mienen anderes vermuten lassen. Ein guter Zuruf findet immer Gehör. Manche Sprüche machen sich über die Anstrengung lustig, andere stacheln zu noch mehr auf. Gags und Einpeitschendes – beides kann hilfreich für den Läufer sein:

„Abzweigung verpasst!" „An Blasen ist noch niemand gestorben." *„Der Schmerz vergeht, der Stolz bleibt."* „Die vor dir sehen genauso schlecht aus." *„Distanz ist, was Dein Kopf daraus macht."* „Du bist stärker als Du." *„Du hast fürs Laufen bezahlt und nicht fürs Gehen."* „Go hard or go home." *„Go, Papi, go!"* „Hauptsache ankommen." *„Heul doch."* „Jeder stirbt, aber nicht jeder hat gelebt." *„Lächle, du hast dafür bezahlt."* „Nicht laufen ist auch keine Lösung." *„Ohne Fleiß kein Schweiß."* „Susi ist die Beste." *„Quäl Dich, Du Sau."* „Schwitzen ist, wenn Muskeln weinen." *„Soll ich Dir mein Fahrrad leihen?"* „Schmerz ist unvermeidlich. Leiden ist eine Option." *„Speed is sex, distance is love."* „Nur wer riskiert, zu weit zu gehen, findet heraus, wie weit er gehen kann." *„Umdrehen wäre jetzt auch blöd."* „Was dich nicht umbringt, macht dich nur härter." *„Wenn Marathon einfach wäre, hieße es Fußball."* „Wer zuletzt läuft, hat mehr von der Strecke." *„Wo Schmerzen sind, ist auch noch Leben."* „Wer nicht kotzt, läuft nicht am Limit." *„Kein Mensch hat behauptet, dass Marathon Spaß macht."*

» **Im Verkehr** *Überholen lassen:* Die Straßenverkehrsordnung macht keinen Unterschied zwischen Fußgängern, Walkern oder Läufern. Logisch wäre unter Verkehrsteilnehmern ohne motorisierten Untersatz, dass der Langsamere den Schnelleren vorbeilässt. Andernfalls müsste der Läufer abrupt bremsen, wo doch der Walker nur einen Schritt zur Seite gehen bräuchte. Verlassen Sie sich aber lieber nicht darauf, sondern bleiben Sie flexibel. *Durchschlängeln:* Wenn Sie durch eine Fußgängerzone laufen, sollten Sie eher mittig im Passantenstrom mithalten, sich nicht zu sehr am Rand bewegen, wo Passanten aus den Geschäften herausdrängen. Verhalten Sie sich im Gewimmel leise und pirschen Sie sich beim Überholen an. Jedes aufschreckende Geräusch provoziert nur eine hektische und unberechenbare Bewegung des Menschen, an dem Sie vorbei möchten. *Blickkontakt halten:* Beim Laufen am Straßenrand verlassen Sie sich nicht darauf, dass Sie gesehen werden. Halten Sie Blickkontakt mit den anderen Verkehrsteilnehmern. Laufen Sie dazu – und damit Sie besser reagieren können – gegen die Fahrtrichtung. Wenn Sie eine Straße überqueren wollen und die Situation unübersichtlich ist, warten Sie auf Handzeichen von Autofahrern und geben Sie selbst welche, und zwar ganz klare. Wenn Sie in einer Gruppe unterwegs sind, laufen Sie hintereinander. Achten Sie auf Grünflächen, auf die Sie ausweichen können, und auf Büsche, in die Sie notfalls hechten.

sehen und gesehen werden

010 GEGNER ABSCHIRMEN

Immer wieder ist die Rede von einem vernichtenden Blick, oder davon, was wäre, wenn Blicke töten könnten. So weit müssen Sie nun wirklich nicht gehen. Aber es lohnt sich durchaus, über die Macht der Augen nachzudenken. Sie können auch ganz schön verräterisch sein. Und das wollen Sie nicht, wenn Sie nervös bei einem Wettkampf antreten. Je stärker Sie nach außen wirken, desto unsicherer machen Sie damit Ihre Gegner.

» **Cool bleiben** Ein Rennen auf der Stadionbahn beginnt lange vor dem Startschuss. Die Läufer hüpfen vor der Startlinie auf und ab und vollführen ihre Rituale. Sie beschwören Götter und Großmütter, küssen Goldkettchen oder herzen alberne Kuscheltiere. Bleiben Sie cool und setzen Sie ein Pokerface auf. Tun Sie so, als würde Sie die ganze Aufregung total kalt lassen. So schinden Sie am meisten Eindruck.

» **Nervosität verbergen** Ein Blick sagt alles. Unsicherheit und Nervosität zeigen sich in suchenden, umherirrenden Augen, häufigem Blinzeln, zu Boden gesenktem Blick, zusammen- oder hochgezogenen Augenbrauen. Schauen Sie selbstsicher geradeaus, lassen Sie Ihren Blick frei schweifen. Und wenn Sie das nicht hinbekommen: Tragen Sie eine Sonnenbrille, um sich gegen Ihre Gegner abzuschirmen.

» **Von den Stars lernen** Paula Radcliffe, die britische Weltrekordhalterin im Marathon, läuft bei Wettkämpfen nie ohne Sonnenbrille. „Ich fühle mich wohler mit Brille", sagt sie. Und das liegt sicher nicht nur am Brillenhersteller, der als Sponsor hinter der Athletin steht. Auch der bayerische Ironman-Sieger Faris Al-Sultan und der ehemalige 800-Meter-Weltmeister André Bucher aus der Schweiz schwören auf Augenschutz. Al-Sultan sagte einmal, wenn er stundenlang gegen die Sonne anblinzeln muss, bekomme er am Ende einen Krampf. Und André Bucher trug früher selbst bei Sportfesten am Abend Sonnenbrille, allerdings die hellere, orangefarben getönte Variante.

» **Von Pokerfaces lernen** Zocker lassen sich nicht gerne in die Karten schauen. Genauso wenig wollen Sie, dass die Mitspieler erkennen, was in ihnen vorgeht. Wer beim Pokern freudige oder ängstliche Reaktionen auf sein Blatt zeigt, spielt seinen Gegnern in die Hände. Über einen guten Bluff sagt Pius Heinz, der deutsche Poker-Weltmeister 2011: „Es ist gar nicht so einfach, immer gleich auszusehen, egal ob man zwei Asse oder gar nichts auf der Hand hat. Selbstdisziplin und die Kontrolle der eigenen Emotionen spielen deshalb eine besondere Rolle." Jedem, der mit dieser Selbstkontrolle Probleme hat, rät Pokerprofi Rino Mathis aus der Schweiz, eine Sonnenbrille zu tragen. Diese Abschirm-Maßnahme hat noch einen weiteren Vorteil: So können Sie Ihre Gegner noch ungenierter beobachten. Achten Sie auf deren Augen, am Spieltisch wie auf der Stadionbahn.

BLUTVERGIESSEN VERMEIDEN

Läufer haben mehr Blut als Nicht-Läufer. Ein trainierter Körper produziert, im Vergleich zu einem untrainierten, bis zu zwei Liter zusätzlich. Das garantiert eine verbesserte Versorgung des Organismus mit Sauerstoff. Darüber hinaus bilden Sie als Läufer mehr Kapillaren, die den Muskeln das Blut zuführen. Ihre Durchblutung ist dadurch um bis zu 40 Prozent verbessert. Das bedeutet, dass Sie bei einem Unfall einen Blutverlust besser verkraften als ein unsportlicher Mensch. Das bedeutet jedoch nicht, dass Sie unvorsichtiger sein und Ihr Blut verschwenden dürfen. Zum Beispiel, wenn Ihre Nase blutet, was beim Laufen schon mal vorkommen kann.

» **Nasenbluten stoppen** Wenn Ihre Nase plötzlich zu bluten beginnt, ist dies kein Grund zur Panik. Vermutlich haben Sie einfach nur zu fest geschnäuzt. Dadurch platzen feine Äderchen im vorderen Bereich der Nasenscheidewand. Kinder sind davon häufiger betroffen als Erwachsene, da bei ihnen Haut und Venengeflecht besonders zart sind. Grundsätzlich können Sie bei leichtem Nasenbluten sogar langsam weiterlaufen. Um

Brechreiz zu vermeiden, sollten Sie das Blut aber nicht runterschlucken, sondern ausspucken. Formen Sie einen Pfropfen aus Klopapier oder einem Papiertaschentuch, stopfen Sie ihn in das blutende Nasenloch. Atmen Sie durch den Mund weiter. Ist die Blutung zu stark, bleiben Sie stehen oder setzen Sie sich hin. Im Idealfall legen Sie sich ein kaltes Tuch in den Nacken, oder ein T-Shirt, das Sie in einem Bach nass machen, und bleiben zirka fünf Minuten lang so sitzen. Damit die Äderchen nicht sofort wieder aufreißen, sollten Sie beim Weiterlaufen zunächst nur durch den Mund atmen.

» **Wunden versorgen** Auf einem schmalen Trail durchs Unterholz zu jagen macht Spaß, ist aber nicht ungefährlich. Sie können stolpern und stürzen. Bei tieferen Schürfwunden suchen Sie ein Gewässer, um die Verletzung vorsichtig zu säubern. Vielleicht haben Sie auch ein Getränk dabei, das Sie dazu nutzen können. Andernfalls nehmen Sie Ihre Spucke, um den gröbsten Dreck aus der Wunde zu entfernen. Starke Blutungen stillen Sie mit einem Stück Stoff und leichtem Druck. Einen Ihrer Strümpfe sollten Sie dafür opfern können. Dann gehen Sie lieber weiter anstatt zu laufen, ansonsten wird die Blutung immer wieder neu angeregt. Sobald Sie zu Hause sind, müssen Sie die Wunde sofort desinfizieren und ein Pflaster oder einen leichten Verband anlegen. Bei tiefen, stark verschmutzten Verletzungen gehen Sie zum Arzt.

» **Konkurrenten entkommen** Laufen ist ein Sport ohne Körperkontakt. In einem Wettkampf kann es allerdings schon mal so eng werden, dass Sie den Ellenbogen des Gegners spüren. Grundsätzlich gilt das ungeschriebene Gesetz: Zwischen zwei Läufer gehört immer eine halbe Armlänge Platz. Darauf sollten Sie achten und gegebenenfalls allzu anhängliche Mitläufer lautstark darauf hinweisen. In der jüngsten Geschichte der Leichtathletik hat es nur einmal eine Handgreiflichkeit im Ziel gegeben (siehe Kapitel 039, „Schwung holen"), blutende Wunden in so einem Fall noch nie. Dafür können Ihre Schienbeine schon mal die nagelbesohlten Spikeschuhe des vor Ihnen laufenden Konkurrenten abkriegen, wenn Sie auf ihn auflaufen und er nach hinten ausschlägt. Die Erregung im Wettkampf ist so groß, dass Sie den Tritt oft nicht einmal spüren. Meistens merken

Sie erst nach dem Zieleinlauf, dass Sie bluten. Die Wunde kann tief sein. Desinfizieren und verbinden Sie sie. Bei starken Schmerzen lassen Sie von einem Arzt kontrollieren, ob das Schienbein eventuell ernsthafter verletzt ist.

» **Blutspenden dosieren** Der Aderlass wurde im Mittelalter gegen alle möglichen Krankheiten angewandt. Bis heute hat sich bei manchen Sportlern die Vorstellung gehalten, dass eine Blutspende vorteilhaft sei. Angeblich soll sich das Blut dabei durch die Bildung von mehr roten Blutkörperchen erneuern und die Leistungsfähigkeit steigen. Doch das Gegenteil ist der Fall. Nach einer Blutspende sind Sie mehrere Wochen lang weniger fit, da Ihnen das verlorene Blut nicht mehr zum Transport von Sauerstoff zur Verfügung steht. In dieser Zeit können Sie nur langsam laufen, also auch nur langsamer trainieren. Gehen Sie sechs Wochen vor einem wichtigen Wettkampf nicht mehr zum Blutspenden. Sonst tun Sie zwar anderen Gutes, aber nicht sich selbst.

AUSSICHT GENIESSEN

Sie laufen, um ab und zu mehr als Ihre eigenen vier Wände zu sehen? Sie wollen raus und Ihren Horizont erweitern? Und wenn Sie sich dann richtig fit fühlen, wollen Sie sich vielleicht auch mal mit anderen Sportlern messen? Die Aussicht, einen Wettbewerb zu gewinnen, ist normalerweise eher gering, aber Sie können sich zumindest bessere Perspektiven verschaffen.

» **Sightseeing betreiben** Für einen Marathon werden ganze Großstädte für den Autoverkehr gesperrt, nur damit Sie als Läufer eine Sightseeingtour unternehmen können. Genießen Sie dieses Privileg. Gehen Sie es gemütlich an, im Eilschritt haben Sie doch nichts davon. Aber wählen Sie einen Marathon aus, dessen Ziel lange genug geöffnet ist, bevor die Strecke wieder für den Verkehr freigegeben wird. Die liberalste Zielschlusszeit weltweit gibt es in New York, da können Sie sich von 9.40 bis 19 Uhr, also mehr als neun Stunden lang, Zeit lassen. Mit einem Spezialantrag können Sie sogar bis zu zwölf Stunden vor allen anderen starten, das gilt aber vor allem für Teilnehmer mit Behinderungen. Viel Zeit haben Sie auch beim Marathon in Honolulu, von fünf bis 14 Uhr. In Deutschland schließen die Ziele bei großen Marathons schon nach 6,5 Stunden. Grundsätzlich gilt: Je größer die Veranstaltung, desto mehr Zeit haben Sie, die Stadtansichten zu genießen. Eine weitere Form des Fitness-Tourismus ist das Sightjogging, eine Mischung aus Sightseeing und Jogging: Ein Guide läuft mit Ihnen in moderatem Tempo durch eine Stadt und erzählt Ihnen unterwegs Wissenswertes. Lauf-Führungen dieser Art gibt es in fast allen Metropolen.

» **Gewinnchancen erhöhen** Beim Haseder Feldmarktlauf 2011 kamen gerade einmal 35 Männer und zwei Frauen ins Ziel. Die Strecke ist langweilig, sie windet sich durch Felder und Wiesen, es gibt kaum Zuschauer, noch weniger Streckenposten, und wenn Sie dort laufen, sind Sie fast immer alleine unterwegs. Das Gute daran: Je weniger Teilnehmer, desto größer die Siegchance in Ihrer Altersklasse! Wenn Sie irgendwo gewinnen können, dann bei den kleinsten Marathons der Republik: Waldmarathon in Werdau (2011: 71 Teilnehmer), Marathon in Ellerdorf (2011: 67 Teilnehmer im Ziel), Marathon in Bertlich (2011: 46 Teilnehmer), Moormarathon in Goldenstedt (2011: 59 Teilnehmer), Wendland-Marathon in Liepe (2011: 32 Teilnehmer), Wittenseer Stadtparkmarathon in Winterhude (2011: 31 Teilnehmer), Marathon in Windhagen (2011: 57 Teilnehmer), Hollenlauf in Bödefeld (2011: 35 Teilnehmer). Für eine erhöhte Siegchance ganz besonders zu empfehlen sind die Teichwiesen-Marathons des Marathonsammlers Christian Hottas, bei denen sich auch mal nur drei Starter aus dessen Freundeskreis anmelden. Drei Teilnehmer ist die Mindestzahl, ab der eine Laufveranstaltung offiziell gewertet wird. Ihr Treppchenplatz ist gesichert.

» **Schwindel erregen** Besonders viel Aussicht genießen Sie von Türmen und Hochhäusern. Zum Beispiel bei Treppenläufen. Da haben Sie erst minutenlang gar keine Aussicht, weil Sie im Treppenhaus unterwegs sind, dann aber auf einmal außergewöhnlich viel. Sie brauchen nur ein

Weilchen, bis Sie das genießen können, denn in den ersten Minuten nach dem Treppenlauf ist Ihnen vor Anstrengung dermaßen schwarz vor Augen, dass Sie erst einmal nach Luft schnappen müssen. Der Klassiker ist der „Empire State Building Run-Up" in New York, er findet seit 1978 statt (siehe Kapitel 069, „Beine heben").

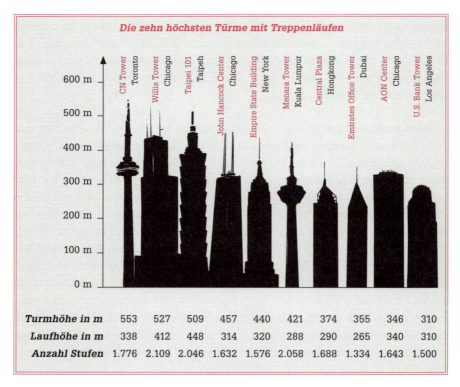

» **Höhenluft schnuppern** Gebirgsläufe gehören heutzutage zum Repertoire jedes ambitionierten Läufers. Die meisten sind aber auch für Freizeitathleten zu schaffen, natürlich mit entsprechenden Gehpausen an den steilsten Abschnitten. Ein Höhenrausch, beispielsweise auf dem Sertigpass des Swiss Alpine Marathons in Davos oder auf der Moräne des Eigergletschers beim Jungfrau-Marathon in Interlaken, ist ein unvergessliches Erlebnis. Die acht spektakulärsten Bergläufe (im deutschsprachigen Raum):

Alpin-Marathon, Oberstaufen: Aufstieg mit 1.800 Höhenmetern auf den Hochgrat und wieder runter. *Zugspitz-Extremberglauf:* mit 2.235 Höhenmetern auf 17,9 km einer der schwersten Bergläufe Europas auf Deutschlands höchsten Berg. Start in Ehrwald in Österreich, Ziel an der österreichischen Bergstation. *Kaisermarathon in Söll, Österreich:* Über Ellmau geht es am Schluss auf den Gipfel der Hohen Salve auf 1.828 Metern. *Aletsch-Halbmarathon:* Der höchstgelegene Halbmarathon Europas entlang des Aletschgletschers in der Schweiz. Gestartet wird in Bettmeralp auf 1.950 Metern Höhe, dann geht es noch weitere 800 Höhenmeter hinauf bis aufs Bettmerhorn. *Jungfrau-Marathon:* Start in Interlaken (Schweiz) auf 566 Metern Höhe, Ziel auf der Kleinen Scheidegg auf 2.095 Metern vor den drei nebeneinander aufragenden Viertausendern Eiger, Mönch und Jungfrau. *Swiss Alpine Marathon:* großes Läufer-Happening in Davos (Schweiz) mit vielfältigem Streckenangebot. Hauptstrecke ist ein 78 km langer Ultralauf im hochalpinen Gelände. *Zermatt-Marathon:* von St. Niklaus (Schweiz) in 1.116 Metern Höhe durch das Mattertal auf den Riffelberg am Gornergrat (2.585 Meter), das Matterhorn stets im Blick. *Transalpine Run:* Alpenüberquerung von Bayern nach Südtirol in acht Etappen mit rund 300 km und 15.000 Höhenmetern allein im Anstieg.

» **Rekorde brechen** Der deutsche Rekordhalter im Marathon heißt Jörg Peter. Er lief im Februar 1988 in Tokio 2:08:47 Stunden. Bei den Frauen ist die schnellste Deutsche Irina Mikitenko, die 2008 2:19:25 Stunden brauchte. Diese Zeiten hat seitdem hierzulande niemand mehr erreicht. Und auch Sie werden sich vermutlich damit schwertun. Aber treten Sie doch einfach im Ausland an oder in spezieller Aufmachung. Kleiner Tipp: Falls Sie eine Frau sind, versuchen Sie es als Flugzeug mit Helm verkleidet rückwärtslaufend in Kuwait – und der Sieg ist Ihnen sicher *(siehe Kapitel 076, „Übers Knie brechen")*. **Durch Staatenwechsel:** Internationale Marathon-Bestzeiten, die noch zu knacken sind:

Für Männer: British Virgin Islands (3:32:39 h), Liberia (3:08:22 h), Niue (3:30:00 h), Palau (3:49:46 h), Saint Helena (4:06:47 h), Tonga (3:15:21 h). *Für Frauen:* Andorra (4:46:05 h), Kuwait (6:13:06 h), Mali (5:04:08 h), Oman (4:45:54 h), Pakistan (4:12:36 h), Somalia (4:58:20 h), Saint Helena (6:30:52 h).

In Verkleidung: Manche Teilnehmer von Laufveranstaltungen kostümieren sich, zum Beispiel als Tier, Comicfigur oder Auto. Bei manchen

Marathons gibt es mehr von diesen Gestalten als bei anderen, in London zum Beispiel oder beim Médoc-Marathon in Frankreich. Die meisten von diesen Läufern haben einfach Spaß daran, aufzufallen. Andere meinen es ernst und wollen Rekorde brechen. Im Guinnessbuch werden Listen darüber geführt, wie schnell jemand in einem bestimmten Kostüm den Marathon gerannt ist. Wählen Sie am besten eine Verkleidung, mit der sich noch niemand bei den Juroren angemeldet hat, zum Beispiel als Albatros. Was Superman angeht: Vergessen Sie's. Die schnellsten Marathons in Verkleidung laut Guinnessbuch der Rekorde:

Männer: als Comicfigur: 3:07:34 h (Fred Feuerstein); als Superheld: 2:42:26 h (Superman); im Arztkostüm: 4:21:09 h; im Tierkostüm: 2:43:20 h (Panda), 3:30:10 h (Tiger); im Babykostüm: 3:13:30 h; in einer kompletten Feuerwehruniform (mit Helm): 5:32:55 h; als Golfspieler: 3:43:20 h; als Hofnarr: 3:33:55 h; als Kobold: 3:09:40 h; als Krankenschwester: 3:46:27 h; Vogelkostüm allgemein: 2:45:17 h; Flugzeuge mit Helm: 4:08:58 h. **Frauen:** als Superheldenfigur: 3:08:55 h (Superwoman); im Flaschenkostüm: 4:54:36 h; in Schuluniform: 4:14:46 h; als Schwangere: 4:56:10 h; als Domina: 3:46:44 h; als Giraffe: 5:34:22 h.

Rückwärts: Die Deutschen Thomas Dold und Achim Aretz halten gemeinsam sieben Weltrekorde auf verschiedenen Laufdistanzen – und kaum einer kennt sie. Das ist nicht so verwunderlich, wenn man weiß, dass Sie die jeweiligen Rekorde rückwärts laufend aufgestellt haben. Dold zum Beispiel lief 1.000 m in 3:20,09 Minuten, Aretz 10.000 m in 41:26,13 Minuten, Halbmarathon in 1:35:49 und Marathon in 3:42:41 Stunden. Dold hat dazu eine dezidierte Meinung: „Weltrekord ist Weltrekord!" Recht so. Das wäre doch vielleicht auch etwas für Sie, vor allem wenn Sie schon über 40 Jahre alt sind. Altersklassenrekorde werden beim Rückwärtslaufen noch nicht geführt, deshalb könnten Sie der Erste sein, der in seiner Altersklasse einen solchen Rekord anmeldet. Glauben Sie aber nicht, es gäbe noch irgendeine klassische Laufdistanz, auf der noch keiner einen Rückwärtsrekord versucht hat. Es gibt sogar einen Rekord für die Rückwärtsdurchquerung der USA: Der Inder Arvind Pandya lief im Jahr 1984 in 107 Tagen von Los Angeles nach New York – eine Strecke von 5.100 km. Aber vielleicht schaffen Sie es ja in 106 Tagen. Einen Versuch wäre es wert.

» **_Keine Aussicht genießen_** Sie wollen beim Laufen nichts sehen? Sie wollen nur ungern abgelenkt werden und sich stattdessen ganz auf sich selbst konzentrieren, deshalb stören Sie äußere Reize nur? Damit gehören Sie zwar zu einer Minderheit, aber natürlich gibt es auch für Sie ein entsprechendes Wettkampfangebot. Die fünf aussichtslosesten Läufe in Deutschland:

Tunnelblicke

Elbtunnel-Marathon, Hamburg: Durch die beiden Röhren des alten Elbtunnels pendeln Sie 48 Runden je 24 m unter dem Fluss hindurch auf einer neonbeleuchteten Asphaltspur hin und her. Das Schönste sind die weißen Kacheln an den Wänden. **Untertage-Marathon, Sondershausen:** Vier leicht profilierte Zehn-Kilometer-Runden im stillgelegten Brügman-Schacht, 700 m unter Tage. Die Luft könnte frischer sein. Achtung: Beim Lauf gilt Helmpflicht. **Knastmarathon, Darmstadt:** 24 Runden entlang der hohen, mit Stacheldraht bewehrten Mauern im Innenhof der Justizvollzugsanstalt. Sie kommen nach dem Marathon wieder raus, die Zuschauer nicht, die sind alle Häftlinge. **Hallen-Marathon, Senftenberg:** 211 abendliche Runden (Start: 18 Uhr) auf der 200-Meter-Bahn in der Niederlausitzhalle. Ein Drehwurm ist vorprogrammiert. Wem das nicht reicht: Am nächsten Morgen gibt es noch einen 50-km-Lauf auf der gleichen Bahn. **Parkhaus-Marathon, Dresden:** Rundkurs vom Erdgeschoss bis zum 5. Parkdeck. Gesamtdistanz: 42,195 km in 47 Runden mit insgesamt 681 m Höhendifferenz.

SCHATZ SUCHEN

013

Ein exzentrischer Brite machte Schlagzeilen in seiner Heimat, weil er bei seinen täglichen Laufrunden über die Jahre insgesamt 1.000 englische Pfund in kleinen Münzen aufgesammelt haben will. Auch von einem findigen Berliner Marathonläufer ist in der Zeitung zu lesen gewesen. Nach acht Jahren erfolgreichen Trainings mit Bück-Einlagen am Wannsee und anderen Gewässern konnte er sich angeblich ein Haus auf Grenada leisten. Das Glück liegt bekanntlich auf der Straße. Aber nicht nur.

» **Am Strand** Strände, Seeufer und Wiesen im Park sind ideal für Ihre Schatzsuche. Zum einen laufen Sie hier ohnehin gerne, zum anderen lassen die Badegäste und Sonnenanbeter an einem turbulenten, heißen Tag einiges im Gras oder Sand liegen. Vor allem im Sand geht schnell mal ein Geld- oder Schmuckstück verschütt, auf das Sie dann im Schlurfschritt stoßen können. Wenn Sie etwas finden, das mehr als zehn Euro wert ist, sind Sie in Deutschland gesetzlich verpflichtet, die Sache beim Fundbüro oder der Polizei abzugeben. Meldet sich der Eigentümer sechs Monate lang nicht, gehört der Fund Ihnen. Meldet sich der Eigentümer, steht Ihnen laut § 971 des Bürgerlichen Gesetzbuchs ein Finderlohn zu: Bei einem Wert Ihres Fundes bis 500 Euro erhalten Sie fünf Prozent, bei einem Wert darüber hinaus drei Prozent. Den größten Erfolg versprechen Strände mit viel Publikum in gedankenloser Partylaune. Der Berliner, der nach seiner langjährigen Schatzsuche nach Grenada umgezogen ist, hat sich ebenfalls vor allem an Party-Ufern umgesehen. Schatz-Strände mit Laufstrecken:

Playa d'en Bossa, Spanien: der längste Sandstrand von Ibiza. Hier verliert die Jugend erst ihre Hemmungen, dann ihr Geld, aber eher nur kleine Scheine. *El Arenal, Spanien:* Am Ballermann auf Mallorca trinken knapp bekleidete Menschen Sangria aus Eimern. Einen solchen (leeren) können Sie gut zum Geld aufsammeln benutzen, so viel liegt hier herum. *Mamaia, Rumänien:* Der Russische Rubel rollt direkt in den Sand. Gefundene Scheine können Sie zu Hause zu besseren Konditionen tauschen als vor Ort. *Miami Beach, Florida:* Am Ocean Drive treffen sich die Reichen, Schönen und Unachtsamen. Besonders betuchte potentielle Wertsachen-Verlierer sind an der Collins Avenue zwischen 16. und 20. Straße unterwegs. **_Haad-Rin-Strand, Thailand:_** Zehntausend junge Touristen treffen sich jeden Monat zur Vollmondparty auf der Insel Ko Phangan, was dermaßen enttäuschend abgedroschen ist, dass sie es nur mit Drogen aushalten. Der Schatz, den Sie hier am nächsten Morgen finden, besteht aus illegalem Stoff, den Sie bei einem Dealer in Bares eintauschen müssten. Lassen Sie das Zeug lieber liegen. **_Super Paradise Beach, Griechenland:_** Im Südosten von Mykonos lassen Schwule und andere Feierwütige die Hüllen fallen. Hier finden Sie legalen Stoff – teure Klamotten, die Sie im Second-Hand-Laden versilbern lassen können. **_Copacabana, Brasilien:_** Am Stadtstrand von Rio de Janeiro geht es an Silvester zu wie bei der Mekka-Pilgerfahrt Hadsch. Eine Million traditionell ganz in Weiß gekleidete Menschen, darunter Hunderttausende Touristen, drängen ans Meeresufer, um Blumen ins Wasser zu werfen. Laufen können Sie in dem Gedränge allerdings schlecht. Und wenn Sie etwas finden, sollten Sie in der Lage sein, die Sache zu verteidigen. Es sind organisierte Gangs unterwegs, die das Gleiche wollen wie Sie.

» **Am Streckenrand** Der größte Schatz ist ein lieber Lebenspartner, der Sie bei einem Wettkampf unterstützt und Sie anfeuert *(siehe Kapitel 009, „Taktisch vorgehen")*. Bei bis zu 40.000 vorbeihastenden Teilnehmern eines Marathons und Tausenden Zuschauern ist nur die Frage, wie Sie zueinander finden. **_Treffpunkt ausmachen:_** Gehen Sie am Vortag des Rennens gemeinsam mit Ihrem Partner den Streckenplan durch und überlegen Sie, an welchen Punkten Sie Unterstützung wünschen. Merken Sie sich die Haltestellen öffentlicher Verkehrsmittel, die nicht durch Straßensperrungen beeinträchtigt werden können, am besten die U-Bahn-Stationen. Machen Sie markante Stellen aus wie Brunnen, Laternenmasten und auffällige Gebäude, aber nicht die ganz offensichtlichen, an denen sich am Renntag ziemlich wahrscheinlich schon Hunderte Helfer anderer Läufer gegenseitig auf die Zehen treten. Die Kilometer der Strecke sind mit Schildern markiert, das macht es Ihrem Helfer leichter, sich zu orientieren. Ganz wichtig: Machen Sie aus, auf welcher Straßenseite er stehen soll. **_Rechtzeitig da sein:_** Bei der Anmeldung bekommen Sie vom Veranstalter meistens einen Plan mit Kilometer- und Zwischenzeiten-Angaben. Damit können Sie ziemlich sicher, aber natürlich nicht ganz genau berechnen, wann Sie wo vorbeilaufen werden. Ihr Partner sollte zehn Minuten vorher am vereinbarten Punkt auftauchen, für den Fall, dass Sie an diesem Tag zu Höchstleistungen auflaufen und viel schneller sind als gedacht. **Auffällig kleiden:** Es nützt wenig, Ihrem lieben Anfeuerer nur Ihre Startnummer mitzuteilen. Die ist teilweise vier- oder fünfstellig, und damit kann Sie kein Mensch in einem vorbeilaufenden Pulk schnell genug identifizieren. Tragen Sie als Läufer ein neonfarbenes Oberteil oder ein buntes Stirnband. Als Unterstützer können Sie mit einem hochgehaltenden Transparent oder ebenfalls mit signalfarbener Kleidung auf sich aufmerksam machen.

» **Auf der Strecke** Bei einem Halbmarathon- oder Marathonlauf werden vom Veranstalter alle 2,5 bis fünf Kilometer Verpflegungsstellen aufgebaut, an denen Sie in der Regel mindestens Wasser und Obst, meist Bananen, finden. Bei größeren Veranstaltungen haben Sie die Möglichkeit, Eigenverpflegung abzugeben, die dann an bestimmten Streckenpunkten für Sie bereit steht. Eigenverpflegung heißt: Getränke, die Sie selbst angemischt und in Ihre eigenen Flaschen abgefüllt haben. Damit stellen Sie sicher, dass Sie unterwegs das bekommen, was Ihrem Magen gut tut, da Sie es in diversen Trainingsläufen zuvor schon getestet haben: ein Energieschub nach Maß. Aber Sie müssen Ihre Eigenverpflegung erst einmal finden, denn an den Verpflegungsstellen stehen Dutzende persönlicher Flaschen zum Abgreifen bereit. Kennzeichnen Sie deshalb Ihre Flasche mit einem weit sichtbaren Fähnchen, einem Luftballon, einer Pfauenfeder oder sonstigem Gepuschel, das sie unverwechselbar macht. Bedenken Sie, dass Sie die Flasche im Vorbeilaufen schnell greifen müssen und sie Ihnen nicht aus der Hand gleiten darf. Schmieren Sie sie eventuell mit etwas von dem Klebeharz ein, das Stabhochspringer oder Handballer benutzen. Das Harz bleibt dann zwar bis zum Ziel an Ihnen haften, aber klebrige Finger sind nicht so schlimm wie Durst und Hunger.

» **Nach dem Rennen Kleiderbeutel:** Bei Großveranstaltungen können Sie Bekleidung, die Sie unterwegs nicht benötigen, am Start abgeben. Dazu richten die Veranstalter spezielle Servicepunkte ein. Die Kleiderbeutel werden mit Ihrer Startnummer beschriftet, nach entsprechender Nummernfolge abgelegt und später auch wieder ausgegeben. Erkundigen Sie sich vor dem Wettkampf nach dieser Möglichkeit und nach einem passenden

Kleiderbeutel. Meist bekommen Sie ihn schon beim Abholen der Startnummer ausgehändigt. Vergessen Sie den Beutel am Renntag nur nicht. Und auch wenn bei Sportveranstaltungen selten etwas wegkommt, legen Sie lieber keine Wertsachen und kein teures Handy hinein. **Angehörige:** Nach dem Rennen sind Sie entweder total erschöpft und suchen schnellstmöglich eine starke Schulter, an die Sie sich anlehnen können, oder Sie sind überglücklich und wollen feiern. Für beides sind Freunde, Bekannte und Angehörige da. Diese müssen Sie aber erst einmal finden. Bei Großveranstaltungen sind Tausende im Zielbereich unterwegs. Ihr Mobiltelefon haben Sie beim Laufen vermutlich nicht dabei gehabt und es ja auch nicht im Kleiderbeutel deponiert. Nun gibt es mehrere Möglichkeiten. Bei den meisten Veranstaltungen werden eigens Treffpunkte hinterm Ziel eingerichtet, wo man sich an alphabetisch geordneten Buchstabenschildern verabreden kann. Im internationalen Gebrauch heißen sie „Family Reunion Areas". Ist der Zielbereich nicht großräumig abgesperrt, bestellen Sie Ihre Freunde zur geplanten Zielzeit einfach ans Ziel, dabei sollten diese ein großzügiges Zeitfenster in ihrer Planung berücksichtigen. Ihre Kinder dürfen Sie sogar schon vor dem Zieldurchlauf abpassen und mit Ihnen über den Zielstrich stürmen. Ein unvergessliches Erlebnis für Ihre Kinder wie für Sie, und praktischerweise haben Sie die Kleinen hinterm Ziel dann gleich an der Hand. Kundschaften Sie in den Tagen vor dem Rennen eventuell auch ein Café, Restaurant oder ähnliches in Zielnähe aus, was sich als Treffpunkt anbietet. Denken Sie nur dran, dass Sie dort nach dem Rennen völlig verschwitzt auftauchen. Es sollte kein Sterne-Restaurant mit Türsteher sein, der Ihnen womöglich wegen Ihrer Erscheinung den Eintritt verwehrt.

014 — *FRISIEREN*

Falls Sie Schwimmer sind, haben Sie es einfach. Sie setzen eine Badekappe auf, und das Thema Frisur ist erledigt. Wenn Sie laufen, ist es etwas schwieriger. Ihre Haare sollen so windschnittig wie luftdurchlässig verstaut sein, auf keinen Fall lästig im Gesicht hängen – und dabei natürlich gut aussehen. Halten muss Ihre Frisur auch, schließlich wollen Sie ja unterwegs nicht andauernd an ihrem Kopf herumnesteln.

» **Für Frauen** Der Berliner Friseur Udo Walz ist bislang noch nicht durch läuferische Höchstleistungen aufgefallen, aber sehr wohl durch seinen virtuosen Umgang mit Kamm und Schere. Seit rund 50 Jahren vertrauen ihm die Reichen, Schönen und Mächtigen dieser Welt ihre Köpfe an. Darunter Marlene Dietrich, Romy Schneider, Naomi Campbell, Cathérine Deneuve, Placido Domingo, Gerhard Schröder und Angela Merkel. Eine besondere Spezialität von Udo Walz sind Hochsteckfrisuren. Für Läuferinnen hat er vier einfache Varianten parat, die alle Lauf-Einsätze vom Feierabend-Jogging bis zum Marathon mitmachen. „Mehr Frisuren gibt es nicht beim Laufen!", sagt Walz dazu kategorisch.

Pferdeschwanz **So machen Sie ihn:** Haare am Hinterkopf straffen und zusammenfassen, mit einem Gummi fixieren. Raffinierte Ergänzung: eine Strähne aus dem Zopf herausnehmen, um das Gummi wickeln, damit man dieses nicht mehr sieht, und mit einer Haarnadel fixieren. **Das bringt er außerdem:** eine kleine Provokation für jeden anderen Läufer, dem Sie nach dem Überholen frech mit dem Pferdeschwanz vor der Nase herumwippen können.

mehr gibt's nicht

Einfacher Zopf **So machen Sie ihn:** Haare zurückkämmen. Drei möglichst gleich dicke Stränge formen. Linken Seitenstrang über die Mitte legen, dieser ist jetzt in der Mitte. Gut festziehen. Rechten Seitenstrang über die Mitte legen, so dass dieser jetzt in der Mitte ist. Und so weiter, immer abwechselnd den linken und rechten Strang über die Mitte legen.

Das Ende mit einem Haargummi fixieren. ***Das bringt er außerdem:*** eine sanft gelockte Wellenfrisur, wenn Sie den Zopf nach dem Laufen lösen.

Ballerinaknoten **So machen Sie ihn:** Haare zu einem hoch sitzenden Pferdeschwanz binden, mit einem Gummi fixieren. Zu einer Schnecke drehen und mit Haarnadeln fixieren. Oder durch eine Knotenrolle (gibt es für ein paar Euro im Drogeriemarkt) ziehen: Strähnen antoupieren und so um die Rolle legen, dass diese nicht mehr zu sehen ist. Mit Haarnadeln fixieren oder mit einem dünnen Haarnetz sichern. ***Das bringt er außerdem:*** vor dem Formen Volumenschaum einmassieren – dann sieht das Haar nach dem Laufen noch besser aus als vorher.

Grace-Kelly-Banane **So machen Sie sie:** Haare am unteren Hinterkopf zum lockeren Pferdeschwanz binden, mit einem dünnen Gummi fixieren. Zopf hochzwirbeln, überschlagen und seitlich mit Haarnadeln oder einem dünnen Haarnetz fixieren. ***Das bringt sie außerdem:*** die glamourösesten Zielfotos Ihres Lebens.

» ***Für Männer*** Falls Sie lange Haare am Kopf haben, orientieren Sie sich an den Frisuren von Udo Walz. Falls Sie lange Haare im Gesicht haben, lernen Sie von laufenden Stil-Ikonen:

lässiger geht's nicht

Dreikämpfer-Dreitages-Bart **Der Prototyp:** Faris Al-Sultan. So lässig wie der bayerisch-irakische Triathlet ist noch kein Hawaii-Gewinner über die Ziellinie gelaufen. ***So züchten Sie ihn:*** ungefähr drei Tage lang nicht rasieren, jedenfalls so lange, bis Sie das Gefühl haben, an Ihren Wangen Parmesan reiben zu können. ***Das bringt er Ihnen:*** totale Coolness, die Sie abhebt von lauter pingeligen, metrosexuelle Pflegerituale vollziehenden Konkurrenten. Wer morgens um sieben Uhr in Kailua-Kona in Hawaii ins Meer springt, vier Kilometer schwimmen, 180 km Rad fahren und 42,195 km laufen muss, macht sich über alles Mögliche Gedanken, nur nicht über eine gründliche Rasur – sollte man meinen. Tatsächlich aber rasieren sich die meisten Triathleten komplett von Kopf bis Fuß, damit sie weniger Wasser- und Luftwiderstand bieten. Tun Sie das nicht! Tragen Sie Stoppeln. Pfeifen Sie auf ein paar Zehntelsekunden bei der Zeitnahme – und sehen Sie einfach männlich aus. Guter Nebeneffekt: Ihr Schweiß brennt nicht so wie auf frisch rasierter Haut und läuft Ihnen auch nicht so ungebremst übers Gesicht.

Sideburns Der Prototyp: Steve Prefontaine. Seine sportliche Gesamterscheinung, seine Rekorde und seine Optik trugen in den frühen 1970er Jahren entscheidend zum Medieninteresse und damit schließlich zum Lauf-Boom in den USA bei. Prefontaine galt als ungezügelt und schwierig zu trainieren, was er auch mit seinem Gesichtshaar ausdrückte (siehe Kapitel 078, „Niederknien"). **So züchten Sie sie:** drei, vier Wochen lang beim Rasieren eine Fingerspanne lang die Gesichtshaare von der Oberkante der Ohrmuschel bis hinunter zum Mundwinkel stehen lassen, schon haben Sie Koteletten so dick wie Schnitzelscheiben. Ein zusätzlicher Seehundschnauzer unterstreicht die zottelige Wirkung. **Das bringen sie Ihnen:** eine wilde Outlaw-Optik, die jeden Konkurrenten einschüchtert und langsamer macht. Die exzentrische Bartform namens Sideburns ist nach dem Bürgerkriegsgeneral Ambrose Burnside getauft. Die mächtigen Koteletten waren schon im 17. Jahrhundert bei mexikanischen Desperados beliebt, später vor allem beim Militär. Dann wurden sie von den Rebellen wiederentdeckt. Dennis Hopper als „Easy Rider" trug Sideburns, James Dean, Elvis Presley in seiner unangepasstesten Phase auch, Rocker, Hippies und andere nonkonformistische Männer taten es ihnen nach. Schweiß wird prima von den Sideburns absorbiert.

Guru-Matte Der Prototyp: Tom Hanks als „Forrest Gump", der plötzlich beschließt, drei Jahre lang quer durch die USA zu rennen. Dabei wachsen Forrest Gump hinternlange Haare und ein Gesichtsgestrüpp, so groß wie ein Fußabstreifer. Ähnlich sieht Fauja Singh aus, ein 1911 geborener Inder. Er ist der älteste Langstreckenläufer der Welt und der erste Hundertjährige, der je einen Marathon absolviert hat. Singh gehört zur Glaubensgemeinschaft der Sikhs, die sich aus Glaubensgründen die Haare wachsen lassen. **So züchten Sie sie:** drei, vier Jahre lang nicht rasieren. **Das bringt sie Ihnen:** ein Gefühl der Gelassenheit, mit dem Sie alle anderen Läufer an sich vorbeiziehen lassen können, zum Beispiel während Sie 100 km am Stück abschlurfen – es gibt schließlich Bedeutsameres als Konkurrenzdruck auf Ihrer momentanen Inkarnationsstufe. Weise Menschen lieben langen Bärte. Indische Gurus signalisieren damit ihren gelassenen Umgang mit der Zeit und mit allem, was während des Verrinnens derselben gedeihen möge. Träger eines derart ausufernden Suppenschwamms sind im Einklang mit sich selbst und dem Universum. Da muss Sie auch das bisschen mehr Gewicht nicht stören, das Sie beim Laufen mit sich herumtragen. Wenn Sie allerdings viel schwitzen, erhöhen sich der Ballast und Ihre Körpervorlage durch die vollgesogene Matte deutlich.

SCHMINKEN

Als Läuferin und Läufer dürfen Sie ruhig eitel sein. Sie tun schließlich sowieso gerne etwas für Ihr Aussehen. Präsentieren Sie sich so, wie Sie sich am wohlsten fühlen. Wenn dazu das Schminken gehört – warum nicht? Achten Sie nur darauf, dass dabei nichts verläuft.

» **Make-up** Es verdeckt Augenringe, Äderchen sowie Hautunreinheiten und sorgt für einen schönen Teint. Aber es verstopft auch die Poren und erlaubt Ihrer Haut nicht, ungehindert zu schwitzen und zu atmen. Deshalb sollten Sie nicht zu dick auftragen. Wenn Sie für den schönsten Tag in Ihrem Leben, den Ihres ersten Marathons, Make-up auftragen wollen, halten Sie es wie eine Braut an ihrem Hochzeitstag: Unterlegen Sie das Make-up mit einer Grundierung, auch Camouflage genannt. Damit hält das Make-up sogar bei einer Marathonfeier.

» **Lippenstift** Er besteht aus Fetten, die nicht nur der Verschönerung dienen, sondern auch als Hautschutz, vor allem bei Kälte. Allerdings enthalten knallige Farblippenstifte weniger Fett, sie können Ihre Lippen austrocknen. Bei niedrigen Temperaturen sollten Sie darauf verzichten.

» **Wangenrouge** Laufen zaubert das schönste Rot auf Ihre Wangen, deshalb können Sie zusätzliche Farbe getrost weglassen. Sonst sehen Sie noch aus wie Rotbäckchen kurz vor der Bekanntschaft mit dem bösen Wolf.

» **Lidschatten, Lidstrich** dezent aufgetragen absolut lauftauglich. Für die bessere Haftung sollten Sie eine Base verwenden. Das ist eine Haftschicht für den Lidschatten, die ebenfalls gerne von Bräuten bei ihrer Hochzeitsfeier verwendet wird. Der Lidschatten soll die langen Feierlichkeiten überstehen und nicht zuletzt den Tränen trotzen, die dabei meist fließen – wie beim Marathon-Zieleinlauf. Ein mit dem Kajalstift gezogener Lidstrich ist dagegen relativ unproblematisch. Je schmaler Sie den Strich ziehen, desto geringer ist die Gefahr, dass er beim Laufen verschmiert oder außer Form gerät. Vor allem, wenn Sie nur das obere Lid mit einem schmalen Strich betonen, sieht das Auge auch nach dem Lauf noch perfekt aus und verdeckt vielleicht sogar die Spuren einer anstrengenden Trainingseinheit. Intensive Smokey Eyes hingegen heben Sie sich besser für die anschließende Party auf.

» **Wimperntusche** Sie sollte vor allem wasserfest sein, damit sie nicht in schwarzen Schlieren über Ihre Wangen läuft. Außerdem sieht Wimperntusche nicht mehr sehr ansehnlich aus, wenn Sie sich eine Fliege aus dem Auge reiben müssen *(siehe Kapitel 018, „Fliegen fischen")*.

» **Permanentes Make-up** Falls Sie stets gut geschminkt zum Laufen erscheinen wollen, aber keine Lust auf den täglichen Arbeitsaufwand haben, sollten Sie über ein Permanent-Make-up nachdenken. Hierbei wird mit Hilfe von kosmetischen Tätowierungen das tägliche Schminken überflüssig. Anders als ein gewöhnliches Tattoo an irgendeiner Stelle Ihres Körpers lassen Sie das Permanent-Make-up in einem Kosmetikstudio stechen. Es hält nur etwa zehn Jahre, da die Farben lediglich unter Ihre erste Hautschicht eingebracht werden und dort Licht- und Alltagseinflüssen ausgesetzt sind. So können Sie sich etwa einen Lidstrich stechen lassen, damit Ihre Wimpern dichter wirken. Oder einen Augenbrauen-Ersatz, für den Sie Ihre echten Brauen abrasieren. Auch die Kontur und das Rot Ihrer Lippen können so aufgepeppt werden.

» **Kriegsbemalung** Das Auftragen von verschiedenfarbigen Streifen im Gesicht diente bei den Indianern Nordamerikas zur mentalen Vorbereitung der Krieger auf den Kampf, zur Kennzeichnung der jeweiligen Heldentaten, zur Einschüchterung des Gegners und dazu, unerkannt zu bleiben. Die Kriegsbemalung erfolgte traditionell während eines langwierigen Rituals. Heute kommt sie vor allem in Mannschaftssportarten mit hartem körperlichen Kontakt zum Einsatz, etwa beim American Football oder beim Rugby. Die neuseeländische Rugby-Nationalmannschaft All Blacks imitiert nicht nur die Gesichtsbemalung, sondern auch die Gestik, den Gesang und den Kriegstanz Haka der neuseeländischen Ureinwohner, der Maori. Wenn Sie allerdings beim Citylauf, dem Schnupperwettkampf oder Ihrem ersten Halbmarathon mit Streifen im Gesicht erscheinen, ernten Sie wahrscheinlich seltsame Blicke, aber kaum aus Bewunderung. Einen Zeitvorteil werden Sie sich mit der Schminke sicher nicht erlaufen. Aber bei Gaudi- und Juxveranstaltungen wie dem derben Hindernisrennen Strongman Run am Nürburgring passen wilde Bemalungen gut ins Bild. Mit Streifen auf den Wangen oder einem komplett bemalten Gesicht sind Sie dort garantiert nicht der einzige.

» **Nicht abschminken** Wenn Sie am frühen Abend laufen wollen und Ihre morgens aufgetragene Schminke noch hält, sparen Sie sich das Abschminken. Laufen Sie los, so schön wie Sie sind.

016 — *WARMEN KOPF BEWAHREN*

Egal, ob es draußen kalt ist oder warm, Ihr Kopf hat immer eine recht gleichmäßige Temperatur. Ihr Körper betrachtet den Kopf als Teil des Körperzentrums, anders als die Arme und Beine. Das ist vermutlich der Grund, warum wir im Laufe der Evolution ausgerechnet auf dem Kopf die Haare behalten haben und am restlichen Körper weniger. Der Kopf muss geschützt werden, sowohl gegen Hitze als auch gegen Kälte. Äußere Temperaturunterschiede werden am Kopf schnell ausgeglichen: Wenn es zu warm wird, schwitzen Sie am Kopf besonders stark und geben damit überschüssige Wärme ab. Wenn es zu kalt wird, durchblutet Ihr Organismus den Kopf stärker. Das kostet Energie, deshalb sollten Sie Ihren Kopf immer schön warm halten *(siehe Kapitel 034, „Richtig chillen")*.

» Mit Gedanken Zu Beginn eines jeden Winters schreiben Zeitungen und Magazine, dass bis zu 45 Prozent Ihrer Körperwärme über den Kopf verloren gingen. Das ist jedoch genau so ein Wissenschaftsmythos wie der angeblich hohe Eisengehalt von Spinat. Die hohen Wärmewerte gehen auf militärische Studien aus den 1970er Jahren zurück, bei denen Versuchspersonen in Ganzkörper-Überlebensanzüge für Schiffbrüchige gesteckt wurden, die für das Überleben in der Antarktis konzipiert waren. Man wollte herausfinden, wie gut die Anzüge gegen arktische Kälte schützen. Allein die Köpfe der Probanden blieben frei – und mussten so die gesamte Wärmeregulation übernehmen. Da der Versuch aber nicht unter arktischen Bedingungen durchgeführt wurde, rauchte den schwitzenden Gummianzug-Trägern buchstäblich der Kopf. Als Läufer hätten Sie ähnliche Voraussetzungen nur dann, wenn Sie in einem Neoprenanzug liefen. Unter normalen Bedingungen hingegen brauchen Sie nicht zu befürchten, übermäßig viel Körperwärme über den Kopf zu verlieren. Schneller kühlen die Körperteile aus, die dem Rumpf ferner liegen, also Hände und Füße.

» Mit einem Stirnband Ein großer Sport-Bekleidungshersteller warb einmal mit dem Satz: „You can't stay warm in a fur bikini", ein Fell-Bikini hält dich nicht warm. Der Gag trifft auf ein Stirnband nur bedingt zu, obwohl es auch nur ein schmaler Streifen Stoff ist. Denn es wärmt genau die Zone am Kopf, die der kalten Witterung am stärksten ausgesetzt ist. Gleichzeitig spart das Stirnband die Fläche aus, die meist sowieso behaart ist. Über die nicht bedeckte Fläche reguliert Ihr Körper seine Temperatur. Gerade in den Übergangszeiten Frühjahr und Herbst ist das größte Problem nicht, dass Sie frieren, sondern dass Sie sich viel zu warm einpacken. Der Körper muss überschüssige Wärme über den Schweiß loswerden, die Energie dafür fehlt Ihnen beim Laufen.

» Mit einer dünnen Mütze Wenn es so kalt ist, dass Sie mit langer Tight und mindestens zwei Schichten Bekleidung am Oberkörper laufen, sollten Sie auf jeden Fall auch an eine Laufmütze denken. Welches Modell Sie hier bevorzugen, ist von Ihrem individuellen Wärme- und Kälteempfinden abhängig, aber auch von Ihrer Kopf-Behaarung. Ein Mensch mit Glatze friert schneller als einer mit Wuschelmähne. Eine dünne Laufmütze bietet Ihnen oft den besten Kompromiss: Beim Loslaufen frösteln Sie damit vielleicht noch, aber unterwegs produzieren Sie Wärme und sind gut geschützt.

» Mit einer dicken Mütze Ist es draußen so kalt, dass Sie selbst beim Laufen, also wenn der Körper auf Hochtouren läuft, nur allmählich richtig warm werden, sollten Sie unbedingt eine gute Mütze tragen. Für Läufer haben sich Fleece-Modelle bewährt. Sie sitzen flächig am Kopf, wärmen gut, saugen sich aber nicht mit Schweiß voll. Interessant ist in diesem Zusammenhang der Vergleich mit den nordischen Ausdauerdisziplinen. Ski-Langläufer, die aus professionellen Gründen Wert auf Mützen legen, beklagen, dass es weltweit keine befriedigenden Untersuchungen dazu gibt, wie viel Wärme über den Kopf verloren geht. Fragt man Langlauf-Profis, ab wann sie eine Mütze empfehlen, erhält man unterschiedliche Antworten. Es scheint auch eine Sache der Gewöhnung zu sein, wie die kalte Luft am Kopf empfunden wird. Mitunter lassen sich auch eigenartige Bekleidungsgewohnheiten beobachten, beim New-York-Marathon Anfang November zum Beispiel. Dort herrschen starke Temperaturunterschiede: um die null Grad Celsius beim Start in Staten Island am frühen Morgen, unangenehm kalter Wind auf der Verrazano Narrows Bridge, Stunden später mehr als 20 Grad Celsius am Ziel im Central Park. Man sieht in New York vor allem viele kälteempfindliche Topläuferinnen mit Handschuhen und Mütze. So zum Beispiel Catherine Ndereba aus Kenia, die nicht etwa einen dünnen Kopfschutz trägt, sondern eine dicke, effektvoll hoch aufragende Pudelmütze.

ERLEUCHTUNG FINDEN

Vielleicht laufen Sie der Gesundheit wegen. Vielleicht aber auch, um vor etwas wegzulaufen oder um zu sich selbst zu kommen. Laufen ist eine der wenigen Möglichkeiten, sich ausschließlich mit den eigenen Gedanken zu beschäftigen. Nur beim Laufen haben Sie derart Ruhe vor Ihrem Chef und der Familie, da sind Sie alleine mit sich, Ihrem Körper und Geist.

Deshalb geht Ihnen dabei auch ab und zu ein Licht auf. Manch ein schlauer Läufer meint, diese Zusammenhänge besser erkannt zu haben als andere, und nennt sich deshalb Laufguru. Doch jeder Geistesblitz beim Laufen nützt nichts, wenn Sie dabei im Dunkeln herumstolpern.

» **Durch Technik** Im Herbst und Winter kann es durchaus sein, dass Sie die Hand nicht vor Augen sehen können. Benutzen Sie zum Laufen Hilfsmittel.

Leuchtmittel	Leuchtweite	Leuchtdauer	Praktikabilität
Streichholz (9 cm Länge)	18 cm	1:32 min	gering
Kerze (Bienenwachs, 22 mm Durchm.)	50 cm	12 h	gering
Fahrradlicht (Reibrollen-Dynamo)	10 m	7 Jahre	gering
LED-Stirnlampe (Batterien 4 x AAA, 1,5 V)	20 m	120 h	hoch
Taschenlampe (Batterien 2 x 2AA, 3,6 V)	40 m	9 h	hoch
Autolicht (BMW 3er-Serie)	50 m	11 Jahre	gering

» **Durch Anbetung** Laufgurus sind Experten, die sich mit den physiologischen und psychologischen Prozessen beim Laufen gut auskennen und gleichzeitig Charisma besitzen. Es gibt echte Laufgurus und selbsternannte. Erstere überzeugen durch Botschaften, die anderen durch geschicktes Marketing. Die Übergänge sind fließend. Der Laufguru will Menschen von den Vorzügen des Laufens überzeugen und schafft dies auch – meist in der Praxis, indem er selbst vorweg läuft oder als Coach andere, zum Beispiel Manager und Politiker, dazu bringt, vorwegzulaufen.

Echte Laufgurus Ernst van Aaken: kämpfte schon Mitte der 1960er Jahre für die Gleichberechtigung der Frauen im Laufsport und machte sich für das Ausdauertraining von Kindern stark. Er arbeitete als Arzt in Waldniel am Niederrhein. Nach ihm wurde das

„Waldnieler Dauerlauftraining" benannt, eine Trainingsmethode, die tägliche langsame Läufe vorsieht und bei der viel Wert auf hohe Kilometerumfänge gelegt wird. Damit grenzte sich van Aaken von der vorherrschenden Meinung ab, dass vor allem temporeiche Intervalltrainingseinheiten die Laufleistungsfähigkeit verbessern. Van Aaken organisierte 1967 einen Marathonlauf, bei dem er erstmals auch zwei Frauen mitstarten ließ. Anni Pede-Erdkamp wurde mit einer inoffiziellen Weltbestleistung für Frauen Gesamtdritte *(siehe Kapitel 031, „Herz zeigen")*. Ernst van Aaken verlor bei einem Unfall seine Beine und war seither auf den Rollstuhl angewiesen, dennoch setzte er seine Arbeit als Laufmotivator bis zu seinem Tod 1984 fort. ***George Sheehan:*** in den 1960er Jahren der erste, der sich journalistisch des Themas Laufen als Freizeitsport annahm. Eigentlich war er Kardiologe, in jungen Jahren selbst ein erfolgreicher Läufer. Erst mit 45 Jahren stieg er nach einer längeren Pause wieder in den Laufsport ein. Sein Buch „Running & Being: The Total Experience" schaffte es auf die Bestsellerliste der New York Times. Das war eine Sensation, denn Laufen hatte damals noch das Image einer sonderbaren Freizeitbeschäftigung für Außenseiter. Sheehan konnte nicht nur die positiven physiologischen Effekte des Laufens anschaulich beschreiben, sondern auch die psychologischen. ***Sri Chinmoy:*** in Indien geborener, in die USA ausgewanderter Sektenführer mit obskuren Methoden. Er bezeichnete sich selbst als „spiritueller Lehrer". In den USA nahm er an Radrennen teil, spielte Tennis und begann in den 1970er Jahren mit dem Langstreckenlauf. 1977 gründete er einen eigenen Marathon-Club, das internationale „Sri Chinmoy Marathon Team". Diese Organisation veranstaltete eine Vielzahl von Sportveranstaltungen weltweit. Bekannt wurde sie für ihre extremen Laufangebote, zum Beispiel 3.000-Meilen-Läufe, Sechs-Tage-Laufrennen und Mehrfach-Triathlons. ***Jeff Galloway:*** einstiger Weltklasse-Läufer, der mit seiner Trainingsmethode „Run-Walk-Run" weltweit bekannt wurde. Galloway propagiert in seinen zahlreichen Büchern das Laufen mit geplanten Gehpausen und empfiehlt dies auch für die erfolgreiche Teilnahme an einem Marathon. Er selbst schaffte den Marathon mit Gehpausen schon unter drei Stunden. Er nahm 1972 an den Olympischen Spielen in München teil und siegte 1974 beim Honolulu-Marathon. ***Ulrich Strunz:*** deutscher Internist, der in den 1980er Jahren durch seine motivierenden, aber einfachen Fitness-Botschaften Massen in Bewegung setzte. „Forever young" hieß der Werbeslogan des Selbstvermarkters. Der Marathonläufer und Triathlet versteht sich bis heute als Motivator zu mehr Bewegung und gesunder Ernährung. In den Medien wurde Strunz als „Fitnesspapst" bekannt. Seine Fitness- und Ernährungs-Methoden sind allerdings unter Fachleuten umstritten, insbesondere der von ihm propagierte Vorfußlauf, bei dem man mit dem Fußballen zuerst aufsetzt, und das Nüchternlaufen, also das morgendliche Laufen ohne Frühstück.

Lauftrainer mit Guru-Qualitäten **Manfred Steffny:** Herausgeber und Chefredakteur der ältesten deutschen Laufzeitschrift *Spiridon*. Steffny war 1968 und 1972 Marathon-Olympiateilnehmer und später Trainer unter anderem der Marathon-Weltrekordlerin Christa Vahlensieck. Er gilt als erster deutscher Fachjournalist im Themenbereich Laufen. Neben dem Bestseller „Marathon-Training" hat er viele weitere Bücher übers Laufen verfasst. Er zählt zu den wichtigsten Wegbereitern der Massenbewegung Marathon in Deutschland. **Herbert Steffny:** Laufcoach, Buchautor und Bruder von Manfred Steffny. Herbert Steffny brachte es als Marathon-Dritter der Europameisterschaft 1986 zu Bekanntheit in der Laufszene. Nach seiner Sportkarriere wurde der Diplom-Biologe Lauftrainer. Seit 1998 hat er mehrere Trainingsbücher verfasst, unter anderem den Bestseller „Das große Laufbuch". Steffny leitet heute mit großem Erfolg Laufseminare in Titisee-Neustadt im Schwarzwald und ist immer wieder als Fernsehkommentator bei Marathon-Übertragungen gefragt. Mitte der 1990er Jahre bereitete er den damaligen Bundesaußenminister Joschka Fischer auf seine Marathonteilnahmen in Hamburg und New York vor. **Thomas Wessinghage:** sportlich erfolgreicher Orthopäde, 1982 Europameister über 5.000 m. Er ist einer der ersten ehemaligen Spitzenläufer, der auch Freizeitsportlern das Thema Laufen einleuchtend nahebringen konnte. Wessinghage hält dazu seit Jahren fachkundige Vorträge und gibt Laufseminare in Deutschland und der Schweiz. Der Mediziner ist heute Ärztlicher Direktor der drei Kliniken der Medical Park AG in Bad Wiessee.

Selbsternannte Laufgurus (im deutschsprachigen Raum) **Peter Greif:** in Fachkreisen auch „der Schleifer mit der Peitsche" genannt. Er zeichnet sich durch extrem ambitionierte Trainingspläne und martialische Sprüche aus. Wer seine Trainingsvorgaben verletzungsfrei durchsteht, läuft garantiert Bestzeit. Aber nicht alle, die nach Greif-Plänen trainieren, halten die hohen Laufumfänge problemlos aus. **Matthias Marquardt:** auch „Barfuß-Papst" genannt. Mediziner mit eigener Praxis, der das Barfußlaufen propagiert und frühzeitig die übermäßige Ausstattung der Laufschuhe mit zu viel Dämpfung und Stabilität kritisierte. Marquardt setzt in seinen Trainingsvorgaben vornehmlich auf umfassende Laufstilübungen und befürwortet den Vorfußlaufstil (nach Strunz). Sein Manko ist die mangelnde eigene Lauferfahrung, da er selten an Laufveranstaltungen teilnimmt. **Hajo Schumacher:** in Läuferkreisen nur unter dem Pseudonym Achim Achilles bekannt. Schumacher schreibt seit 2004 lustige Kolumnen bei Spiegel online über Läufer, Walker und deren Eigenheiten, die teilweise auch in Buchform erschienen sind. Seit 2008 betreibt der Journalist auch eine eigene Läufer-Community im Internet. 2011 startete er seine erste Deutschland-Tournee mit einem eigenen Kabarettprogramm. Der Schnellste ist er nicht: Seine Bestzeit im Marathonlauf liegt bei 4:06 h.

FLIEGEN FISCHEN

» **Auf den Winter warten** Fliegen und Mückenschwärme sind ausgerechnet vor allem dann aktiv, wenn Läufer es auch sind – in den sommerlichen Morgen- und Abendstunden. Die Plagegeister lieben es warm und feucht. Wenn Sie garantiert mit keinem Insekt kollidieren möchten, laufen Sie nur in kalter, trockener Winterluft. Andernfalls machen Sie sich auf Zusammenstöße gefasst.

» **Mund zu** Können Sie nicht mehr ausweichen und müssen durch einen Mückenschwarm laufen, schließen Sie Augen und Mund. Zählen Sie bis drei – dann haben Sie bei einem Sechs-Minuten-Tempo gut acht Meter zurückgelegt und den Schwarm abgehängt. Öffnen Sie die Augen nur einen Schlitz weit, um zu spüren, ob sich eine Mücke in Ihren Wimpern verfangen hat. Gleichzeitig atmen Sie stoßartig aus, damit Sie kein Insekt inhalieren, das eventuell auf Ihren Lippen Platz genommen hat.

» **Kurs halten** Ist die Aktion doch ins Auge gegangen, behalten Sie Ihre Laufrichtung und Ihr Tempo bei, gerade in einem wichtigen Wettkampf. Schließen Sie das Auge, in dem das Flugobjekt gelandet ist. Behalten Sie mit dem anderen Auge Ihre Gegner und die Strecke unter Kontrolle. Sie haben nach dem Rennen den Rest des Tages Zeit, sich die Mücke aus der Optik zu wischen. Wenn Sie gerade keinen Wettkampf laufen, verlangsamen Sie Ihr Tempo oder bleiben Sie kurz stehen und erledigen die Sache gleich.

» **Reiben** Reiben Sie jetzt nicht wild auf dem Auge herum wie mit dem Lappen auf der Windschutzscheibe Ihres Autos. Die Hornhaut des Auges ist sehr sensibel und leicht verletzbar. Ultraläufer und Optikermeister Robert Wimmer, der bei seinen Wüsten- und Europadurchquerungen schon so manches geflügelte Geschoss abgekriegt hat, rät: Mehrfach mit dem Zeigefinger über das geschlossene Oberlid zur Nase hin reiben, immer nur in dieser Richtung. Dabei nur leichten Druck ausüben, so lange, bis Sie die Fliege mit dem Finger, einem feuchten Wattestäbchen oder Ähnlichem vorsichtig entfernen können.

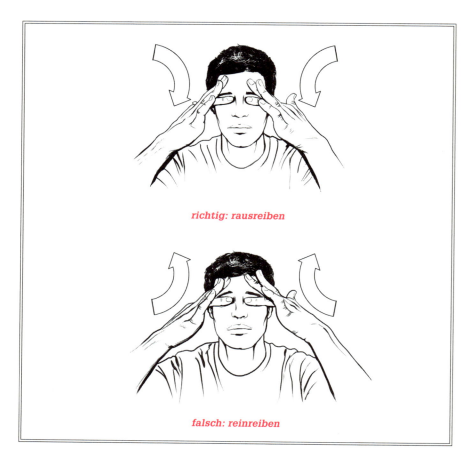

richtig: rausreiben

falsch: reinreiben

» **Weinen** Heulen Sie. Das hilft Ihnen, das Insekt aus dem Auge zu schwemmen. Ähnliches bringt ein kalter nasser Waschlappen auf dem geschlossenen Auge oder die nähere Betrachtung einer aufgeschnittenen

Zwiebel. Wenn Sie allerdings Schmerzen haben, sollten Sie zum Augenarzt gehen. Keine Angst. So schnell geht so ein Auge nicht kaputt.

» **Vorbeugen** Eine Laufsportbrille mit gewölbter Sehscheibe erspart Ihnen manchen Aufprall. Speziell zum Laufen konzipierte Brillen verfügen über Wechselgläser. Scheiben mit orangefarbener Tönung können Sie auch bei wechselnden und schummrigen Lichtverhältnissen tragen. Mitunter wird Ihre Sehkraft dadurch sogar gesteigert, weil die Tönung den diffusen Blauanteil aus den Lichtwellen herausfiltert. Die Konturen des Untergrunds lassen sich so besser erkennen und auch ein entgegenkommendes Flugobjekt.

FÜR AUFSEHEN SORGEN

„Ich habe Rücken", ist heute nicht nur eine Klage der älteren Generation. Bereits ein Drittel der 14- bis 16-Jährigen leidet unter Rückenbeschwerden. Diese zählen zu den häufigsten Zivilisationskrankheiten, neben Fettleibigkeit, Bluthochdruck und Depression. Eine der Hauptursachen: Den Menschen fehlt es an Bewegung *(siehe Kapitel 001, „Vorläufer verstehen")*. Aber auch als Läufer sind Sie gefährdet. Auch Sie sitzen wahrscheinlich die meiste Zeit im Büro, was sich schnell in einer schlechten Körperhaltung niederschlagen kann. Die fällt dann gerade beim Laufen auf: an Ihrer Blickrichtung. Sie beeinflusst Ihren Laufstil und damit Ihren ganzen Körper.

» **Als Kämpfer** Sie laufen mit hochgezogenen Schultern, verspanntem Nacken, die Ellenbogen sind dicht am Körper. Mitunter ist Ihr Kopf leicht schräg gelegt, begleitet von einem nicht immer vorteilhaften Gesichtsausdruck, der Kampfeswillen verrät, aber zu verbissen ist. Vielleicht ist hier ein bisschen Verzweiflung erkennbar. Auf jeden Fall zeugen all Ihre Verkrampfungen von einer unnötig angespannten Rückenmuskulatur.

» **Als Schlurfer** Sie machen den häufigsten Blickrichtungs-Fehler, Sie schauen auf den Boden. Ihr Kopf kippt nach vorne, wobei Ihr ganzes oberes Rückgrat mit abknickt, als hingen Sie noch immer im Büro über Ihrer Computertastatur. So stellen Sie das Gegenteil des Kämpfers dar. Was beim Kämpfer zu steif ist, ist bei Ihnen zu schlaff. Ihnen fehlt die Körperspannung. Sie sehen nicht, was um Sie herum geschieht. Ihr Horizont hat die Größe eines Bierdeckels. Ihr Aktionsradius ist ähnlich klein. Dementsprechend langsam laufen Sie. Ihr Becken knickt ein, Ihr Kniehub ist zu niedrig. Nicht zu weit vorbeugen ist die beste Vorbeugung gegen Rückenbeschwerden.

» **Als Weggucker** Sind Sie ein unkonzentrierter Weggucker, wandert Ihr Blick ständig von links nach rechts, nach vorne und nach hinten. Sie drehen sich um und schauen permanent, was um Sie herum passiert. Sie sind nicht bei der Sache, sondern nervös und abgelenkt. Die vielen Links- und Rechtsschlenker Ihres Kopfes wirken sich auch auf Ihren Laufstil negativ aus. Stattdessen sollte sich Ihr gesamter Körper in einem harmonischen Bewegungsablauf befinden. Schlenkernde Arme oder Hände und ein wackelnder Kopf tragen nicht zum Vorwärtskommen bei.

» **Weitblicker** Schauen Sie nach vorn. Etwa fünf bis zehn Meter sind ideal. Spitzenläufer auf ebenen, hindernisfreien Asphaltstrecken sehen bis zu 15 m weit voraus. Nehmen Sie sich daran ein Beispiel. Die Blicke der Profis ruhen bereits dort, wo ihre Beine erst in einigen Sekunden ankommen werden. Dies bringt ganz natürlich eine aufrechtere Körperhaltung beim Laufen mit sich. Und gleichzeitig ist der Körper dabei im physikalischen Gleichgewicht. Ihr Rücken wird es Ihnen danken.

020 DURCHATMEN

„Erst mal tief durchatmen" – das sprichwörtliche Luftholen ist eine simple Methode, um dem Körper Entspannung zu verschaffen. Bisher haben Sie sich darüber wahrscheinlich keine Gedanken gemacht. Aber gerade als Laufanfänger fragen Sie sich vielleicht, wie Sie besser Atem holen können, durch den Mund oder die Nase.

» **Ohne nachzudenken** Die Atmung ist ein unbewusst verlaufender Vorgang. Sie brauchen und können ihn nicht willentlich steuern. Schließlich denken Sie auch im Schlaf nicht über Ihren nächsten Atemzug nach. Das können Sie getrost dem komplizierten Mechanismus Ihres autonomen Nervensystems überlassen. Laufen Sie langsam los, dann stellt sich von selbst ein Sauerstoffgleichgewicht ein. Ihre Atmung zieht so viel Sauerstoff in den Körper, wie Ihre Muskulatur verbraucht – und einen kleinen Tick mehr. Wenn Sie mit dem Atmen nicht mehr nachkommen, müssen Sie langsamer laufen. Das ist das ganze Geheimnis. Der berühmte neuseeländische Lauftrainer Arthur Lydiard spielt das Thema entsprechend herunter: „Atmen Sie durch den Mund, atmen Sie durch die Nase, ziehen Sie die Luft meinetwegen auch durch die Ohren ein, wenn es Ihnen gelingt."

» **Literweise** Ohne Anstrengung machen Sie etwa 17 Atemzüge pro Minute, beim Laufen mindestens 35. In Ruhe atmen Sie pro Atemzug etwa einen halben Liter Luft ein und genauso viel wieder aus, das macht 8,5 Liter eingeatmeter Luft pro Minute oder 12.240 Liter am Tag. Beim Laufen sind es ein bis 1,5 Liter Luft pro Atemzug. Selbst als Durchschnittsläufer kommen Sie so auf mindestens 35 Liter Luft pro Minute.

» **Durch den Mund** Die Luft passiert Mund, Rachen und Kehlkopf. Dabei strömt sie an Hunderten Sensoren vorbei zum Riechen, Schmecken, Spüren und verzweigt sich in die Nebenhöhlen. Über die etwa zwölf Zentimeter lange Luftröhre, wo die Luft von Flimmerhärchen gereinigt wird, gelangt sie in die großen Bronchien. Dann ist die Luft da, wo sie hin soll, im Lungengewebe. Wenn Sie ein Hustenbonbon lutschen, nimmt die eingeatmete Luftmenge nicht zu. Aber die Atemwege werden für die Luft leichter passierbar, da die ätherische Wirkung des Bonbons die Schleimhäute befreit.

» **Durch die Nase** In Ruhe favorisiert Ihr Körper die Nasenatmung. Die Härchen und die Schleimhaut in der Nase reinigen und erwärmen die Luft. Beim Laufen wird zusätzlich der Mund eingesetzt, weil die benötigte Luft so leichter einströmt. Dennoch diskutieren Sportmediziner und Sportler immer wieder über die reine Nasenatmung. Ganze Bücher sind darüber geschrieben worden, wie es sich läuft und welche neuen Erfahrungen man angeblich machen kann, wenn man nur durch die Nase atmet. Gleichwohl, Ihr Körper holt sich beim Laufen die Luft, die er braucht, von selbst. Ihre Nase ist physikalisch für die Luftmengen, die Sie beim Laufen benötigen, nicht geschaffen. Da bräuchten Sie schon wirklich sehr große Nasenlöcher. Mit einem kurzen Test können Sie das leicht feststellen: Halten Sie sich die Nase zu. Atmen Sie drei Mal schnell hintereinander hechelnd durch den Mund. Direkt im Anschluss machen Sie drei Hechel-Atemzüge mit geschlossenem Mund durch die Nase. Was fällt Ihnen leichter?

» Technisch gesehen Ein Strömungstechniker, der bei einem Automobilkonzern unter anderem die Größe von Luftdüsen im Armaturenbrett kalkuliert, hat uns den Vergleich von Nasen- und Mundatmung mit folgender Berechnung veranschaulicht. Kurz gesagt: Nur durch die Nase zu atmen ist, als würde das Saugrohr eines Staubsaugers in einen Strohhalm münden.

Luftgeschwindigkeit = Luftmenge / Einströmzeit x Größe der Atemöffnung
Wobei die Variablen bedeuten:
Luftmenge (Volumen der Luft pro Atemzug): $1\,l = 1.000\ cm^3$
Einströmzeit: 0,5 sek
Atemöffnung: Nasenlöcher: $2 \times 25\ mm^2$, Mund: $500\ mm^2$

Nasenatmung: Luftgeschwindigkeit = $1\,l / 0{,}5\ sek \times (2 \times 25\ mm^2)$ = 40 m/s = 144 km/h
Mundatmung: Luftgeschwindigkeit = $1\,l / 0{,}5\ sek \times 500\ mm^2$ = 4 m/s = 14 km/h

Bei dieser Beispielrechnung kann der erhöhte Kraftbedarf für die Lunge bei reiner Nasenatmung bis zu 50 Watt betragen. Dabei unberücksichtigt ist sogar noch die Thermodynamik: Der geöffnete Mund hat auch eine Kühlfunktion. Mund- und Rachenraum fungieren für den erhitzten Körper als Wärmetauscher. Zwar wird die meiste Körperwärme über die Haut abgegeben, aber die sprichwörtlich aus dem Mund hängende Zunge hilft ebenfalls beim Kühlen.

» **Mit Nasenpflaster** Wer gesundheitliche Probleme mit einer zu engen Nase hat, kann sich operieren lassen. Dabei wird meist die Nasenscheidewand korrigiert. Es gibt mittlerweile auch Ärzte, die ein so genanntes Breathe-Implant einsetzen, ein Titan-Teil, das die Nasenflügel auseinander hält. So, wie das Implantat von innen wirkt, soll das Nasenpflaster von außen helfen: Die beiden Flossen des über den Nasenerker geklebten Pflasters stehen unter Spannung und ziehen die Nasenflügel auseinander. Allerdings haben sich die vor einigen Jahren bei Mittel- und Langstreckenläufern beliebten, ulkig aussehenden Aufkleber nicht durchgesetzt. Sie brauchen die Luft schließlich in Ihrer Lunge, nicht in der Nase. Bei Meisterschaften sieht man kaum noch Marathon-Läufer mit Nasenpflaster. Sollten Sie es trotzdem einmal ausprobieren wollen: Kleben Sie es dort auf, wo sich die Nasenflügel beim Einatmen zusammenziehen, zwischen Nasenspitze und Dreiecksknorpel. Dieser befindet sich etwa in der Mitte der Nase und lässt sich gut ertasten.

» **Bei kalter Luft** Wenn Sie im Winter laufen wollen: tun Sie's! Ihre Atmungsorgane sind darauf eingestellt, kalte Luft zu inhalieren. Sie sollten jedoch langsam loslegen und auf eine längere Aufwärmphase achten. In der Regel sind Temperaturen bis minus 12 Grad Celsius kein Problem, wenn Sie Ihr Tempo anpassen. Falls Ihnen die Luft zu kalt vorkommt, können Sie durchaus einen dünnen Schal um den Hals und vors Gesicht oder den Mund wickeln. Dies erschwert zwar das Atmen und schmälert Ihre Leistung, hilft Ihnen aber, die Luft anzuwärmen. Durch das Ausatmen wärmen Sie das Gewebe des Schals, wodurch wiederum die Luft zum Einatmen angewärmt wird. Zusätzlich verwirbelt der Schal vor dem Mund die eingeatmete Luft in der Mundhöhle.

021 — *ANSTÄNDIG SCHLEIMEN*

Laufen fördert die Durchblutung. Das betrifft nicht nur die Muskeln, sondern alle Organe, auch die Atemorgane, also Mund und Nase. Dies führt zu einem vermehrten Sekretfluss. Sprich: Ihre Nase läuft. Das ist gut so, denn sonst würde Ihre Atmung behindert. Und deswegen können Sie auch bei Schnupfen vorsichtig laufen, außer Sie haben dazu noch Fieber, dann ist jeglicher Sport tabu. Jetzt müssen Sie sich nur noch ab und zu von Ihren Sekreten trennen, am besten so, dass Sie andere damit nicht belästigen.

» **Alleine** Wenn Sie alleine unterwegs sind, interessiert es grundsätzlich niemanden, was Sie tun. Also könnten Sie eigentlich auch so laut und unappetitlich rotzen und schnäuzen, wie Sie wollen. Aber davon hält Sie vielleicht der Respekt vor sich selbst ab. In diesem Fall versuchen Sie, den Schleim so elegant und unbemerkt wie möglich loszuwerden. Beim Spucken müssen Sie vor allem die Windrichtung beachten – und mit ihr, nicht gegen sie spucken. Wenn der Wind von vorne kommt, drehen Sie den Kopf seitlich. Machen Sie einen spitzen Mund, lassen Sie die Lippen geschlossen, bauen Sie Druck im Mund auf, und dann mit einem Mal: weg damit. Je fester und spitzer die Lippen beim Spucken geformt sind, desto leichter fällt der Abtransport des Schleims. Suchen Sie sich möglichst Naturboden, da ist Ihre Hinterlassenschaft nicht so auffällig wie auf Asphalt oder Beton. Zum Schnäuzen benutzen Sie beim Laufen kein Taschentuch, es sei denn, Sie trainieren auf einem Laufband im Fitness-Studio. Im Freien schließen Sie ein Nasenloch mit einem angelegten Finger, durch das andere stoßen Sie die Luft mitsamt dem Schleim feste hinaus. Danach wechseln Sie die Nasenseite. Dabei empfiehlt sich: rechter Zeigefinger ans rechte Nasenloch, linker Zeigefinger ans linke Nasenloch. Ist Ihr Mittelfinger länger als Ihr Zeigefinger, nutzen Sie den Mittelfinger. Oder Zeige- und Mittelfinger gleichzeitig. Die unter Fußballern weit verbreitete Nutzung des Daumens ist beim Laufen unpraktisch.

» **Vor Passanten** Herumrotzen gehört in China zum Alltag, Taschentücher gelten als unhygienisch. Deshalb spuckt man auch seinen Mitmenschen ungeniert vor die Füße. Dagegen gab es vor den Olympischen Spielen 2008 in Peking die Aktion „Richtig spucken". Man befürchtete, dass die Olympiatouristen durch das Benehmen der Einheimischen abgeschreckt würden und verteilte Tütchen unter den Chinesen, die diese fortan benutzen sollten. Eine galante Lösung, fürs Laufen allerdings unpraktisch. Sind Sie inmitten vieler Menschen unterwegs, tun Sie es nicht den Chinesen gleich, spucken Sie niemandem vor oder womöglich sogar auf die Füße. Halten Sie sich zurück, benutzen Sie ein Taschentuch oder, zum Beispiel in der Fußgängerzone, einen der öffentlichen Abfallkörbe *(siehe Kapitel 003, „Anständig bleiben")*.

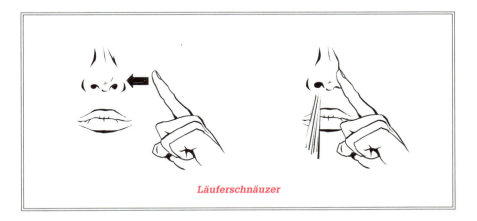

Läuferschnäuzer

» **In der Laufgruppe** Ob Sie rotzen dürfen, hängt von der Art der Gruppe ab und in welchem Verhältnis Sie zu ihr stehen. Als Personal Trainer, der zum ersten Mal eine Laufgruppe betreut, sind Sie gut beraten, nicht vor den anderen auszuspucken. Unter Lauffreunden ist es dagegen ganz normal, dass man sich ungeniert vom Schleim befreit. Stoßen Sie neu zu einer Laufgruppe, sollten Sie die Szenerie erst einmal beobachten. Rotzen die anderen auf den Boden? Wenn ja, dann dürfen Sie das auch. Nutzen alle ein Taschentuch oder spucken nie, dann sollten Sie dies auch nicht tun. Im Zweifelsfall fragen Sie, ob es jemanden stört, wenn Sie es tun.

» **Als Frau** Die Gleichberechtigung gilt auch hier. Trotzdem lässt sich immer wieder beobachten, dass nur sehr ambitionierte Läuferinnen ungehemmt spucken und schnäuzen. Bei den meisten kommt eher ein Taschentuch zum Einsatz. Das kostet Zeit und unnötige Energie. Geben Sie sich einen Ruck und befreien Sie sich von dieser Konvention. Fußballerinnen tun es, Radfahrerinnen tun es, Hockeyspielerinnen tun es, dann können Sie als Läuferin es auch.

022 LAUFEND SCHLUCKEN

Anhänger der indischen Religion des Jainismus sind der absoluten Gewaltlosigkeit gegenüber allen Lebewesen verpflichtet. Sie lehnen sogar den Ackerbau ab, weil sie beim Pflügen Würmer verletzen könnten. Beim Gehen wischen sie den Boden vor sich mit einem Staubwedel, damit sie nicht aus Versehen auf Käfer treten. Sie tragen einen Mundschutz, damit sie keine Fliegen einatmen, was beim Laufen ja durchaus mal passieren kann. Klar: Jainas können keine Läufer sein. Läufer können keinen Mundschutz gebrauchen. Bei längeren Wettkämpfen müssen Sie essen und trinken können, damit Sie gut über die Runden kommen. Und Sie müssen laufend schlucken, damit Sie nicht zu viel Zeit verlieren.

» **Freiwillig Technik üben:** Probieren Sie im Training aus, welche Kohlenhydratgels und Energieriegel Ihr Magen verträgt, sonst könnten Sie im Wettkampf üble Überraschungen erleben *(siehe Kapitel 057, „Ohne Hunger laufen")*. Falls Sie mit bestimmten Gel-Marken nicht klarkommen, testen Sie andere. Es gibt genügend Auswahl im Internet. Trainieren Sie auch das Trinken während des Laufens. Dabei geht es vor allem darum, nicht zu viel Luft mitzuschlucken, damit Sie nicht aufstoßen müssen oder Schluckauf bekommen. Am leichtesten läuft es aus Trinkflaschen mit nippelartigem Sportverschluss, da kann nichts danebengehen. Solche Flaschen stehen Ihnen im Wettkampf allerdings nur selten zur Verfügung. **Saugen statt nagen:** In einem Wettkampf saugen Sie besser Kohlenhydratgels aus Beutelchen oder Tuben, statt an Energieriegeln zu nagen. Andernfalls mampfen Sie ewig an den trocken-klebrigen Teilen herum und kriegen unterdessen nicht genügend Luft, um zügig weiterlaufen zu können. **An den Aufriss denken:** Falls Ihre Kohlenhydrat-Gels mit Schutzfolien umwickelt sind, entfernen Sie diese vor dem Rennen, damit Sie nachher nicht mit schweißnassen Fingern daran herumfummeln müssen. Reißen oder schrauben Sie die Verpackung bereits auf, wenn die Verpflegungsstation in Sichtweite ist, drücken Sie sich den Inhalt aber erst kurz vor dem Trinken in den Mund. Nicht zu früh, sonst bleibt Ihnen die pappige, nur mit Wasserverdünnung bekömmliche Paste im

Hals stecken und Ihnen kann übel werden. ***Quetschen und gurgeln:*** An der Verpflegungsstation schnappen Sie sich einen Becher Wasser *(siehe Kapitel 040, „Zupacken")*. Laufen Sie weiter, so schnell Sie beim Trinken können. Setzen Sie den Becher an die Lippen, legen Sie den Kopf in den Nacken wie beim Gurgeln. Quetschen Sie den Becher zusammen, aus der ovalen Form können Sie leichter trinken. Das Wichtigste: Atmen Sie vorher bewusst tief ein, erst danach nehmen Sie zwei bis drei Schlucke, dann atmen Sie aus. Mit diesem Trick können Sie sich nicht verschlucken, denn das passiert nur beim Einatmen. Konzentrieren Sie sich für einen kurzen Moment. Trinken Sie zu gierig, verlangt Ihr Körper gleichzeitig nach Sauerstoff und Sie verschlucken sich. Das kostet wertvolle Sekunden.

» **Unfreiwillig Ruhe bewahren:** Da Sie beim Laufen mit offenem Mund atmen, kann es schon mal sein, dass sich ein mehr oder weniger fleischiges Fluginsekt in Ihren Rachenraum verirrt. Keine Panik! Es ist nicht so schlimm, wie Sie vielleicht denken, es sei denn, Sie sind Jainismus-Anhänger. ***Husten:*** Größere Insekten werden Sie in der Regel automatisch durch Ihren natürlichen Hustenreiz wieder los. Deshalb verspeisen Sie beim Laufen normalerweise höchstens Fliegen vom Kaliber einer Drosophila, einer Fruchtfliege. ***Ablenken:*** Stellen Sie sich lieber nicht vor, auf welchen unappetitlichen Objekten die von Ihnen soeben inhalierte Fliege vorher schon gelandet ist. Lenken Sie sich mit einer kleinen Rechenaufgabe ab: der Ermittlung der Kalorien, die Sie gerade zu sich genommen haben. Eine Drosophila hat ein Gewicht von ungefähr zwei bis sechs Milligramm. Davon ist etwa die Hälfte Chitin, für Sie Ballaststoff, den Sie nicht verdauen können. Das Gewebe im Körperinneren einer Fliege besteht hauptsächlich aus Wasser, der Eiweißanteil beträgt sieben Prozent, der Kohlenhydratanteil ein bis zwei Prozent. Fett ist zu vernachlässigen bei gut durchtrainierten Fluginsekten. Allgemein enthalten ein Gramm Eiweiß oder ein Gramm Kohlenhydrate jeweils 4,1 kcal respektive 17,1 kJ. Wie viele Kalorien macht das? Zwischen 0,0004 und 0,0012 kcal. Das ist wenig. Deshalb sind Fliegen als unfreiwillige Energiespender eher unbedeutend. Wesentlich mehr Energie nehmen Sie als Läufer wahrscheinlich durch die Pollen auf, die sie unabsichtlich einatmen.

023 FILME GUCKEN

Bilder sind mächtig. Bei Durchhängern sind sie eine wunderbare Motivation. Erinnern Sie sich an die stärkste Szene aus einem Ihrer Lieblings-Lauffilme – und Sie kommen garantiert wieder in Schwung. Sportpsychologen nennen diesen auch von Profis angewandten Trick Visualisierung: Positive Gedanken verdrängen die negativen, die einen Athleten bremsen. Abgesehen davon ist es auch einfach mal schön, diese Filme anzuschauen, die Beine hochzulegen und eine Runde vor dem Bildschirm auszuspannen.

Für Gläubige: „Saint Ralph" **Darum geht es:** Der 14-jährige Ralph glaubt an ein Wunder – dass seine krebskranke Mutter aus dem Koma erwacht, wenn er den Boston-Marathon gewinnt. **Die stärkste Szene:** das Kopf-an-Kopf-Rennen beim Zieleinlauf, bei dem Ralph nur den zweiten Platz macht, aber trotzdem alles gut wird.

Für Frühaufsteher: „Yes Man" **Darum geht es:** In einem Motivationsseminar lernt Carl, zu den Chancen im Leben ja zu sagen – zu allen Chancen, egal, was daraufhin passiert. **Die stärkste Szene:** Ein Mädchen lädt Carl frühmorgens zum Joggen ein, seine Kumpels wollen mit ihm eine Nacht durchmachen. Er sagt zu beidem ja und lässt sich direkt von der Zechtour zum Lauftreff bringen. Er läuft begeistert los – und fällt nach wenigen Metern bewusstlos um.

Für Abstinenzler: „Die Beschissenheit der Dinge" **Darum geht es:** Das Jugendamt steckt den 13-jährigen Gunther ins Internat, sein versoffener Vater macht eine Entziehungskur. **Die stärkste Szene:** Bei ihrem ersten Wiedersehen geht der Vater mit Gunther Laufschuhe kaufen. Sie rennen durchs Grüne, setzen sich für eine Verschnaufpause ins Gras, und der Vater erzählt Gunther, dass er früher einmal ziemlich sportlich war. Das ist die einzige Laufszene des Films, aber sie ist besonders anrührend.

Für Genießer: „Chariots Of Fire" **Darum geht es:** Das britische Team nimmt 1924 an den Olympischen Sommerspielen in Paris teil. Mit dabei sind ein Jude und ein Christ, die miteinander im Clinch liegen. **Die stärkste Szene:** gleich im Vorspann des Films. Das britische Team trabt in weißen Trikots durch die wilde schottische Küstenlandschaft, so schwerelos, als würden die Läufer fliegen.

Für Gefühlsduselige: „Rocky" **Darum geht es:** Ein Underdog aus dem Armenviertel von Philadelphia bekommt die Chance seines Lebens und darf gegen den Schwergewichts-Weltmeister boxen. **Die beste Szene:** Sylvester Stallone im grauen Baumwoll-Outfit und mit rotem Stirnband, wie er in aller Herrgottsfrühe die Treppen des Kunstmuseums hochrennt.

Für Rebellen: „Without Limits" **Darum geht es:** Leben, Lieben, Siegen und zu frühes Sterben des legendären US-amerikanischen Langstreckenläufers Steve Prefontaine in den 1970er Jahren, der für seinen Sturschädel bekannt war. **Die stärkste Szene:** das Drei-Meilen-Rennen der Universitäts-Teams von Oregon und Stanford. Das zunächst gelangweilte Stadionpublikum wird zunehmend in den Bann gezogen von diesem starken Läufer mit den wehenden, langen blonden Haaren.

Für einsame Wölfe: „Der Räuber" **Darum geht es:** die wahre Geschichte des österreichischen Langstreckenläufers, Bankräubers und Mörders Johann Kastenberger, der im Film Rettenberger heißt. **Die stärkste Szene:** Rettenbergers Flucht vor der Polizei, ein Lauf aus der Stadt in den Wald.

Für Nachdenkliche: „Forrest Gump" **Darum geht es:** Ein einfach gestrickter Sympathieträger stolpert durch die jüngere amerikanische Geschichte. **Die stärkste Szene:** Der gehbehinderte Forrest Gump wird von seinen Mitschülern gehänselt und gejagt. Da sprengt er seine Beinschienen und entdeckt sein Lauftalent.

Für Fatalisten: „Lola rennt" **Darum geht es:** Lola hat 20 Minuten Zeit, Geld zu beschaffen, das ihr Freund Manni einem Dealer schuldet. **Die stärkste Szene:** Lola läuft zu hektischem Techno-Sound mit wehenden roten Haaren durch Berlin.

Für Unempfindliche: „Der Marathon-Mann" **Darum geht es:** Der jüdische Marathonläufer Babe Levy gerät in die Hände eines ehemaligen KZ-Arztes. **Die stärkste Szene:** Babe flüchtet vor seinem Peiniger halbnackt im Pyjama durch das nächtliche New York. Auch bei den Szenen, in denen Dustin Hoffman als Babe seine Trainingsrunden um das Reservoir des Central Parks dreht, geht Läufern das Herz auf.

Für Fans: Youtube-Videos **Darum geht es:** die spannendsten Triumphe und Tragödien der Leichtathletik-Geschichte, für jedermann zum Anschauen im Internet. **Die stärksten Szenen:**

Das Duell in der Sonne: Der gnadenlose, nicht enden wollende Zweikampf der beiden US-Amerikaner Dick Beardsley und Alberto Salazar beim Boston-Marathon 1982 über die letzten 16 km. Einer der nervenaufreibendsten, je gefilmten Zieleinläufe mit kinoreifem Titel: „Duel in the Sun". *Das knappste Finale der Welt:* der Sprint auf der Zielgeraden des olympischen 10.000-Meter-Laufs im Jahr 2000 in Sydney zwischen Haile Gebrselassie, Äthiopien, und Paul Tergat, Kenia. *Lob der Lücke:* Dieter Baumanns 5.000-Meter-Olympiasieg 1992 in Barcelona mit dem Originalkommentar von Gerd Rubenbauer („Die Lücke wäre da!") – für Läufer einer der emotionalsten Momente deutscher Fernsehgeschichte. Der von seinen Kontrahenten zunächst eingekesselte Dieter Baumann läuft sich frei, überholt alle und schlägt hinter der Ziellinie einen Purzelbaum. *Der Flug zur Medaille:* der atemberaubende Sturz ins Ziel des Deutschen Klaus-Peter Hildenbrand im 5.000-Meter-Finale der Olympischen Spiele 1976 in Montreal. Er brachte dem ansonsten so zurückhaltenden Läufer eine ungeheure Popularität ein und motiviert heute noch. *Die Hitzeschlacht:* der aufopferungsvolle Kampf der völlig dehydrierten Schweizerin Gabriele Andersen-Schiess beim ersten olympischen Marathonlauf der Frauen 1984 in Los Angeles. Der Durchhaltewillen der in Schräglage ins Stadion schwankenden, auf der Ziellinie schließlich kollabierenden Athletin trieb den Zuschauern damals Tränen in die Augen und lässt auch heute niemanden kalt. Sie wurde zum Symbol für die Gefahren des Marathons – und für die totale Hingabe ans Laufen.

Für Selbstverliebte: die Videoaufzeichnung von Ihrem letzten Lauf **Darum geht es:** Ihr triumphaler Zieleinlauf beim Marathon. Oder die steilste Etappe Ihres Bergrennens. Oder Ihr morgendliches Jogging am Urlaubsstrand unter einem wolkenlosen Himmel am Mittelmeer, an dem

Tag, als dieser warme Wind die Palmen bog und Sie dachten, gleich heben Sie ab. Egal, wann und wo es war: Sie sind der Hauptdarsteller in diesem Film, den Sie entweder als Souvenir beim Veranstalter eines Wettkampfs gekauft haben oder den ein Familienmitglied mit der Digitalkamera für Sie drehte. Damit die gekauften Szenen gut werden: Schauen Sie vor dem Start bei einem Wettkampf im Streckenplan nach, wo Kameras aufgestellt sind, und üben Sie dafür ein paar starke Posen. So erhöhen Sie die filmische Wirkung ungemein. **Die stärkste Szene:** Wie gut Sie aussehen! Wie ausdauernd Sie sind! Wie toll sich das angefühlt hat! Vergessen Sie es nie.

024 — *EINSTÖPSELN*

Falls Sie gerne mit musikalischer Untermalung laufen oder dabei einem Hörbuch lauschen möchten, haben Sie es heutzutage einfach. Geeignete Player mit integriertem Speicher sind so klein und leicht, dass sie nicht stören. Problematischer ist der Kopfhörer, insbesondere der so genannte In-Ear-Kopfhörer, den Sie nicht mit einem Bügel aufsetzen, sondern in Ihre Gehörgänge fummeln – er sitzt meist nicht besonders fest. Das hängt einerseits mit dem Größenunterschied zwischen Kopfhörer und Ohr zusammen, andererseits mit der Stärke der Erschütterung, sprich dem Lauftempo. Und es gibt eine ungleiche Masseverteilung: Die Halterung außerhalb des Ohrs wiegt mehr als der Teil, der im Ohr steckt. Dazu zerrt das auf- und abwippende Kopfhörerkabel an den Ohrhörern. Deshalb hat ein Spezialhersteller einen Kopfhörer entwickelt, der laut Produktbeschreibung so fest sitzt, „dass selbst das Gegengewicht einer vollen Bierflasche ihn nicht aus dem Ohr zieht". Für betrunkene Läufer ist also gesorgt. Aber was ist mit den anderen?

» *Gelegenheitsjogger* Sie haben selten ein Problem mit Ohrstöpseln. Bei Ihrem langsamen Tempo fallen die Dinger kaum raus. Und wenn doch, dann bleiben Sie einfach stehen und fummeln sie wieder rein. Sie haben es ja nicht eilig. Und die kurze Gehpause kommt Ihnen vielleicht sowieso ganz gelegen.

volle Dröhnung

» **Modefreaks** Nutzen Sie einen auffälligen, bunten Riesenkopfhörer. Damit sind Sie jeglicher aufgeregter Tempohatz unverdächtig und wirken extrem lässig. Denken Sie auch an neue, durchgestylte Laufklamotten. Achten Sie beim Kauf auf eine integrierte Tasche für den iPod oder sonstige Musikplayer, dazu die geeigneten Schlaufen unter der Bekleidung, um das Kopfhörerkabel unauffällig und erschütterungsarm an Ihrem Körper entlang zu verlegen. Das herumschlabbernde Kabel fällt damit schon mal als Verursacher des Stöpselziehens aus.

» **Kilometerschrubber** Durch die vielen tausend Schritte, die Sie während eines Trainingslaufes machen, verlässt der Kopfhörer zu oft die ihm angedachte Position. Tragen Sie Mütze oder Stirnband. Darin verstauen Sie eine Fingerspanne des Kabels, bevor Sie es vollends zum Ohr führen.

So haben Sie etwas Spiel. Das Kabel zieht nicht mehr bei jedem Schritt, fällt also weniger oft heraus, als wenn es frei baumeln würde. Alternativ gibt es in Fachgeschäften eine ganze Reihe von speziellen Sport-Kopfhörern zu kaufen, die mit Nacken- beziehungsweise Ohrbügeln oder Ohrclips versehen sind. Diese bewähren sich aber auch nicht immer, denn jedes Ohr ist anders. Deshalb können Sie sich Ihren Kopfhörer auch maßschneidern lassen. Für rund 200 Euro werden die In-Ear-Hörer individuell angefertigt. Dazu ist allerdings ein Besuch beim Hörgeräte-Akustiker fällig. Der nimmt einen Abdruck von Ihrem Ohr. Anschließend wird der Kopfhörer für Ihren Gehörgang angepasst. Die Prozedur dauert bis zu drei Wochen. Das Ergebnis sieht etwas eigenartig aus, aber es hilft.

» **Wüstenläufer** Generell laufen Sie eher selten mit Ohrhörern. Dabei gäbe es eine Reihe passender Musiktitel. Nahe liegend wären die Titelmelodie von „Spiel mir das Lied vom Tod" von Ennio Morricone, „Deine Spuren im Sand" von Howard Carpendale oder der Beginn der zweiten Strophe des Sandmännchen-Songs: „Sandmann, lieber Sandmann hab nur nicht solche Eil!" Die haben Sie aber, und dazu schwitzen Sie enorm. Dadurch flutscht der Kopfhörer besonders oft heraus. Führen Sie das Kopfhörerkabel vom Rücken kommend über den Halsausschnitt des Laufshirts am Nacken vorbei und unter der Wüstenmütze hindurch zu Ihren Ohren. So sitzt es sicherer, Sie können das Abspielgerät im Laufrucksack verstauen, und das Kabel stört nicht beim Trinken. Achten Sie auf eine helle, möglichst weiße Version von Kabel und Ohreinsatz: Ein schwarzer Ohrhörer wird in der prallen Wüstensonne zu heiß.

» **Parcours-Läufer** Für peitschende Beats beim urbanen Hindernislauf über Treppen, Mauern, Bänke und Geländer kommen Sie über individuell angepasste Ohrhörer kaum herum. Je nach Größe Ihres Gehörgangs lassen sie sich mit verschieden großen Gel-Aufsätzen maßschneidern. Diese Lösung wählen auch Ihre Kollegen, die Skateboarder, Snowboarder und BMX-Profis. Fallen Ihnen die Stöpsel trotzdem noch heraus, benutzen Sie spezielle Stirnbänder mit integrierten Ohrhörern. Außerdem eignen sich so genannte Ear Bags für Sie, kleine Überstülper fürs Ohr, die eigentlich für den Winter gedacht sind und die Ohren wärmen sollen. Taugen Ihnen auch diese Varianten nicht, gibt es eigentlich nur noch eine extremere Lösung: Sie lassen sich ein speziell für Sportler abgestimmtes Hörgerät anpassen. Ursprünglich für Personen mit schlechtem Hörvermögen konzipiert, sind die abgedichteten Geräte mit einer gummiähnlichen Oberfläche ummantelt. Mit einem zusätzlich am Ohr aufsteckbaren Sport-Clip ist selbst ein Kopfstand möglich. Allerdings ist dieses Hörvergnügen nicht ganz billig. Je nach Ausführung kostet es 2.000 Euro. Pro Ohr.

» **Strafverfolger** Eine deutlich günstigere, wenn auch profanere Lösung kommt für Sie in Frage, wenn Sie Mitglied eines Sondereinsatzkommandos der Polizei sind. Dann rangeln Sie zum Beispiel mit Bahnbelagerern oder Anti-Atomkraft-Protestlern. Sie haben keine Hand frei zum Justieren Ihres In-Ear-Kopfhörers, sind aber auf akustische Einsatzleitung angewiesen. Behelfen Sie sich mit Ihrer Hausapotheke: ein Streifen Pflaster drüber, und der Stöpsel sitzt.

025 — MUSIK HÖREN

Musik kann Gefühle wie Trauer, Freude oder Angst erzeugen, obwohl es außer den Klängen keinen Grund dafür gibt. Das weiß jeder Fernsehzuschauer, der beim Untergang der Titanic feuchte Augen bekommt, eine Gänsehaut bei Rockys Treppenläufen oder erhöhten Pulsschlag vor den Seeschlachten in „Fluch der Karibik". Schalten Sie mal den Ton ab, dann ist alles nur noch halb so intensiv. Was im Wohnzimmer im Sitzen funktioniert, kann beim Sport erst recht wirken. Musik kann bei manchen Sportlern die Leistung erhöhen, weil sie antreibt und ablenkt. Mit der Frage nach den kraftvollsten Songs beschäftigen sich Sportwissenschaftler und Psychologen. Die Erkenntnisse der Experten helfen Ihnen zu verstehen, welche Musik Ihnen Beine machen kann.

» **Instinkten folgen** Der Rhythmus liegt dem Menschen von klein auf im Blut. Jedes Kinderspiel basiert auf rhythmischen Verbindungen von Text, Bewegung und Musik. Vom Ringelreien zum Aerobic-Kurs ist es so gesehen nur ein kleiner Hopser. Lassen Sie sich einfach fallen und gehen Sie mit der Musik.

» **Synchronisieren** Egal, ob Disco-Gewummer, Aerobic-Soundtracks, soldatische Marschgesänge oder Karnevalstrommeln, das Prinzip ist immer das gleiche. Sie können sich dem Rhythmus von Natur aus kaum entziehen, synchronisieren Ihre Schritte fast wie von selbst mit dem Takt, auch wenn es Ihnen ein bisschen peinlich ist. Nach Meinung der Wissenschaftler hat poppige Tanzmusik den stärksten Synchronisationseffekt. Aber auch bestimmte Arten von Rock und dynamische, nicht allzu verkopfte

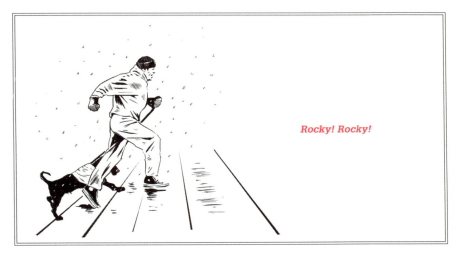

Rocky! Rocky!

Klassik können funktionieren – theoretisch. In der Praxis hat die Sache einen Haken: Beim Marschieren oder Tanzen bestimmt der Rhythmus, wo es langgeht. Beim Laufen aber sind Sie Ihr eigenes Metronom mit Ihrem eigenen, individuellen Laufrhythmus.

» **Rhythmus finden** Der Grund, warum Tanzmusik so gut zum Laufen geeignet ist, liegt an ihrer simplen Struktur und der gleichmäßigen Geschwindigkeit. Es gibt keine störenden, abrupten Taktwechsel oder zu- beziehungsweise abnehmende Intensitäten wie etwa beim Jazz, Punk oder Indie Rock. Die Geschwindigkeit eines Musikstücks wird in

Taktschlägen pro Minute, sprich Beats per Minute (BPM), gemessen. Der Sportpsychologe Costas Karageorghis von der Londoner Brunel-Universität hat herausgefunden, dass Songs mit einem schnellen Rhythmus von mehr als 120 BPM bei Herzfrequenzen von circa 85 Prozent des Maximalpulses zu den besten Leistungen führen *(zur Bestimmung der Herzfrequenzen siehe Kapitel 032, „Aufs Herz hören")*. Das entspricht dem Tempo der meisten kommerziellen Tanzmusik. Dennoch lassen sich Beats per Minute nicht einfach in Schritte pro Minute umrechnen. Die meisten Läufer machen zwischen 145 und 170 Schritte pro Minute. Diese Zahl ist individuell verschieden und wird von zahlreichen Faktoren bestimmt. Sie können sie nicht willentlich über einen längeren Zeitraum verändern. Wenn Sie sich bei jedem Song den Beats per Minute Ihrer Playlist anpassen würden, müssten Sie ständig Ihr Tempo variieren, was nicht sinnvoll wäre. Und doch gibt es immer wieder Versuche, die Beats und Schritte pro Minute in Einklang zu bringen. Eine „von Experten" zusammengestellte CD aus dem Jahr 2003 heißt vielversprechend „Lauf Dich fit!" Hier soll man tatsächlich die Songs heraussuchen, die zur eigenen Schrittzahl pro Minute (SPM) passen. Das reicht dann von gemächlichen 100 SPMs bei „Destiny" von Jennifer Rush bis zu beachtlichen 186 SPM bei Nenas „99 Luftballons". Es gibt sogar spezielle Compilations für Klassikliebhaber und Walker, etwa CDs mit Titeln wie „Jogging mit Mozart" oder „Walking mit Wagner". Die Musikzusammenstellung ist so willkürlich, dass Sie dabei nur schwerlich Ihren Rhythmus finden dürften. Demnach müssten Sie zu Wagners „Walkürenritt" einen langsamen Dauerlauf absolvieren oder zu „Samba Pa Ti" von Santana einen Tempodauerlauf. Und „Isoldes Liebestod" aus Richard Wagners Oper „Tristan und Isolde" müsste zum Auslaufen herhalten. Das kann nicht funktionieren.

» Dem eigenen Geschmack vertrauen Wenn Ihnen die Musik nicht gefällt, werden Sie beim Laufen schwerlich den richtigen Rhythmus dazu finden. Selbst die Stücke, die Sportpsychologe Costas Karageorghis als ideal zum Laufen bezeichnet, sind nun wirklich nicht jedermanns Sache: zum Beispiel „The Heat Is On" von Glenn Frey, „Reach" von S Club 7, „Everybody Needs Somebody To Love" von den Blues Brothers oder die Ouvertüre zu „Wilhelm Tell" von Gioachino Rossini. Verlassen Sie sich lieber auf Ihre persönliche Playlist. Die Beats per Minute Ihrer Lieblingssongs fürs Laufen können Sie selbst bestimmen. Verschiedene, teils kostenfreie Apps ermitteln die jeweiligen BPMs, zum Beispiel die BPM-App von Mixmeister oder die Tap-BPM-App von Appbrain sowie der BPM-Analyzer von Lifehacker. Anschließend können Sie die Songs in Ihrer Playlist so hintereinander reihen, dass sich eine für Sie sinnvolle Abfolge ergibt. Mit einem Ihrer Lieblingssongs im Ohr hebt sich Ihre Stimmung garantiert sofort – und das beeinflusst die Ausführung Ihrer Bewegungen. Im Gegensatz zur gebückten, schleppenden Haltung eines Schlechtgelaunten ist Ihr Laufschritt leicht, federnd, elastisch.

» Simplen Botschaften folgen Neben dem simplen Takt ist eine ebenfalls einfache, positive, an die eigene Kraft und den Kampf gegen alle Widerstände appellierende Text-Botschaft gut zum Laufen geeignet. In Internet-Foren wird deshalb zum Beispiel auffallend häufig Eminems „Lose Yourself" als Laufhit genannt. Ein Klassiker ist aus dem gleichen Grund auch „Eye Of The Tiger" von Survivor.

» Erinnern Selbst wenn Sie einen Song bislang gar nicht so toll fanden, kann er zu einem Ihrer besten Laufstücke werden – Sie müssen ihn nur mit einem positiven Ereignis verknüpfen. Sind Sie zum Beispiel nach einem Marathon in Bestzeit zu Shakiras „Waka Waka" über die Ziellinie gelaufen, werden Sie auch in Zukunft beim Hören dieses Liedes Kraft schöpfen. Langstreckenläufer Jan Fitschen nennt „California Girls" von den Beach Boys als einen seiner Trainings-Hits, weil er dabei an seine Urlaube im Wohnmobil denkt.

» Strukturieren Songs sind in Strophen und Refrains gegliedert. Wenn das Arrangement relativ geradlinig und einfach ist, können Sie die Songteile gut als Zeitspanne für eine bestimmte Trainingseinheit nutzen, zum Beispiel die Refrains für Zwischensprints. Die Abfolge der Songs auf Ihrem Abspielgerät wiederum ist ein gutes Werkzeug, um Ihr gesamtes Training in verschiedene Phasen zu unterteilen. So kann Ihre Playlist zum Beispiel mit einer sanften Ballade zum Aufwärmen beginnen, sich bis zum Heavy-Metal-Knaller beim Tempodauerlauf steigern und mit entspannter Loungemusik zum Auslaufen enden.

» **Imaginieren** Der Schriftsteller und Neurologe Oliver Sacks beschreibt in seinem Buch „Der einarmige Pianist" („Musicophilia") die Zusammenhänge zwischen Musik und Bewegung. Sacks schwimmt gerne und erklärt, dass er beim Dreier-Rhythmus des Kraulens Walzer in seinem Kopf abspiele. Neurologisch mache es keinen Unterschied, ob man Musik höre oder sie imaginiere, sagt Sacks. Sportpsychologen sprechen auch von einer „inneren akustischen Bühne", die Effekte der Ablenkung und Motivation funktionieren dabei genauso wie beim Hören.

» **Den Meistern lauschen** Die Frage, welcher Song für ihn einer der besten Sportsongs aller Zeiten sei, beantwortet Costas Karageorghis mit „Gonna Fly Now", der „Rocky"-Titelmelodie von Bill Conti. Der Grund: Der Song wecke besonders viel Aufregung, Spannung und Optimismus beim Zuhörer. Beim New-York-Marathon spielt die Band der Bishop Loughlin Memorial High School in Brooklyn sogar stundenlang ausschließlich die Box-Hymne aus dem Jahr 1976 am Streckenrand. Der Komponist selbst erklärt die Wirkung seines Stücks unter anderem mit der Fanfare am Anfang: „Jede Art von Da-Da! fesselt die Aufmerksamkeit", sagt Bill Conti. Die Melodie, die immer wieder eher zurückhaltend im Film zu hören ist, bekommt in der pathetischen Schlüsselszene, in der Rocky die Stufen des Kunstmuseums von Philadelphia hinaufrennt, plötzlich einen mächtigen Beat und eine andere Tonart. Diesen aufputschenden Effekt kostet der Komponist musikalisch aus bis zum Gehtnichtmehr. Aber Bill Conti lehnt es ab, „Gonna Fly Now" zu sehr zu analysieren. „Musik ist anti-intellektuell", sagte er in einem Interview mit der *New York Times*. Am Ende zähle ganz schlicht nur eins: Entweder funktioniert der Song oder nicht.

» **Inspirieren lassen** Geschmäcker sind verschieden. Aber die Playlists der Laufstars zu hören, kann ja wohl nicht ganz verkehrt sein. Sie werden regelmäßig im Fachmagazin *Runner's World* veröffentlicht.

Sabrina Mockenhaupt, eine der erfolgreichsten deutschen Marathonläuferinnen: **Lionel Ritchie:** „Stuck On You" **Madonna:** „Like A Prayer" **T-Pain:** „Low" **Chris Brown:** „With You" **Gigi D'Agostino:** „L'Amour Toujours – I Fly With You" **Marquess:** „La Histeria" **Nelly Furtado:** „Say It Right" **Leona Lewis:** „Bleeding Love" **Andrea Berg:** „Du hast mich tausendmal belogen".

Verena Bentele, blinde Marathonläuferin, WM- und Paralympics-Siegerin: **Robbie Williams:** „The Road To Mandalay" **Lou Reed:** „Perfect Day" **Bruce Springsteen:** „Streets Of Philadelphia" **Fury In The Slaughterhouse:** „Kick It Out" **Green Day:** „Time Of Your Life" **U2:** „With Or Without You".

Jan Fitschen, 10.000-Meter-Star, Europameister: **The Monkees:** „I'm A Believer" **Beach Boys:** „California Girls" **Sportfreunde Stiller:** „Wellenreiten" **Fettes Brot:** „Nordisch By Nature" **The Prodigy:** „Out of Space" **Marusha:** „Somewhere Over The Rainbow" **Pulsdriver:** „Whistle Song" **Scooter:** „One (Always Hardcore)" **U96:** „Das Boot".

» **Ausschalten** Eine Regel des US-Leichtathletikverbandes USA Track & Field verbietet das Mitführen elektronischer Geräte bei Wettkämpfen der Eliteklasse. Damit soll verhindert werden, dass sich Athleten mit anspornender Musik einen Wettbewerbsvorteil verschaffen. Außerdem soll es mehr Sicherheit bringen, da die Teilnehmer ohne musikalische Beschallung besser auf Umweltgeräusche und Zurufe reagieren können. Allerdings gibt es sowieso keine Spitzenläufer, die mit Kopfhörern laufen. In Deutschland existieren keine übergreifenden Regelungen zum Musikhören. Aber auch hierzulande ist es bei vielen Wettkämpfen ausdrücklich verboten. Wenn Sie richtig schnell laufen wollen, zum Beispiel bei Ihrem ersten Wettkampf über fünf Kilometer, kann Musik sogar hinderlich sein, da Sie von ihr abgelenkt werden. Lernen Sie zunächst, sich auf das Laufen zu konzentrieren. Vergessen Sie nie, wie toll ein Lauf ohne Ohrstöpsel klingt. Die Rückkehr der Vögel zum Frühlingsanfang, das Rauschen eines Bergbachs, der Wind in den Bäumen, der Rhythmus Ihrer Schritte auf Kies, das sind Klänge, die wirklich gute Laune machen und die kein Komponist so toll hinkriegt wie die Natur.

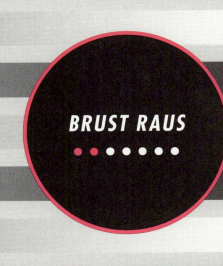

026 DIE BRUST SCHÜTZEN

Die Brust ist eines der Körperteile, das reichlich mit Metaphern und Sprichwörtern behängt ist. Viele entstammen der Sportwelt, nicht wenige dem Laufen: „Die Brust vorn haben" ist so ein Spruch, der vom wettkampfmäßigen Laufen abgeleitet ist. Wenn Sie im Ziel eines Rennens die Brust vorn haben, haben Sie gewonnen. Selbst im Alltag ist diese Haltung vorteilhaft für Sie, weil Sie dadurch aufrecht laufen. Aber Ihre Brust ist auch sensibel und verletzlich. Sie sollten sie schützen.

» **Mit Pflaster** Die Brustwarzen gehören zu den verletzungsgefährdeten Körperzonen beim Laufen. Schnell entstehen hier kleine Schürfwunden, die mit der Zeit sehr unangenehm werden. Allerdings meist bei Männern, da sie keinen Sport-BH tragen, der die empfindlich zarte Haut der Brustwarzen schützt. Die Ursache ist fast immer ein locker sitzendes, an der Haut reibendes Shirt. Bereits ein Trikot, das um wenige Millimeter auf- und abwippt, genügt, um die Brustwarzen aufzuscheuern. Aber nicht nur das Shirt wackelt: Auch Ihre Brüste bewegen sich bei jedem Schritt leicht nach oben und unten. So kann jedes sich noch so weich anfühlende Laufshirt zum Schleifpapier werden, wenn auch mit sehr feiner Körnung. Das ist schmerzhaft und hinterlässt unschöne Blutflecken auf Ihrem Oberteil, wie Sie im Ziel eines Marathonlaufs beobachten können. Dabei ist der Schutz ganz einfach. Es gibt spezielle Brustwarzenpflaster, die sind kreisrund und haben den Durchmesser des Warzenhofes. Die Brustwarze selbst ist von der Klebefläche ausgenommen. Die Außenseite des Pflasters ist mit einer glatten Plastikfolie versehen, über die das Textil ohne Ihnen zu schaden reiben kann. Wenn Sie kein solches Spezialpflaster zur Hand haben, nehmen Sie ein gewöhnliches. Kleben Sie es nicht quer, sondern senkrecht über die Brustwarze, also eine Klebefläche oberhalb, die andere unterhalb der Brustwarze. So wirkt die Klebefläche des Pflasters der Kraft des darüber fallenden Shirts parallel entgegen und hält besser. Ein quer geklebtes Pflaster wird relativ schnell abreißen, weil es durch die Haare auf der (Männer-)Brust nicht genügend Haftfläche erhält, es sei denn, Sie rasieren sich.

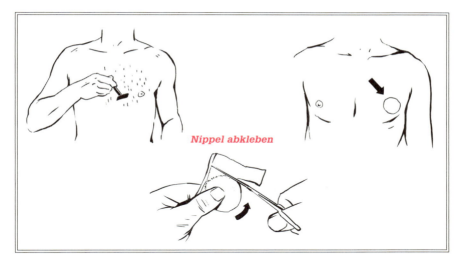
Nippel abkleben

» **Mit präpariertem Pflaster** Schneiden Sie aus der klebenden Fläche eines gewöhnlichen Heftpflasters einen kreisrunden Teil aus, in etwa so groß wie ein Fünf-Cent-Stück. Kleben Sie es auf den Warzenhof. Achten Sie darauf, dass Sie keine Brusthaare mit festkleben. Sollten Sie ein Brustwarzen-Piercing besitzen, decken Sie den gesamten Schmuck flächig ab.

» **Mit Stoff** Wettkampfverordnungen schreiben das Tragen von Bekleidung am Oberkörper vor. Ihre Brust muss bedeckt sein. Moralische Vorstellungen von Anstand und Respekt sind der Hintergrund. Legen Sie gerade hier Wert auf Funktionstextilien. Den Grund erkennen Sie schnell, wenn Sie beim Laufen ein Baumwoll-T-Shirt tragen: Schwitzflecken bilden sich am Rücken, unter den Achseln und vorne an der Brust. Das sieht nicht nur unschön aus, es läuft sich auch unangenehm damit. Die Brust gehört zu einer der intensivsten Schwitzzonen des Körpers. Insbesondere zwischen den Brüsten, über dem Rippenbogen, dem Sternum, schwitzen Sie stark. Das hat physikalische und anatomische Gründe: Physikalisch, weil die Brüste hervorstehen und das Wasser zwischen ihnen wie in einer Rinne abläuft; anatomisch, weil zwischen den Brüsten kaum Fettgewebe ist und die Abgabe der überschüssigen Körperwärme beim Laufen direkt über die obere Bauchmuskulatur erfolgt. Ein Funktionsshirt sollte die vom Körper abgegebene Feuchtigkeit gut nach außen weiterleiten *(siehe Kapitel 034, „Richtig chillen").*

» Mit einem Sport-BH Nein, keine Angst, Laufen verursacht keine Hängebrüste — das alte, immer noch durch manche Zeitschriften geisternde Vorurteil stimmt nicht. Aber nur, wenn Sie mit geeignetem Sport-BH laufen. Denn die Brüste — bei Frauen wie bei Männern — haben keine eigene Haltestruktur. Sie bestehen aus Fett- und Bindegewebe, nicht aus Muskeln. Ohne Sport-BH bewegen sich die Brüste bei Frauen im Schnitt neun Zentimeter pro Schritt auf und ab. Bei einem Kilometer Laufstrecke summiert sich dieser Bewegungsspielraum theoretisch bis auf 84 m. Der Sport-BH kann die Bewegungsamplitude Ihrer Brust um bis zu 75 Prozent eindämmen. Ein normaler Alltags-BH schafft im Schnitt lediglich 40 Prozent. Von der bayerischen Eisschnellläuferin Anni Friesinger ist überliefert, dass sie, bevor sie einen Sponsorenvertrag mit einem BH-Hersteller hatte, bisweilen zwei Büstenhalter übereinander trug. Die Brüste bewegen sich aber nicht nur auf und ab, sondern auch seitwärts. In der Summe wird daraus eine rotierende Bewegung. Das ist nicht gut für die Brust. Auch nicht für die Laufökonomie. Denn die Brust ist, rein physikalisch betrachtet, eine unbewegte Masse. Die muss Ihr Körper bei jedem Schritt abfangen, abbremsen und wieder beschleunigen. Je weniger sich diese Masse bewegt, desto mehr Energie sparen Sie. Damit Sie den Vorteil eines Sport-BHs voll ausschöpfen können, sollten Sie Ihre Größe kennen. Die Vermessung geht schnell und einfach in zwei Schritten.

» Mit einem passenden Sport-BH Messen Sie zur Größenbestimmung zunächst den Umfang Ihres Brustkorbs. Dazu legen Sie ein Maßband direkt unterhalb der Brüste an. Der Wert ist Ihre BH-Größe, zum Beispiel 80 für 80 cm. Da die meisten BH-Hersteller Fünf-Zentimeter-Sprünge zwischen Ihren Größen haben, müssen Sie auf- oder abrunden. Anschließend bestimmen Sie Ihre Körbchengröße. Dazu messen Sie mit dem Maßband wie vorher, aber diesmal auch über die Brüste, dort, wo sie am weitesten abstehen. Bei den meisten Frauen ist das direkt auf der Brustwarze. Achten Sie darauf, dass das Maßband am Rücken waagerecht verläuft. Jetzt haben Sie Ihren Gesamtbrustumfang, zum Beispiel 95 cm. Ihre

Körbchengröße errechnet sich aus der Differenz zum Brustumfang, im Beispiel also 15 cm. Die Körbchen unterscheiden sich in den Größensprüngen jeweils um zwei Zentimeter. So sieht die Einteilung aus:

Körbchen-größen	12–14 cm .... A	20–22 cm .... E
	14–16 cm .... B	22–24 cm .... F
	16–18 cm C	24–26 cm .... G
	18–20 cm .... D	

Sport-BHs sind regulär bis zur Größe E erhältlich, aber auch bei Größe G gibt es noch eine Auswahl verschiedener Modelle. Wählen Sie den Sport-BH eine Körbchengröße kleiner als Ihren Alltags-BH. Wenn Sie normalerweise Größe C tragen, ziehen Sie beim Sport B in Erwägung. Probieren Sie den Sport-BH an, das Tragegefühl unterscheidet sich, auch wegen des engeren Sitzes. Hüpfen Sie dazu in der Umkleidekabine ruhig ein paar Mal auf der Stelle. Wie bei einer Jeans können Sie auch beim Sport-BH entscheidende Passformkriterien mit dem Blick in den Spiegel der Umkleide überprüfen. Wo für die Jeans die Ausprägungen von Hintern, Hüfte und Oberschenkel entscheidend sind, ist dies beim Sport-BH: Schulterbreite, Halsumfang und Nacken, Schulter- und Brustmuskulatur sowie die Höhe des Brustansatzes. Dazu kommen die feste oder weichere Beschaffenheit des Brustgewebes und die unterschiedlichen Formen der Brust. Unterschiedlich große Brüste sind eher die Regel als die Ausnahme. Auch variiert die Brustgröße hormonell bedingt im Laufe eines Monats. Viele Läuferinnen brauchen deshalb zwei unterschiedliche BH-Größen. Miederwarenhersteller unterscheiden auch die Intensitäten von Sportarten, zum Beispiel „Low Impact", „High Impact" und „Maximum Support". Als Läuferin wählen Sie immer letztere Variante; Low Impact eignet sich beispielsweise fürs Yoga. Wenn Sie Laufanfängerin sind, kann es passieren, dass Sie recht schnell einen neuen Sport-BH benötigen: Weil Ihre Brüste aus Fettgewebe bestehen, schrumpfen sie bei der Reduktion des Körpergewichts. An der Größe ihrer Brüste spüren viele Frauen zuerst, dass sie Gewicht abgenommen haben. Wenn Sie also durch Ihre ersten Lauferfolge schlanker werden, brauchen Sie eher einen neuen Sport-BH als eine neue Jeans.

» **Mit einer kugelsicheren Weste** Sie sieht fast aus wie eine Laufweste, ist nur wesentlich dicker und schwerer, und sie schützt nicht nur gegen Wind, sondern auch gegen Geschosse. Die zahlreichen Taschen der kugelsicheren Weste nehmen Handgranaten oder Verbandszeug auf. Beim Laufen ist sie eher hinderlich. Das sahen selbst die US-Soldaten in Afghanistan so, die am 13. Dezember 2004 einen Marathon in der Besatzungszone veranstalteten. Sie liefen den „Honolulu-Marathon in Afghanistan" innerhalb ihres Militärstützpunktes Ripley nahe der Provinzhauptstadt Tarinkot völlig ungeschützt auf einem Rundkurs, den sie fünfmal absolvierten. Laufen Sie lieber gleich in Gebieten ohne feindlichen Beschuss, da tun Sie sich um einiges leichter.

» **Gar nicht** Wenn Sie mit ungeschützter Brust laufen, sollten Sie dies nur außerhalb des Wettkampfs tun. Fußballerinnen und Fußballer erhalten für das Entledigen ihres Trikots beim Torjubel die Gelbe Karte. Auch Läufer mit freiem Oberkörper verstoßen gegen Wettkampfregeln. Davon abgesehen kann es für Männer im Sommer ein herrlich befreiendes Gefühl sein, mit nacktem Oberkörper zu laufen. Für Frauen wäre es dagegen eher unangenehm bis schmerzhaft, je nach Oberweite (siehe Kapitel 063, „Nackt laufen").

027 — RAUCHEN AUFHÖREN

Der Brite John Graham gewann 1981 den ersten Rotterdam-Marathon in 2:09:28 Stunden – eine Weltklassezeit. 1983 wurde er Fünfter in New York, zwei Jahre später noch einmal Zweiter in Rotterdam. Graham war ein ganz Großer seiner Zeit. Und wohl der leistungsfähigste Raucher, den es je gegeben hat. Denn Graham konsumierte auch in seinen besten Jahren mindestens fünf Zigaretten am Tag. Schon wenige Zigaretten erhöhen den Kohlenmonoxidgehalt im Blut. Das Gas entsteht bei der Verbrennung der Zigarette und wird mit inhaliert. Kohlenmonoxid bindet sich etwa 300 mal besser an die roten Blutkörperchen als Sauerstoff. Dies führt dazu, dass ein Teil des Hämoglobins nicht mehr für den Sauerstofftransport zur Verfügung steht, und zwar selbst nach der letzten Zigarette noch bis zu einem Tag lang. Deshalb passen rauchen und laufen überhaupt nicht zusammen. Wie schnell wäre John Graham wohl gelaufen, wenn er nicht geraucht hätte?

» **Rauchen und laufen** Regelmäßiges Training führt auch bei Rauchern zu einer Verbesserung der Ausdauerleistungsfähigkeit. Es ist jedoch anzunehmen, dass sie schlechtere Fortschritte machen als vergleichbare Nichtraucher. Rauchen kann Arteriosklerose verursachen, somit einen Herzinfarkt, Schlaganfall oder Gefäßverschlüsse. Die Wahrscheinlichkeit einer solchen Erkrankung nimmt bei gleichzeitig vorhandenem Bluthochdruck, erhöhten Cholesterinwerten, der Einnahme der Antibaby-Pille oder Zuckerkrankheit nochmals deutlich zu. Auch die Fließeigenschaften des Blutes verschlechtern sich. So besteht ein erhöhtes Risiko für Thrombosen, insbesondere bei Frauen, die die Pille einnehmen. Durch ein regelmäßiges Ausdauertraining können Sie das rauchbedingte Risiko für alle diese Zivilisationskrankheiten reduzieren, insbesondere Ihre Blutfett- und Blutdruckwerte senken. Aber noch besser ist eine andere Maßnahme: Hören Sie mit dem Rauchen auf.

» **Teer verbrennen** Inwieweit Sie gegen die negativen Folgen des Rauchens selbst anlaufen können, ist bisher in keiner wissenschaftlichen Studie untersucht worden. Offensichtlich ist jedoch, dass Ausdauersport die Abgabe des Kohlenmonoxids beschleunigt, einer nikotinverursachten Störung der Gefäßregulation entgegenwirkt und möglicherweise auch eine schnellere Entgiftung von den durch den Rauch zugeführten Stoffen begünstigt. Wie viel schneller dies geschieht, interessiert Sie natürlich, wenn Sie mit dem Laufen beginnen. **Ein Rechenbeispiel:** Gewöhnlich nehmen Sie als Erwachsener zirka 17 Atemzüge pro Minute. Das sind 1.020 in der Stunde, 24.480 in 24 Stunden und 8.935.200 Atemzüge im Jahr. Mit jedem Zug transportieren Sie Teerrückstände aus Ihrer Raucherlunge. Gehen Sie nun dreimal pro Woche 30 Minuten im Wohlfühltempo laufen, holen Sie in den insgesamt 90 Minuten bis zu viermal öfter Luft als normalerweise. Das machen also 4.590 Atemzüge mehr pro Woche und 238.680 mehr pro Jahr.

Tatsächlich wird der Effekt des Laufens auf den Abtransport des Teers sogar noch größer sein. Denn die Atemfrequenz bleibt auch nach dem Lauf noch länger erhöht und die Organe sind besser durchblutet. Dieser Effekt ist jedoch individuell verschieden und lässt sich nicht so einfach berechnen.

» **Planmäßig aussteigen** Sie möchten mit dem Rauchen aufhören? Setzen Sie sich einen festen Termin für den Ausstieg und sorgen Sie danach für genügend Ablenkung. Also los! Ihr Termin ist der nächste Montag, und ablenken werden Sie sich mit Ihrem neuen Hobby: dem Laufen.

Laufen statt rauchen in vier Wochen

(m = morgens, a = abends, / = Gehpausen zwischen den Laufabschnitten)

1. Woche

	Zigaretten/Tag	Laufprogramm
Mo	14	m: 20 min zügiges Gehen, a: 20 min zügiges Gehen
Di	14	m: 20 min zügiges Gehen, a: 20 min schwimmen
Mi	13	m: 10 min zügiges Gehen, a: 5 x 2 min laufen / 2 min gehen
Do	13	m: 10 min zügiges Gehen, a: 5 x 2 min laufen / 2 min gehen
Fr	12	m: 10 min zügiges Gehen, a: 4 x 3 min laufen / 2 min gehen
Sa	12	m: 10 min zügiges Gehen, a: 4 x 3 min laufen / 2 min gehen
So	11	m: 20 min zügiges Gehen, a: 20 min schwimmen

2. Woche

	Zigaretten/Tag	Laufprogramm
Mo	11	m: 10 min zügiges Gehen, a: 3 x 4 min laufen / 2 min gehen
Di	10	m: 10 min zügiges Gehen, a: 3 x 4 min laufen / 2 min gehen
Mi	10	m: 10 min zügiges Gehen, a: 4 x 5 min laufen / 2 min gehen
Do	9	m: 10 min zügiges Gehen, a: 4 x 5 min laufen / 2 min gehen
Fr	9	m: 10 min zügiges Gehen, a: 3 x 7 min laufen / 3 min gehen
Sa	8	m: 10 min zügiges Gehen, a: 3 x 7 min laufen / 2 min gehen
So	8	m: 20 min zügiges Gehen, a: 20 min schwimmen

	Zigaretten/Tag	Laufprogramm
	....	.... 3. Woche ....
Mo	7	m: 10 min zügiges Gehen, a: 3 x 8 min laufen / 3 min gehen
Di	7	m: 10 min zügiges Gehen, a: 3 x 8 min laufen / 2 min gehen
Mi	6	m: 10 min zügiges Gehen, a: 3 x 9 min laufen / 3 min gehen
Do	6	m: 10 min zügiges Gehen, a: 3 x 9 min laufen / 2 min gehen
Fr	5	m: 10 min zügiges Gehen, a: 2 x 10 min laufen / 3 min gehen
Sa	5	m: 10 min zügiges Gehen, a: 2 x 10 min laufen / 2 min gehen
So	4	m: 20 min zügiges Gehen, a: 20 min schwimmen

	Zigaretten/Tag	Laufprogramm
	....	.... 4. Woche ....
Mo	4	m: 10 min zügiges Gehen, a: 2 x 12 min laufen / 3 min gehen
Di	3	m: 10 min zügiges Gehen, a: 2 x 12 min laufen / 2 min gehen
Mi	3	m: 10 min zügiges Gehen, a: 2 x 14 min laufen / 3 min gehen
Do	2	m: 10 min zügiges Gehen, a: 2 x 14 min laufen / 2 min gehen
Fr	2	m: 10 min zügiges Gehen, a: 2 x 15 min laufen / 3 min gehen
Sa	1	m: 10 min zügiges Gehen, a: 10 min zügiges Gehen
So	0	5 km laufen

RAUCHEN ANFANGEN

Die gute Nachricht für alle, die nicht so asketisch leben möchten wie ein Spitzensportler: Eine Umfrage unter Marathon-Weltklasseläufern für dieses Buch hat ergeben, dass die meisten von ihnen schon einmal geraucht haben. Die schlechte Nachricht: Das waren Jugendsünden. Falls Sie also ein rauchender Läufer (weniger als vier Zigaretten am Tag) oder ein laufender Raucher (mehr als vier) sind, brauchen Sie nicht zu glauben, dass auch Ihnen das Tor zu den Olympischen Spielen noch offen steht. Sie werden keinen Eliteläufer finden, der raucht. Das müsste passieren, damit Profis mit dem Rauchen beginnen:

Haile Gebrselassie, zweifacher 10.000-Meter-Olympiasieger, 27-facher Weltrekordler: „Rauchen würde ich höchstens, wenn begnadete Mediziner nachgewiesen hätten, dass der Genuss einer Schachtel Zigaretten mir ewige Jugend gibt. Ich rauche sie, die eine Schachtel. Danach nie wieder. Bis ich mein erstes graues Haar entdecke."

Ulrike Maisch, Marathon-Europameisterin 2006: „Mir müsste jemand beweisen, dass eine Zigarette gesünder ist als ein Apfel oder wenigstens genauso gut und vielleicht noch ein paar andere positive Nebenwirkungen hat wie: klüger werden, glücklicher sein, besser aussehen. Oder ein kluger Kopf erfindet Zigaretten aus anderen, gesunden Stoffen wie Bananen, Papayas, Vanille, Walnüssen. Wie man das dann rauchen kann, ist mir allerdings noch nicht ganz klar."

Uli Steidl, deutscher 2:13-Stunden-Marathonläufer, der in den USA lebt: „Ich würde den Tod nur in Kauf nehmen, wenn ich wüsste, dass ich anderen damit das Leben retten könnte. Zum Beispiel, wenn es deswegen keine Hungersnöte mehr gäbe. Wenn das Rauchen Doping wäre und ich einen Weltrekord dadurch erreichen könnte, nein, dafür würde ich nicht beginnen."

Patrick Makau, am Abend seines Marathon-Weltrekords 2011: „Ich rauche, wenn ich zu Hause in Kenia bin. Dann stecke ich mir mit meinem Vater eine Zigarre an."

Lidia Simon, Marathon-Olympia-Zweite: „Sollte mein Sohn irgendwann zu rauchen beginnen, beginne ich auch. Das wird ihm hoffentlich vor lauter Entsetzen den Atem rauben."

Corinna Harrer, mehrfache Deutsche Juniorenmeisterin über 1.500 Meter und 3.000 Meter sowie Silbermedaillengewinnerin bei den Europameisterschaften im Crosslauf 2011: „Ich würde mit dem Rauchen anfangen, wenn ich mit meinem Rauch schwer kranke Leute heilen könnte und wenn mein aufsteigender Rauch von der ganzen Welt als Friedenssymbol angesehen würde."

Steffen Justus, Triathlon-Vize-Weltmeister: „Wenn ich alle meine sportlichen Ziele im Leben erreicht hätte, könnte ich mir vorstellen, meine sportliche Karriere in Havanna zu beenden: in einem Liegestuhl in der Sonne, mit einer großen Zigarre in der Hand."

Martin Fiz, Marathon-Weltmeister 1995 aus Spanien: „Ich fange an zu rauchen, wenn ich nicht mehr laufen kann. In Spanien raucht jeder ältere Herr. Es gibt keinen Grund, dass ich da eine Ausnahme wäre."

Bill Rodgers, vierfacher Sieger des Boston- und New-York-Marathons: „Beginnen? Ich rauche regelmäßig. Fünf Zigaretten pro Jahr. Ein bis zwei an meinem Geburtstag, ein bis zwei rund um den Boston-Marathon und eine weitere wahllos irgendwann."

SICH AUFBLASEN

Die Lunge wächst mit ihren Aufgaben. Zwar verändert sich die Größe des Organs nicht, aber die Menge Luft, die Sie maximal ein- und ausatmen können, steigt. Man nennt das die Vitalkapazität. Diese kann medizintechnisch mit komplizierten Messanlagen überprüft werden. Sie selbst bemerken sie ganz einfach: Sie kommen nicht mehr so schnell außer Atem, ob beim Treppensteigen, flotten Fußmarsch oder Sprint zum Bus. Und Sie können mehr Kerzen auf einmal und aus größerer Entfernung ausblasen als jemand, der keinen Ausdauersport betreibt. Das wird für Sie mit den Jahren ein immer lohnenswerterer Auftritt. Je mehr Kerzen auf Ihrer Geburtstagstorte prangen, desto größer wird Ihr Triumph: Wenn andere im Rentenalter schwächeln, pusten Sie locker alle 65 Kerzen auf einmal aus.

Tendenz steigend: Lungenvolumen und Herzgröße

» **Luft holen** Das maximale Atemvolumen eines durchschnittlich trainierten Menschen beträgt etwa drei bis fünf Liter. Durch regelmäßiges Laufen können Sie bis zu drei Liter dazu gewinnen. Ihre sportliche Leistungsfähigkeit hängt ganz wesentlich von der Lungenkapazität ab. Spitzensportler wie Mo Farah erreichen enorme Werte. Der zweifache Olympiasieger (5.000 m, 10.000 m in London 2012) hat ein Lungenvolumen von acht Litern, beim Luftballon-Aufblasen auf dem Kindergeburtstag hätte er dabei die meisten Ballons zum Platzen gebracht. Freitaucher, die ohne Pressluftflaschen in große Tiefen hinabsinken, können angeblich sogar bis zu 14 Liter Luft in ihre Lungen packen. Aber Volumen ist nicht alles, in der Leistungsdiagnostik wurde es lange überschätzt. Stutzig wurden die Wissenschaftler etwa bei Sportlern wie Reinhold Messner, der 1978 als erster den Mount Everest ohne Sauerstoffgerät bestieg. Seine Lungenwerte waren eher durchschnittlich. Allerdings richtet sich die Größe der Lunge auch nach der Größe des Körpers. Aussagekräftiger als das Lungenvolumen ist deshalb, wie viel Luft pro Kilogramm Körpergewicht ein- und ausgeatmet werden kann. Oder noch genauer: Wie viel Sauerstoff im Blut transportiert und in den Zellen verarbeitet wird. Mo Farah kann, gemessen bei Untersuchungen in London, bis zu 90 Milliliter Sauerstoff pro Kilogramm Körpergewicht in der Minute verarbeiten, ein gut trainierter Durchschnittsläufer mit ähnlichen Größen- und Gewichtsverhältnissen kommt auf etwa 60 Milliliter, ein Untrainierter liegt meist deutlich unter 40 Millilitern. Schon wenn Sie nur hobbymäßig laufen, verbessert sich die Leistungsfähigkeit Ihrer Lunge. Im Alltag kommt es aber nicht nur darauf an, die Lungen zu füllen, sondern auch darauf, sie zu leeren.

» Luft ablassen Die Atmung passiert unbewusst, wobei Ihre Lunge selbst keine Muskeln besitzt. Der Lungenraum vergrößert sich durch das Absenken des Zwerchfells. Es entsteht ein Unterdruck, und Luft wird eingesogen. Parallel dazu erweitert sich Ihr Brustraum und vergrößert das Lungenvolumen zusätzlich. Beide Formen des Luftholens, die Bauch- und die Brustatmung, brauchen Sie beim Laufen. Zur Überprüfung, ob Sie richtig atmen, gibt es einen klassischen Test: Legen Sie sich in Rückenlage ein Buch auf den Bauch im Bereich zwischen Bauchnabel und Rippenbogen. Entspannen Sie sich und beobachten Sie das Buch. Wenn es sich mit Ihren Atemzügen hebt und senkt, dann ist es gut so: Dann praktizieren Sie die Bauchatmung. Versuchen Sie zur Abwechslung, das

Buch still auf dem Bauch zu lassen und nur über die Brustbewegung zu atmen. Das ist anstrengender. Durch das Laufen trainieren Sie das Atmen. Menschen, die sehr angespannt und verkrampft sind, atmen oft zu flach und ziehen die Luft nicht richtig in den Bauch, wodurch sie nur noch mehr verkrampfen. Die Kunst der Entspannung liegt indes im Ausatmen. Achten Sie auf Ihren Atemrhythmus: Die Zeit zum Ausatmen dauert deutlich länger als das Einatmen. Einatmen geht mit Anspannung einher, Ausatmen mit Entspannung. Menschen, die unter Anspannung stehen, haben meist zu viel Luft in ihren Lungen. Sie sollten einfach mal richtig Luft ablassen. Während des Laufens geschieht das von selbst.

030 — EIN GROSSES HERZ HABEN

» **Für sich selbst** Die Redewendung, jemand habe ein großes Herz, bekommt im Zusammenhang mit dem Laufen eine wörtliche Bedeutung. Das Herz ist ein Muskel, und wie alle Muskeln können Sie es trainieren. Wenn Sie viel Ausdauersport betreiben, kann Ihr Herzvolumen zunehmen: Sie bekommen ein Sportlerherz. Es befördert mit jedem Mal Pumpen eine größere Menge Blut durch Ihren Körper, muss also weniger häufig schlagen – Ihre Herzfrequenz sinkt, Ihre Leistungsfähigkeit steigt. Allerdings müssen Sie für ein Sportlerherz jahrelang im Hochleistungsbereich laufen und bereits in der Jugend, wenn Ihr Körper noch in der Wachstumsphase ist, damit beginnen. Ihr Training besteht dann beispielsweise aus wöchentlich mehr als 60 km laufen, 150 km Rad fahren oder 15 km schwimmen. Falls sich Ihr Herz angesichts solcher Umfänge vor Angst zusammenzieht, seien Sie getröstet: Auch moderates Laufen stärkt Ihre Gesundheit. Schon zwei Stunden Training pro Woche reichen aus, um Schlagvolumen und Schlagkraft Ihres Herzens zu verbessern, auch wenn sich seine Größe dabei nicht verändert.

Gemessen wird das Herzvolumen als relative Größe in Millilitern pro Kilogramm Körpergewicht. Bei durchschnittlich trainierten Frauen beträgt das Volumen neun bis elf ml/kg, bei durchschnittlich trainierten Männern zehn bis zwölf ml/kg. Leistungssportler können dagegen deutlich zulegen. Ab 13 ml/kg spricht man von einem Sportlerherz. Bei einem wissenschaftlichen Vergleich an der Deutschen Sporthochschule in Köln wurden die Herzvolumen von Athleten der nationalen und internationalen Spitzenklasse in verschiedenen Sportarten gemessen:

Herzvolumen	
Langstreckenläufer	über 15 ml/kg
Straßenradrennfahrer	über 14 ml/kg
Mittelstreckenläufer	14 ml/kg
Eisschnellläufer	knapp unter 14 ml/kg
Skilangläufer	13,5 ml/kg
Bundesligafußballer	knapp unter 13 ml/kg
400-Meter-Läufer	knapp über 12 ml/kg
Sprinter	11,5 ml/kg
Kunstradfahrer	11 ml/kg
Werfer	knapp unter 10 ml/kg

Leistungssportler, die zum Beispiel altersbedingt kürzertreten wollen, dürfen nicht abrupt aufhören zu laufen. Das Sportlerherz muss abtrainiert, sprich langsam und stufenweise wieder verkleinert werden, um Gesundheitsprobleme zu vermeiden.

» **Für andere Auf die klassische Art:** Nehmen Sie eine Spendenbüchse in die Hand und laufen Sie los. Melden Sie Ihre Sammelaktion vorher beim Veranstalter des Laufs und der Organisation an, die das Geld bekommen soll. Machen Sie es dann zum Beispiel wie Dietmar Mücke aus Oberbayern, der seit Jahren barfuß und als Pumuckl verkleidet Marathons absolviert und unterwegs Zuschauer um Spenden für verschiedene soziale Zwecke bittet. **Auf die neumodische Art:** Nutzen Sie das Internet. Machen Sie es zum Beispiel wie der Münsteraner Hendrik Auf'mkolk, der nach dem Erdbeben in Haiti Anfang 2010 Läufer zu einem „Run4Haiti" aufrief. An einem bestimmten Tag sollten sie eine möglichst lange Strecke absolvieren und für jeden Kilometer einen Euro spenden. 2.000 Läufer an 400 Orten in 20 Ländern folgten dem Appell und brachten mehr als 40.000 Euro zusammen. Dieser große Erfolg kam ganz ohne Werbung, durch einen digitalen Schneeballeffekt zustande: Auf'mkolk veröffentlichte eine Website auf der Spendenplattform helpedia.de und kontaktierte zunächst nur ein paar Lauffreunde über Facebook und Twitter. Diese wiederum informierten ihre eigenen Freunde über soziale Netzwerke. Mit der Abrechnung der erlaufenen Summe hatte Hendrik Auf'mkolk nichts mehr zu tun; ein weiterer Vorteil von Spendenplattformen wie helpedia.de, reset.to, betterplace.org, care2.com oder meine-spendenaktion.de, über die Sie Sammelaktionen schnell und unkompliziert starten und abwickeln können. Große Hilfsorganisationen wie die Deutsche Krebshilfe haben außerdem spezielle Ansprechpartner für Benefizläufe. Sie unterstützen Sie bei der Organisation und liefern Ihnen Informationsmaterial, Flyer und Spendenformulare. Hendrik Auf'mkolk glaubt, dass die Teilnehmer des „Run4Haiti" auch deshalb so hilfsbereit waren, weil das Erdbeben durch die täglichen Nachrichten in der Öffentlichkeit präsent war und er nicht viel dazu erklären musste. Außerdem war die dezentrale Struktur der Aktion von Vorteil: Die Teilnehmer mussten nicht an einen bestimmten Ort reisen, sie konnten direkt vor ihrer Haustüre starten. Auf'mkolk hält Läufer generell für gut über soziale Medien und Trainingsblogs vernetzt – ideale Voraussetzungen, um große Hilfswellen loszutreten. **Von den Briten lernen:** Die größte jährlich stattfindende Lauf-Spendensammlung der Welt ist der London-Marathon. Bei jeder Ausgabe kommen Millionen Euro für verschiedene gute Zwecke zusammen, seit der ersten Auflage des Marathons im Jahr 1981 insgesamt mehr als eine halbe Milliarde Euro. Ein Grund für die hohe Spendenbereitschaft ist, dass sie zu einem Startplatz bei der äußerst begehrten und stets schnell ausgebuchten Veranstaltung berechtigt. Die Läufer müssen sich bei einer Wohltätigkeitsorganisation anmelden und sich verpflichten, eine bestimmte Spendensumme aufzutreiben, teils mehrere tausend Euro. Das ist selbst im angelsächsischen Raum, wo Charity-Läufe eine viel längere Tradition als in Deutschland haben, eine Menge Geld. Deshalb bekommen die Benefizläufer einige offizielle Tipps mit auf den Weg. Sie stammen von der Spendenorganisation des London-Marathons und sind seit Jahren von Tausenden Geldsammlern erprobt worden.

Glauben Sie an Ihre Sache: Ein kurzer, aber leidenschaftlicher Appell im direkten Gespräch mit Ihren Freunden ist der beste Weg, um Geldbeutel zu öffnen. *Gehen Sie ins Detail:* Plattitüden wie „Behinderten helfen" und „frühgeborene Kinder retten" rütteln weniger auf als ein Satz wie „50 Euro reichen für die Operation eines Kindes in Afrika". Sie müssen bei Nachfragen genau wissen, wie Ihre Spenden ausgegeben werden und wer davon profitiert. Am besten erzählen Sie von einem konkreten, persönlichen Schicksal. *Seien Sie allzeit bereit:* Egal wo Sie gerade sind und was Sie machen, bringen Sie Ihr Anliegen zur Sprache. Seien Sie hartnäckig und unerschrocken. Halten Sie immer ein paar Spendenformulare bereit, die Sie von Ihrer Wohltätigkeitsorganisation erhalten. Notieren Sie Namen und Adressen Ihrer Spender, das ist wichtig für die Spendenquittung. *Bilden Sie ein Team:* Sie müssen nicht alles alleine sammeln. Fragen Sie Kollegen und Freunde um Hilfe. Notieren Sie Ihren Namen, Ihre Adresse und Ihre Telefonnummer auf dem Spendenformular, damit die Zettel am Ende wieder zu Ihnen zurückfinden. *Erkennen Sie Zielgruppen:* Nehmen Sie sich die Zeit und schreiben Sie eine Liste mit den Namen der sozialen Zirkel, in denen Sie sich bewegen, zum Beispiel im Sportverein, an der Uni, in der Arbeit. Diese Gruppen können Sie dann gezielt ansprechen, zum Beispiel übers Internet, mit einer eigenen Website oder mit flammenden Reden bei den Treffen dieser Gruppen. *Seien Sie schnell!* „Der frühe Vogel fängt den Wurm", lautet die Devise der Londoner Spenden-Profis. Sie haben herausgefunden, dass die Charity-Läufer, die bereits ein halbes Jahr vor dem Marathon mit Spendensammeln anfangen, über 500 Euro mehr bekommen als diejenigen, die erst vier Monate vorher beginnen. *Machen Sie auf Business:* Verschwenden Sie keine Zeit durch Spendenanfragen in Unternehmen, in denen Sie niemand kennt. Nutzen Sie lieber gleich nur Ihre persönlichen Verbindungen, insbesondere zu den Entscheidern, die Budgets verwalten. Auch Ihr eigener Boss ist eine sehr gute Spendenquelle. Schlagen Sie ihm vor, seine Großzügigkeit in Rundmails zu Ihrem Laufprojekt bei allen Empfängern besonders hervorzuheben. Eine beliebte Methode der Geldvermehrung ist außerdem das Eins-plus-eins-Modell: Für jeden von Ihnen gesammelten Euro legt Ihr Chef noch einen zusätzlichen Euro drauf. *Schreiben Sie:* Versuchen Sie, Menschen, die Sie nicht in einem persönlichen Gespräch von Ihrem Anliegen überzeugen können, schriftlich zu erreichen. Besser als Briefe sind E-Mails, die provozieren eine schnellere Reaktion. Die beste Taktik ist ein Footer, ein kurzer Abspann für Ihre E-Mails mit etwas Text und einem Spendenlink, den Sie vor und nach dem Lauf unter jede Ihrer elektronischen Botschaften setzen. *Machen Sie sich zur Nachricht:* Bereiten Sie Presse-Mitteilungen vor und versuchen Sie, einen Artikel über sich in einer Zeitung zu lancieren. Am besten in der lokalen Tageszeitung des Ortes, in dem Ihre Charity-Organisation sitzt. Die Leser geben lieber Geld für eine Sache, die sie kennen, als für einen unbekannten Läufer. Bieten Sie den Redaktionen ein Foto von sich zum Abdruck an und teilen Sie Ihre Kontaktdaten für Rückfragen mit. Am effektivsten sind Medienberichte dort, wo Sie bereits bekannt sind, zum Beispiel in der Mitarbeiterzeitschrift Ihres Unternehmens, in Newslettern oder im Intranet. *Seien Sie kreativ:* Spannen Sie die Pförtner Ihres Unternehmens oder Helferinnen in Arzt- und Zahnarztpraxen für Ihre Zwecke ein. Werben Sie für ihre Aktion mit Flyern an Orten, an denen Menschen Schlange stehen. Organisieren Sie Wetten auf Ihre Zielzeit. Vermieten Sie Werbeflächen auf Ihrem Laufshirt. *Bleiben Sie da:* Gehen Sie nach dem Lauf nicht gleich in Urlaub, halten Sie sich für Rückfragen und letzte Spender bereit.

031 — HERZ ZEIGEN

Flirt-Hilfen

Natürlich hat es auch Vorteile, wenn Sie als Einsiedlerin oder einsamer Wolf leben: Niemand stört Sie beim Trainieren, Sie haben keinerlei familiäre Verpflichtungen, können aufstehen, wann Sie wollen, und jederzeit ein Schläfchen zur Regeneration halten. Sie können so oft und so lange laufen wie es Ihnen beliebt, hinterher Ihre müffelnden Klamotten einfach in den Flur schmeißen und einen Berg Nudeln mit Ketchup in sich hineinschaufeln, zur Not gleich mit bloßen Händen, ohne dass sich jemand an Ihrem Benehmen stören würde. Das ist toll! Aber wollen Sie das wirklich? Sie könnten das Laufen doch auch dazu nutzen, andere Menschen kennenzulernen, vielleicht sogar den Laufpartner oder die Laufpartnerin fürs Leben. Dann müssen Sie zwar wieder mit Messer und Gabel essen, haben aber wahrscheinlich trotzdem mehr Spaß.

» **Auf die direkte Art** Selbst in Zeiten von sozialen Netzwerken und Single-Portalen im Internet läuft nichts ohne persönlichen Kontakt. Den kriegen Sie beim Laufen besonders einfach. Aber genauso leicht können Sie sich auch komplett daneben benehmen. Die hier gesammelten Ratschläge stammen von Eric Hegmann, Journalist und Buch-Autor, der sowohl über die Partnersuche als auch über Sport Bescheid weiß. Er berät eine große Online-Partnervermittlung als Single Coach und hat selbst schon Marathons und Triathlons absolviert.

Trainieren Sie Ihre emotionalen Grundlagen: Seien Sie offen, neugierig, respektvoll. Gehen Sie so nett mit der oder dem anderen um, wie Sie es selbst gerne hätten. Viele Singles wären keine Singles mehr, würden sie etwas freundlicher zu ihrer Umwelt sein.

Bleiben Sie offen: Viele Menschen neigen dazu, zu fixiert auf sich selbst zu sein, nur von sich zu reden und nur an sich zu denken, das macht Sie in den Augen eines anderen Menschen, den Sie kennenlernen möchten, unsympathisch. Diese Gefahr ist beim Laufen besonders hoch, da es gerade im Training und Wettkampf um ich-bezogene Dinge geht: darum, die eigene Leistung zu erhöhen beziehungsweise ein selbst gestecktes Ziel zu erreichen. Somit sind Sie als Läufer in vielen Situationen nur bedingt in der Verfassung zum Flirten. Seien Sie sich dessen bewusst, machen Sie die Augen auf, erkennen Sie Ihre Chancen. Und nutzen Sie sie.

Gehen Sie es gemütlich an: Bei einer moderaten Joggingrunde oder auf dem Laufband im Fitnessstudio haben Sie bessere Möglichkeiten, jemanden kennenzulernen, als beim Wettkampf. Beim Lauftreff steht der gemeinsame Spaß an der Bewegung im Vordergrund, beim Wettkampf der Sieg als Einzelkämpfer.

Erkennen Sie Ihre Grenzen: Wollen Sie rennen oder flirten? Vor einem Wettkampf sind Sie mental mit anderen Dingen beschäftigt, also nicht offen genug fürs Kennenlernen. Es sei denn, Sie sind ein derart erfahrener Läufer, dass Sie alles gleichzeitig hinkriegen. Das ist jedoch in allen Phasen eines Wettkampfs und drumherum problematisch. Bei der Pasta-Party am Vorabend kommen Sie zwar leicht ins Gespräch, aber spätestens um 21 Uhr liegen alle Teilnehmer im Bett, und zwar allein. Am Start können Sie zu zweit loslaufen, aber jeder möchte sein eigenes Tempo machen und niemanden an seinem Trikot-Zipfel hängen haben. Unterwegs können Sie mit jemandem eine Banane oder einen Energieriegel teilen –

falls Sie dazu imstande sind, gleichzeitig zu laufen, zu kauen und überzeugend, sympathisch und humorvoll zu reden. Und Ihre neue Bekanntschaft muss ebenfalls genügend Puste dazu haben, andernfalls ist sie garantiert sofort von Ihnen genervt. Im Ziel sollten Sie noch ansprechbar sein. Falls Sie sich vor lauter Erschöpfung übergeben müssen oder gluckenhaft von Ihren Familienangehörigen umsorgt werden, sind Sie nicht in idealer Kennenlern-Verfassung.

Schaffen Sie Vertrauen: Besuchen Sie einen Lauftreff ohne großen Leistungsdruck oder gründen Sie selbst einen. Hier sind Sie mit Menschen zusammen, mit denen Sie eine große Gemeinsamkeit verbindet: die Freude am Laufen. Ähnlichkeiten schaffen Vertrauen – die meisten Menschen finden das schön, sehr viele brauchen dieses Gefühl sogar als unbedingte Voraussetzung dafür, sich überhaupt verlieben zu können. Als begeisterter Hobby-Läufer finden Sie sofort zig unkomplizierte Gesprächsthemen, um die Sie Nicht-Läufer beneiden.

Seien Sie ehrlich: Angeber kann niemand leiden. Auch Ihre neue Bekanntschaft nicht. Falls Sie schon 20 Marathons gefinisht haben, lassen Sie sich diese Tatsache lieber nicht heraushängen. Falls es sowieso nur drei Marathons waren, bleiben Sie ohne Übertreibung bei der Wahrheit. Ihre mögliche neue Freundin oder Ihr Freund könnte viel schneller und ausdauernder sein als Sie, und nur eins ist peinlicher als eine große Klappe: eine große Klappe mit nichts dahinter.

Laufen Sie nicht davon: Bei der ersten Verabredung zur lockeren Laufrunde passen Sie Ihr Tempo an. Wenn Sie Ihre Bekanntschaft abhängen, wirken Sie nicht bewundernswert fit, sondern ungehobelt. Mit einem selbstverliebten Egoisten will niemand zusammen sein. Verspielen Sie Ihre Chancen nicht gleich auf den ersten Metern.

Betrachten Sie sich von außen: Der Sprung vom ambitionierten Hobbysportler zum Leistungssportler ist nicht weit. Überlegen Sie, ob Sie mit Ihrer Lauferei womöglich Eigenschaften mitbringen, die eine Partnerschaft schwierig bis unmöglich machen. Wenn Sie Tag und Nacht Ihr Ding durchziehen und trainieren, wirken Sie in den Augen Ihrer Umwelt schnell wie ein introvertierter, nur mit sich selbst beschäftigter Mensch. Das macht Sie nicht gerade sexy. Falls Sie 100 km pro Woche laufen, tun Sie das wohl nicht nur für Ihre Fitness. Das merkt man Ihnen an. Potentiell an Ihnen interessierte Männer beziehungsweise Frauen stellen sich dann Fragen. Kompensiert der etwas? Wo ist seine Priorität?

Wovor läuft sie weg? Muss der eine depressive Phase überwinden? Wenn sie fünfmal die Woche vor der Arbeit läuft – wie viel Zeit nimmt sie sich dann noch für mich? Seien Sie selbstkritisch. Eine dauerhafte Beziehung basiert darauf, dass Sie auch Zeit und Engagement investieren, nicht nur Vorteile herausziehen. Wollen Sie überhaupt einen Lebenspartner finden? Nein? Auch gut, dann laufen Sie, wann und wie Sie wollen. Aber dann jammern Sie auch nicht darüber, dass Sie einsam sind.

» **Auf die berechnende Art** Der Anteil der Frauen und Männer, die über Single-Portale nach Partnern suchen, sich dabei selbst als sportlich bezeichnen und Wert auf einen sportlichen Partner legen, ist überraschend gering. Das kann verschiedene Gründe haben, über die sich nur spekulieren lässt. Vielleicht ist den meisten Singles Sport im Vergleich zu anderen Kriterien nicht so wichtig. Oder Sport ist ihnen total wichtig, sie laufen sogar regelmäßig, aber sie schreiben das nicht in ihr Suchprofil. Vielleicht befürchten sie, sonst tatsächlich einen sportlichen Partner zu finden – dem sie dann nicht hinterherkommen. Andererseits: Die Minderheit der Singles, die ausdrücklich einen sportlich aktiven Partner sucht, betont diese Anforderung besonders deutlich. Das trifft insbesondere auf Männer und Frauen ab 35 Jahren aufwärts zu. Vielleicht, weil

Speed Dating

sie jugendlichen Schwung signalisieren wollen. Rein rechnerisch gesehen erhöhen aber auch diese vergleichsweise wenigen Sportler auf Online-Suche Ihre Chancen nicht, auf diese Weise einen Laufpartner fürs Leben zu finden. Besuchen Sie besser gleich eine Lauf-Veranstaltung. Dort können Sie davon ausgehen, dass Sie mit vielen gleichgesinnten Menschen zum eventuellen Verlieben in Kontakt kommen. Nutzen Sie die Gesetze der Wahrscheinlichkeitsrechnung – und ein paar grundlegende Erkenntnisse.

Für Männer **Urlaub machen:** Buchen Sie einen Laufurlaub in einer schönen Großstadt, am besten in den USA, Großbritannien, Australien oder Neuseeland. Schauen Sie doch mal im Atlas nach, wo Rotorua liegt. In Metropolen, im angelsächsischen Raum und in touristisch besonders sehenswerten Orten ist der Frauenanteil bei großen Laufveranstaltungen am höchsten. Die Beliebtheit von Großstädten bei Frauen erklären Experten vor allem damit, dass hier die Rahmenbedingungen für einen Lauf besonders attraktiv sind: Befragungen haben gezeigt, dass Einkaufsmöglichkeiten und Kulturangebote für Frauen zu einem Wettkampf-Wochenende dazu gehören. Im angelsächsischen Raum haben Frauen im Laufsport die längste Tradition. Und der Tourismus bringt viele ausländische Besucherinnen. In der Türkei zum Beispiel liegt der Frauenanteil bei den Finishern über die 42,195-Kilometer-Distanz des Antalya-Marathons mit 15 Prozent etwa genauso hoch wie bei Marathons in Deutschland – weil vor allem Urlauberinnen starten. Rechnet man die anderen Disziplinen des Antalya-Marathons wie Halbmarathon und zehn Kilometer dazu, bei denen auch viele einheimische Frauen mitmachen, kommt man sogar auf einen Frauenanteil von 30 Prozent. **Zu Hause bleiben:** Falls Sie auch berechnend sind, was die Kosten des Kennenlernens angeht, bleiben Sie in Deutschland und überlegen Sie sich, ob Ihnen statt des Marathons auch der Halbmarathon oder noch besser Power-Walking Spaß machen könnte. Dann geht Ihre Rechnung vielleicht besser auf. Denn in Deutschland gibt es zwar etwas mehr Frauen als Männer, 51 Prozent der Bevölkerung sind weiblich, bei den Marathons schlägt sich dieses Verhältnis allerdings überhaupt nicht entsprechend nieder. Demnach machen Frauen bei den Marathons in Deutschland insgesamt nur 19 Prozent der Teilnehmer aus, bei den Halbmarathons 28 Prozent, beim Power-Walking-Wettbewerb im Rahmen des Berlin-Marathons aber 60 Prozent. Das mag daran liegen, dass Frauen weniger Interesse an langen, harten Wettkämpfen und schnellen Zielzeiten haben als Männer und stattdessen

Läufe bevorzugen, bei denen der gemeinsame Spaß im Vordergrund steht. Aber diese Theorie ist fraglich, denn andererseits gibt es auch äußerst anstrengende Berg- und Ultraläufe, die bei Frauen so beliebt sind, dass sie auch hier mit um die 20 Prozent beteiligt sind: den Jungfrau-Marathon in Interlaken zum Beispiel oder den Comrades-Ultra in Südafrika. **Nach Norden ziehen:** Im europaweiten Vergleich fällt ein Nord-Süd-Gefälle auf. Die meisten Läuferinnen starten in nördlich gelegenen Ländern. In den traditionell von Männern dominierten Kulturen und eher untouristischen Städten des Südens sind die Frauenanteile bei den Marathons am geringsten. **Geschichte studieren:** Die Frauenbewegung im Laufsport begann im angelsächsischen Raum. Als Geburtsstunde gilt eine international Aufsehen erregende Protestaktion beim Boston-Marathon 1967. Damals war nur Männern die Teilnahme erlaubt. Die Journalistin Kathrine Switzer lief trotzdem mit *(siehe Kapitel 078, „Niederknien")*. In Deutschland kämpften Laufpioniere wie der Arzt Ernst van Aaken für die Gleichberechtigung. Er veranstaltete 1967 in seiner Heimatstadt Waldniel in Nordrhein-Westfalen einen Marathon, bei dem auch Frauen starten durften. Auch beim Schwarzwald-Marathon in Bräunlingen liefen bereits bei der Premiere im Jahr 1968 Frauen mit. Dennoch hielt ihre Diskriminierung bis Anfang der 1980er Jahre an. Die erste Marathon-Weltmeisterin wurde Grete Waitz, 1983 in Helsinki. Die erste Olympiasiegerin war die US-Amerikanerin Joan Benoit, 1984 in Los Angeles *(siehe Kapitel 078, „Niederknien")*. Seitdem steigt die Zahl der Marathon-Teilnehmerinnen weltweit, während die Gesamtzahl der Teilnehmer stagniert. Das heißt, Frauen holen langsam auf, während Männer tendenziell nachlassen. **Respekt zeigen:** Zwar sind Frauen im Schnitt langsamer als Männer, dafür zeigen sie mit zunehmendem Alter mehr Durchhaltewillen und geben seltener auf als ihre männlichen Laufkollegen. Insgesamt ist der stärkere Durchhaltewillen aber ohnehin eine Alterserscheinung. Läufer und Läuferinnen unter 30 Jahren geben doppelt so häufig auf wie die Veteranen des Sports. Am niedrigsten ist die „Did-not-finish"-Quote bei den 45- bis 64-jährigen Männern und Frauen. Außerdem sind deutsche Marathonläuferinnen im Schnitt rund 40 Minuten schneller als Läuferinnen in den USA. Die meisten sind zwischen 35 und 45 Jahre alt. Bei einer internationalen Befragung waren deutsche Läuferinnen am ängstlichsten, was Laufen in der Dunkelheit angeht – was für berechnende Männer wiederum heißt, dass sie sich als hilfreiche Ritter und Begleitschutz anbieten sollten.

Die höchsten Frauenquoten bei Marathons in Deutschland
(in Prozent der Teilnehmer, Quelle: laufreport.de)

Berlin 22	Hamburg 21	Köln 19	München 19	Frankfurt 18

Frauenquoten bei Marathons international
(in Prozent der Teilnehmer, Quelle: laufreport.de)

Portland 56	Boston 40	Sydney 27	Interlaken 20	Singapur 15
San Diego ... 51	New York ... 36	Kapstadt 25	Paris 19	Wien 15
Seattle 50	London 30	Helsinki 25	Buenos Aires .. 17	Lissabon 10
Honolulu 48	Brighton 30	Comrades ... 22	Prag 17	Madrid 6
Chicago 40	Dublin 30	Davos 22	Rom 16	Sevilla 5
Rotorua 40	Auckland ... 30	Tokio 21	Rio de Janeiro 15	

Gemischte Marathons, die Frauen gewonnen haben
(Siegerinnenzeit, Quelle: Verband der Straßenlauf-Statistiker ARRS)

Bizz Johnson Trail Kalifornien, USA: *2:46:35 h* Desert Classic Arizona, USA: *2:48:44 h* Nike-Marathon Kalifornien, USA: *3:01:26 h* Frankenstein-Marathon Missouri, USA: *3:49:35 h* Paloheinä-Marathon Helsinki, Finnland: *3:59:43 h* Odyssey Trail Virginia, USA: *4:38:00 h* Diablo Mountain Kalifornien, USA: *4:44:18 h* Running With the Devil Nevada, USA: *4:45:29 h* Eros-Ramazzotti-Marathon Hamburger Teichwiesen, Deutschland: *4:55:10 h* Yorkshireman England: *6:39:25 h*

Die deutschen Marathons mit den unehrgeizigsten Teilnehmern
(addiert und durch zwei geteilt wurden die Bestzeiten des Siegers und der Siegerin 2011, im Vergleich dazu der schnellste deutsche Marathon 2011 in Berlin: 4:23:22 h)

Rursee-Marathon, Simmerath: *6:17:42 h* Obermain-Marathon, Bad Staffelstein: *6:12:58 h* Königsschlösser-Marathon, Füssen: *5:59:57 h* Spreewald-Marathon, Burg: *5:58:29 h* Magdeburg-Marathon: *5:48:03 h* Metropolmarathon, Fürth: *5:47:31 h* Lübeck-Marathon: *5:46:44 h* Weiltalweg-Marathon: *5:46:21 h* Schwarzwaldmarathon, Bräunlingen: *5:45:35 h*

*Für Frauen **Auswahl genießen:*** Rein rechnerisch gesehen haben Sie bei jeder Veranstaltung gute Chancen, einen Mann kennenzulernen. Egal, wo Sie starten, sind Sie überall eine auffällige, da relativ seltene Erscheinung. Aber das sagt natürlich noch lange nichts über die charakterlichen und sonstigen Qualitäten der Männer aus, die Sie bei den Läufen antreffen. Aufschlussreicher sind da schon die Befragungen, die zum Beispiel von Fachzeitschriften und der Sportartikelindustrie zu Werbezwecken durchgeführt werden. Diese Studien zeigen: Sie finden auf jeden Fall einen adäquaten Partner. Für die meisten Marathonläufer gilt das gleiche wie für ihre weiblichen Pendants: Sie sind zwischen 35 und 45 Jahre alt, verfügen über mehr Geld und Bildung und arbeiten in höheren beruflichen Positionen als der deutsche Durchschnittsbürger. ***Vorzüge abwägen:*** Der Schuhhersteller Asics hat versucht, den laufenden, deutschen Herrn Mustermann mit einer internationalen Untersuchung psychologisch zu ergründen. Das Ergebnis: Gemäß dem Klischee des fleißigen, effektiven Arbeiters sind die Deutschen besonders pflichtbewusst beim Training. Herr Mustermann läuft sieben Mal pro Monat. Damit entspricht er zwar nur dem europäischen Durchschnitt, aber er läuft weiter als andere, nämlich 6,4 km pro Einheit, während zum Beispiel Mister Average aus Großbritannien nur 5,1 km macht. Herr Mustermann läuft außerdem am längsten: 36 Minuten pro Trainingseinheit, wohingegen sein britischer Kollege nur auf 28 Minuten kommt. Der deutsche Durchschnittsmann bewegt sich vor allem, weil er abnehmen will, nämlich genau 6,9 Kilogramm – im Gegensatz zu Signore Mediamente, dem Durchschnitts-Italiener, der sich vor allem aus Spaß an der Freude und gerne auch in geselligen Laufgruppen auf die Strecke begibt. Dagegen erledigt Herr Mustermann im Vergleich zu allen anderen Europäern das Laufen am liebsten alleine, und zwar noch vor dem Frühstück. Sein Anstoß zum Training war meist ein guter Vorsatz, und wenn er einen Vorsatz hat, bleibt er diesem länger treu als seine europäischen Lauffreunde. Am liebsten ist er im Wald, im Park oder auf dem Land unterwegs. Am meisten stören ihn Hunde und Hundekot. Im Europa-Vergleich ist er derjenige, der am stärksten von Radfahrern genervt ist. Schlechtes Wetter kann ihm das Training allerdings nicht vermiesen – im Gegensatz zum durchschnittlichen französischen Läufer, der bei Regen meist zu Hause bleibt.

Mister Average lässt sein Training sogar schon ausfallen, wenn es dunkel wird oder seine Lieblingssendung im Fernsehen läuft. Signore Mediamente ist am konsequentesten im Training. Ihm fällt außer einer Verletzung so gut wie keine Ausrede ein, mit der er das Aussetzen seiner Laufroutine rechtfertigen könnte. Unterwegs schmiedet der Italiener gerne Zukunftspläne. Der Deutsche dagegen denkt vor allem an die Ziellinie. Aufgeben ist für ihn keine Option, auch nicht bei geringfügigen Schmerzen. Aber bei aller Strebsamkeit hat er die Frauen wenigstens nicht ganz aus den Augen verloren. Immerhin 60 Prozent der befragten deutschen Männer geben an, sie hätten wahrgenommen, dass es in letzter Zeit mehr Läuferinnen in ihrer Nachbarschaft gebe. Herrn Mustermanns Gedanken schweifen beim Laufen dann auch gerne ab zu den Themen Partnerschaft und Sex – während sich deutsche Frauen im Vergleich dazu häufiger Sorgen darüber machen, was ihre Mitmenschen über sie denken. Häufiger als für alle anderen Europäer gibt es für den deutschen Durchschnittsläufer einen besonders wichtigen Grund, das Training einmal ausfallen zu lassen: die Arbeit.

Für Männer und Frauen, die unter sich bleiben wollen **Frauenläufe:** Weil sie von Laufveranstaltungen ausgeschlossen wurden, blieb Frauen noch in den 1960er und 1970er Jahren nichts anderes übrig, als eigene Rennen zu organisieren. Kathrine Switzer veranstaltete 1978 die erste inoffizielle Marathon-Weltmeisterschaft für Frauen in Atlanta, USA. Sponsor war das Kosmetikunternehmen Avon, das noch heute Frauenläufe finanziert. Der erste deutsche Avon-Frauenlauf fand 1984 in West-Berlin statt, damals mit 645 Teilnehmerinnen. Heute starten dort 18.000 Teilnehmerinnen beim größten Frauenlauf in Deutschland, der gleichzeitig eine Spendensammlung zugunsten der Brustkrebshilfe ist. Zur Auswahl stehen bei Frauenläufen moderate Distanzen zwischen fünf und zehn Kilometern. Teilnehmerinnen schätzen daran im Vergleich zu gemischten, sprich von Männern dominierten Läufen, eine lockerere Atmosphäre mit mehr Spaß und weniger Leistungsdruck. Die ursprüngliche politische Bedeutung der Frauenläufe blieb allerdings auf der Strecke. Zum Standard-Rahmenprogramm gehört heute, dass sich die Frauen vor dem Start frisieren und die Nägel lackieren lassen können. Es gibt zahlreiche große Frauenläufe und Frauenlauf-Serien in der ganzen Welt. Darunter zum Beispiel Marathons für Frauen in San Francisco, New York, Osaka und Nagoya. Aus Angst vor Diskriminierungsklagen sind bei diesen Läufen in den USA auch Männer zugelassen. Sie bleiben jedoch deutlich in der Minderheit. Aus Jux beteiligen sich manchmal auch Männer in Frauenkleidung an Frauenläufen, was zum Beispiel in Köln beliebt ist. **Gay Games:** seit 1982 alle vier Jahre ausgetragenes, internationales Breitensport- und Kulturereignis für Schwule, Lesben, Bi- und Transsexuelle. Die Gay Games sollen das Selbstbewusstsein der Teilnehmer stärken, ihnen mehr Respekt in der nicht-schwulen Öffentlichkeit verschaffen und ein Signal gegen Diskriminierung setzen. Die Spiele fanden zuletzt 2010 in Köln statt. Beim Marathon kamen dort 102 Männer und 16 Frauen ins Ziel, beim Halbmarathon waren es 246 Männer und 91 Frauen. Die nächsten Gay Games sind 2014 in Cleveland, Ohio. **Outgames:** Konkurrenzveranstaltung zu den Gay Games mit ähnlicher Zielsetzung. Die ersten Spiele fanden 2006 in Montreal statt. Seit 2009, als die Outgames in Kopenhagen gastierten, ist ein Vier-Jahres-Rhythmus vorgesehen. Die nächsten Spiele finden 2013 in Antwerpen statt. Nach Kopenhagen kamen 5.500 Teilnehmer aus 92 Nationen. Finisher beim Halbmarathon: 140 Männer, 31 Frauen. Im Ziel beim Marathon: 39 Männer, acht Frauen, eine Transsexuelle. **Vereine:** Front Runners nennt man im englischen Sprachgebrauch Menschen, die in Führung liegen, vorauslaufen, im übertragenen Sinn auch politische Vorkämpfer sind. Front Runners nennt sich auch die größte internationale Lauforganisation für Schwule, Lesben und Transsexuelle. Gegründet wurde die Dachorganisation International Front Runners 1974 in San Francisco. Heute zählen rund 100 Vereine in aller Welt dazu, mit deutschen Ablegern unter anderem in Berlin, Köln, Hamburg, Hannover, München und Stuttgart. Weitere internationale schwul-lesbische Laufvereine können Sie über die Gay and Lesbian International Sport Association (GLISA) ausfindig machen. **Stiletto-Runs:** Sprints von Frauen auf hohen Absätzen. Die High Heels müssen in der Regel mindestens sieben Zentimeter hoch sein und dürfen eine Höchstbreite von 1,5 cm nicht überschreiten. Der Rekord beim 100-Meter-Stiletto-Run von Berlin liegt bei 14,2 Sekunden. Teilnehmen dürfen dort nur Frauen. Siegprämie des zuletzt von einer Frauenzeitschrift veranstalteten Rennens war ein Einkaufsgutschein über 10.000 Euro. Stöckel-Rennen dieser Art gibt es auf der ganzen Welt, zum Beispiel auch in Graz, Sydney, Buffalo oder Tallinn. Neben Mode und Spaß geht es auch ums Spendensammeln. Teils dürfen nur Frauen, teils Männer und Frauen, teils nur Männer mitmachen. Letzteres ist beim jährlichen High-Heels-Rennen in Madrid der Fall, dem traditionellen Auftakt des Chueca-Schwulenfestivals.

» **Auf die traditionelle Art** Früher war auch nicht alles besser. Das Leben war hart und von Arbeitsfron geprägt. Die Menschen lebten einsam und weit voneinander entfernt auf abgelegenen Gehöften. Aber zu ein paar Gelegenheiten im Jahr trafen sie sich und feierten zusammen Volksfeste. Sie kamen sich näher und verliebten sich. Und manchmal rannten sie dabei sogar. Auf diese traditionelle Art können Sie heute noch anbandeln.

Schäferlauf: Seit dem Mittelalter ausgetragener Barfuß-Sprint geschlechtsreifer, schwäbischer Tierhüter über ein 300 m langes, pieksendes Stoppelfeld. Im Ziel wartet das Rote Kreuz auf Teilnehmer mit zu wenig Hornhaut an den Fußsohlen. Die siegreiche Königin und der König werden am Ende zusammengeführt und in einer Kutsche von dannen chauffiert. Unsportlichere Gäste neigen anschließend zu übertriebenem Alkoholgenuss und Schlägereien. Seinen Ursprung hat das rustikale Treiben in Markgröningen. Neben dem Hauptlauf gibt es unter anderem noch die Disziplinen Sacklaufen, Wassertragen und Hahnentanz. Beim Wassertragen wird mit gefüllten Zubern übers Feld gerannt. Beim Hahnentanz nähern sich Walzer tanzende Paare einem Galgen, an dem ein Wasserbecher befestigt ist. Sie heben sich gegenseitig hoch und versuchen, den Becher mit Kopfstößen auszukippen. Weitere Schäferläufe gibt es in Heidenheim an der Brenz, Bad Urach und Wildberg sowie in den hessischen Ortschaften Hungen und Korbach.

Weinsberger Weibertreulauf: Halbmarathon, Zehn- und Fünf-Kilometer-Lauf zur Erinnerung an die Folgen der Belagerung der Burg Weinsberg im Dezember 1140. Der siegreiche König Konrad III. sicherte Frauen und Kindern freies Geleit zu. Die Frauen durften außerdem mitnehmen, was sie tragen konnten. Sie entschieden sich für ihre Männer und retteten sie dadurch vor dem Tod. Beim Weibertreulauf wird heutzutage allerdings ganz konventionell, nicht huckepack gelaufen.

Frauentragen

Zementsack   *Huckepack*   *Rucksack*

Frauentragen: Männer laufen und tragen dabei Frauen. Die bekannteste Veranstaltung dieser Art ist die Weltmeisterschaft im Frauentragen im finnischen Dorf Sonkajärvi. Die Idee geht auf die Legende des Räubers Herkko Rosvo-Rinkainen zurück, der im 19. Jahrhundert aufgrund des ländlichen Brautmangels Frauen entführt haben soll. Zu absolvieren ist ein 250 m langer Rundkurs. Die Tragetechnik ist nicht vorgeschrieben. Unter Experten wird über Zementsack-, Huckepack- und Rucksack-Methode debattiert: Huckepack gilt als langsam und langweilig. Beim Zementsack, also dem Schultern der Frau, hängen Arme und Beine zu weit in die Luft, dabei werden die Fliehkräfte problematisch. Am besten funktioniert der Rucksack: Die Frau hängt mit dem Kopf nach unten, die Brust am Rücken des Mannes, die Beine um den Nacken des Partners geschlungen. Hält sich die Frau auch noch selbst an ihren Beinen fest, hat der Mann seine Arme zum Schwingen frei. So geht es über Asphalt, Gras, Kies und durch ein Wasserloch. Atemübungen zum Luftanhalten, Krafttraining zum Festhalten und Schutzhelme sind empfehlenswerte Sicherheitsmaßnahmen – für die Frau. Außerdem gilt eine Diät der Teilnehmerinnen als zielführend. Aber weniger als 49 Kilogramm dürfen sie auch nicht wiegen. Für die Einhaltung dieses Mindestballastes sorgt unter anderem die Aussicht auf die Sieges-Prämie: Das Gewicht der Frau wird in Bier aufgewogen. Über die Regeln wacht das International Wife Carrying Competition Rules Committee. Auch die katholische Kirche kennt ein Frauentragen. Hierbei ist jedoch ein Adventsbrauch gemeint, bei dem eine Statue der schwangeren Maria von Haus zu Haus gebracht wird. Das erinnert an die biblische Herbergssuche.

Trachtenlauf: Vier-Kilometer-Runde im Münchner Olympiapark, die von den Teilnehmern am Vortag des München-Marathons in rustikaler Kleidung absolviert wird. Nicht nur Dirndl und Lederhose, auch Matrosenhemd, Frau-Antje-aus-Holland-Haube oder Schottenrock gelten als passende Bekleidung, dazu spielt eine Blaskapelle auf. Die zünftigen Outfits sorgen für gute Stimmung, reichlich Augenweide und Gesprächsstoff – für extrem gute Kennenlern-Atmosphäre also, zumal ganz locker, ohne Zeitmessung gelaufen wird. Da bleibt genug Kondition für Bier und Weißwurst, die nach dem Lauf gemeinsam verzehrt werden. Traditionell sind hier vor allem die Klamotten. Der Lauf selbst wird erst seit 2010 veranstaltet, dem 25. Jahr des Bestehens des Marathons.

Kellnerderby: 400-Meter-Sprint von Servicekräften aus Gastronomie und Hotellerie über den Kurfürstendamm in Berlin. Erstmals wurde der Lauf Anfang der 1950er Jahre ausgetragen. Erfinder war der schillernde Weltreisende, Gastronom, Kabarettist, Kaufhaus- und Nachtlokalbetreiber Emil Remde. Heutiger Veranstalter ist der Hotel- und Gaststättenverband. Wie früher gibt es verschiedene Kategorien: Servierfräuleins balancieren Tabletts, Pagen schleppen Koffer, Getränkelieferanten tragen Bierkästen, Köche rennen mit dampfenden Suppenterrinen, Barmänner mixen im Laufschritt Cocktails. Damals wie heute ist der Lauf als Werbeveranstaltung gedacht: Berliner und Touristen sollen sehen, wo sie am schnellsten und stilsichersten bedient werden. Im Reglement wird daher betont: „Man zeigt sich von seiner besten Seite. Regeln des Anstandes sind einzuhalten." Dennoch ist die ungezwungene Atmosphäre gut dazu geeignet, einen Laufpartner zu finden. Weitere Kellnerläufe gibt es zum Beispiel in Altstätten in der Schweiz, Gotha, Lauf an der Pegnitz, Posterstein in Ostthüringen und in Heidelberg.

» **Auf die langfristige Art** Wenn Sie als Läufer mit einem Lebenspartner zusammen sein möchten, haben Sie grundsätzlich zwei Möglichkeiten. Entweder Sie finden jemanden, der selbst läuft und deshalb gut mit Ihren Macken zurechtkommt, oder Sie finden einen Partner, der Ihr Hobby beknackt findet, Sie aber trotzdem darin unterstützt oder zumindest nicht davon abbringen will. Keine der Alternativen beinhaltet allerdings die Garantie, dass die Beziehung tatsächlich langfristig hält. Sport allein kann nie das wichtigste Bindeglied einer Partnerschaft sein. Die gemeinsam zu bestehenden Herausforderungen des Lebens sind viel zu komplex und unterschiedlich, als dass Sie im mehr oder weniger harmonischen Gleichschritt darüber hinwegjoggen könnten. Folgende Ratschläge für einen langfristig erfolgreichen Paarlauf stammen von David Wilchfort, Arzt, Paartherapeut und sueddeutsche.de-Kolumnist, der selbst regelmäßig läuft.

Nehmen Sie sich Zeit: So, wie es für die Partner in einer Beziehung jeweils eigene und gemeinsame Freunde gibt, gibt es auch eigene und gemeinsame Interessen. Achten Sie auf genügend Zeit zu zweit. Wie viel Zeit das sein muss, kann man nicht pauschal sagen. Das kommt auf Sie selbst an. Jeder Mensch hat andere Bedürfnisse. Die einen brauchen weniger Gemeinsamkeit, die anderen mehr. Gemessen daran, dass freie Zeit ein knappes Gut ist, sind zwei gemeinsam lebende Läufer jedoch im Vorteil gegenüber einem Läufer-Nichtläufer-Paar: Sie können eine für beide Partner wichtige Sache gemeinsam genießen und haben dadurch mehr Zeit für andere Interessen. Falls Sie mit einem Nicht-Läufer zusammen sind, müssen Sie andere Gemeinsamkeiten finden. Achten Sie darauf, dass Sie nicht die ganze freie Zeit allein für Ihr Training nutzen. Am Wochenende trainieren Sie vielleicht nur am Samstag und gehen am Sonntag dafür mit Ihrer oder Ihrem Liebsten wandern.

Laufen Sie auch mal alleine: Selbst wenn Sie als Läufer mit einem Läufer zusammen sind, müssen Sie nicht andauernd zu zweit losrennen. Falls Sie das Gefühl haben, mal wieder alleine eine Runde drehen zu müssen, sei es für Ihr Tempotraining oder weil Sie in Ruhe nachdenken wollen, sagen Sie das doch einfach. Der Vorteil eines laufenden Paars: Der andere kennt solche speziellen Bedürfnisse und hat sicher Verständnis für Sie.

Werden Sie intim: Zusammen zu laufen ist nicht irgendeine gemeinsame Aktivität, sondern eine intensive körperliche und – im Gegensatz zum Spazierengehen – sogar eine intime. Laufen kann wie ein Vorspiel wirken *(siehe Kapitel 062, „Laufen und lieben")*. Das gemeinsame Atmen und Schwitzen erzeugt eine besonders verbindende Nähe, vor allem, wenn Sie sich in einem Tempo bewegen, in dem Sie sich noch miteinander unterhalten können. David Wilchfort schlägt dazu eine spezielle Paarlauf-Übung vor: Der langsamere Partner trägt den Pulsgurt, der schnellere die Uhr, von der er die Herzfrequenz des anderen abliest. Dann drosselt der schnellere sein Tempo und versucht, sich der Herzfrequenz des anderen anzunähern – sich in ihn einzufühlen. Niemand kann von sich behaupten, den anderen wirklich zu kennen. Aber mit dieser Übung können Sie sich besser kennen lernen. Sie versuchen zu fühlen, wie der andere fühlt. Wenn Sie das schaffen, werden Sie sich besser verstehen, auch jenseits der Laufstrecke.

Seien Sie ein guter Konkurrent: Frauen und Männer sind gleichberechtigt. Beide stehen voll im Berufsleben, wo Sie miteinander konkurrieren. Auch im Privatleben sind die Rollen innerhalb eines Paares nicht von vornherein festgelegt. Über die Verteilung der Hausarbeit wird genauso diskutiert wie über die Entscheidung, wo die nächste Urlaubsreise hingehen soll. Paare, die mit diesem ständigen Diskussionsprozess gut zurechtkommen und konstruktive Lösungen finden, werden auch gut gemeinsam laufen, auch wenn das läuferische Leistungsniveau unterschiedlich ist. Dann ist das Laufen nur ein Übungsfeld mehr, in dem ein Paar sich miteinander beschäftigt und bewährt. Der stärkere, schnellere Partner kann dabei ein Motivator sein. Voraussetzung dafür ist allerdings, dass er den langsameren anspornt und nicht niedermacht. Das Wort Konkurrenzkampf bekommt dadurch eine spielerische, spannende Bedeutung. In der Wechselwirkung schlägt sich diese auch im Alltag abseits des Laufens positiv nieder.

Gehen Sie nicht fremd: Falls Sie als Läufer mit einem Nicht-Läufer zusammen sind und dieser versucht, Sie am Laufen zu hindern, bleiben Sie ehrlich. Fangen Sie nicht damit an, Ausreden zu finden, damit Sie heimlich laufen können. Verkneifen Sie sich Lügen wie etwa, dass Sie Überstunden machen müssen. Dinge, die für einen Partner wichtig sind, aber vor dem anderen verheimlicht werden, sind Gift für eine Beziehung – wie Fremdgehen. Finden Sie lieber heraus, was das wahre Problem Ihres Nicht-Läufers ist: Hat er oder sie Angst, dass Sie sich verletzen oder überanstrengen? Oder fühlt er oder sie sich vernachlässigt? Dann klären Sie Ihren Partner darüber auf, wie vorsichtig und verantwortungsvoll Sie beim Laufen sind. Oder nehmen Sie sich mehr Zeit für gemeinsame Aktivitäten. Kurz: Statt zu laufen reden Sie *(siehe Kapitel 003, „Anständig bleiben")*.

Laufen Sie zu dritt: Falls Sie ein kleines Kind haben, das schon in einem Babyjogger sitzen kann, nehmen Sie es auf Ihre Lieblingsstrecke mit. Falls Sie mit einem Läufer zusammen sind, können Sie den Wagen gemeinsam schieben – auch das ist eine schöne Übung *(siehe Kapitel 040, „Zupacken")*.

AUFS HERZ HÖREN

Vielleicht sind auch Sie zu schnell. Oder zu langsam. Jedenfalls ist die Wahrscheinlichkeit ziemlich hoch, dass es Ihnen geht wie vielen Läufern:

Sie liegen mit der Einschätzung Ihrer idealen Belastungsintensität ziemlich daneben. Vor allem, wenn Sie ein Anfänger sind, verfügen Sie kaum über das richtige Gefühl für Ihren Körper. Wenn Sie zu langsam sind, haben Ihre Läufe keinen Trainingseffekt. Wenn Sie zu schnell sind, überfordern Sie sich und verlieren den Spaß. Sie müssen lernen, auf Ihr Herz zu hören.

» **Maximale Herzfrequenz bestimmen** Ihr Herz reagiert auf Belastungen. Wenn Sie laufen, steigt Ihre Herzfrequenz, also die Anzahl der Herzschläge pro Minute. Dadurch lassen sich unterschiedliche Belastungsstufen sehr genau in Herzfrequenzwerten angeben. Um herauszufinden, in welchen Herzfrequenz-Bereichen Sie idealerweise laufen sollten, müssen Sie zunächst einmal Ihre maximale Herzfrequenz bestimmen – also die Anzahl der Herzschläge pro Minute an dem Punkt, an dem Sie nicht mehr können und Ihnen die Zunge aus dem Hals hängt. Es gibt nur zwei verlässliche Methoden: Entweder lassen Sie den Wert in einem Leistungsdiagnosezentrum bestimmen, indem Sie sich etwas Blut für einen Laktattest abnehmen lassen. Oder Sie machen einen Selbsttest mit Pulsuhr. Wärmen Sie sich dazu gründlich auf, laufen Sie sich zehn Minuten ein, dann drei mal drei Minuten in gesteigertem Tempo: die jeweils erste der drei Minuten gemütlich, die zweite so, dass Sie fast außer Atem kommen, die dritte volle Pulle. Nach jedem Drei-Minuten-Intervall traben Sie zwei Minuten. Die Herzfrequenz, die Sie beim letzten Volle-Pulle-Abschnitt

	Trainingsintensität		
Trainingsform	langsamer Dauerlauf	lockerer Dauerlauf	zügiger Dauerlauf (Tempodauerlauf)
Trainingseffekt	Erholung, Grundlagentraining	Verbesserung aerobe Ausdauer	Verbesserung anaerobe Ausdauer
Dauer	50–60 min	20–40 min	20 min
Häufigkeit	zweimal wöchentlich	ein- bis zweimal wöchentlich	maximal einmal wöchentlich
% von HFmax	70–75	75–85	85–90

messen, ist Ihre maximale Herzfrequenz. Die Alternative: Geben Sie alles bei einem Drei-, Fünf- oder Zehn-Kilometer-Wettkampf. Und zum Schluss legen Sie noch einen Endspurt hin. Der Wert, den Sie im Ziel von Ihrem Pulsmesser ablesen, ist Ihre maximale Herzfrequenz, abgekürzt HFmax.

» An Grenzen gehen Errechnen Sie die idealen Belastungsintensitäten Ihrer Läufe in Prozent Ihrer HFmax *(siehe Tabelle)*. Beträgt Ihre HFmax zum Beispiel 190, sollten Sie bei Ihren langsamen Dauerläufen nicht mehr oder weniger als etwa 133 bis 142 Schläge pro Minute erreichen. Aerobe Ausdauer bedeutet: In diesem Herzfrequenzbereich wird Ihre Muskulatur ausreichend mit Sauerstoff versorgt. Energie gewinnen Sie dabei aus den Glykogen-, sprich Kohlenhydratvorräten Ihres Körpers. Aerobe Belastungen sind von niedriger Intensität, Sie können lange durchhalten, bis Ihre Energievorräte verbraucht sind. Anaerob heißt: Ihre Muskeln verbrauchen mehr Sauerstoff als durch die Atmung nachgeliefert werden kann. Die Muskelzellen haben nicht mehr genügend Sauerstoff. Als Stoffwechsel-Abfallprodukt entsteht nun Laktakt, das Ihre Leistung schließlich hemmt, Sportler sprechen von übersäuern. Wenn Sie möglichst lange am Stück laufen wollen, sollten Sie also Ihre aerobe wie anaerobe Ausdauer trainieren. Einen Marathon laufen Sie möglichst kurz unterhalb der Schwelle zwischen aerob und anaerob: die ist individuell verschieden und liegt etwa bei 80 bis 88 Prozent Ihrer HFmax. Dies hat übrigens nichts mit dem oft zitierten „Mann mit dem Hammer" zu tun: Dem begegnen Sie bei einem Marathon, wenn die schnell verfügbaren Glykogenvorräte Ihres Körpers verbraucht sind. Dann geht der Körper an die Reserven und schaltet auf den Fettstoffwechsel um. Dieses Umschalten erleben Sie bei einem Marathon bei ungefähr Kilometer 32: Plötzlich fällt Ihnen das Laufen schwerer, die Beine scheinen wie mit einem Gummiband mit Ihrem Rumpf verbunden zu sein und Sie werden langsamer. Dahinter steckt, dass Ihr Körper für den Fettstoffwechsel mehr Sauerstoff benötigt und der fehlt Ihnen dann in den Muskeln *(siehe Kapitel 057, „Ohne Hunger laufen")*.

» Vergleiche ziehen Ihre Herzfrequenz ist so individuell wie Ihr Fingerabdruck. Sie können neben einem Menschen traben, der genauso alt, schwer und groß ist wie sie – aber 50 Schläge pro Minute weniger von seinem Pulsmesser abliest. Wobei das Alter durchaus eine Rolle spielt. Die Herzfrequenz eines Neugeborenen beträgt in Ruhe etwa 120 Schläge pro Minute. Ein gesunder Erwachsener kommt auf etwa 50 bis 100 Schläge. Das Herz eines 70-Jährigen schlägt nur etwa 70 mal pro Minute. Nehmen Sie sich außerdem Ihre Tagesform und die Witterungsbedingungen zu Herzen. Wenn Sie schlecht ausgeruht, bei heißen Temperaturen oder in großen Höhen auf Bergen laufen, liegt Ihre Herzfrequenz sofort höher als sonst.

» **Infarkt vermeiden** Der gefährlichste Ort der Welt ist Ihr Sofa. Herz-Kreislauf-Erkrankungen sind die häufigste Todesursache in hoch entwickelten Industrieländern wie Deutschland. Regelmäßiges, moderates Lauftraining ist die beste Vorbeugung dagegen: Es erhöht Ihr Herzvolumen, senkt Ihren Puls und Blutdruck und sorgt für bessere Durchblutung Ihrer Herzkranzgefäße. Auch wenn Sie länger und intensiver unterwegs sind, müssen Sie keine Angst haben. Immer wieder geistern Berichte durch die Medien, in denen behauptet wird, dass Marathonlaufen angeblich ein hohes Risiko für das Herz darstellt. Dieser These widersprechen Kardiologen von der Universität Harvard und der Uniklinik Heidelberg. Nach deren Erkenntnissen ist die Gefahr des Herzstillstands bei Marathonläufern „genauso klein oder geringer als bei anderen Sportarten, inklusive Freizeitsport", so etwa Aaron Baggish aus Harvard. Der Kardiologe hat in einer viel beachteten Studie alle Fälle von Herzproblemen bei Marathons in den USA zwischen den Jahren 2000 und 2010 untersucht. Insgesamt erlitten von elf Millionen Läufern 59 während oder kurz nach dem Rennen einen Herzstillstand, 42 davon endeten tödlich. Bei allen Opfern war das Herz vorgeschädigt, in der Mehrzahl der Fälle war der Herzmuskel krankhaft verdickt. Ein gesundes, trainiertes Herz wird nach Meinung der Kardiologen beim Marathon nicht geschädigt. Der Anstieg kardialer Marker im Blut von Marathonläufern und die im Kernspin und mit Ultraschall zu beobachtenden Funktionseinschränkungen des Herzens nach dem Rennen sind vorübergehend und nicht krankhaft. Zur Sicherheit sollten Sie sich regelmäßig untersuchen lassen. Die internationale Vereinigung der Rennärzte IMMDA rät insbesondere dann zum Arzt-

der gefährlichste Ort der Welt

besuch, wenn Sie noch nie zuvor gelaufen sind, eine lange Pause eingelegt haben oder wenn Sie Ihr Pensum steigern wollen. Starten Sie bei Wettkämpfen nur ausreichend trainiert und niemals, wenn Sie sich unwohl fühlen, auf gar keinen Fall mit Fieber – denn das kann zu einer Herzmuskelentzündung führen und tödlich enden.

» **Infarkt erleiden** Über Ihre medizinische Betreuung müssen Sie sich in der Regel keine Sorgen machen. Es gibt Läufer, die behaupten im Spaß, der Berlin-Marathon sei der beste Ort, um Herzprobleme zu kriegen – weil hier so viele Helfer im Einsatz sind: 575 medizinische Fachkräfte (darunter Rettungsmediziner, Notärzte, Internisten, Orthopäden, Unfallchirurgen), acht Ärzte und zwei Notfallteams auf Fahrrädern, 14 medizinische Sichtungsteams im Zielgebiet und auf der Strecke, sechs Notfallteams auf Motorrädern, 113 Rettungssanitäter-Assistenten, 20 Feuerwehrstreifen, 55 Teams mit Defibrilatoren auf der Strecke und zwölf im Zielbereich, mindestens drei Notarzteinsatzfahrzeuge, mindestens 22 Rettungsfahrzeuge, acht Feuerwachen für den Rettungsdiensteinsatz, 14 Krankentransporter, 22 Erste-Hilfe-Stationen mit Basis- bis Intensivausstattung auf der Strecke, acht Unfall- und Erste-Hilfe-Stationen und ein Medical Center mit Intensivbereichen im Ziel.

» **Runterkommen** Je schneller sich Ihr Herz nach einer intensiven Belastung, etwa einem Tempodauerlauf, wieder beruhigt, desto besser sind

Ihre Ausdauer und Regenerationsfähigkeit. Lesen Sie am Pulsmesser ab, wie lange es im Stehen oder im Gehen dauert, bis Ihre Herzfrequenz 65 Prozent Ihrer HFmax erreicht hat. Diese Erholungszeit sollte, wenn Sie gut trainiert und gesund sind, höchstens 50 Sekunden betragen. Dauert es länger, könnte das ein Anzeichen für Übertraining oder eine Infektion sein.

» **Ruhen** Je weiter Ihr Ruhepuls sinkt, desto besser trainiert sind Sie. Idealerweise liegt Ihr Wert wie bei allen gesunden Ausdauersportlern zwischen 40 und 50 Schlägen pro Minute. Am besten messen Sie Ihren Ruhepuls gleich morgens nach dem Aufwachen noch im Liegen. Dazu haben Sie Ihren Pulsmesser schon auf dem Nachttisch bereitgelegt. Messen Sie täglich und notieren Sie Ihre Werte. Liegen Sie plötzlich deutlich, also etwa fünf bis zehn Schläge über Ihrem sonstigen Wert, stimmt etwas nicht. Übertraining, eine Infektion, aber auch der Chef, der Ihnen mal wieder zu viel Druck macht, könnten Ursachen des gestörten Ruhepulses sein. Reduzieren Sie dann Ihr Training, bis sich Ihr Ruhepuls wieder normalisiert hat. Alternative: Suchen Sie sich einen neuen Job.

SCHWEISS VERLIEREN

Manchmal kommen Ihnen beim Laufen im Hochsommer, während Sie gerade den Rasensprenger für die Umgebung spielen, andere entgegen, die völlig trocken sind. Das sind aber nicht unbedingt die besseren Läufer. Schwitzen unter sportlicher Belastung ist individuell sehr unterschiedlich ausgeprägt. Die Spannbreite reicht von fast gar nicht bis zu niagarafallartig. Um Ihre Körpertemperatur konstant zu halten, gibt es in Ihrem Körper mehr als zwei Millionen Schweißdrüsen. Die transportieren mit dem Schweiß Giftstoffe ab und stärken dadurch Ihre Abwehrkräfte. Schwitzen ist also gerade beim Sport erwünscht und gesund.

» **Schwitzen trainieren** Ohne zu schwitzen, würde Ihre Körpertemperatur beim Dauerlauf schnell bis in tödliche Bereiche hinein ansteigen. Im Laufe eines langjährigen Ausdauertrainings verstärkt sich die Flüssigkeitsabgabe über die Schweißdrüsen, wohingegen der Salzgehalt im Schweiß immer geringer wird. Dies ist ein wichtiger Trainingseffekt. Wenn Sie bei der Belastung gut gekühlt bleiben und weniger Salz verlieren, können Sie länger durchhalten. Weniger schwitzen dagegen lässt sich nicht trainieren. Wie viel jemand schwitzt, ist individuell extrem unterschiedlich. Dies gilt sowohl für das Schwitzen während des Laufens als auch beim Nachschwitzen, dem Schwitzen, das noch einige Zeit anhält, wenn Sie schon längst aufgehört haben zu laufen. Grundsätzlich schwitzen große und schwere Menschen mehr als kleine, dünne. Auch die Außentemperatur und die Menge, die Sie trinken, spielen eine Rolle. Je wärmer es ist und je mehr Flüssigkeit Sie zu sich nehmen, desto mehr schwitzen Sie.

Der Kaum-Schwitzer Sie schwitzen beim Laufen bei angenehmen Temperaturen und niedrigen Belastungen so gut wie gar nicht. Je schneller Sie sich allerdings bewegen, desto mehr schwitzen Sie. Wenn Sie schließlich außer Atem sind, fließt selbst Ihnen der Schweiß übers Gesicht und den Rücken hinunter. Obwohl Sie zu den Kaum-Schwitzern gehören, wie 90 Prozent der Läufer, verdampft täglich ein halber Liter Schweiß auf Ihrer Haut. Es können beim Laufen durchaus bis zu 1,8 Liter Schweiß in einer Stunde werden. In einem körperlich anstrengenden Job verliert mancher Arbeiter an einem Arbeitstag bis zu sechs Liter Flüssigkeit über den Schweiß. Haben Sie den Eindruck, Sie schwitzen phasenweise zu stark, und wollen Sie das Schwitzen einschränken, sollten Sie es höchstens mit pflanzlichen Heilmitteln versuchen, zum Beispiel mit Salbeitee. Der vermindert die Schweißbildung. Wollen Sie in bestimmten Situationen das Schwitzen vermeiden, sollten Sie grundsätzlich auf alles verzichten, was die Schweißproduktion anregt: zu scharfes oder heißes Essen, Kaffee, Alkohol. Plötzliche Schweißausbrüche können durch Angst oder Aufregung ausgelöst werden, Gefühlsregungen, wie man sie auch vor einer Wettkampfteilnahme kennt. Begegnen können Sie diesen durch autogenes Training, Yoga oder andere beruhigende Gehirnübungen.

Der Viel-Schwitzer Sie schwitzen schon beim ersten Laufschritt, egal wie langsam Sie laufen. Sie schwitzen nicht stark, aber Sie schwitzen. Bei hohem Tempo sind Sie am Ende völlig durchnässt, und die Schweißperlen stehen Ihnen auf der Stirn. Sie sind nicht alleine, immerhin gut acht Prozent Ihrer Laufkollegen geht es so wie Ihnen. Sie sind auch der Typ, der immer feuchte Hände hat. Handschweiß war bei unseren Vorfahren wichtig, der klebrige

Hautfilm machte es ihnen leichter, auf Bäume zu flüchten. Ihnen ist er aber nur peinlich. Denn feuchte Hände bekommen Sie vor allem dann, wenn Sie es gerade überhaupt nicht brauchen, zum Beispiel beim ersten Rendezvous. Gar nicht ungewöhnlich für Sie ist auch ein Schweißausbruch kurz vor dem Wettkampfstart. Nach wie vor koppelt Ihr Körper Aufregung und Stress mit der archaischen Flucht-oder-Kampf-Reaktion *(siehe Kapitel 001 „Vorläufer verstehen")*. Dass Sie viel schwitzen, schadet Ihnen beim Laufen nicht, solange Sie regelmäßig trinken. Die Schweißhände sind ein größeres Problem, weil Sie Ihnen im Kontakt mit anderen unangenehm werden könnten. Dafür gibt es inzwischen eine Therapie, die Gleichstrom-Methode. Sie halten Ihre Hände für etwa 15 Minuten in ein Wasserbad, das unter elektrischer Spannung steht. Dadurch soll die Überaktivität Ihrer Schweißdrüsen reduziert werden.

Der Extrem-Schwitzer Sie schwitzen fast immer, schon bei leichter Bewegung, und beim Laufen stehen Sie sofort im eigenen Saft. Eigentlich müssten Sie im Verlauf eines einstündigen Dauerlaufs mindestens einmal Ihre komplette Kleidung wechseln. Ehrlich gesagt, haben Sie damit ein echtes Problem beim Laufen, denn Ihnen droht speziell bei höheren Temperaturen eine leistungsmindernde Dehydration. Sie sollten deshalb immer eine Flasche mit Flüssigkeit dabei haben. Vielleicht sollten Sie einmal einen Arzt aufsuchen und insbesondere eine Blutuntersuchung sowie ergänzend einen Belastungs-Test und einen Ultraschall der Schilddrüse machen lassen. Krankhaftes Schwitzen ist behandelbar. Transpirieren Sie nur unter den Achseln extrem stark, können Sie die Schweißdrüsen in diesem Bereich unter lokaler Betäubung absaugen lassen.

» ***Heiß laufen*** Amby Burfoot, Gewinner des Boston-Marathons 1968 und einer der bekanntesten Laufjournalisten weltweit, lief im Testlabor der

Körperreaktionen bei Hitze		
	bei 12 Grad	*bei 32 Grad*
Herzfrequenz	158	175
Körpertemperatur	38,8 Grad	39,7 Grad
Laktat	0,978 mmol/Liter	4,04 mmol/Liter
Schweißverlust	790 Milliliter	1.610 Milliliter
Dehydration	1,3 Prozent	2,6 Prozent

University of Connecticut innerhalb einer Woche zweimal jeweils eine Stunde im Tempo von 5:20 min/km auf einem Laufband. Der erste Lauf fand bei zwölf Grad Celsius statt, der zweite bei 32 Grad. Beim Hitzelauf stiegen unter anderem Herzfrequenz, Körpertemperatur und Schweißverlust extrem an und machten die Laufbelastung zu einem echten Gesundheitsrisiko.

Es gibt eine ganze Reihe von Studien, in denen untersucht worden ist, wie sich Hitze auf die Marathonleistung auswirkt. Alle kamen zum Ergebnis, dass eine Außentemperatur von etwa zehn Grad ideal zum Laufen ist. Wenn die Temperatur steigt, wird die Finisherzeit pro fünf Grad um rund drei Prozent langsamer. Hier eine Hochrechnung der University of Connecticut:

Marathonzeiten im Vergleich bei Veränderung der Temperatur

Laufvermögen bei	10 Grad	15 Grad	20 Grad	25 Grad	30 Grad
	3:00:00	3:05:24	3:10:48	3:16:12	3:21:36
	4:00:00	4:07:12	4:14:28	4:21:36	4:28:48
	5:00:00	5:09:00	5:18:00	5:27:00	5:36:00

» **Gestank vermeiden** Erst ab dem Jugendalter wird der Geruch von Menschen auch als unangenehm empfunden. Babys und Kleinkinder stinken nie, sieht man einmal vom Geruch voller Windeln ab. Das liegt an den Schweißdrüsen. Es gibt zwei verschiedene: erstens die, die hauptsächlich für die Kühlung der Haut zuständig sind, die ekkrinen Drüsen; zweitens die hormonell gesteuerten, apokrinen Drüsen. Letztere werden auch Duftdrüsen genannt, weil sie sich erst in der Pubertät ausbilden. Sie sitzen in den Schambereichen, Achselhöhlen, aber auch an den Augenlidern und an der Nase. Körperschweiß an sich stinkt nicht, er besteht zu 99 Prozent aus Wasser und Kochsalz, Kalium, Hydrogenkarbonat und Harnstoff – das ist eigentlich eine komplett geruchlose Zusammensetzung. Erst wenn Ihre hauteigenen Bakterien den Schweiß zersetzen, beginnt er zu riechen.

Körperpflege: Grundvoraussetzung im Kampf gegen üblen Schweißgeruch ist eine sorgfältige Körperhygiene inklusive der Verwendung von Duftcremes oder Deodorants. Es gibt spezielle Enzym-Deodorants, Antitranspirante genannt, die sowohl die Schweißproduktion als auch das Wachstum von Bakterien hemmen. Solche Deodorants sollten Sie allerdings nicht großflächig anwenden. Fragen Sie vorher lieber einen Arzt oder Apotheker.

Fußpflege: Schweißfüße sind nicht gefährlich und auch keine Krankheit, sie sind sogar weit verbreitet. Immerhin 30 Prozent der Deutschen sind davon betroffen. Bei Schweißfüßen schwitzt die Fußhaut besonders stark. Dadurch quillt die Hornhaut zwischen den Zehen auf und der sich dort zersetzende Schweiß riecht extrem unangenehm. Man spricht im Volksmund von Käsefüßen. Im Rahmen einer Studie an der Charité in Berlin zeigte sich, dass Patienten mit starken Schweißfüßen auch eine 3,5 mal höhere Pilzinfektions-Rate hatten als Menschen ohne Schweißfüße. Um Schweißfüße beziehungsweise Fußpilz wirkungsvoll zu beseitigen, empfehlen sich folgende Maßnahmen: Waschen Sie Ihre Füße täglich mit Seife. Wechseln Sie täglich die Strümpfe, auch die Laufsocken. Benutzen Sie am besten Strümpfe aus Naturmaterialien. Müssen Sie tagsüber Schuhe aus luftundurchlässigem Material tragen, dann ziehen Sie diese – zum Beispiel unter dem Schreibtisch – ab und zu aus. Gehen Sie viel barfuß und nutzen Sie geruchshemmende Schuheinlegesohlen, zum Beispiel mit Zedernholz-Bezug.

Kleiderpflege: Gehören Sie auch zu denjenigen, die mit ihren getragenen Laufklamotten ihre ganze Wohnung verpesten? Dann sollten Sie sie öfter waschen. Gerade der alte, von Bakterien zersetzte Schweiß in Textilien müffelt sehr stark. Zugegeben, manch einen Läufer interessiert das gar nicht, der sieht den Geruch seiner Kleidung als Zeichen für seinen Trainingseifer an. Aber zum Glück sind diese Sportfreunde nicht in der Überzahl *(siehe Kapitel 034, „Richtig chillen")*.

Energydrink für Profis

» **Mineralien sammeln** Von einem erstklassigen deutschen Marathonläufer ist überliefert, dass er sich nach einem harten Lauf in eine Zeitung einwickelte, die mit Schweiß vollgesogenen Seiten zum Trocknen auslegte, die Salzkristalle in eine Tasse klopfte und mit kaltem Tee aufgoss – um sich die wertvollen, verlorenen Mineralien wieder zuzuführen. Das erinnert ein bisschen an die bekannteren Eigenurin-Therapien, ist wissenschaftlich aber noch weniger haltbar. Ob er es ernst gemeint hat? Heute will er, wenn man ihn darauf anspricht, nichts mehr davon wissen. Wie auch immer, schaden kann diese Methode sicher nicht.

» **Salz sparen** Kühlen Sie sich hin und wieder ab, dann schwitzen Sie weniger und verlieren nicht so viele wichtige Mineralsalze. Einer, der sich damit auskennt, ist Arthur Webb. Er hat acht Mal den Badwater-Marathon gewonnen, eines der härtesten Laufrennen der Welt durch das Death Valley in Kalifornien, in dem es bis zu 50 Grad heiß wird *(siehe Kapitel 036, „Ein breites Kreuz haben")*. Seine Ratschläge: Nutzen Sie mit kaltem Wasser getränkte Schwämme, um Kopf, Nacken, Arme und Beine abzureiben und somit die Hauttemperatur zu senken. Nutzen Sie alle Möglichkeiten, um Ihre Haut zu befeuchten, von den Duschen, die auch bei diversen Marathons an der Strecke stehen, bis zu den Gartenschläuchen, die wohlwollende Zuschauer auf Sie richten. Beim Badwater Race sind permanent Gießkannen und Wasserspritzpistolen der Begleitteams im Einsatz. Die Feuchtigkeit und der Zugwind, der bei der Vorwärtsbewegung entsteht, regulieren so die Körpertemperatur herunter. Hüten Sie sich vor starker Sonneneinstrahlung, am sichersten ist textiler Sonnenschutz. Tragen Sie langärmelige Funktionsbekleidung. Auf unbedeckte Körperstellen tragen Sie Sonnenschutzcreme auf. Diese bewahrt die Haut nicht nur vor zu starker Einstrahlung, sondern reflektiert die Strahlen auch. Die beste Bekleidungsfarbe ist weiß, da helle Farben die Strahlen reflektieren, dunkle Stoffe dagegen sämtliche Lichtfrequenzen absorbieren.

» **Zusammen schweißen** Nicht nur bei Hitze, auch bei eisigen Temperaturen ist Schwitzen ein Thema. Aus der Saukälte in die Sauna – für viele Läufer im Winter ein Genuss. Statistisch gesehen ist die körperliche Erholung in Verbindung mit der psychischen Entspannung das Hauptmotiv für einen Saunabesuch. Für Läufer ist Saunieren zusätzlich eine willkommene Herz-Kreislauf-Belastung, die nicht auf die Knochen geht. Regelmäßige Saunagänge können Ihnen helfen, die Wärmeabgabe Ihres Körpers über die Hautdurchblutung zu verbessern und somit Schweiß zu sparen. Aber damit das Schwitzbad nach dem Laufen auch richtig wirkt, sollten Sie beachten: Sie schwitzen beim Sport im Winter genauso wie in den wärmeren Jahreszeiten. Das heißt, zwischen Training und Sauna sollten Sie Ihren Flüssigkeitsverlust immer ausgleichen – trinken Sie viel. Auch Saunieren lässt sich trainieren. Wenn Ihrem Laufpartner in der Sauna schon der Schweiß rinnt, ist Ihnen vielleicht noch nicht einmal warm, weil Sie Schwitzbäder noch nicht gewöhnt sind. Es kann Wochen dauern, bis auch Sie klatschnass werden. Gehen Sie am Anfang lieber öfter und kürzer in die Sauna, anstatt lange Marathonsitzungen abzuhalten. Geübte machen Sitzungen von 15 bis 20 Minuten Länge, die Ruhepausen sollten mindestens genauso lang sein. Drei Saunagänge reichen für die positiven Effekte: Kreislauf und Durchblutung werden angeregt, die Muskulatur wird belebt und der Muskeltonus, der Spannungszustand der Muskeln, herabgesetzt, die vorher angespannte, verhärtete Muskulatur wird weicher. Das anschließende Eintauchen in oder Abduschen mit kaltem Wasser ist ein zusätzliches Gefäßtraining, das Ihren Körper widerstandsfähiger und anpassungsfähiger für Klimawechsel macht. Aber Vorsicht: Wettkampf und Sauna vertragen sich nicht. Das ausgiebige Schwitzbad ist vor und nach einem Rennen eine zu große Belastung für Ihren Körper. Nach dem Wettkampf ist Saunieren nur dann sinnvoll, wenn es bei einem Durchgang bleibt. Vor dem Wettkampf sollten Sie mindestens 24 Stunden lang keinen Saunagang unternehmen. Auch ein sportliches Aufwärmen in der Sauna, das die Muskeln auf eine Belastung vorbereiten soll, ist Unsinn: Der Kreislauf wird nur unnötig belastet, der Muskeltonus geht zurück, und durch das Schwitzen verlieren Sie Flüssigkeit und Mineralsalze. Ebenso absurd wäre es, in der Sauna auf dem Laufband oder auf dem Ergometer zu trainieren, was in manchen Ratgebern zur Vorbereitung auf Wüstenläufe empfohlen wird. Die Herzkreislauf-Belastung wäre dabei zu hoch und ließe sich nicht so gut steuern, wie es nötig wäre. Der Effekt wäre also eher ein leistungsmindernder. Im schlimmsten Fall würden Sie zusammenbrechen.

RICHTIG CHILLEN

Es gibt kein schlechtes Wetter zum Laufen. Aber es gibt sehr kalte und sehr warme Temperaturen, Wind, Regen und Schnee. Das macht jedoch nichts, wenn Sie richtig angezogen sind. Falls Sie ein gutes Gespür für Ihren Körper entwickelt haben, müssen Sie sich vielleicht nur an ein geöffnetes Fenster stellen, um zu wissen, wie Sie sich für Ihre Trainingsrunde kleiden sollen. Falls Sie lieber auf Fakten vertrauen, schauen Sie aufs Thermometer. Das kann sich allerdings als unsicherste Methode erweisen, denn das Ding ist unempfindlicher als Sie.

» **Windstärke prüfen** Bereits im Zweiten Weltkrieg hat das US-Militär erforscht, wie sich der Wind auf den menschlichen Körper auswirkt. Heraus kam eine schematische Darstellung, aus der sich die gefühlte Temperatur bei bestimmten Windstärken ablesen lässt: die Windchill-Temperatur. Dabei geht es genau genommen nicht um eine tatsächliche, auf der Haut messbare Temperatur, sondern um eine Wärmeverlust-Rate. Daher auch die Angabe, wie lange ein Mensch bei einer bestimmten Temperatur und Windgeschwindigkeit ausharren kann, bevor es zu Erfrierungen kommt. Weniger kompliziert ausgedrückt: Schon bei leichtem Wind empfinden Sie kühle Temperaturen als kalt. Das Gute daran: Sie müssen bei knapp unter zehn Grad Celsius zum Laufen nicht gleich eine Daunenjacke tragen – ein leichtes Jäckchen genügt, so lange es nur den Wind abweist und Sie darunter eine wärmende Schicht Kleidung am Körper tragen. Lebenswichtig ist das Wissen um den Windchill heute in den subpolaren Regionen, zum Beispiel in Kanada.

» **Sich selbst vertrauen** Sie wissen selbst am besten, was für Sie am besten ist. Es gibt Menschen, die sind von Natur aus Frostbeulen, andere rennen selbst an sonnigen Wintertagen mit kurzen Hosen herum. Anpassungsfähigkeit und Veranlagung sind individuell verschieden. Ein Tropenbewohner friert schon bei 15 Grad plus, ein Isländer findet diese Temperatur gemäßigt. Frauen haben weniger Muskelmasse als Männer und sind deshalb empfindlicher für Kälte, denn selbst im Ruhezustand sorgen

Wenn der Wind weht: Veränderungen der gefühlten Körpertemperatur

Windgeschwindigkeit in km/h \ Lufttemperatur in °C	5	0	-5	-10	-15	-20	-25	-30	-35	-40	-45	-50
5	4	-2	-7	-13	-19	-24	-30	-36	-41	-47	-53	-58
10	3	-3	-9	-15	-21	-27	-33	-39	-45	-51	-57	-63
15	2	-4	-11	-17	-23	-29	-35	-41	-48	-54	-60	-66
20	1	-5	-12	-18	-24	-30	-37	-43	-49	-56	-62	-68
25	1	-6	-12	-19	-25	-32	-38	-44	-51	-57	-64	-70
30	0	-6	-13	-20	-26	-33	-39	-46	-52	-59	-65	-72
35	0	-7	-14	-20	-27	-33	-40	-47	-53	-60	-66	-73
40	-1	-7	-14	-21	-27	-34	-41	-48	-54	-61	-68	-74
45	-1	-8	-15	-21	-28	-35	-42	-48	-55	-62	-69	-75
50	-1	-8	-15	-22	-29	-35	-42	-49	-56	-63	-69	-76
55	-2	-8	-15	-22	-29	-36	-43	-50	-57	-63	-70	-77
60	-2	-9	-16	-23	-30	-36	-43	-50	-57	-64	-71	-78
65	-2	-9	-16	-23	-30	-37	-44	-51	-58	-65	-72	-79

Geringes Risiko für Erfrierungen an der nackten Haut
Zunehmendes Risiko innerhalb von 30 Minuten
Hohes Risiko innerhalb von 5 bis 10 Minuten
Hohes Risiko innerhalb von 2 bis 5 Minuten
Hohes Riskio in weniger als 2 Minuten   Quelle: Environment Canada

Windgeschwindigkeiten: **10 km/h:** Wind im Gesicht spürbar **20 km/h:** kleine Flaggen bewegen sich **30 km/h:** Wind bewegt Papierfetzen am Boden, große Flaggen flattern **40 km/h:** kleine Bäume schwanken, Flaggen flattern stark **50 km/h:** große Äste bewegen sie sich, Schirme lassen sich nur schwer benutzen **60 km/h:** Bäume biegen sich, es ist schwierig, gegen den Wind zu gehen.

Muskeln für mehr Körperwärme als andere Gewebearten. Da bringt es den Frauen auch nichts, dass ihr isolierendes Unterhautfettgewebe dicker ist als das der Männer. Ein großes, massiges Lebewesen wie ein

Eisbär oder ein schwerer Läufer kühlt nicht so schnell aus wie ein kleines, schmächtiges. Grund ist das im Vergleich günstigere Verhältnis zwischen Körpervolumen und Körperoberfläche, über die die Körperwärme verloren geht. Was auch immer der Grund für Ihr eigenes Empfinden ist: Probieren Sie doch einfach mal verschiedene Kleidungsstile aus. So schnell werden Sie dabei schon nicht erfrieren.

» **Cool bleiben** Vor allem als Anfänger neigen Sie dazu, sich fürs Training mollig warm einzupacken, wenn Sie im Stehen frösteln. Wenn Sie dann loslaufen, wird Ihnen viel zu heiß. Zu viel anzuziehen ist beim Laufen unangenehmer als zu wenig und verschlechtert Ihre Leistung mehr als ein leichtes Kältegefühl. Sie bewegen sich ja und produzieren dabei eine Menge Hitze. Dann schwitzen Sie, um über den Schweiß überschüssige Wärme abzuführen, was wiederum Energie kostet, die Ihnen zum Laufen fehlt. Läufer, die lange Etappen in der Antarktis gelaufen sind, empfehlen deshalb, sich stets so zu kleiden, dass man eher leicht fröstelt. Falls Sie gerade nicht in den Polregionen unterwegs sind, lautet die goldene Regel: Ziehen Sie sich so an wie Sie es für einen Spaziergang tun würden, wenn es draußen zehn Grad wärmer wäre. Je schneller Sie laufen, desto wärmer wird Ihnen.

» **Von Zwiebeln lernen** Tragen Sie mehrere Schichten atmungsaktiver Funktionskleidung übereinander. So bleiben Sie trocken und warm genug. Ihre Baumwoll-Sachen lassen Sie lieber im Schrank. Damit würden Sie zwar so lässig aussehen wie Rocky (siehe Kapitel 023, „Filme gucken"), aber auskühlen, sich unnötig belasten und sich eventuell wund reiben. Die synthetischen Funktionsfasern sind hydrophob, sie mögen keine Feuchtigkeit. Die natürliche Baumwolle dagegen ist hydrophil. Sie saugt sich mit Wasser, also auch mit Körperschweiß, voll. So kann sie bis zu dreimal schwerer als im trockenen Zustand werden. Funktionsfasern entstammen meist der Polyamid-Gruppe. Diese Fasern nehmen so gut wie kein Wasser auf. Falls sie sich dennoch feucht anfühlen, dann liegt das an der Feuchtigkeit, die sich in den Faserzwischenräumen ansammelt. Die Fasern selbst werden höchstens bis zu fünf Prozent schwerer. Ganz entscheidend ist dies gerade dann, wenn Sie mehrere Bekleidungsschichten übereinander tragen. Dann sollte die erste Schicht nicht aus Baumwolle bestehen, sonst wird das Shirt unter der Jacke feuchter als durch Regen. Funktionswäsche hingegen leitet die von Ihrem Körper abgegebene Feuchtigkeit nach außen *(siehe Kapitel 026, „Die Brust schützen")*.

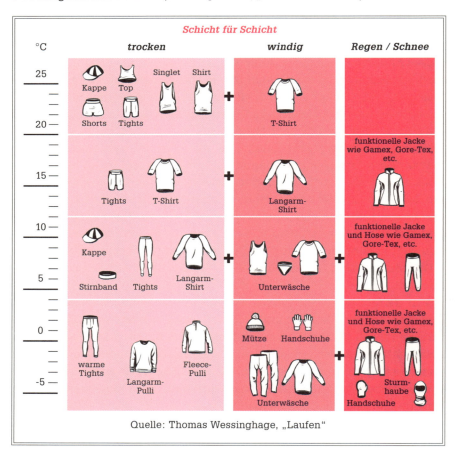

Quelle: Thomas Wessinghage, „Laufen"

» **Sichtbar machen** Im Dunkeln achten Sie besser auf helle Farben und reflektierende Applikationen auf Ihren äußeren Kleidungsschichten. In schwarzer Ninja-Aufmachung werden Sie von Auto- und Radfahrern leicht übersehen.

Signale im Dunkeln

Lichtquelle	Distanz, ab der ein Autofahrer Sie sieht
Stirnlampe, Taschenlampe	800 m
reflektierende Weste, blinkendes Rotlicht am Arm	400 m
neonbuntes Oberteil mit Reflektoren	150 m
reflektierendes Logo	100 m
weißes T-Shirt	20 m
dunkle Hose und dunkles Shirt	10 m

» **Ausziehen** Nach dem Laufen legen Sie die nassen Sachen so schnell wie möglich ab, damit Sie sich nicht erkälten. Warten Sie mit dem Stretchen, bis Sie etwas Warmes, Trockenes anhaben. Auch im Auto können Sie auskühlen, wenn Sie nach dem Training eine längere Strecke nach Hause fahren, ohne sich vorher umzuziehen.

» **Waschen** Funktionsbekleidung mit semipermeablen Membranen lässt Nässe nur in eine Richtung, und zwar weg vom Körper, durch die Kunstfasern entweichen. Damit Sie diese wasserabweisende, atmungsaktive Eigenschaft beim Waschen nicht kaputtmachen, sollten Sie die Maschine im Schonwaschgang bis maximal 40 Grad Celsius laufen lassen und nur flüssiges Feinwaschmittel oder bestimmte Sport-Flüssigwaschmittel verwenden. Wasserenthärter und Weichspüler sowie Waschpulver, die meist ebenfalls Wasserenthärter enthalten, schädigen die Funktion der Fasern. Außerdem vertragen die meisten Fasern keine Hitze, deshalb verzichten Sie auf den Trockner. Schließen die Klett- und Reißverschlüsse und drehen Sie die Kleidungsstücke auf links, damit Sie die Teile beim Waschen nicht aufrauen. Falls Sie besonders üble Gerüche beim Waschen überhaupt nicht wegkriegen, versuchen Sie es mit Enzym-Pulver, das es in Drogeriemärkten zu kaufen gibt. Es wird zum Waschmittel in die Maschine gegeben. So erledigen Sie die Bakterien, die der Grund fürs Müffeln sind. Noch besser ist die Schockfrost-Methode: Waschen und trocknen Sie Ihre

Laufbekleidung, stecken Sie sie in einem Plastikbeutel 48 Stunden lang ins Gefrierfach Ihres Kühlschranks – hinterher lebt garantiert nichts mehr, das Ihnen stinken könnte.

BRUST AN BRUST RENNEN

035

Ab und zu macht es Ihnen sicher Spaß, sich mit anderen zu messen. Aber nicht mit jedem können Sie sich ein Brust-an-Brust-Rennen liefern. Von einigen Mitläufern sehen Sie immer nur den Rücken.

» **Mit einem gleich starken Gegner** Klaus-Peter Hildenbrand war vermutlich einer der talentiertesten Langstreckenläufer, die es in Deutschland je gab. Mit nur 22 Jahren wurde er bei den Europameisterschaften 1974 in Rom Achter über 5.000 Meter. Aber bekannt wurde der vollbärtige Athlet durch sein sensationelles Finish bei den Olympischen Spielen 1976 in Montreal. Auf den letzten Metern des 5.000-Meter-Finales schien ihm noch der Neuseeländer Rod Dixon die Bronzemedaille streitig zu machen, da rettete sich der 24-jährige Hildenbrand mit einem gehechteten Sprung über die Ziellinie. Am Schluss trennte die Winzigkeit von zwölf Hundertstel Sekunden die beiden Läufer. Dabei waren übrigens nicht die Fingerspitzen des nach vorne fallenden Hildenbrand bei der Zielerfassung entscheidend, sondern wann sein Oberkörper die Fünf-Zentimeter-Ziellinie überquerte. Die Verbandsregeln sind eindeutig: „Die Läufer sind in der Reihenfolge zu platzieren, in der sie mit irgendeinem Teil ihres Körpers, das heißt mit dem Rumpf, nicht aber mit Kopf, Hals, Armen, Beinen, Händen oder Füßen, die senkrechte Ebene über dem startnäheren Rand der Ziellinie erreichen." Das heißt auch für Sie: Machen Sie es bei einer knappen Entscheidung wie Klaus-Peter Hildenbrand und werfen Sie sich mit einem Hechtsprung über die Linie – was allerdings gerade bei Straßenläufen schmerzhaft enden kann. Oder drücken Sie im Ziel zumindest die Brust nach vorne. Dabei gehen Sie auf den letzten Metern ein wenig ins Hohlkreuz, nehmen die Arme zurück, strecken die Brust bewusst ganz extrem raus. Es gab einige historische Rennen, die Brust-an-Brust entschieden wurden *(siehe Kapitel 023, „Filme gucken")*. Die fünf knappsten Brust-an-Brust-Entscheidungen beim Marathon in den vergangenen zehn Jahren:

Berlin, 2003: Paul Tergat stellte in 2:04:55 Stunden einen Weltrekord auf, sein Tempomacher Sammy Korir, der ihm unterwegs Windschatten geben und Verpflegung reichen sollte, lag nur eine Sekunde zurück. Er sollte eigentlich bei Kilometer 35 aussteigen, wich Tergat aber nicht von der Seite. *New York, 2005:* Das knappste Finish, das New York je gesehen hat. Immer wieder versuchte der Südafrikaner Hendrik Ramaala, den Kenianer Paul Tergat abzuschütteln, aber ganz am Schluss siegte der in 2:09:30 gegen 2:09:31 Stunden. *Chicago, 2007:* Jaouad Gharib lag auf der Zielgeraden am Columbus Drive fünf Meter vorne, der Marokkaner war sich sicher, dass Verfolger Patrik Ivuti schon geschlagen war, doch der tauchte wieder neben ihm auf und schob sich unterm Zielbanner mit auf Platz eins. Beide wurden zeitgleich mit 2:11:11 Stunden gewertet. *Noch einmal Chicago, 2007:* Die Frauen wollten den Männern nicht nachstehen und machten es ebenso spannend. Adriana Pirtea aus Rumänien wähnte sich schon zu früh als Siegerin und begann, ins Publikum zu winken, als von hinten die Äthiopierin Berhane Adere heranstob, auf der anderen Straßenseite vorbeizog und mit zwei Sekunden Vorsprung gewann. *Rotterdam, 2009:* Vor dem Startschuss waren James Kwambei und Duncan Kibet relativ unbekannt im Lauf-Zirkus, am Schluss wusste die ganze Laufwelt, wer sie waren; nicht zuletzt wegen des dramatischen Finishs der beiden Kenianer. Kibet und Kwambei wurden zeitgleich mit 2:04:27 Stunden gewertet, Kibet bekam den Sieg zugesprochen. Angeblich haben sie die Prämie brüderlich geteilt.

» Mit dem anderen Geschlecht Frauen haben im Vergleich zu Männern weniger Muskelmasse und müssen dadurch auch weniger Muskeln mit Sauerstoff versorgen. Dieser vermeintliche Vorteil für die Frauen wird durch viele Nachteile aufgehoben: Männer können sechs bis 6,5 Liter Sauerstoff pro Minute aufnehmen, Frauen nur vier bis 4,5 Liter, da die Männer ein größeres Lungenvolumen besitzen. Bei absoluten Spitzensportlern sind die Werte noch ein wenig höher *(siehe Kapitel 029, „Sich aufblasen")*. Dadurch, dass die Läuferinnen weniger Luft einatmen, können sie auch weniger Sauerstoff ins Blut abgeben, dazu haben sie einen niedrigeren Hämoglobingehalt im Blut als die Männer, was sich zudem unvorteilhaft auf die Sauerstoffmenge auswirkt. Außerdem besitzen Frauen ein 20 Prozent geringeres Herzvolumen als Männer, was bedeutet, dass sie zwar einen höheren durchschnittlichen Herzschlag haben, aber dennoch weniger Blut durch den weiblichen Körper fließt und sie auch einen niedrigeren Blutdruck haben. Mehr Muskeln, weniger Fett, ein leistungsfähigeres Herz-Kreislauf-System und stärkere Atmungsorgane: Offensichtlich haben Läufer gegenüber Läuferinnen die Brust vorne. Das bedeutet aber nicht, dass Frauen anders trainieren müssen als Männer. Eine Frau, die die zehn Kilometer unter 40 Minuten laufen will, kann nach demselben Trainingsplan trainieren wie ihr männlicher Laufkollege mit demselben Ziel.

» **Mit einem Kenianer** Es gibt nur ganz wenige Europäer, die jemals mit Afrikanern mithalten konnten. Der Letzte, der diesen Naturtalenten auf den Langstrecken einen Olympiasieg streitig machte, war der Deutsche Dieter Baumann. Im Finale über 5.000 Meter 1992 in Barcelona schob er seine Brust vor fünf Afrikanern ins Ziel. Deshalb erhielt er den respektvollen Titel „der weiße Kenianer". Baumann trainierte später öfter im Hochland des ostafrikanischen Landes, um dem Erfolgsgeheimnis der einheimischen Läufer auf die Spur zu kommen. Die Fachwelt hat lange Zeit über die physiologischen Ursachen spekuliert: Unter anderem wurde ein größeres Herz, höheres Blutvolumen und besserer Sauerstofftransport in die Muskulatur der in großen Höhen lebenden Kenianer angeführt. Dieter Baumann war nicht der einzige, der vor Ort noch ganz andere Gründe fand. Vor allem, dass der Hunger nach Erfolg in Kenia viel größer ist als in der wohlhabenden, industrialisierten Welt. Außerdem sind schon die afrikanischen Kinder gewohnt, weite Wege zu Fuß zurückzulegen. Aber so richtig gelüftet ist das Geheimnis noch immer nicht. Es verdichten sich allerdings die Hinweise, dass es weniger die genetischen Vorteile der Afrikaner sind, die sie so schnell machen, als Ihre Einstellung und Ihr Training. Der schwedische Wissenschaftler Bengt Saltin untersuchte Mitte der 1990er Jahre die afrikanischen Topläufer in ihrer Heimat und beim Aufenthalt in Normalhöhen. Parallel dazu beobachtete er eine Gruppe schwedischer Spitzenathleten. Dabei maß er unter anderem die maximale Sauerstoffaufnahmefähigkeit und entnahm Gewebeproben der Beinmuskulatur. Das Ergebnis war überraschend, denn die maximalen

Kenianer: Patrick Makau

weißer Kenianer: Dieter Baumann

Mengen an Sauerstoff, die die Topläufer aus Kenia und Schweden aufnehmen konnten, unterschieden sich nicht. Wohl aber brauchten die Afrikaner bei gleichem Lauftempo weniger Sauerstoff als die Schweden. Saltin schloss daraus, dass die Afrikaner einen ökonomischeren Laufstil hatten. Hinsichtlich der Faserzusammensetzung der Muskulatur ergaben sich wiederum keine Unterschiede. Saltin fasste das Ergebnis so zusammen: Ein weißer Europäer, der in Kenia unter denselben Bedingungen wie die dortigen Weltklasseläufer aufwachsen würde, hätte dieselben Chancen wie diese, Weltrekordler zu werden.

» **Mit einem Tarahumara-Indianer** In Europa sind die sportlichen Ureinwohner Mexikos durch Berichte von Ethnologen schon lange als kleines Laufvolk bekannt. Die Tarahumara nennen sich selbst „Rarámuri", was so viel wie „Leichtfüßer" bedeutet. Früher nutzten sie ihre Leichtfüßigkeit für die Hetzjagd, bei der sie das Wild bis zur Erschöpfung verfolgten. Entweder der Mensch oder das Tier gab irgendwann auf. Oft war es das Tier, welches dann erwürgt wurde. Noch heute treiben die Tarahumara zum Ausdauertraining tagelang laufend einen kleinen Ball durch ihre bergige Heimat, die abgelegenen Copper Canyons, und scheinen niemals müde zu werden. Man vermutete schnell ein ähnliches Laufvermögen wie bei den Afrikanern, aber die Wirklichkeit ist anders. Andrea Tuffli, Veranstalter des Swiss Alpine Marathons, lud schon in den 1990er Jahren zwei der besten Tarahumara zu seinem Alpenlauf ein. Die Indianer schlugen sich ausgezeichnet, konnten sich aber im ausschließlich mit

Europäern besetzten Rennen keinesfalls ganz vorne platzieren. Erst durch Christopher McDougalls Bericht „Born to Run", der 2009 in den USA für Aufsehen sorgte, rückten die Tarahumara in den Fokus der weltweiten Öffentlichkeit. Den Autor trieb bei seiner Recherche ein persönliches Motiv. Er wollte wissen, warum diese Naturtalente so lange mühelos laufen können, während er selbst bei sehr viel kürzeren Laufdistanzen schon Schmerzen hatte. McDougall kam zu dem Schluss: So wie unsere Steinzeit-Vorgänger liefen, um zu überleben, tun das die Tarahumara noch heute, nur sind sie nicht mehr barfuß unterwegs, sondern in selbstgebauten Sandalen *(siehe Kapitel 001, „Vorläufer verstehen" und 083, „Laufschuhe selber basteln").* Die Tarahumara sind also nicht die neuen Langstrecken-Weltrekordler, sondern einfach nur die Alten geblieben. Würden Sie also mehr und öfter laufen, wären Sie zu denselben Leistungen wie die Indianer fähig.

036 — *EIN BREITES KREUZ HABEN*

Schnelle Langstreckenläufer haben ein schmales, Sprinter im Vergleich dazu ein eher breites Kreuz. Das liegt zum einen an der Ausbildung des Körpers durch das Training, zum anderen an der körperlichen Eignung für die jeweilige Disziplin: Der Körperbau eines Athleten spielt bei der Entscheidung, welche Sportart für ihn die richtige ist, eine entscheidende Rolle. Langstreckenläufer sehen nicht nur schlank aus, weil sie so viel trainieren. Sie sind vielmehr auch Langstreckenläufer geworden, weil sie so schlank sind. Ein breites Kreuz kann Ihnen trotzdem nur nutzen.

» Spott ertragen Auf die Frage, warum er bei der Leichtathletik-Weltmeisterschaft in Edmonton 2007 über die 100 Meter gestartet ist, bewies Trevor Misapeka aus Amerikanisch-Samoa im übertragenen Sinne ein breites Kreuz und lieferte eine plausible Antwort: „Mit 140 Kilo kann man doch keine Meile rennen." Der 22-Jährige ertrug den Spott der Zuschauer mit Selbstironie. Viele der johlenden Schüler, die ihn an diesem Vormittag beim Vorlauf erleben durften, hatten eine bessere 100-Meter-

Leistung als er, der mit 14,28 Sekunden mehr als drei Sekunden nach dem Sieger Kim Collins aus St. Kitts und Nevis eintrudelte. Misapeka: „Als ich aus dem Startblock kam und nicht aufs Gesicht fiel, wusste ich, dass ich das Ziel erreiche." Falls Ihnen ob Ihres Hobbys auch einmal der Spott entgegenschlägt, sollten Sie dies mit einem Schulterzucken hinnehmen (siehe Kapitel 005, „Locker machen").

» **Rücken zukehren** Von einem starken Rücken profitieren Sie unmittelbar, wenn Sie hinter einem schnelleren Läufer herjagen, der Ihnen mit seinem breiten Kreuz Windschatten bietet. Oder er steht bei einem Hindernislauf mit seinem Rücken gegen ein Hindernis gelehnt. Sie können mit dem einen Fuß in seine verschränkten Hände treten, mit dem anderen haben Sie sicheren Halt auf seiner breiten Schulter – und schon sind Sie drüber.

» **Gepäck schultern** Einen Rucksack benötigen Sie vor allem bei Etappenläufen, bei denen Sie Ihr ganzes Geraffel in einem Rucksack mitschleppen müssen. Da kommen einige Kilos zusammen, die sich auf einem breiten Kreuz natürlich besser verteilen. Bevor Sie Ihren Rucksack schultern, sollten Sie sich eine Ausrüstungsliste zusammenstellen, damit Sie nichts vergessen. So können Sie außerdem in Ruhe überlegen, was Sie neben der vom Veranstalter vorgeschriebenen Pflichtausrüstung für den privaten Luxus mitnehmen. Ein Probelauf mit komplett aufgerödeltem Rucksack erspart Ihnen böse Überraschungen im Wettkampf aufgrund des hohen Gewichts. Stellen Sie Ihre komplette Ausrüstung weit im Voraus zusammen, so können Sie durch kluge Planung und sorgfältige Zusammenstellung noch das ein oder andere Gramm sparen.

Für den langen Lauf: Gewichtsoptimierung beginnt bei der Überlegung, ob Sie überhaupt einen Laufrucksack benötigen, zum Beispiel für den langen Lauf am Wochenende über 34 km in der Marathonvorbereitung. Dazu wollen Sie 1,75 Liter eines mit Kohlenhydratpulver angereicherten Getränks mitführen (1.820 Gramm mit zwei Trinkflaschen), dazu zwei Riegel à 20 Gramm (mit Verpackung insgesamt 46 Gramm). So kommen Sie auf 1.866 Gramm – für die Sie aber keinen Rucksack benötigen. Selbst ein leichter Laufrucksack wiegt mit integriertem Trinksystem bereits mehr als 500 Gramm. Die leichtere Lösung: Ein Hüftgurt, der zwei Trinkflaschen aufnehmen kann und ein kleines Staufach hat. Der wiegt nur die Hälfte und bietet deutlich höheren Laufkomfort.

Für einen Laufausflug: Bei längeren Läufen, auf denen Sie sich auf wechselnde Terrains und Wetterverhältnisse einrichten müssen, ist ein Rucksack unvermeidbar. Etwa wenn Sie eine längere Distanz in den Bergen laufen, wobei Sie neben drei Litern Getränk mit Kohlenhydratpulver (3.070 Gramm) und vier Riegeln (92 Gramm) auch noch eine Windjacke (190 Gramm), eine Mütze (80 Gramm), ein Handy (150 Gramm), Sonnencreme (leichteste Version: eine Probepackung mit etwa 35 Gramm) sowie eine Landkarte (80 Gramm) dabei haben. So kommen bereits 3.697 Gramm zusammen, an denen Sie nur wenig optimieren können. Dazu noch der Laufrucksack mit etwa 500 Gramm. Und obendrauf Ihr persönlicher Luxus, etwa eine kleine Fotokamera (130 Gramm), eine Sonnenbrille (25 Gramm) oder eine Packung Taschentücher (18 Gramm). Schon sind Sie bei fast fünf Kilo.

Für einen Ultralauf: Mit der Länge der Läufe und mit extremen Bedingungen nimmt das Gewicht eines gepackten Rucksacks immer mehr zu. Ultraläufe, also Distanzen jenseits der 42,195-km-Marathondistanz, gehen teils über Hunderte Kilometer und mehrere Tage. Die Veranstalter schreiben meist eine Pflichtausrüstung für alle Teilnehmer vor.

Transalpine Run: Alpenüberquerung in acht Etappen. Die Strecke variiert. Die Ostroute führt von Ruhpolding in Bayern nach Sexten in Südtirol, die Westroute von Oberstdorf im Allgäu nach Latsch in Südtirol. Sie legen jeweils ungefähr 300 km und 15.000 Höhenmeter – allein im Anstieg – zurück. Gemeinsam mit einem Partner starten Sie im Zweierteam. Spitzenläufer bewältigen die Strecke unter 30 Stunden, die meisten Teams brauchen aber doppelt so lang oder länger. **Pflichtausrüstung:** Regenbekleidung oder Überbekleidung als Regenschutz (mindestens wasserdichte Regenjacke), warme Kleidung (Oberteil und lange Hose beziehungsweise Beinlinge) als isolierende Zwischenschicht unter der Überbekleidung (für schlechte Witterung, die im Hochgebirge überraschend einsetzen kann), Handschuhe und Mütze, Wasserbehälter mit mindestens einem Liter Fassungsvermögen,

Notfallausrüstung (Erste-Hilfe-Set, Rettungsdecke, Pfeife), Trailbook mit Kartenausschnitt, Detailplan und Höhenprofil der gesamten Strecke, Mobiltelefon mit eingespeicherter Rettungsnummer zum Absetzen von Notrufen (es muss sichergestellt sein, dass mit dem Handy auch im Ausland Anrufe getätigt werden können), Personalausweis und Teilnehmerausweis. ***Empfohlene Zusatzausrüstung:*** GPS-Gerät, Teleskopstöcke, Sonnencreme, Fettcreme gegen Wundscheuern, zusätzliche persönliche Verpflegung. Ferner sind für die Teilnehmer, die im Transalpine-Camp nächtigen, ein Schlafsack und eine Isomatte zwingend notwendig.

Jungle Marathon: Die Bezeichnung Dschungelmarathon ist geradezu eine Verniedlichung dessen, was Sie bei diesem Ultra durch den tropischen Regenwald des brasilianischen Amazonasgebiets erwartet: 240 km in sechs Etappen; die Schnellsten brauchen etwa 50 Stunden reine Laufzeit, von 26 Teilnehmern im Jahr 2011 gaben zwölf vorzeitig auf. Sie können zum Einstieg auch eine kürzere Variante über 100 km in vier Tagen wählen. Ein umwerfendes Erlebnis mit Hitze und bis zu 95 Prozent Luftfeuchtigkeit erwartet Sie in beiden Fällen. Dabei sind Sie als Selbstversorger unterwegs, nur Wasser wird gestellt. ***Pflichtausrüstung:*** Hängematte mit Moskitonetz und Zeltplane gegen Regen für die Übernachtungen in Lagern am Flussufer, Verpflegung für die Zeit von der Ankunft in Brasilien bis zum Start des Rennens, Verpflegung für sieben Tage (bei 100 km Distanz: für vier Tage), Mitnahmemöglichkeit für 2,5 Liter Wasser für unterwegs, Insektenschutz, Kompass, Sicherheitsnadeln, Messer, zwei Notraketen, medizinisches Versorgungsset inklusive Salztabletten für den gesamten Wettkampf, Taschenlampe und Ersatzbatterien, wasserfeste Streichhölzer oder Feuerzeug, Tabletten zur Wasseraufbereitung für mindestens zehn Liter, Notfall-Signalpfeife, Namensschild und Schloss für das abgegebene Gepäck, kleines Vorhängeschloss für Ihren Laufrucksack für die Zeltplätze, Kopien der Policen von Kranken- und Evakuierungsversicherung, Medizinkit mit Inhalt: Paracetamol-30 (500 Tabletten), Immodium-Tabletten (6), Tabletten gegen Durchfall (5 Päckchen), Salz-Briefchen (5x), Antiseptische Creme (1 Tube), Antiseptische Tücher (10 Stück), Creme gegen Bisse und Stiche (1 Tube), Wasseraufbereitungs-Tabletten (1 Box), Pflaster, Verband, Latex-Handschuhe, Blasenschutz für die Füße (8 Packungen Pflaster), Mikroporöses Tape, 5 Nadeln (12 Gramm), Skalpell-Klingen (5 Stück, sicherheitsverpackt).

Marathon des Sables: Bepackt wie ein Kamel legen Sie bei den sechs Etappen über sieben Tage durch die Wüste Marokkos mehr als 230 km Entfernung zurück. Bis auf das Wasser schleppen Sie Ihre ganze Ausrüstung selbst durch die Westsahara – eine besondere

Abwägungssache. Zum Beispiel Ihr Schlafsack: Er sollte nicht allzu dünn und leicht sein, denn obwohl es tagsüber mehr als 50 Grad heiß werden kann, fällt die Temperatur nachts bisweilen auf sechs Grad, und Sie schlafen im Freien unter seitlich offenen Zeltplanen. Auch beim Essen sollten Sie nicht sparen, sonst halten Sie die Strapazen nicht durch. Der Veranstalter des Marathon des Sables gibt vor, dass das Gesamtgewicht des Rucksacks beim Start zwischen 6,5 und 15 Kilogramm liegen muss. Wüstenlauf-Expertin Anke Molkenthin, die schon ein paar Mal durch die Sahara gerannt ist, rät: „15 Kilo müssen wirklich nicht sein, aber mit 6,5 Kilo kommt keiner aus, es sei denn er ist nachts am Frieren oder lebt tagsüber von einem Hungerast zum anderen." Normalerweise hat jeder Teilnehmer circa 13 bis 14,5 Prozent seines Körpergewichtes im Rucksack am Start dabei. Übrigens kommt zu dem Gewicht des Rucksacks noch der jeweilige Wasservorrat für die nächste Teiletappe dazu. Das können durchaus noch mal fünf Kilo zusätzlich sein. **Pflichtausrüstung:** Rucksack, Schlafsack, Taschenlampe mit Batterien und Ersatzbatterien, 10 Sicherheitsnadeln, Kompass mit 1- oder 2-Grad-Einteilung, Feuerzeug, Messer mit Metallklinge, Signalpfeife, Signalspiegel, Nahrung (mind. 2.000 kcal. / Tag, insgesamt 14.000 kcal), Schlangenbiss-Set mit Vakuumpumpe, Desinfektionsmittel, Alu-Rettungsdecke, Notleuchtrakete, Salztabletten, Leuchtstab. **Empfohlene Zusatzausrüstung:** Wechselkleidung, lange Kleidung gegen Kälte, Sonne und Sand, Wechselsocken, Kopfbedeckung, Nackenschutz, Sonnencreme mit hohem Lichtschutzfaktor, Lippenschutz mit hohem Lichtschutzfaktor, Sunblocker, Schmiere gegen jede Art von Scheuern (Vaseline ist für die hohen Temperaturen zu wässerig, besser sind Hirschtalgcreme oder ein Hirschtalgstift aus der Apotheke), Toilettenpapier, Zahnputzzeug, Nähzwirn mit Nadel, Bargeld oder Visacard für diejenigen, die zwischendurch unbedingt telefonieren, faxen oder mailen möchten, eventuell leichter Fotoapparat (gut sand- und staubgeschützt), Ersatzakku, Ersatzspeicherkarte, etwas Pflastermaterial für den Notbehelf bis zur Kontrollstelle, Blasenpflaster, Tape, eventuell Isomatte, Topf oder Wasserkessel, Löffel, Esbit-Trockenbrennstoff, Kohleanzünder, Trinkflaschen (1,5-Liter-Plastikflaschen werden vom Veranstalter ausgegeben), Vitamin- und Mineralstoffe, Kohlenhydratpulver, Getränkepulver, Riegel.

Yukon Arctic Ultra Race: Das kälteste und anstrengendste Rennen im Ultralaufkalender findet in Kanadas Yukon-Territorium statt. Dabei haben Sie die Wahl, ob Sie 100, 300 oder 430 Meilen laufen – oder mit der gewöhnlichen Marathondistanz beginnen. Die Temperaturen können bis auf minus 50 Grad Celsius fallen. Auch hier müssen Sie Ihre Ausrüstung und feste Verpflegung für unterwegs selbst mitnehmen. Für die längeren Distanzen benötigen Sie eine Pulka, einen Spezialschlitten mit Ihrer gesamten Ausrüstung, den Sie hinter sich her ziehen wie ein Esel den Karren. Dazu tragen Sie einen Rucksack. Der Spezialschlitten kostet komplett ausgerüstet etwa 350 Euro. Sie sollten außer den speziellen Zuggurten auch das Gestänge vor dem Rennen testen, da Sie den Schlitten bei Bergab-Passagen bremsen müssen. Die Ersatzausrüstung sollten Sie wasserdicht eingeschweißt transportieren. **Bekleidung am Körper:** Untersocken (Seide ist gut geeignet), dicke Thermosocken, wasserdichte Socken (können bei wasserdichten Schuhen entfallen), lange Thermo-Unterhose aus Powerstretch oder ähnlichem Material, wärmende, gut sitzende Hose, Thermo-Unterhemd mit langen Armen, funktionelle, wärmende Zwischenschicht wie Microfleece, winddichte Jacke, Stirnband, atmungsaktive Haube, Handschuhe (mitteldick, winddicht), Gamaschen, Laufschuhe (je nach Tiefe des Schnees eventuell mit hohem Schaft), Teleskopstöcke, Uhr, GPS-System. **Ausrüstung im Rucksack (circa 25 Liter):** Trinksystem mit kälte-isoliertem Trinkschlauch, Daunen-Überjacke, die auch bei kurzen Stopps schnell erreichbar ist, Balaclava (Gesichtsschutz-Maske aus Neopren oder Funktionsmaterial), Lippenbalsam, Kälteschutz-Creme, Kälteschutz-Pflaster, Stirnlampe mit externem Batteriefach, Schutzbrille, Sonnenbrille, Blinklicht, dünne Innen-Handschuhe, dicke Über-Handschuhe mit Daunenfüllung, Handwärmer, Schmerztabletten, Taschenmesser, Verpflegung. **Ausrüstung auf der Pulka:** Zelt oder Biwacksack; Ersatzkleidung: wärmende Funktionsunterwäsche, Socken, Thermo-Oberteil und -Hose, Daunenweste, Handschuhe, Fleece-Oberteil; Schlaf-Ausrüstung: warmer Schlafsack (bis minus 40 Grad), Isomatte, Schaumstoffmatte, Bekleidungsbeutel; Koch-Ausrüstung: Kocher, am besten Multi-Fuel-Brennstoff oder Benzin (Gas funktioniert bei großer Kälte nicht), Brennbeschleuniger, Feuerpaste, Kochtopf, Wärmereflektor für Kochtopf mit Windschutz, Sturm-Feuerzeug, Extra-Streichhölzer, Löffel oder Besteck, Becher; Ernährung: gefriergetrocknete Expeditionsmahlzeiten für Frühstück und Hauptmahlzeit, Unterwegsverpflegung mit Nüssen, Keksen und Schokolade, Thermoskannen für heißes Wasser und zubereitete Getränke; medizinische Ausrüstung: Schmerztabletten, Tabletten mit entzündungshemmender Wirkung, Paracetamol, Nadel, Schere, Schmiermittel gegen Wundscheuern, Blasenpflaster, Pflaster, Trillerpfeife, Rettungsfolie; Sonstiges (Auswahl): Schneeketten für die Schuhe, leichte Steigeisen, Ersatzbatterien, Geld, Pass, Ersatzseile, Toilettenpapier, Beil oder Säge, Stift und Block, Nationalflagge.

Badwater-Ultramarathon:

Bei diesem Lauf starten Sie an einem der unwirtlichsten, heißesten und trockensten Orte des Planeten. Badwater liegt 86 m unter dem Meeresspiegel, am tiefsten Punkt Nordamerikas im Death Valley, dem Tal des Todes im US-Bundesstaat Kalifornien. Von dort laufen Sie 217 km und zusammengerechnet 4.000 Höhenmeter

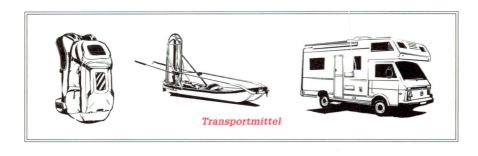

Transportmittel

am Stück bis zu einem Punkt am höchsten Berg der USA außerhalb Alaskas, dem Mount Whitney. Ihre Ausrüstung müssen Sie entsprechend sorgfältig zusammenstellen. Die Auflagen des Veranstalters füllen ein ganzes Begleitbuch. Anders als bei den meisten anderen Ultra-Rennen haben Sie beim Badwater-Marathon eine mehrköpfige Begleitcrew in einem Fahrzeug an Ihrer Seite. Im Jahr 2009 hatten 78 Prozent der Starter sogar zwei Begleitfahrzeuge. Die Hälfte der Läufer wurde von fünf oder mehr Personen begleitet. **Empfohlene Ausrüstung (zusammengetragen von Teilnehmern):** mehrere elektrisch betriebene Kühlaggregate und große Flüssigkeitsbehälter oder -kanister; mehrere Kannen für die Zubereitung von Sportgetränken; Klappsessel; Luftmatratzen oder Isomatten; Schalen zum Abkühlen der Füße (gut geeignet: Katzenklo); mechanische Körperwaage, um das Gewicht des Läufers während des Rennens zu kontrollieren; Fieberthermometer; Außenthermometer; zahlreiche Spray-Flaschen mit Wassertank, zum Beispiel aus dem Floristikbedarf, um den Läufer abzukühlen; Sonnenschirm, Plane oder Sonnensegel für die Pausen; Blinklichter und Taschenlampen für Läufer und Begleitcrew; Stirnlampen für den Läufer und für die Crew; Klemmbretter, Stifte, Papier für die Crew; Panzerband, Seile und Bindfäden; Papiertaschentücher, Küchenrollen und Toilettenpapier; Mobiltelefon, Satellitentelefon (wärmstens empfohlen, da Mobiltelefone im Tal des Todes oft kein Netz haben oder ihren Geist aufgeben); Walkie-Talkies; UV-Schutzkleidung inklusive Kopfbedeckung für alle Crew-Mitglieder und Läufer; Hüte mit breiter Krempe für die Crew; helle Laufschuhe, eine oder zwei Größen größer als üblich, weil die Füße mit der Zeit sehr stark anschwellen; dunkelgetönte Sonnenbrillen, Gletscherbrillen; Hautschutzmittel in allen Varianten: Sunblocker, Lippenstift, Feuchtigkeitscreme, Blasenpflaster, Bodyglide; umfangreiche Hausapotheke, inklusive Schmerzmittel, Magen-Tabletten, antibakterielle Erstversorgung, Desinfektionsspray und -tücher; Schlangenbiss-Set; Physio-Tapes für den Fall von Muskelbeschwerden; Verbände; kleine Scheren, große Haushaltsschere, mit der Sie bei Bedarf die Schuhe von den Füßen schneiden können.

AN DIE BRUST HEFTEN

037

Sie laufen regelmäßig, trainieren fleißig und nehmen sogar an Wettkämpfen teil? Dann dürfen Sie mächtig stolz auf sich sein. Passen Sie gut auf die Beweise für Ihre Leistungen wie Urkunden oder Medaillen auf und zeigen Sie sie ruhig ab und zu Ihren Freunden. Bei einem Rennen müssen Sie sogar ganz deutlich machen, dass Sie dazugehören: Ihre Startnummer auf der Brust darf nicht verdeckt sein, sonst werden Sie disqualifiziert.

» **Startnummer befestigen** Die Startnummer berechtigt Sie zur Teilnahme an einem Wettkampf inklusive der Verpflegung, die auf der Strecke für Sie bereitgestellt wird. Die Nummer kann unter Umständen auch Ihr Leben retten, wenn Sie auf der Rückseite ein paar Angaben zu Ihrem Gesundheitszustand, regelmäßig eingenommenen Medikamenten sowie Allergien machen und die Telefonnummer eines Menschen notieren, der im Notfall kontaktiert werden soll. Manchmal ist auf der Rückseite der Startnummer auch der Chip befestigt, der zur exakten Ermittlung Ihrer Zeit dient. Jedenfalls dürfen Sie die Startnummer auf keinen Fall verlieren, sonst werden Sie aus dem Rennen genommen. Falls Sie die Nummer nicht richtig befestigt haben und beim Laufen dauernd daran herumfummeln müssen, verlieren Sie wertvolle Zeit und schließlich Ihre Nerven.

Nerven schonen: Machen Sie Ihre Startnummer schon am Vorabend des Wettkampfs an Ihrem Laufshirt fest. Am Wettkampftag sind Sie aufgeregt genug, da müssen Sie sich nicht noch wenige Minuten vor dem Startschuss mit der Nummer herumplagen. Ersparen Sie sich jede unnötige Anspannung *(siehe Kapitel 009, „Taktisch vorgehen")*. Stellen Sie sich mit der Nummer am Shirt vor den Spiegel und überprüfen Sie den richtigen Sitz.

Auf Nummer sicher gehen: Benutzen Sie Sicherheitsnadeln. Fast immer erhalten Sie die Nadeln dort, wo Sie Ihre Startnummer abholen. Halten Sie immer ein paar Ersatz-Nadeln in Ihrem Waschbeutel oder Ihrem Koffer parat, wenn Sie zum Laufen verreisen. Vergessen Sie nicht, die Dinger mitzunehmen. Sie sind nur eine winzige Kleinigkeit in einer langen

Reihe von Vorbereitungen für Ihren großen Renntag – und an dieser soll es nun wirklich nicht scheitern. Benutzen Sie immer mindestens vier Nadeln, niemals nur zwei, damit Ihnen die Nummer beim Laufen nicht entgegenflattert oder sogar ausreißt und davonfliegt. Zum Befestigen der Nummer gibt es drei Methoden. Die schnelle: Sie stechen die Nadeln jeweils durch eine Ecke der Nummer und durch Ihr Shirt. Die sichere: Sie stechen die Nadeln jeweils mittig durch die Seiten Ihrer Nummer. So steckt jede Nadel jeweils an zwei Punkten im Shirt und in der Nummer, die dadurch weniger schnell abreißt. Die todsichere: Sie benutzen acht Sicherheitsnadeln, vier für die Ecken und vier für die Seiten Ihrer Startnummer.

schnelle Nummer sichere Nummer todsichere Nummer

Windschnittig bleiben: Tragen Sie ein möglichst eng anliegendes T-Shirt und befestigen Sie auch die Startnummer eng daran, damit sich nicht so viel Wind darin verfangen kann. Sie wollen ja schließlich laufen, nicht segeln. Ein weites Shirt rutscht beim Laufen stärker hin und her und verursacht mehr Reibung, zumal die Nummer ein gewisses Gewicht hat und schlimmstenfalls auf- und niederhüpft. Wenn Sie trotzdem unbedingt in einem weiten Shirt laufen wollen, stopfen Sie es in die Hose.

Sitz überprüfen: Falls Sie ein eng anliegendes Shirt tragen, befestigen Sie die Nummer eher im Bauchbereich. Falls Sie ein eher weiteres Shirt tragen, befestigen Sie die Nummer im Brustbereich, so, dass die Oberkante der Nummer auf einer gedachten Linie unterhalb Ihrer Brustwarzen beziehungsweise Brüste sitzt und das Papier nicht daran scheuern kann.

Band benutzen: Im Sportgeschäft oder auf der Marathonmesse gibt es für wenig Geld elastische Startnummern-Bänder, die Sie wie einen Gürtel tragen. Teils sind diese Bänder mit Schlaufen oder Druckknöpfen ausgestattet. Falls Ihre Startnummer bereits vom Veranstalter gelocht wurde und die passende Größe hat, können Sie sie an diesen Schlaufen oder Knöpfen befestigen. Sicherer ist jedoch auch beim Nummernband, dass Sie Sicherheitsnadeln benutzen. **Die Vorteile:** Sie müssen Ihr Lieblings-Wettkampf-Shirt nicht durchlöchern und verhindern so, dass die Fasern mit der Zeit hässlich ausfransen. Außerdem bewähren sich Startnummernbänder hervorragend bei langen Wettkämpfen, etwa Berglauf-Ultras, bei denen Sie sich häufig witterungsbedingt umziehen müssen. Dabei haben Sie keine Zeit, Ihre Nummer jedes Mal an der äußersten Kleidungsschicht zu befestigen. Das Nummernband ist dagegen schnell aus- und wieder drübergezogen. **Die Nachteile:** Vielleicht haben Sie beim Laufen ein eingeengtes Gefühl durch das Band. Probieren Sie schon vor dem Kauf, ob die Länge des Bandes für Ihren Körperumfang bequem ausreicht. Selbst wenn alles gut passt, kann die Nummer allerdings hinderlich flattern. Sie können deswegen sogar disqualifiziert werden, etwa bei Meisterschaften, wo teils verlangt wird, dass die Startnummer wirklich genau auf Brust-, nicht auf Hüfthöhe oder gar als Lendenschurz getragen wird.

» **Trophäen konservieren** Sie haben Ihre grandiosen Erfolge vom Fünf-Kilometer-Dorf-Run bis zum New-York-Marathon umfangreich dokumentiert und alles aufgehoben, was Sie an diese Läufe erinnert? Jetzt müssen Sie nur noch dafür sorgen, dass Sie Ihre Schätze in unbeschädigtem Zustand an die Nachwelt weitergeben können. Beim Deutschen Sport- und Olympiamuseum in Köln arbeiten Experten, die sich damit auskennen. Sie bewahren rund 100.000, zum Teil mehr als 100 Jahre alte Objekte im Archiv auf, unter anderem Fußballschuhe von Franz Beckenbauer aus dem WM-Jahr 1974 und eine Siegermedaille von den ersten Olympischen Spielen der Neuzeit aus dem Jahr 1896. Mit den Erkenntnissen dieser Fachleute halten auch Sie Ihre Trophäen frisch.

Finisher-Shirts: Sorgen Sie für Dunkelheit, Trockenheit, eine möglichst gleichbleibende Temperatur und gute Belüftung. Die zwei größten Gefahren für alte Textilien sind grelles Licht und Feuchtigkeit. Licht lässt die Finisher-Shirts ausbleichen. Bei Feuchtigkeit bildet sich rasch Schimmel. Die ideale Raumtemperatur beträgt 18 bis 20 Grad Celsius bei 45 Prozent Luftfeuchte. Diese Werte können Sie zu Hause gut messen, allerdings nur schwer regulieren. Am besten hängen Sie Ihre Shirts mit genügend luftigem Abstand zueinander in einen gut belüfteten Schrank. Falls Sie lustige, voluminöse Lauf-Verkleidungen – etwa zum Thema „Flugzeug mit Helm" *(siehe Kapitel 012, „Aussicht genießen")* – aufbewahren wollen, legen Sie diese in säurefreie Kartons, die es überall im Handel gibt, und platzieren Sie Seidenpapier zwischen die Textil-Lagen. So hängt sich die Kleidung nicht aus und verknittert nicht. Motten wehren Sie mit Mottenpapier, Mottenkugeln, Lavendel und den ätherischen Ölen des Zedern- und Zirbenholzes ab. Ein größeres Problem sind Kunststoff-Aufdrucke. Insbesondere Kunststoffe aus den 1960er und 1970er Jahren sondern mit der Zeit ölige Substanzen ab, die sogar Laufschuhe zersetzen können. Da hat Ihr Finisher-Shirt natürlich erst recht keine Chance. Vor allem, wenn der Aufdruck schon Knickstellen hat, schreitet der chemische Zerfall rasch fort. In spätestens 20 Jahren ist dann von Ihrem Shirt nichts mehr übrig. Nicht einmal Museumsmitarbeiter oder die heute bei den Herstellerfirmen arbeitenden Chemiker wissen Rat gegen diese selbstzerstörerischen Tendenzen der Sieger-Leibchen. Eine Idee wäre, die Shirts einzufrieren und so lange aufzubewahren, bis die Wissenschaft eine rettende Lösung gefunden hat. Ein Museum kann sich so einen Aufwand jedoch nicht leisten. Vielleicht haben Sie noch Platz in Ihrer Kühltruhe: Ein zu rechter Zeit im Kreise enger Lauffreunde präsentiertes Finisher-Shirt lange vergangener Lauftage sorgt für mehr Bewunderung als ein prall mit Tiefkühlpizzen gefülltes Eisfach. **Medaillen:** Hier kommt es aufs Material an. Eine Goldmedaille würde ewig halten – wenn sie tatsächlich aus Gold wäre. Selbst bei Olympischen Spielen kommt jedoch vergoldetes Silber zum Einsatz, und die Veranstalter von Stadtläufen verteilen meistens Scheiben aus Messing oder Stahl – je mehr Teilnehmer, desto billiger das Medaillenmaterial. Für Sie ist es natürlich trotzdem Edelmetall. Lagern Sie Ihre wertvollen Trophäen entsprechend umsichtig, trocken und dunkel – am besten in einem Etui im Schrank, so sind sie außer vor Licht auch vor Kratzern geschützt und es kommen keine Mäuse an die Medaillenbänder. Wenn Sie die Medaillen herzeigen wollen, achten Sie darauf, dass nicht jeder ehrfürchtig staunende Besucher mit seinen schweißnassen Händen daran herumpatscht. Konservatoren fassen Medaillen nur mit Handschuhen an und präsentieren sie nur unter einem besonders sanften LED-Licht. Außerdem nehmen sie keine Putztücher zum Saubermachen – das würde die Oberflächen der Medaillen zu sehr angreifen. **Startnummern:** Das Deutsche Sport- und Olympiamuseum bewahrt unter anderem Startnummern von den Olympischen Spielen von 1936 in Berlin auf. Diese sind aus Baumwolle – und immer noch in gutem Zustand. Hier gelten die gleichen Konservierungsregeln wie für Finisher-Shirts. Viel schlechter erhalten sind Kunststoff-Papier-Gemische von den Olympischen Spielen 1972 in

München. Sie sind einfach nicht von langer Dauer, dagegen kann man wieder nichts anderes tun als die Nummern einzufrieren, wie oben bei den Shirts beschrieben. Nummerndrucke aus Kunststoff reagieren wie dünne Kunststofffolien. Sie ziehen sich zusammen, werden hart und brüchig. Ganz drastisch sieht man das auch an Teilnehmerausweisen aus Papier, die laminiert, also in Folie eingeschweißt wurden, um sie zu schützen – sie lösen sich aufgrund der darin enthaltenen chemischen Stoffe komplett auf. Viel besser haltbar sind dagegen Startnummern ganz aus Papier. Lagern Sie sie dunkel und trocken, zum Beispiel in einer Schublade oder säurefreien Schachtel mit Seidenpapier dazwischen.

» Mitglied im 100 Marathon Club werden Manche Menschen sammeln Briefmarken oder Oldtimer, andere Marathons. Wenn Sie 100 Stück zusammen haben, dürfen Sie Mitglied im deutschen 100 Marathon Club werden. Sie reichen dazu eine Liste mit Ihren Läufen beim Verein ein, die stichprobenartig überprüft wird. Mit etwas weniger Marathons in der Sammlung werden Sie als Anwärter ohne Stimmrecht aufgenommen, sofern Sie glaubhaft versichern, die 100 in den nächsten paar Jahren vollends zu erreichen. Erst dann dürfen Sie die schreiend auffällige Vereinskleidung in Signalgelb und Alarmrot tragen, sodass Sie aus der Masse der Starter herausstechen und jeder sofort sieht, was Sie drauf haben. Besonders schnell müssen Sie allerdings nicht sein. Den Marathonsammlern geht es laut eigenen Aussagen vor allem um den Genuss: darum, unterwegs Spaß zu haben, Fotos zu schießen und hinterher mit Gleichgesinnten zusammenzusitzen. Demnach ist der 100 Marathon Club ein Verein von Menschen, die keine Vereinsmeier sein wollen. Ein soziales Forum für Individualisten, die eigentlich am liebsten alleine sind. Es gibt auch in anderen Ländern 100 Marathon Clubs, zum Beispiel in Großbritannien, den USA, Norwegen und Australien. Der deutsche Verein sitzt in Hamburg, hat etwa 230 Mitglieder, von denen die meisten zehn bis 15 Marathons im Jahr laufen und jeweils insgesamt auf 100 bis 300 Marathons kommen. Vier Mitglieder, darunter als einzige Frau Sigrid Eichner, haben deutlich mehr als 1.000 Marathons gesammelt. Den Rekord im Marathonsammeln hält Christian Hottas, Jahrgang 1956. Der lauffreudige Hamburger durchbricht 2013 die Schmerzgrenze von 2.000 Marathons. Als weltweit jüngster Läufer in einem 100 Marathon Club gilt Marcel Heinig aus Cottbus, der die Beitrittskriterien für die Vollmitgliedschaft mit 24 Jahren erfüllt hatte.

ANDEREN BEGEGNEN

038

Laufen bietet Ihnen einen besonders guten Zugang zu fremden Landschaften und Kulturen. Deshalb verzichten aufgeschlossene Läufer auch im Ausland nicht auf ihren Sport. Viele buchen organisierte Marathonreisen. Außer der Teilnahme am jeweiligen Wettkampf schließen diese Pauschalurlaube meist ein interessantes Rahmenprogramm mit ein, das gemeinsam mit Gleichgesinnten aus aller Welt besonders viel Spaß macht. Falls Sie für längere Zeit im Ausland leben, bekommen Sie in einem Laufverein am schnellsten Anschluss. Doch auch, wenn Sie auf Reisen einfach auf eigene Faust drauflos laufen, sehen Sie innerhalb kürzester Zeit außergewöhnlich viel, nehmen die Gegend mit all Ihren Sinnen wahr und kommen leicht in Kontakt mit Einheimischen. Das kann allerdings manchmal auch etwas schwierig werden.

» **Grüßen** Höflichkeit und Freundlichkeit helfen Ihnen überall auf der Welt weiter. Dazu gehört, dass Sie die Menschen, denen Sie begegnen, anständig grüßen. Die Frage ist nur, was anständig ist. Manche Gesten, die für Sie nett sind, gelten anderswo als heftige Beleidigung.

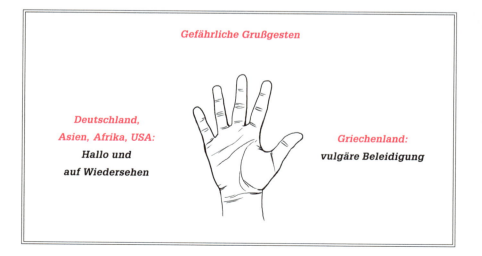

Gefährliche Grußgesten

Deutschland, Asien, Afrika, USA:
Hallo und auf Wiedersehen

Griechenland:
vulgäre Beleidigung

Großbritannien, Deutschland, Spanien, Korea, Iran, USA:
Hey! Friede!

Großbritannien, Irland, Neuseeland, Australien, Griechenland:
beleidigende Kopulationsgeste

Brasilien, Russland, Mittelmeerländer:
vulgäre Beleidigung

Beim Laufen, in Europa, USA, Mexiko, Europa:
alles o.k.

Texas:
Yeah! Wir gehen ab wie die Longhorn-Rinder.
Italien:
Deine Frau geht fremd.

Europa, USA:
Hi! Wir sind die fiesen Heavy-Metal-Runner!
Südamerika:
Schau mich nicht so böse an!

» **Terrain sondieren** Machen Sie sich vor Ihrem Lauf mit der Umgebung vertraut. Schon zu Hause können Sie überprüfen, wie gut Ihr Hotel als Ausgangspunkt geeignet ist. Auf Google Earth im Internet erkennen Sie genau, ob Sie am Strand, in der Nähe von Wald oder Wiesen, neben dem Güterbahnhof oder in der Steinwüste logieren. Grundsätzlich können Sie überall laufen, auch, wenn sich Ihr Hotel mitten in der Stadt befindet. Sightjogging bei Sonnenaufgang ist ein unvergesslich schönes Erlebnis, wenn Sie etwa in Rom, Barcelona oder Florenz neugierig durch enge Gassen über Pflasterstein galoppieren, während die ersten Cafés öffnen, Gemüsehändler beliefert werden und die letzten Nachtschwärmer nach Hause wanken. Dann gehört die Stadt Ihnen fast allein, bevor die Touristenmassen kommen und die Atmosphäre komplett verändern. Falls Sie städtische Labyrinthe wie das Gotische Viertel von Barcelona erkunden wollen, stecken Sie zur Vorsicht den Stadtplan ein, der an der Hotelrezeption ausliegt.

» **Armut respektieren** Sightseeing in den Vierteln der Ärmsten, seien es Favelas, Slums oder Townships, ist heikel. Als Gaffer, der mit seiner teuren Kamera anrückt und auf das Leid fokussiert, sind Sie dort in der Regel nicht willkommen, es sei denn, es gibt Touren, die von Hilfsorganisationen oder von den Einwohnern der Armenviertel selbst organisiert werden. Laufen Sie nicht durch solche Elendsquartiere, das würde auf die Bewohner wie eine Provokation wirken und den Anstandsregeln widersprechen. Die Menschen, die dort leben, haben andere Sorgen als Ihre Fitness. Respektieren Sie das.

» **Auf Tiere einstellen** Erkundigen Sie sich beim Portier oder bei Einheimischen, ob es in der Gegend wilde Tiere gibt. In manchen Ländern, etwa in den USA oder Australien, kann es Ihnen sogar in Städten passieren, dass Sie aus Versehen näher an Bären, Pumas, Schlangen oder Dingos herankommen, als Ihnen – und den Tieren! – lieb ist. In Südeuropa ist die Wahrscheinlichkeit groß, dass Sie auf streunende, nicht gerade ängstlich zurückhaltende Hunde treffen. In den meisten Fällen löst Laufen den Beutetrieb der Tiere aus. In Kenia und anderen afrikanischen Ländern gilt das Naturgesetz: Alles, was davonläuft, ist potentiell Nahrung *(siehe*

Kapitel 072, „Weglaufen"). Springen Sie nach dem Lauf außerdem nicht in unbekannte Gewässer. Gefährliche Haie und tödliche Quallen machen zum Beispiel in Australien ganze wunderschöne Küstenabschnitte zum Baden unbrauchbar, von heimtückischen Strömungen ganz zu schweigen.

» **Mit Überfällen rechnen** Als Europäer sind Sie es nicht gewohnt, dass es in manchen Städten Gegenden gibt, die Sie meiden sollten, und zwar insbesondere genau dann, wenn die beste Gelegenheit zum Joggen wäre: am frühen Morgen und am Abend. Erkundigen Sie sich bei Einheimischen danach, bevor Sie lostraben. Vertrauen Sie nicht darauf, dass Sie in Ihrer Rennbekleidung ja halbnackt unterwegs sind und deshalb schon keiner etwas von Ihnen wollen wird. Wenn Sie an unsicheren Orten laufen, stecken Sie ein paar Geldscheine ein, die Sie zur Not bei einem Überfall schnell herausrücken können. Die Strände von Ipanema oder Copacabana in Rio sind solche Orte – tagsüber belebt, gegen Abend zunehmend verlassen. Selbst wenn Sie als Mann mit nacktem Oberkörper laufen, gelten Sie als lohnendes Opfer. Allein Ihre Schuhe sind mehr Geld wert, als manch Brasilianer im Monat verdient. Sie wären auch nicht der erste Tourist, der mit vorgehaltener Waffe gezwungen wird, seine teure Shorts auszuziehen und dem Räuber zu übergeben.

» **Laut geben** Falls Sie nachts im Park oder auf einer eher einsamen Straße laufen und jemanden überholen wollen, machen Sie einige Meter vorher auf sich aufmerksam. Sonst erschrecken Sie den anderen zu Tode und riskieren einen gezielten Handkantenschlag oder eine Ladung Pfefferspray, insbesondere wenn Sie ein Mann sind und eine Frau überholen wollen. Wechseln Sie die Straßenseite. Oder räuspern Sie sich rechtzeitig, scharren Sie mit den Füßen über den Boden, summen oder singen Sie oder sagen Sie freundlich „Hallo, bitte nicht erschrecken". Sagen Sie nichts gekünstelt Witziges oder Flapsiges und erst recht nichts Machohaftes. Wenn Sie sehen, dass vom anderen keine Reaktion kommt, könnte der- oder diejenige einen Kopfhörer tragen und Sie nicht hören. Machen Sie sich beim Überholen auf eine erschreckte Reaktion oder sogar einen Aufschrei gefasst. Halten Sie beim Vorbeziehen den maximal möglichen Abstand und signalisieren Sie mit einer netten Grußgeste, dass Sie harmlos sind.

» **Auf den Verkehr achten** Touristen belächeln den anarchischen Verkehr in Indien, Südostasien oder Teilen Südeuropas und fragen sich verwundert, warum dort nicht mehr Unfälle passieren. Diese Unfälle passieren aber sehr wohl ständig, Sie sehen sie in der Regel – hoffentlich – nur nicht. In vielen Ländern sind Fußgänger todgeweihtes Freiwild, und Läufer, die zwischen Jeeps, Trucks, Tuk-Tuks, Mopeds, Ochsenkarren, Kamelgespannen und Lastelefanten umherspringen, sowieso. Auch in den meisten Städten der USA haben Sie als Läufer schlechte Chancen. Die Straßen sind oft nur für den Autoverkehr ausgelegt, die Existenz von Bürgersteigen dürfen Sie keineswegs voraussetzen. Machen Sie mit heller Kleidung auf sich aufmerksam – und bleiben Sie stets auf der Hut (siehe Kapitel 009, „Taktisch vorgehen").

» **Schamgefühl berücksichtigen** Split-Shorts, die bis in die Hüfte geschlitzt sind, Tank-Tops und Singlets, die mehr freilegen als verbergen, sind schon hierzulande Geschmackssache. Andernorts, insbesondere wo Muslime leben, verstoßen Sie damit gegen Sitte und Anstand. Die Missverständnisse beginnen schon bei der Verortung des Islam in der arabischen Welt. Araber machen nur 15 Prozent aller Muslime aus, jeder dritte Moslem lebt dagegen auf dem indischen Subkontinent, also in Indien, Pakistan, Indonesien oder Bangladesch. In diesen Ländern gilt die Bedeckung des Körpers als hoher kultureller Wert – das gilt beileibe nicht nur für Frauen, sondern betrifft auch den Körper des Mannes. So sollte etwa die als unrein erachtete Zone zwischen Knien und Bauchnabel stets besonders gut verhüllt werden. Das ist im übrigen der Grund, warum man auch hierzulande oft Türkinnen in langen Hosen und zusätzlich mit Rock darüber sieht. Wenn Sie als Mann in einem muslimischen Land in kurzen Hosen laufen, wirken Sie auf die Einheimischen so lächerlich und vulgär wie jemand, der bei uns in Unterhosen auf der Straße herumlaufen würde. Wie Sie in solchen Ländern als Frau in kurzen Hosen wirken, können Sie sich leicht ausmalen. Auch die Zurschaustellung von Achselhaaren ist tabu – für Frauen wie für Männer. Lassen Sie Ihre Muskelshirts und Tops zu Hause. Am Hotelstrand wird zwar alles nicht so eng gesehen, machen Sie sich jedoch auch hier klar, wie Sie auf die einheimischen Bediensteten und Strandbesucher wirken. Auch in Südostasien oder den ländlichen Teilen Japans und auf den sehr katholischen Inseln der Südsee empfindet man halbnackte Läufer und erst recht leicht bekleidete Läuferinnen als schamlos. Halten Sie sich einfach ein bisschen zurück. Laufen Sie als Frau nicht nur im Bikini-Oberteil und als Mann nicht mit nacktem Brustkorb.

039 SCHWUNG HOLEN

Vielleicht sind Sie ja auch wie viele andere Läufer der Meinung, Golf spielen sei die Sportart, die dem Schlafen am nächsten kommt. Aber Golfer können Ihnen durchaus ein schönes Beispiel geben. Etwa beim Schwungholen. Der Abschlag des Golfers lässt ein mehr oder weniger gutes Zusammenspiel aller Muskeln im Körper erkennen. Beim dynamischen Abschlag sieht die Körperbewegung flüssig aus und beschert eine schöne Flugkurve des Balles. Beim schlechten Abschlag wird der Körper durchgerüttelt, gerät aus der Balance, und der Golfball, wenn er denn getroffen wird, fliegt irgendwo in die Botanik. Auch beim Laufen ist gekonntes Schwungholen äußerst zielführend.

» **Mit den Armen** Ihre Arme dienen beim Laufen zur Schwungunterstützung und zur Balance. Arme, Schultern, Schultergürtel bilden eine dynamische Einheit und bewegen sich im Laufrhythmus gegengleich zu den Beinen: Wenn der linke Fuß vorne ist, ist der linke Arm hinten und der rechte vorn. Je schneller Sie laufen, desto kräftiger ist der Armeinsatz. Ein Extrembeispiel bieten Sprinter, die mit ihren muskelbepackten Oberarmen aktiv Schwung holen. Beim ruhigen Dauerlauf dagegen sollten Sie sich über Ihre Arme und die Armhaltung gar keine Gedanken machen, genauso wenig wie über Ihren Laufstil generell. Armhaltung und Armeinsatz sind abhängig von Lauftempo und Körperbau und ergeben sich von selbst. Die bevorzugte Armhaltung beim Laufen wird mit dem so genannten Läuferdreieck beschrieben: Zwischen Ober- und Unterarm herrscht in etwa ein 90-Grad-Winkel. Eine individuelle Abweichung um einige Grad nach oben oder unten ist okay. Die gedachte Linie zwischen

Hand und Schultergelenk komplettiert das Dreieck. Ihre Arme schwingen locker seitlich vom Rumpf, die Ellenbogen liegen nicht an.

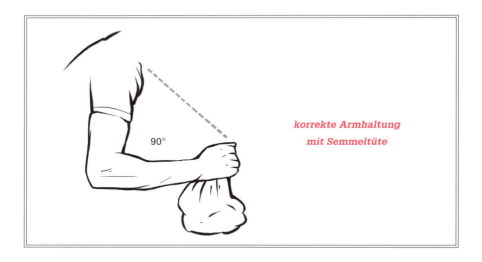

korrekte Armhaltung mit Semmeltüte

» **Mit den Fäusten** Die Hände formen eine lockere, offene Faust. Keinesfalls eine geschlossene Faust, wie nach dem Diamond-League-Finale des 1.500-Meter-Laufes im Juli 2011 in Monte Carlo. Dort wollte der französische Läufer Mahiedine Benabbad seinem Mannschaftskollegen Mehdi Baala im Ziel einen Schlag verpassen. Während des Rennens hatten beide noch eine perfekte Armhaltung demonstriert – Baala ist schließlich zweifacher Europameister über die Distanz, Benabbad seinerseits Europameister über 3.000 Meter Hindernis. Allerdings gab es eine Rempelei. Nach dem Zieleinlauf kam es deswegen zum Streit. Mehdi Baala versetzte Benabbad einen Kopfstoß, dann flogen die Fäuste – ein Novum in der Geschichte der Leichtathletik. Aber nicht wirklich vorbildlich in Sachen Hand-Haltung, weder für Läufer – noch für Boxer.

» **Mit nützlichem Ballast** Schleppen Sie Gegenstände mit sich herum, halten Sie diese die meiste Zeit in Ihrer stärkeren Hand, also rechts als Rechtshänder, links als Linkshänder. Drehen Sie keinesfalls die Handfläche nach oben wie beim Servieren mit einem Tablett. Ihre Tragehaltung sollte vielmehr Ihrer normalen Handhaltung ohne Gegenstand möglichst nahe kommen. Die meisten Läufer haben die Handflächen leicht nach innen gedreht. Der Daumen hängt locker nach unten, das Gelenk des Zeigefingers bildet den höchsten Punkt.

Schlüssel: Entfernen Sie zunächst alle überflüssigen Schlüssel vom Schlüsselbund, zum Beispiel den Briefkasten- oder Kellerschlüssel. Den Hausschlüssel verstauen Sie dann in einer Tasche in der Bekleidung oder Sie fädeln ihn auf die Kordel am Hosenbund. Oder Sie machen ihn am Schnürsenkel fest. Ziehen Sie den Senkel aus der letzten Öse, führen Sie ihn durch das Auge des Schlüssels, dann schnüren Sie ihn fest. So kommt er garantiert nicht weg, auch wenn sich die Schleife löst. Wenn Sie dennoch einen kompletten Schlüsselbund mitführen wollen: Stecken Sie den kleinen Finger durch den Schlüsselring, legen Sie die Schlüssel innen unter dem Ringfinger hindurch Richtung Mittelfinger. Klemmen Sie die Schlüssel mit dem Ringfinger zwischen kleinem und Mittelfinger fest. Mit dieser Haltung brauchen Sie keine Faust zu formen, die Handhaltung bleibt trotz Schlüssel recht locker.

Semmeltüte: Achten Sie schon beim Einkauf auf die läufergerechte Verpackung der Backwaren. Hierzu haben wir Roland Ott gefragt, Bäckermeister und mehrfacher Deutscher Meister im Langstreckenlauf mit einer 5.000-Meter-Bestzeit von 14:53 Minuten.

Zwei-Personen-Frühstück: Sie ordern drei, vier Semmeln und Croissants. Lassen Sie die schwereren Teile, also etwa Mehrkornsemmeln, nach unten in die Tüte packen. Sonst werden die leichteren Croissants zerquetscht. Die Tüte ist klein und handlich, die Schwingamplitude beim Nachhauselaufen deshalb zu vernachlässigen. *Familienfrühstück:* Bei fünf und mehr Semmeln lassen Sie die unterste Packlage mit leichteren, aber fest gebackenen Teilen einrichten, zum Beispiel Milchsemmeln. Die haben ein Normgewicht von mindestens 42 Gramm und können den Druck der darüber befindlichen Teigwaren unbeschadet aushalten. Am besten bestellen Sie die Milchsemmeln zuerst, damit diese an den Tütenboden wandern. Dann kommen die schwergewichtigeren Mehrkornsemmeln. Oben drauf leichtere, verletzlichere Backwaren wie Croissants. Bei dieser Packweise ist die Schwungmasse der gefüllten Semmeltüte ideal verteilt. Würden die schwereren Mehrkornsemmeln unten liegen, würden sie eine größere Schwingamplitude der Tüte auslösen. *Zusammenpacken:* Rollen Sie das offene Ende der Tüte zusammen. Üblich sind Tütengrößen für bis zu vier Semmeln, bis zu acht und bis zu zehn. Im Zweifel lassen Sie sich lieber das größere Format geben. Das offene Ende können Sie dann einmal mehr umschlagen – auf jeden Fall so weit, dass die Teigwaren in der Papiertüte nicht mehr auf- und abwippen oder gar durcheinanderpurzeln. Durch das mehrfache Umschlagen des Tütenrandes haben Sie außerdem einen leichten Griff: Sie packen die Tüte von oben und laufen mit gebremsten Armeinsatz nach Hause. In den meisten Bäckereien erhalten Sie übrigens – anders als im Supermarkt – eine Plastiktüte gratis. Die bringt Ihnen nicht unbedingt einen Tragevorteil, schützt Ihr Frühstück aber vor dem Regen.

» **Mit überflüssigem Ballast** Am besten wäre natürlich, Sie lassen überflüssigen Ballast zu Hause. Er wird Ihnen auf jeden Fall das Schwungholen erschweren. Wenn sie trotzdem auf bestimmte Dinge nicht verzichten wollen, machen Sie es sich wenigstens so leicht wie möglich.

Trinkflasche: Trinken Sie direkt vor dem Training, bevor Sie loslaufen. So kommen Sie auch bei warmen Temperaturen locker 90 Minuten weit ohne Leistungseinbuße. Wenn Sie trotzdem Angst vor dem Verdursten haben, nehmen Sie lieber zwei kleine Flaschen als eine große mit. Trinken Sie abwechselnd aus beiden Flaschen, damit die Gewichte in Ihrer linken und rechten Hand ausgeglichen sind.

Hanteln: Läufer mit hantelartigen Gewichten versprechen sich einen Trainingseffekt für ihre Arme. Doch zum Schwungholen taugen diese Lasten nicht, sie behindern die Vorwärtsbewegung sogar. Wenn Sie beim Laufen Gewichte tragen, verändert sich Ihre Körperbalance. Nicht nur Ihre Arme, auch Schultergürtel und Rumpf müssen die neue Gewichtsverteilung ausgleichen. Und der erzielte Effekt ist umstritten. Sportmediziner raten Läufern zwar zu Oberkörper-Training, dies aber im Anschluss an das Laufen *(siehe Kapitel 054, „Bauchgefühl entwickeln")*. Wenn Sie dennoch mit Gewichten laufen wollen, sollten Sie spezielle Hanteln für Läufer benutzen: kleine, mit Bleikügelchen gefüllte Aluminiumstäbe. Die Kügelchen rieseln langsam und gedämpft in den Stäben umher, das soll allzu abrupte Schwungamplituden vermeiden, Oberarme und Gelenke entlasten und gleichzeitig die Muskulatur fordern. Beginnen Sie mit einer geringen Last. Die unkonventionelle Alternative dazu wären zwei kleine, mit Wasser gefüllte Plastiktüten, zum Beispiel Brotzeitbeutel. Füllen Sie zunächst nicht mehr als 200 Milliliter, also ein Wasserglas, in je einen Beutel. Anders als die mitgeschleppten Hanteln können Sie die Plastiktütchen, falls das Gewicht lästig wird, jederzeit in einem Mülleimer am Wegesrand entsorgen.

Portemonnaie: Lassen Sie es zu Hause. Konzentrieren Sie sich aufs Laufen, nicht aufs Geldausgeben. Wenn Sie tatsächlich Geld benötigen: Nehmen Sie einen kleinen Schein und verstauen Sie ihn zusammengefaltet in Ihrer Tight. Oder falten Sie den Geldschein auf ein Drittel seiner Originalgröße und legen Sie ihn unter die Einlegesohle Ihres Laufschuhs, und zwar auf Höhe des Fußgewölbes. Hier besteht die wenigste Reibung zwischen Einlege- und Mittelsohle, der Geldschein wird am wenigsten mechanisch strapaziert. Sie können ihn zusätzlich in eine leere Taschentuch-Packung hineinstecken, so ist er noch besser geschützt.

Musikplayer, Handy, Digitalkamera: Elektronische Geräte sollten Sie in eine wasserdichte Hülle stecken, auch wenn es nicht regnet. Ihre Hände geben Feuchtigkeit ab, das ist nicht gut. Gerade bei Kameras landet schnell mal ein Finger auf der ungeschützten Linse, was Sie beim Fotografieren nicht merken, Sie später beim Betrachten der Fotos aber umso mehr ärgert. Für jeden Fotoapparat gibt es spezielle Taschen oder Schutzhüllen. Sollten Sie diese gerade nicht zur Hand haben, tut es auch eine kleine Plastiktüte.

» **Am Berg** Das betonte Schwungholen mit den Armen beim Bergauflaufen ist ein oft zu beobachtender Fehler. Der verstärkte Armeinsatz hilft Ihnen nur bei ganz kurzen Hügeln. Denn der Armschwung wird immer dem Lauftempo angepasst; bei längeren Anstiegen bewegen Sie die Arme eher sparsam. Bergab ist der Armschwung anders, da die Arme hier nicht nur dem Schwungholen dienen, sondern auch zur Balance eingesetzt werden: Gerade auf technisch anspruchsvolleren Bergab-Passagen werden die Arme leicht angehoben, wie Flügel seitlich ausgefahren.

Die Hände zeigen weiterhin nach vorne, die Arme schwingen im Rhythmus der Laufschritte. Lehnen Sie sich mit Oberkörper und Armen eher etwas nach vorne, in Richtung des Gefälles, damit Sie nicht das Gleichgewicht verlieren. Der größte Fehler von unerfahrenen Läufern ist, dass sie sich – meist aus Angst – nach hinten neigen und gerade dadurch schneller ausrutschen. Das ist ähnlich wie beim Alpin-Skifahren. Wenn Sie nur eine sehr kurze Bergab-Passage vor sich haben, etwa ein trockenes Bachbett, können Sie bei ebenem Untergrund durchaus die drei, vier Schritte bergab beschleunigen und den Schwung für die nächsten Meter bergauf mitnehmen. Bei längeren Gefällen gilt diese Technik aber nicht: Bewegen Sie sich harmonisch, entspannen Sie sich und laufen Sie weiter wie vorher, beschleunigen Sie nicht zusätzlich.

» Im Ziel Sie haben sich wochen- oder monatelang auf ein Laufereignis – vielleicht den Lauf Ihres Lebens – vorbereitet. Und dann sieht man Sie auf dem Zielfoto jämmerlich zusammengesackt, wie Sie, den Kopf nach unten gerichtet, den Stoppknopf Ihrer Pulsuhr drücken. Die Armhaltung beim Zieleinlauf ist unverständlicherweise ein bis heute in der Fachliteratur selten angesprochenes Thema. Üben Sie Jubelposen im Training. Zunächst am besten allein im Wald. Dann in der Gruppe. Geben Sie sich gegenseitig Hilfestellungen. Hier einige der Posen, die Sie als Läufer – völlig unabhängig von Ihrer läuferischen Leistungsklasse – drauf haben sollten:

links:

der Churchill

rechts:

der Steffny

Der Churchill: die beiden nach oben gestreckten Arme mit V-förmig nach oben gereckten Zeige-und Mittelfingern – die klassische Victory-Siegerpose. ***Anzuwenden:*** wenn Sie sich ehrlich freuen und stolz sind auf Ihre Leistung – also eigentlich immer. Nur sollten Sie vielleicht nicht unbedingt jeden Trainingslauf so beenden, vor allem, wenn der Lauftreff dabei ist. ***Die Elizabeth Taylor:*** verwandt mit dem Churchill, aber eher eine segnende Geste. Sie bewegen dabei nur einen Arm, strecken diesen nicht komplett durch, sondern heben ihn ganz lässig und huldvoll wie ein Hollywoodstar, der die Gangway seines Privatjets hinabschwebt. ***Anzuwenden:*** besonders wirkungsvoll, wenn Sie einen läuferischen Erzfeind hinter sich gelassen haben. Falls Sie auf den letzten Metern einen beruhigenden Vorsprung herausgespurtet haben, dürfen Sie sich mit dieser Geste sogar noch leicht zu Ihrem Kontrahenten umdrehen. ***Der Pantani:*** Sie laufen auf den Zielstrich zu, fangen dabei rechtzeitig an, immer wieder mit beiden Händen auf sich zu zeigen. Nach dem Motto: „Ich, ich, ich", wie einst der italienische Radfahrer Marco Pantani bei seinen überlegenen Siegen auf den Alpenetappen der Tour de France. ***Anzuwenden:*** wenn Sie ein selbstverliebter Italiener sind. ***Die heilige Katharina:*** Laufen Sie ein beherztes Rennen, erkämpfen Sie sich die Führung, die Ihnen niemand mehr streitig machen kann, zeigen Sie aber bis zur Ziellinie trotzdem keine Emotionen. Im Gegenteil, verdunkeln Sie Ihre Augen sogar noch mit einer getönten Sonnenbrille. Sobald Sie den Zielstrich überquert haben: Bekreuzigen Sie sich. So wie Catherine Ndereba, ehemalige Weltrekordhalterin im Marathonlauf (2:18:47 Stunden, Chicago 2001). ***Anzuwenden:*** wenn Sie gläubig und weltklasse sind, aber ungern aus sich herausgehen. ***Der Becker:*** seit den 1980er Jahren bewährt – der Becker-Shuffle. Knien Sie sich mit dem rechten Bein direkt auf die Ziellinie, ballen Sie die rechte Hand zur Faust und machen Sie mit dem Arm eine Art Sägebewegung, stimmen Sie gleichzeitig ein Siegesgebrüll an. ***Anzuwenden:*** wenn Sie auffallen wollen. Oder Sie sind 17 Jahre alt und haben gerade den Marathon in Ihrer Heimatstadt, zum Beispiel Leimen, gewonnen. ***Der Klose:*** Im Fußball gibt es eine große Bandbreite von Jubelposen. Die wenigsten eignen sich für Ihren Zieleinlauf, sei es aus Ermangelung einer Eckfahne, einer Südkurve oder einer Fernsehkamera, die live in zehn Millionen Haushalte überträgt. Eine der praktikabelsten Jubelposen ist daher ein Salto, wie der Klassiker von Miroslav Klose. Hierbei müssen Sie, anders als der deutsche Nationalspieler, das Timing jedoch genau berechnen. Schließlich wollen Sie bei Ihrem Salto vorwärts vor der Ziellinie abspringen und hinter der Ziellinie aufkommen. ***Anzuwenden:*** wenn Sie lange dafür trainiert haben. Wirklich ganz, ganz lange. ***Der Steffny:*** Laufen Sie souverän an der Spitze des Feldes. Auf den letzten Metern vor dem Ziel grüßen Sie locker nach links und rechts in die Zuschauermenge. Kurz vor dem Zielstrich stoppen Sie: Sie machen einen Handstand und überqueren die Ziellinie auf Ihren Händen. So wie einst Herbert Steffny bei den Deutschen 25-Kilometer-Straßenlaufmeisterschaften 1984 in Waldniel, die er mit 1:16:15 Stunden gewann. **Anzuwenden:** wenn Sie Ärger mit den Konkurrenten provozieren wollen. Falls Sie allerdings im Mittelfeld mitlaufen und dann im Handstand die Ziellinie überschreiten, jeglicher Arroganz unverdächtig, haben Sie einen Sonderapplaus für Ihre akrobatische Einlage verdient. **Die Pippig:** Sie sehen gut aus, Sie sind schnell, Sie laufen Ihr Rennen in dem Bewusstsein, dass Sie ein Star sind und dass die meisten Zuschauer nur Ihretwegen am Straßenrand stehen. Warten Sie auf das enge Spalier von Fans auf dem letzten Streckenabschnitt. Fangen Sie hier frühzeitig an, Kusshändchen nach links und rechts zu werfen, so wie Uta Pippig bei ihren drei Siegen beim Boston-Marathon: anfangs jeweils mit einer Hand, auf den letzten Metern ganz schnell, mit beiden Händen gleichzeitig. **Anzuwenden:** wenn Sie uneinholbar an der Spitze liegen und extrovertiert genug sind, sich schon weit vor der Ziellinie über den Sieg freuen zu können.

links:
der Pantani

rechts:
die Pippig

ZUPACKEN

040

» **Beim Wasser** Wenn Sie als Teilnehmer bei einer größeren Laufveranstaltung an eine Verpflegungsstation kommen, überlegen Sie sich Ihr Vorgehen. Falls Sie kein Wasser benötigen, laufen Sie in der Mitte der Straße weiter und achten auf blind umherirrende Mitläufer, die sich einen Becher greifen möchten. Wenn Sie selbst etwas trinken wollen, orientieren Sie sich: Wie lang ist die Verpflegungsstation, wo gibt es die Tische mit den Wasserbechern, beziehungsweise wo stehen die Helfer, die diese anreichen? Grundregel hierbei: Steuern Sie niemals die ersten Tische an, denn da drängeln sich alle. Laufen Sie gezielt an einen der letzten Tische. Noch besser: Suchen Sie sich einen Helfer aus, der Ihnen einen Wasserbecher anbietet. Signalisieren Sie ihm schon von weitem, dass Sie gewillt sind, von ihm einen Becher abzugreifen. Das passiert auf zwei Arten: Sie laufen in gerader Linie auf den Helfer zu und suchen Blickkontakt. Zweitens heben Sie frühzeitig den Arm, und zwar auf der Körperseite, an der Sie den Helfer passieren. Wenn Sie links an ihm vorbeilaufen wollen, nehmen Sie das Wasser mit der rechten Hand. Eventuell zeigen Sie einige Schritte vorher auf den Helfer, damit bestätigen Sie ihm zusätzlich den Blickkontakt. Achten Sie darauf, wie der Helfer den Becher hält: Hält er

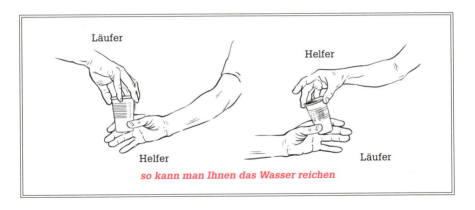

so kann man Ihnen das Wasser reichen

ihn von unten, greifen Sie den Becher im oberen Viertel. Hält er ihn oben, am Rand, greifen Sie den Becher im unteren Viertel. Nehmen Sie immer nur einen Becher auf einmal. Wenn Sie mehr benötigen, steuern Sie mehrere Helfer oder Tische an. Dazu müssen Sie allerdings Ihr Tempo verlangsamen, eventuell sogar stehenbleiben. Wenn Sie einen Becher genommen haben, laufen Sie zunächst einige Schritte. Passen Sie auf, dass nicht plötzlich ein anderer Läufer Ihre Spur quert, um noch schnell ein Getränk zu ergattern. Vergewissern Sie sich auch, ob Sie nach hinten etwas Platz haben. Dann können Sie Ihr Tempo leicht drosseln, ohne dass jemand auf Sie drauf läuft *(siehe Kapitel 022, „Laufend schlucken")*.

» **Beim Staffellauf** Wenn Sie den Staffelstab übernehmen, werden Sie nicht hektisch. Sie sind kein Sprinter, bei dem es auf Millisekunden ankommt. Laufen Sie parallel zum Staffelträger, übernehmen Sie dann den Stab. Wenn Sie ihn wiederum an Ihren Nachfolger übergeben: Bremsen Sie nicht zu früh ab, passen Sie sich dem Tempo des anderen an. Begleiten Sie die Übergabe verbal, zum Beispiel mit den Worten: „Lauf los!". Damit signalisieren Sie gleichzeitig das Loslassen. Der richtige Zeitpunkt dafür ist das Wichtigste an der ganzen Sache. Linda Stahl, Speerwurf-Europameisterin, kennt sich damit aus. Was sie über ihren Speer sagt, gilt auch für einen Staffelstab: „Er muss locker in der Hand liegen, gleichzeitig müssen Sie ihn fest im Griff haben. Sie müssen sich von ihm trennen können, wenn Sie am meisten Kraft auf ihn einbringen. Das geht nur, wenn Sie locker drauf sind."

» **Bei einer Fackel** Die Olympische Fackel wird heutzutage durch zig Länder getragen. Es ist ein Höhepunkt in jedem Sportlerleben, einige Meter mit dieser Fackel zu laufen. Bei den Olympischen Spielen 1972 in München war es der damals 18-jährige Münchner Günter Zahn, der die Fackel im Stadion die letzten 200 m zum Entzünden des Feuers trug. Dabei musste er rund 200 Stufen empor laufen – die obendrein unterschiedlich hoch waren. Zahn rät zum Tragen des Feuers: „Halten Sie die Fackel mit der rechten Hand unten am Griff. Der Arm muss gerade ausgestreckt sein und leicht nach oben zeigen, etwas von der Laufrichtung weg – auch, damit man sich nicht verbrennt." Sollte Ihnen einmal die Ehre widerfahren, das Olympische Feuer zu entzünden, sollten Sie die Abläufe vorher üben. Günter Zahn hat in der Woche vor der Eröffnung jeden Tag geprobt.

» **Beim Hindernis** Als Läufer müssen Sie manchmal mit Hindernissen rechnen. Bei der noch recht jungen Sportart Parcouring ist dies gerade der Reiz. Hier paaren sich läuferische und akrobatische Fähigkeiten. Bei der Disziplin „Speed" kommt es darauf an, einen mit verschiedenen Hindernissen gespickten Parcours möglichst schnell zu bewältigen. Die entscheidenden Fragen lauten: Welches Hindernis wird übersprungen, welches überklettert, und mit welcher Technik? Matthias Esser, der 2007 erster Parcouring-Weltmeister wurde, beantwortet sie: Könner überwinden Hindernisse bis 1,30 m Höhe im vollen Lauf. Die Parcourer springen also einfach drüber, egal ob über einen Zaun, eine Mauer oder einen Ferrari F50, der zwar knapp zwei Meter breit ist, dafür nur 1,12 m hoch. Die Hindernisse lassen sich auf diese Art leicht kategorisieren:

Straßensperren – und wie Sie sie meistern

Hindernis	Ausmaße (Höhe x Breite)	Technik
Mauer	1,30 x 0,20 m	drüberspringen
breite Mauer	1,30 x 0,60 m	hochspringen, einen Fuß aufs Hindernis setzen, weiterlaufen
Ferrari F50	1,12 x 1,98 m	drüberspringen
Ami-Schlitten	1,30 x 2,10 m	Seitwärtsflanke über die Motorhaube
VW Polo	1,46 x 1,68 m	Hocksprung: aus vollem Lauf kräftig abspringen, mit den Händen beidseitig vom Körper auf dem Dach abstützen und dabei die unter der Brust angezogenen Beine unter dem Körper durchschwingen
BMW X5	1,73 x 1,93 m	mit Tempo anlaufen, abspringen, an der Dachreling hochziehen und aufs Dach klettern, runterspringen oder runterklettern

» **Beim Bier** Zunächst ist eine Strategie gefragt, dann das feste Zupacken. Bier-Rennen sind Teamwettbewerbe. Zu den bekanntesten Veranstaltungen zählen etwa das traditionelle Schlachtenseer Kistenrennen, auch Kastenrennen genannt, das seine Ursprünge bereits in den 1920er Jahren haben soll. Oder die Bierathlons in Viernheim und in Zürich. Zur Orientierung listet der Verein Biersekte e. V. auf seiner Website einige Termine auf. Bei diesen sportlichen Wettbewerben besteht ein Team in der Regel aus zwei Athleten und einer Kiste Bier. Diese ist zu Beginn des Rennens voll. Im Ziel ist sie leer, und das Getränk in die Athleten umgefüllt. Gewonnen hat das erste Team mit leerer Kiste im Ziel. Verschüttet wird nichts, das widerspräche der Ehre und dem ehrwürdigen Getränk. Meist sind zwischen vier und acht Kilometer zu bewältigen, dazu etwa drei bis fünf Liter Flüssigkeit. Suchen Sie sich deshalb einen möglichst gleich starken Partner – läuferisch wie säuferisch. Er sollte auch in etwa gleich groß sein, zumindest sollten Sie sich auf die gleiche Schrittlänge einigen können, dann können Sie, die Kiste zwischen sich transportierend, im Gleichschritt laufen: Eine Hand trägt die Kiste, in der anderen halten Sie jeweils eine Flasche, aus der Sie beständig zügig, aber nicht hastig trinken. Die Kiste packen Sie nicht an der Längsseite, sondern an der kürzeren Querseite, das ist besser für den Tragekomfort, da Sie so Armlängendifferenzen und unterschiedliche Schrittrhythmen besser ausgleichen können. Wechseln Sie die Seiten durch, nehmen Sie die Kiste ab und zu mit der anderen Hand. Übrigens streiten Mediziner und Sportwissenschaftler darüber, was besser ist: die Kiste erst zu leeren und dann loszulaufen; oder mit voller Kiste bis kurz vor das Ziel zu laufen und sie dann zu leeren. Bis jetzt gibt es dazu noch keine befriedigende wissenschaftliche Erkenntnis. Beim Trinkrhythmus können Sie und Ihr Teampartner jeweils unterschiedliche, den persönlichen Vorlieben entsprechende Strategien verfolgen. Einig sein sollten Sie sich aber über das Lauftempo und den beständigen Rhythmus, in dem Sie die Seite an der Bierkiste tauschen.

» **Beim Nachwuchs** Zerren Sie Ihren Nachwuchs nicht an der Hand zum Laufen. Viel eleganter und durchaus sportlich ist es, wenn Sie Ihre lieben Kleinen im Babyjogger mitnehmen. So haben Sie Bewegung und sparen sich obendrein den Babysitter. Und Ihr Kind kann in seinem Platz in der ersten Reihe Spaß haben – oder schlafen. Dazu sollten Sie aber die richtige Schiebetechnik beherrschen. Den Griff des Lauf-Kinderwagens justieren Sie auf Höhe Ihres Bauchnabels. Hier ist in etwa Ihr Körperschwerpunkt, Sie müssen sich nicht unnatürlich weit nach vorne beugen. Schieben Sie den Wagen auf geraden, ebenen Strecken stets nur mit einer Hand, die andere Hand schwingt locker im Laufrhythmus. Halten Sie sich keinesfalls krampfhaft mit beiden Händen am Kinderwagen fest, stützen Sie sich nicht auf den Wagen – beides ist ungünstig für Ihre Laufhaltung. In der Ebene können Sie einem guten Laufkinderwagen alle vier bis sechs Schritte einen sanften Schub geben: Ein sorgfältig justiertes Modell läuft dann sauber geradeaus, Sie schwingen normal mit den Armen – und zur Not gibt es immer noch eine Sicherheitsleine an den speziellen Laufkinderwägen. Das eine Ende der Leine ist an der Hinterachse des Wagens befestigt, das andere haben Sie um Ihr Handgelenk gelegt. Übrigens sollten Sie Ihr Kind erst dann in den Babyjogger verfrachten, wenn es eigenständig und ohne Lehne gut sitzen kann. Das ist das Zeichen für eine gute Haltemuskulatur. Andernfalls wird Ihr Nachwuchs unkontrolliert im Wagen hin- und hergerüttelt.

AN DIE HAND NEHMEN

Haben Sie schon mal Kinder beim Fangenspielen beobachtet? Wie mühelos sie hintereinanderher flitzen. Die Arme wirbeln dabei ebenso flink wie die Beine, die Kinder reißen ihre Knie hoch und die Münder weit auf zu einem lauten Lachen. Ganz ohne Vorgaben sausen sie hin und her, aus purer Lust. Dann bleiben sie plötzlich stehen, aber nur wenige Augenblicke später wuseln sie weiter. Den Kindern geht es nur um den Spaß am Laufen. Den sollten Sie Ihren Kleinen auch aus gesundheitlichen Gründen vermitteln.

» **Ballast abwerfen** Übergewicht und Adipositas, auf Deutsch Fettsucht, sind längst ein Massenphänomen, und das nicht nur in den USA. Die Weltgesundheitsorganisation (WHO) spricht von einer „globalen Epidemie des 21. Jahrhunderts". Von Tokio bis Berlin werden die Taillen breiter. In Deutschland sind inzwischen jedes fünfte Kind und jeder dritte Jugendliche übergewichtig. Das sind mehr als dreieinhalb Millionen Jungen und Mädchen unter 18 Jahren. Absolut gesehen hat sich die Zahl der Schulanfänger, die zu viel wiegen, in den vergangenen 25 Jahren mehr als verdoppelt – und die der pummeligen Zehnjährigen gar vervierfacht. Bei den Erwachsenen setzt sich diese Entwicklung fort. Die verlernen mit den Jahren, in denen sie in Schulen, Universitäten und Büros sitzen, die ursprüngliche Bewegungsfreude. Lassen Sie sich von den Kindern inspirieren.

» **Spielerisch beginnen** Kinder haben ein sehr gutes Gefühl dafür, wann es mit der sportlichen Belastung zu viel ist. Mit zielgerichtetem Lauftraining dürfen Sie bei bei Ihrem Nachwuchs frühestens in der Adoleszenz beginnen. Andernfalls sind physische und psychische Überlastungen vorprogrammiert und führen nur dazu, dass Ihr Kind den Spaß an der Laufbewegung schnell wieder verliert. Kein Lauf-Olympiasieger war schon als Kind ein Lauf-Star. Alle haben sich von klein auf viel bewegt, sind auch gelaufen, waren nie dick oder antriebsarm, haben sich aber frühestens mit 14, 15 Jahren auf das Lauftraining konzentriert.

Fünf bis acht Jahre Verschiedene Tempi müssen sich permanent abwechseln. Laufphasen sollten öfter von Geh- oder Stehpausen unterbrochen werden. Die längsten Laufdistanzen sollten Strecken von einem bis 1,5 km sein – und die Kleinen sollten immer freiwillig laufen wollen, keine übermäßige Animation von Ihnen brauchen. Es gibt auch Wettkämpfe mit Drei-, Vier- oder Fünf-Kilometer-Distanzen. Wenn Sie Ihre Kleinen dort starten lassen, sollten Sie sie vorher darauf aufmerksam machen, dass sie sofort aufhören dürfen, wenn sie keine Lust mehr haben, erst recht, wenn ihnen etwas wehtut. Und dass dies keine Schande ist. Laufen Sie bei den Wettkämpfen niemals mit Ihrem Kind mit, sonst geht es Ihretwegen womöglich über seine Grenzen.

Neun bis zwölf Jahre Laufen im Rahmen des klassischen Leichtathletiktrainings ist in Ordnung. In diesem Alter beginnen die Kinder, zum Teil sehr schnell zu wachsen. Das betrifft unter anderem die langen Knochen in den Beinen. Deshalb sind sie nicht sehr fest und somit anfällig für Beschwerden: vor allem an den Knochenenden, in den Knien zum Beispiel. Laufen forciert diese Anfälligkeit noch zusätzlich. „Außerdem führt eine frühzeitige Überforderung schneller zu Unlust", sagt der 5.000-Meter-Olympiasieger Dieter Baumann, der selbst erst mit 15 Jahren mit richtigem Lauftraining begonnen hat und zuvor jahrelang Fußball spielte. „Ich habe meinen Kindern in diesem Alter verboten, ausschließlich zu laufen, obwohl beide das gerne gewollt hätten", sagt Baumann, „denn ich weiß, dass das Motivationspotenzial für Leistungssport zeitlich begrenzt ist. Es hält ungefähr 15 Jahre lang vor. Die sollten sich sinnvollerweise mit den Jahren decken, in denen man am ausbau- und leistungsfähigsten ist." Das Lauftraining für Neun- bis Zwölfjährige kann zwei- bis dreimal wöchentlich vier bis fünf Kilometer umfassen. Wenn es dem Kind Spaß macht, kann es sich auch an einem gleichmäßigen Dauerlauftempo versuchen. Aber das wird nur selten der Fall sein, denn meist ist es in dieser Phase noch immer so wie im Kindergartenalter: Es gibt eigentlich nur zwei Tempi – schnell oder gar nicht. „Kinder sollten lieber versuchen, etwa 800 bis 1.000 m möglichst schnell zu laufen", schlägt Baumann vor, „vorbereitet mit einem abwechslungsreichen Auf- und Abwärmprogramm."

13 bis 14 Jahre Dies ist das Alter, in dem Ihre Kinder am schnellsten wachsen. Weiterhin gilt: Die Knochen sind nicht fest genug und die Muskeln noch nicht in der Lage, extreme Belastungen wegzustecken. Daher ist weiterhin Vorsicht bei den Laufumfängen und -intensitäten geboten, die Gefahr eines Ermüdungsbruchs ist relativ groß. Dennoch können Sie durchaus schon mit regelmäßigem Lauftraining beginnen. Mehr als maximal 30 bis 40 Wochenkilometer sollten es nicht sein, viel wichtiger ist es, allgemeine Kraft und Schnelligkeit zu trainieren. In der Pubertät gewinnen Jungen an Muskelmasse – das ist von Vorteil, aber individuell sehr unterschiedlich ausgeprägt. Mädchen kämpfen dagegen oft gegen den zunehmenden Anteil von Körperfett, was das Laufen erschwert. Ihr Kind braucht in diesem Alter noch das Gruppenerlebnis: Es macht Kindern grundsätzlich weniger Spaß, allein zu laufen, als gemeinsam mit anderen. Dabei lebt das Kinderlauftraining aber auch vom Sich-miteinander-Messen. Spielerische Wettkämpfe sollten fester Bestandteil des Lauftrainings sein; die Ausbildung der allgemeinen Athletik ist in dieser Wachstumsphase von größerer Bedeutung als die spezifische Ausdauer.

15 bis 18 Jahre Jetzt wird gestartet! 15 Jahre ist das richtige Alter, um mit speziellem Lauftraining zu beginnen. Zunächst drei-, dann vier-, dann fünf- bis sechsmal pro Woche. Mit allen Varianten, die eine Laufleistung herauskitzeln können: von langen Ausdauerläufen bis zu harten Intervallprogrammen. Im Idealfall runden Sie das Ganze mit einem leichten Krafttraining ab. Passen Sie das Training den Jahreszeiten an: Crossläufe im Spätherbst und Winter, dazu zur Abwechslung einige Hallentrainings und -wettkämpfe, dann im Frühjahr kurze Park- oder Straßenläufe und im späten Frühjahr und im Sommer eine ausgiebige Bahnsaison mit Training und Wettkämpfen auf der 400-Meter-Stadionrunde. Schließlich, je nach individueller Neigung, im frühen Herbst die Teilnahme an einem längeren Straßenlauf. Länger als maximal 10.000 m sollte die Distanz aber noch nicht sein. Dieter Baumann empfiehlt: „Im Winter sollte das Training stark ausdauerorientiert sein. Sorgen Sie mit ein paar schnellen Tempospritzen für Abwechslung. Dazu gibt es ein umfassendes Athletiktraining." Im Frühjahr dürfen dann bis zu zwei intensive Trainings pro Woche zur Verbesserung der anaeroben Kapazität auf dem Plan stehen, am besten auf der Laufbahn. „Das Bahnlaufen macht Jugendlichen immer am meisten Spaß, weil es Abwechslung bringt", sagt der ehemalige Weltklasseläufer. Und der Trainingsumfang? „Mindestens 30, maximal 80 km", so Baumann.

SCHMUCK TRAGEN

Archäologen haben herausgefunden, dass sich der Mensch schon vor 100.000 Jahren mit Muscheln, Knochen und Tierzähnen schmückte. Seit jeher tragen Schmuckbesitzer damit ihren Reichtum zur Schau. Insbesondere zu Zeiten, in denen unsere Vorfahren noch auf Bewegung angewiesen waren, um zu überleben *(siehe Kapitel 001, „Vorläufer verstehen")*, war Schmuck ein Zeichen besonderer Vorrechte: Wer diese hinderliche Zierde tragen konnte, hatte es offensichtlich nicht nötig, vor dem Abendessen einen Halbmarathon zu absolvieren und ein Stück Fleisch zu erjagen. Das sieht heute etwas anders aus. Vielleicht gehören auch Sie zu den Läufern, die ihren Ehering Tag und Nacht anhaben, das Silberkettchen mit dem Glück bringenden Anhänger immer um den Hals tragen und das Armband, das Ihnen Ihr liebster Mensch einmal zum Geburtstag geschenkt hat, sowieso. Das wäre eigentlich auch kein Problem – wenn Schmuck nur nicht so im Weg wäre.

» **Behängt bleiben** Im Gegensatz zu Kampfsportarten, zum Klettern, Fußball- oder Volleyballspielen gibt es beim Laufen wenige gefährliche Situationen, in denen Sie sich durch Ringe oder Halsketten verletzen könnten. Sie haben ja kaum Körperkontakt zu anderen, bekommen keine Bälle oder Schläge ab und benutzen auch keine Geräte, an denen Sie sich verheddern könnten. Aber stören kann Sie Ihr Schmuck durchaus. Ketten reiben bei langen Läufen an Hals und Brust. Wenn Sie einen Anhänger, etwa ein Kreuz oder einen Talisman daran tragen, kann Sie das Gebaumel mit der Zeit ganz schön nerven. Durch die Laufbewegung hüpft Ihnen das Ding womöglich sogar permanent ins Gesicht. Tragen Sie ein möglichst enges T-Shirt, unter dem der Anhänger verstaut bleibt, oder kleben Sie die Kette mit einem Pflaster an Ihrer Haut fest, wenn Sie sich schon nicht davon trennen können. Falls Sie erst nach dem Loslaufen merken, dass Sie Ihr Anhänger stört, können Sie ihn versuchsweise in Ihren Nacken schieben, vielleicht hält er hinter Ihrem Rücken besser. Auch Piercings können äußerst hinderlich sein und stark an der Haut reiben. Am besten, Sie kleben sie ab *(siehe Kapitel 026, „Die Brust schützen")*. Dass Sie mit frisch gestochenen Piercings nicht laufen sollten, versteht sich von selbst. Der tiefe Stichkanal verheilt nur langsam und ist anfällig für Entzündungen.

» **Aufs Material achten** **Gold und Platin:** Die gängigen, hohen Feinheitsgrade 585 und 750 – also 14 und 18 Karat – bei Gold und 950 bei Platin machen überhaupt keine Probleme. Schweiß kann ihnen nichts anhaben, es gibt auch keine Verfärbungen. Ein weniger edles Schmuckstück aus 333 Gold, was acht Karat entspricht, kann sich dagegen bräunlich verfärben. **Silber:** Auch hier entsteht beim Laufen kein Schaden am Schmuck. Allerdings neigt Silber dazu, schwärzlich zu oxidieren, also anzulaufen, wie man umgangssprachlich dazu sagt. **Edelstahl:** Dieses Material, bei Piercings oft Chirurgenstahl genannt, ist überhaupt kein Problem beim Laufen. Es läuft nicht an und lässt sich leicht reinigen. **Nickel:** Per EU-

Verordnung darf Schmuck hierzulande nur einen sehr niedrigen, ungefährlichen Nickelanteil enthalten. Schmuck aus Nicht-EU-Ländern aber ist weiterhin voll mit dem Allergien auslösenden Metall. Auch scheinbar kostengünstiger Silberschmuck, wie er beispielsweise auf orientalischen Basaren feilgeboten wird, enthält oft viel Nickel. Falls Sie allergisch darauf reagieren, muss das Schmuckstück sofort weg von Ihrem Körper. Andernfalls werden Ihre Reaktionen auf Nickel im Laufe der Zeit immer schlimmer. **Perlen:** Schweiß kann dem Muschelmaterial aus dem salzigen Meer nichts anhaben, Parfum und andere Kosmetikartikel greifen es dagegen stark an. Die Schnur, auf der die Perlen aufgezogen sind, muss nach einiger Zeit aus hygienischen Gründen und zur Sicherheit ausgetauscht werden. In der Mischung aus Natur- und Kunstfasern sammeln sich Schweiß und Hautpartikel an und bilden einen biologischen Nährboden. Im schlimmsten Fall fängt die Kette dann sogar an, unangenehm zu riechen, und sie reißt. **Leder:** Auch hier sammeln sich Bakterien und Pilze an, weshalb Lederarmbänder nach einiger Zeit ausgetauscht werden sollten. Früher wurden lederne Uhren-Bänder mit Fungiziden behandelt, die teils zu Allergien führten, weshalb heute darauf verzichtet wird. Trägt man Lederarmbänder zu lange, werden sie nicht nur unhygienisch, sondern auch brüchig.

» **Spülmittel verwenden** Zur Reinigung von Platin, Gold und Silber nehmen Sie Putztücher oder spezielle Reinigungsmittel. Oder noch besser einfach Wasser, Spülmittel und eine Zahnbürste, aber eine weiche, sonst können Sie hässliche Kratzer im Edelmetall hinterlassen. Spülmittel enthält im Gegensatz zu den Seifen und Shampoos in Ihrem Badezimmer keine rückfettenden Silikonöle. Diese Substanzen, die Sie beim Duschen vor trockener Haut schützen sollen, entfernen zwar einen Teil des Schmutzes von Ihrem Schmuckstück, fetten es aber gleichzeitig ein, machen es also wieder schmutzig. Die Reinigung besonders filigraner Verschlüsse, die von einer Bürste leicht beschädigt würden, überlassen Sie besser dem Ultraschallgerät des Juweliers.

» **Nichts verlieren** Verbindungen und Verschlüsse, also alle Teile, die sich an einem Schmuckstück bewegen und mechanisch stark beansprucht werden, sollten Sie regelmäßig vom Juwelier überprüfen lassen. Wenn Sie zu stark an einer Halskette ziehen oder mit einem Armband irgendwo hängenbleiben, können filigrane Verschlüsse kaputt gehen. Wenn Sie dann Pech haben, verlieren Sie Ihren Schmuck.

» **Auf die Uhr schauen** Wasser ist der größte Feind der Schmuck-Uhren. Das gilt auch für wasserdichte Modelle. Beim Laufen erzeugen Sie eine Mini-Saunaatmosphäre unter Ihrer langärmeligen Funktionsbekleidung. So kann Feuchtigkeit ins Uhren-Gehäuse eindringen und die Mechanik beschädigen. Schon wenn Sie mit der Krone Ihrer Schmuck-Uhr irgendwo hängenbleiben, ist sie an dieser Stelle vielleicht nicht mehr dicht. Lassen Sie deshalb Ihr Exemplar alle zwei Jahre, besser jedes Jahr vom Uhrmacher überprüfen. Am besten laufen Sie mit speziellen Sportuhren.

» **Ehering verstecken** Sport fördert die Durchblutung des Gewebes. So kann es sein, dass Ihre Finger beim Laufen anschwellen. Wenn Sie dazu neigen, legen Sie Ihren Ehering vorher lieber ab. Er ist nicht schuld an der Schwellung, aber er macht sich dabei unangenehm bemerkbar. Volleyballspieler, die während eines Matches auch noch ständig Schläge vom Ball auf die Hände abbekommen, können ihre Ringe am Ende oft nur noch mit einer Methode ablegen: mit der Eisensäge.

» **Belastung berechnen** Profiläufer schneiden sich vor einem Rennen die Fingernägel, damit sie noch ein bisschen leichter werden. Manche Freizeitjogger dagegen tragen mit Vorliebe Wasserflaschen durch die Gegend, mp3-Geräte oder sogar noch ihren alten CD-Player mit sämtlichen Hörbuch-Teilen von „Der Herr der Ringe". Viele schmücken sich zudem mit einer Puls- und GPS-Uhr, die sich am Handgelenk so dezent wie eine Zigarettenschachtel ausnimmt. Als wäre das Training nicht schon schwer genug! Andererseits: So viel zusätzliche Energie müssen Sie für Ihren nützlichen Ballast nun auch wieder nicht aufbringen. Professor Rainer Müller von der Technischen Universität Braunschweig hat für uns eine Modellrechnung angestellt. Er vergleicht die Schwingung des Armes mit einem Pendel und hat folgende Formel fürs Schmucktragen ermittelt:

> **Kraftaufwand beim Tragen einer Uhr**
>
> $E = 8 \prod^2 \times m \times A^2 / T^3$
>
> E: Energie
> m: Gewicht des Schmucks
> A: Amplitude der Armschwingung
> T: Schwingungsdauer

Angenommen, Ihr Arm schwingt beim Laufen 15 cm vor und dann wieder zurück, Ihre Uhr wiegt 300 Gramm und eine Schwingung Ihres Arms dauert eine Sekunde, was einem langsamen Lauf entspricht, dann rechnen Sie:

> $E = 8 \prod^2 \times 0{,}3 \text{ kg} \times (0{,}15 \text{ m})^2 / (1 \text{ s})^3 = 0{,}5 \text{ W}$

Sie müssen also bei jeder Schwingung 0,5 Watt mehr aufbringen als ohne Schmuck. Das entspricht der Leistung, die Sie erbringen müssten, um innerhalb einer Sekunde eine halbe Tafel Schokolade einen Meter hoch anzuheben. Das schaffen Sie mühelos. Andererseits: Wenn Sie eine Stunde lang laufen, schwingt Ihr Uhren-Arm dabei 3.600 Mal. Wenn Sie schneller laufen und eine Schwingung nicht eine Sekunde, sondern 0,75 Sekunden dauert, dann kommen Sie sogar auf 4.800 Schwingungen eines Armes pro Stunde. Und theoretisch könnte es durchaus sein, dass Sie das Ungleichgewicht, das durch das Tragen einer Uhr an einem Handgelenk entsteht, unterbewusst ausbalancieren. Dadurch laufen Sie leicht unsymmetrisch, also ähnlich wie ein Reifen mit Unwucht. Dieser Effekt auf Ihren Laufstil ist sicherlich klein – aber nicht gleich null *(siehe Kapitel 039, „Schwung holen" und 059, „Sich beschweren")*.

» **Eindruck schinden** Silber, Gold und Platin sind ja ganz schön – aber nicht halb so wertvoll wie die wirklich kostbaren Dinge, mit denen Sie sich als Läufer schmücken können. Es gibt sogar Pretiosen, die können Sie sich nicht kaufen, sondern nur erlaufen. Und falls Sie diesen Schmuck dennoch bei einer Internet-Versteigerung erhandeln, sollten Sie ihn nicht öffentlich tragen. Nichts ist peinlicher, als darauf angesprochen zu werden und zugeben zu müssen, dass Sie nichts dafür geleistet haben.

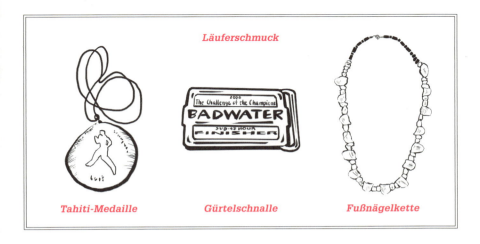

Läuferschmuck

Tahiti-Medaille   **Gürtelschnalle**   **Fußnägelkette**

Badwater-Gürtelschnalle: Sie laufen durch das Death Valley und dann auf einen Berg, legen 217 km und 4.000 Höhenmeter am Stück zurück, ertragen Temperaturen bis über 50 Grad Celsius – und alles, was Sie am Ende dafür kriegen, ist eine eher einfallslos gestaltete Gürtelschnalle. Aber auch nur, wenn Sie die Plackerei innerhalb von 48 Stunden schaffen. Jeder Läufer wird Sie wahnsinnig um diesen Schmuck beneiden. **Tahiti-Muschel:** Die schönste Finisher-Medaille der Welt gibt es beim Marathon auf der zu Tahiti gehörenden Insel Moorea. Die aus Perlmutt geschliffene Trophäe schmückt Frauen wie Männer auch im Alltag und sieht mit ihrem edlen Schimmer selbst zum Abendkleid gut aus. **MDS-Buff:** Auf den ersten Blick nur ein Fetzen Stoff, den Sie als Kopf- oder Halsschmuck tragen können – aber die Symbolik hat es in sich. Als Träger dieses Tuchs signalisieren Sie, dass Sie den Marathon des Sables durch die marokkanische Sahara geschafft haben. Begehrte Buffs gibt es auch bei anderen Läufen, etwa dem Transalpine Run über die Alpen. **Fußnägelkette:** Ultraläufer Jan Ryerse hat die Zehennägel, die ihm bei besonders harten Wettkämpfen abgefallen sind, gesammelt und auf eine Kette gezogen. Daneben fädelte er auch gespendete Nägel anderer Läufer ein. Seit er ein Foto dieses eigenwilligen Schmucks in seinem Blog veröffentlicht hat, ist die Läufergemeinde gespalten: Die einen bewundern die Kette als kreativen Ausdruck von Individualität, die anderen müssen sich bei ihrem Anblick übergeben. **Spreewald-Gurke:** Klein, grün und charakteristisch krumm sind die gusseisernen Finisher-Gurken, die beim Spreewaldmarathon verteilt werden. Jeder, der so ein Ding trägt, signalisiert knackigen Humor und sorgt so auch in seinem Umfeld für gute Laune. **Zugspitz-Kreuz:** ein eingerahmtes goldenes Kreuz mit Strahlenkranz, dem

Original auf Deutschlands höchstem Gipfel nachempfunden. Mit ein bisschen handwerklichem Geschick und einer Eisensäge können Finisher des Zugspitz-Extremberglaufs den Rahmen entfernen, das Kreuz freilegen und so ein traditionell aussehendes Schmuckstück fertigen. Es symbolisiert festen Glauben: Man muss nur wollen, dann kommt man sogar bei diesem harten Lauf ins Ziel.

043 — WARM HALTEN

Selbst, wenn das Thermometer nur knapp über null Grad Celsius anzeigt, rennen Spitzenläufer mit Shorts und Singlets durch die Gegend – aber meistens mit Handschuhen. Der US-Amerikaner Bill Rodgers war einer der ersten, der das tat. Derart geschützt gewann er in den 1970er Jahren mehrmals den Boston- und den New-York-Marathon. Die Faustregel der Spitzenläufer lautet: Sind die Hände warm, ist der ganze Körper warm. Rodgers Erklärung: „Ich friere als erstes immer an den Händen, vermutlich weil sie am schlechtesten durchblutet werden, da das Blut woanders im Körper gebraucht wird, zum Beispiel im Herz und in den Beinmuskeln. Die Hände werden ohne Handschuhe ganz weiß und steif beim Laufen, das will ich verhindern. Schon alleine, um an den Verpflegungsstellen alles problemlos greifen zu können." In Wettkämpfen bei kaltem Wetter lange Hosen zu tragen, schränkt die Bewegungsfreiheit ein, Handschuhe stören beim Laufen dagegen kaum und können außerdem rasch ausgezogen werden. Und da ein Topathlet eine Vorbildfunktion hat, gilt natürlich auch: Sind einem Läufer mit Handschuhen tolle Zeiten gelungen, machen es die anderen einfach nach. In Asien hat das Laufen mit zumeist weißen Handschuhen unter den Topathleten schon Tradition. Ob dabei ursprünglich hygienische Gründe oder der in diesem Kulturkreis als besonders wichtig erachtete Sonnenschutz eine Rolle spielten, lässt sich nicht mehr klären. Übrigens: Bei sehr kalten Bedingungen sind Fausthandschuhe besser fürs Training geeignet als Fingerhandschuhe, weil sie weniger Fläche haben, über die Wärme abstrahlen kann *(siehe Kapitel 034, „Richtig chillen")*. Ihr Nachteil im Wettkampf: Damit lassen sich die Getränke nicht so gut greifen.

044 TÄTOWIEREN LASSEN

Auf sportliche Leistungen sind viele Menschen besonders stolz. Sie garantieren lebenslanges Ansehen und gelten für die Ewigkeit. Sportliche Trophäen werden oft mehr in den Vordergrund gerückt als Universitätsurkunden oder ein Meisterbrief: Schützenkönige schmücken ihre Hausfassade, Kegelkönige sammeln Pokale, Reiter Lorbeerkränze, Radfahrer gepunktete Trikots. Läufer sammeln Medaillen, Urkunden, Startnummern (siehe Kapitel 037, „An die Brust heften") und lassen sich als besondere Form der Verewigung ihrer sportlichen Leistung ein Tattoo stechen.

» **Zeit nehmen** Wenn Sie sich tätowieren lassen, sollten Sie dazu idealerweise eine Trainingspause im Winter nutzen. Denn im Anschluss braucht Ihre Haut Ruhe. Sie sollten sie 14 Tage lang weder Sonne noch Wasser aussetzen. Vorher suchen Sie den Tätowierer gut aus, schließlich wollen Sie keinen Stümper an sich herumpfuschen lassen.

» **Könner finden** Informieren Sie sich auf Tattoo-Messen, im Internet oder bei Freunden. Überlegen Sie, ob der Stil des Künstlers zu Ihnen passt. Lassen Sie sich Zeichnungen von ihm zeigen, die zum Themenkreis Ihres gewünschten Motivs gehören. Für spezielle Motive sollten Sie eventuell sogar in die Kulturregion reisen, der sie entstammen. Ethnische Muster, so genannte Tribals, oder Ornamente können Sie sich zum Beispiel gut im Pazifikraum stechen lassen. Hier haben Sie meist auch genügend Anschauungsmaterial auf der nackten Haut der Einheimischen. Hüten Sie sich vor Spontanentscheidungen, vor Urlaubstattoos, in Partylaune mal eben an der Strandpromenade gestochen. Eine solche Verunstaltung könnten Sie später bitter bereuen. Einen guten Tätowierer erkennen Sie auch daran, dass er eine lange Warteliste hat wie ein guter Arzt oder Frisör.

» **Inspirieren lassen** Bei der Motivwahl können Sie sich an den Tattoos anderer Läufer orientieren. Da sind Kilometerangaben oder Firmenlogos zu sehen, olympische Ringe oder persönliche Bestzeiten. Jeder verbindet seine eigene persönliche Bedeutung mit seinen Motiven. Zum Beispiel:

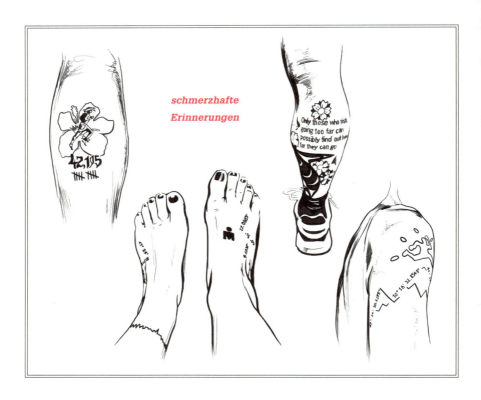

schmerzhafte Erinnerungen

Gritt Liebing und Harald Bajohr (Läuferpaar): Sie haben sich nach dem gemeinsamen Zieleinlauf beim Transalpine Run die Geo-Koordinaten von Oberstdorf und Latsch, den Start- und Zielorten, auf den Fuß (Gritt), beziehungsweise den Oberarm (Harald) tätowieren lassen. Gritt trägt dazu noch das Ironman-Logo, Harald das Logo des Ultra-Trail du Mont-Blanc.

Marius Keussen (Ultraläufer): Er belohnt sich für jeden absolvierten Wettkampf mit einem neuen Körperbild. Die Motive wählt er sorgfältig aus, zu jedem gibt es eine kleine Geschichte. Da Keussen allerdings mittlerweile zum passionierten Marathonläufer aufgestiegen ist und die einzelnen Tattoos immer weniger Platz finden, hat er auf der linken Wade unter dem Hibiskus-Logo des Hawaii-Marathon eine Strichliste begonnen. Nach jedem Marathon kommt ein Tattoostrich dazu. Außerdem schmücken ihn folgende Motive: **Pferdekopf** (linker Oberarm), Keussen ist Pferde-Zahnarzt, das Tattoo ließen er und seine Frau sich gleichzeitig stechen als Zeichen ihrer Verbundenheit; **Rolling-Stones-Zunge** (rechte Wade), nach dem Düsseldorf-Marathon gestochen, damit streckte Keussen allen Zweiflern die Zunge raus und zeigte ihnen, dass es geht: Rauchen aufhören, 18 Kilogramm abnehmen, Marathons Laufen; **Kolibri mit Herz** (rechter Oberarm), Motiv von Leonard Cohens Platte „The Future", der Kolibri steht für ein leichtes Lebensgefühl; **Schmetterling** (Brust), Motivvorlage aus dem Film „Papillon" mit Steve McQueen, der den Schmetterling als Freiheitssymbol weiter oben auf der Brust trägt, was bei Keussen aus beruflichen Gründen nicht ging; **Oldschool-Schriftzug J.S.J.** (Brust), das Tattoo verbindet Keussen mit seinen Söhnen Joshua, Samuel und Jonathan, die den Schriftzug ebenfalls tragen; **Gwendoline** (linker Oberschenkel), wieder ein Musikmotiv, nach einem Song der Ärzte, kam nach dem Hamburg-Marathon dazu, weil Keussen findet, das passe zu Hamburg; **Regenwald mit Chamäleon, Schlange und kämpfenden Papageien** (Rücken), Belohnung nach dem Boston-Marathon, die Vollendung wird noch Jahre dauern.

Oscar Pistorius (Weltklasse-Sprinter mit Beinprothesen): Sein linkes Schulterblatt ziert ein englisches Bibel-Zitat. Es stammt aus dem ersten Brief des Paulus an die Korinther und lautet auf Deutsch: „Ich aber laufe nicht wie aufs Ungewisse; ich kämpfe mit der Faust, nicht wie einer, der in die Luft schlägt, sondern ich bezwinge meinen Leib und zähme ihn, damit ich nicht anderen predige und selbst verwerflich werde." Laut Pistorius hatte ihm seine Mutter Maria einen Brief geschrieben, als er elf Monate alt war. Darin erklärte sie ihm, dass seine Unterschenkel wegen eines Gendefekts amputiert werden mussten. Sie schrieb, dass nur der ein Verlierer sei, der erst gar nicht zu einem Wettkampf antritt. Auf der Innenseite seines rechten Armes trägt er eine weitere Tätowierung: römische Ziffern – das Geburtsdatum seiner inzwischen gestorbenen Mutter.

Jacob Juul Hastrup (Extremläufer): Er trägt ein von Blumen umranktes Zitat von T. S. Eliott am rechten Unterschenkel – „Only those who risk going too far can possibly find out how far they can go." Das spricht für sich.

GENIESSEN

Ein großer Vorteil des Laufens ist, dass Sie dabei abnehmen. Doch wenn Sie das nicht vorhaben, müssen Sie dafür sorgen, dass Sie hinterher wieder genug auf die Rippen bekommen. Zum Glück gibt es ein paar besonders freundliche Laufveranstalter, die auch diesbezüglich für Sie mitdenken. Sie sorgen nicht nur für eine schnelle Strecke, sondern auch für Ihr leibliches Wohl – vorher, nachher und auch unterwegs. Und damit sind nicht die üblichen Kuchentheken oder Würstelstände gemeint.

Marathon du Médoc (Pauillac/Frankreich): traditioneller Fressathlon über 42,195 Kilometer, auf denen der Laufstil der Teilnehmer dank Weingenusses immer flüssiger wird. In Deutschland nennt man die Mutter aller Gourmet-Läufe imbissartig kurz Médoc-Marathon. In Frankreich heißt er dagegen genüsslich „Le Marathon du Médoc" oder „Marathon des Châteaux du Château". Er findet bereits seit 1985 an der Atlantikküste statt. Sie können das Running-Buffet durchaus sportlich schnell angehen. Aber dann würden Sie alles Mögliche – vor allem für den Läufermagen Unmögliches – verpassen: Austern, Schinken, kleine Steaks, Käse, Eiscreme und natürlich die Weine. Das Motto ist hier nicht „höher, schneller, weiter", sondern „la santé, le sport, la convivialité et la fête" – die Gesundheit, der Sport, die Gastlichkeit und das Fest. Und bon appétit. Wo andere Veranstalter am Vorabend ihres Marathons von einer Pasta-Party sprechen, nennt man das in Pauillac Dîner. Es findet jedes Jahr in einem anderen stilvollen Château statt. Den Lauf selbst absolvieren die meisten Teilnehmer in Verkleidungen. Nach dem Rennen sind die Asterixe und Obelixe, Krankenschwestern und Wilma Feuersteins natürlich erst recht ausgehungert. Vor der Heimfahrt essen sie sich noch einmal an Spezialitäten aus der Region satt. Die Siegerin und der Sieger werden mit Wein aufgewogen. Um allerdings in diesen Genuss zu gelangen, dürfen Sie die Austern unterwegs nicht einmal anschauen. Beim Lauf herrscht teils große Hitze, der Parcours ist wellig, der natürliche Untergrund schwierig. Die Rekorde liegen bei 2:19:20 Stunden bei den Männern und 2:38:34 Stunden bei den Frauen.

Marathon Deutsche Weinstraße (Bockenheim): weinseliger Lauf nach dem Vorbild des Médoc-Marathons. Er findet alle zwei Jahre statt – immer in den geraden Jahren. Schon allein die Strecke ist ein Genuss: Sie führt durch die Rebhügellandschaft und romantische Weindörfer bis zum Wendepunkt am Riesenfass in Bad Dürkheim. Unterwegs und im Ziel gibt es Pfälzer Spezialitäten, unter anderem den unvermeidlichen Saumagen, eine der berühmten Leibspeisen des ehemaligen Bundeskanzlers Helmut Kohl, der allerdings diesem zusprach, ohne dabei für sportliche Gegengewichte zu sorgen. Der Saumagen kommt in fester und in flüssiger Form an den Verpflegungsstand. Auch ein Wein heißt so, der während des Rennens trotz seines bäuerlichen Namens stilvoll im Glas gereicht wird.

Trollinger-Marathon (Heilbronn): Spötter behaupten, durch das Trinken von Trollinger bringe der Schwabe seine Abneigung gegen leibliche Genüsse zum Ausdruck. In Wahrheit ist der Wein gar nicht so zum Davonlaufen. Zumindest beim Trollinger-Marathon nicht, der ebenfalls nach französischem Vorbild organisiert ist. Er findet seit 2001 statt und ist inzwischen einer der größten Landschaftsläufe in Deutschland. Auf der Halbmarathondistanz sind jährlich rund 4.500 Teilnehmer unterwegs. Die Strecke ist weinbergartig profiliert, beim Marathon sind 340, beim Halbmarathon 150 Höhenmeter zu bewältigen. Unterwegs fließt das schwäbische Nationalgetränk in Strömen. Wer den Trollinger am Ende immer noch nicht über hat, bekommt zur Erinnerung eine Flasche mit nach Hause.

Genusslauf (Müllheim): Hier dreht sich schon wieder alles um Wein. Den ersten Genusslauf unternahm eine Clique von zehn Freunden. Statt Startnummern trugen sie Namensschilder, anschließend regenerierten sie sich bei Wildbret und ihrem Haustropfen „Herren von Reybach" – einem Pinot Noir vom Badenweiler Römerberg. Die Ur-Strecke durch den Müllheimer Eichwald entsprach bereits weitgehend dem heutigen Halbmarathon, der jährlich direkt im Anschluss an den Müllheimer Weinmarkt ausgetragen wird. Für noch gemütlichere Gourmets gibt es auch einen Zehn-Kilometer-Lauf. Der Genusslauf kommt so gut an, dass die Teilnehmerzahl inzwischen auf 1.200 begrenzt werden musste. Schon das Aufwärmprogramm am Vortag ist äußerst beliebt: Auf dem Weinmarkt werden 400 Weine zum Verkosten angeboten. Arbeiten Sie sich mit System durch, damit Sie nicht vorzeitig auf der Strecke bleiben und am frühen Samstagnachmittag noch beim Degustationslauf antreten können, der stets Monate im Voraus ausgebucht ist. Ein einheimischer Fachmann führt Sie im gemütlichen Tempo über die Müllheimer Weinberge. Unterwegs erfahren Sie einiges über das Markgräfler Land und seine Reben. Abschließend gibt es eine Führung durch eine Großkellerei. Nach der Weinprobe fährt ein Bus zurück nach Müllheim, wo nahezu übergangslos die Pasta-Party beginnt.

Gourmet-Marathon (Saarbrücken): Einer der wenigen Läufe, die einen kulinarischen Berater vorweisen können – Cliff Hämmerle, dessen Restaurant „Barrique" in Blieskastel einen Michelin-Stern hat. Auf der Strecke umfasst die Verpflegung neben der üblichen Hausmacherkost wie Obst und isotonischen Getränken auch Sterne-Leckereien, etwa Mini-Lyoner-Flammkuchen, Bananen-Quark-Schnitten und einen Apfel-Ingwer-Drink. Der Gourmet-Marathon fand 2010 zum ersten Mal statt. Zentrum des Geschehens ist ein Markt auf dem Vorplatz des Staatstheaters in der Nähe des Start- und Zielbereichs. Dort treten Sterne- und Fernsehköche auf und geben Kochkurse. Das Menü-Angebot zur Pasta-Party am Samstagabend vor dem Rennen gilt als Staatsgeheimnis. In den vergangenen Jahren wurde in Saarbrücken gleichzeitig auch die Deutsche Meisterschaft der Köche und Gastronomen abgehalten.

Cheese Race (Brockworth/England): der totale Käse. Groß wie ein Wagenrad, 3,5 Kilogramm schwer, gelb gefärbt, butterig im Geschmack – ein echter Gloucester. Aber nicht irgendeiner, sondern ein original Double Gloucester, den seit 1988 immer dieselbe Bäuerin herstellt: Diana Smart aus Churcham, Gloucestershire. Sie gilt als letzte Fachfrau der Region, die den Käse noch per Hand macht. Die Milch dafür stammt von Schweizer-, Holsteiner- und Gloucester-Kühen. Diesem wunderbaren Eiweißprodukt laufen die Teilnehmer des Rennens hinterher, als hätten sie seit Monaten nichts mehr gegessen. Der Käse wird den Cooper's Hill hinuntergerollt – und alle stürzen ihm nach. Stürzen ist wörtlich gemeint. Der

Käserennen

Hügel ist nicht hoch, aber sehr steil und wegen des stets schlechten Wetters äußerst rutschig. Die Käsejäger riskieren Hals- und Beinbrüche. Wer den fettreichen Laib ergattert, darf ihn behalten. Der Zweitplatzierte erhält zehn Pfund, der Dritte sagenhafte fünf Pfund – Sterling, nicht Käse. Wegen der vielen schweren Verletzungen ist das Rennen seit zwei Jahren verboten. Die traditionsbewussten Käseliebhaber hielten sich 2010 nicht daran. Darauf reagierte die Polizei 2011 mit einer weiträumigen Absperrung des Rennhügels. Die Veranstalter sind uneinsichtig und wiegeln ab: „Die Verletzungen der vergangenen Jahre waren bei weitem nicht so viele wie in den Jahren 1997 und 1998, als 33 Einweisungen in die nahe St.-Johns-Ambulanz nötig waren."

Mitternachtslauf (Kröv): Manche Laufveranstalter wollen vor allem die Siegerinnen und Sieger aufpäppeln – kein Wunder, sind die doch meist asketisch dünn. Beim Kröver Mitternachtslauf werden deshalb die Gewinner nach einem tollen Feuerwerk in der örtlichen Weinbrunnenhalle wie in Médoc mit Wein aufgewogen. Dieser trägt den schönen Namen „Kröver Nacktarsch". Florian Neuschwander, der Sieger des Jahres 2011, brachte allerdings nur mickrige 55 Kilogramm auf die übergroße Waage, das ergab nicht mehr als 75 Flaschen Wein. Ihm war es egal, er trinkt sowieso kaum Alkohol.

Spargellauf (Lampertheim): Hier gibt es endlich das passende Gemüse zum Wein. Beim traditionellen Spargellauf in Lampertheim, der eine Woche vor dem dortigen Spargelfest stattfindet, erhält die Siegermannschaft ein großes Spargelmenü. Weitere Spargelläufe werden zum Beispiel in Nienburg und Schwetzingen veranstaltet. Das ein oder andere Glas Wein erhalten die Genussläufer natürlich gratis dazu.

Internationales Allerlei: Nicht jeder Lauf, dessen Name Kulinarisches verspricht, hält das auch. Der Emder Matjeslauf zum Beispiel ist ein toller Volkslauf, aber mit Salzheringen hat er so gut wie nichts mehr zu tun. Andere Veranstaltungsnamen wiederum sagen zwar nichts über Gaumenfreuden aus, bieten aber welche. Etwa der Reggae-Marathon in Negril auf Jamaika, dessen Veranstalter ganz unbescheiden mit dem Slogan „worlds best pasta party" wirbt. Tatsächlich ist diese Party klasse, denn die sechs begabtesten Inselköche liefern sich ein Duell am Herd. Legendär ist auch die Kaiserschmarrn-Party vor dem Wien-Marathon. Über die traditionelle Mehl-Eier-Milch-Zucker-Rosinen-Kalorienbombe holen sich die Teilnehmer im Festsaal des Wiener Rathauses besonders schmackhafte Kohlenhydrate. Und falls Sie mit Wein überhaupt nichts anfangen können, sollten Sie nach Eisenach fahren. Auf dem Rennsteig im Thüringer Wald findet das größte Landschaftsrennen Europas statt, bei dem 15.000 Teilnehmer 28.000 Flaschen des hiesigen Schwarzbiers konsumieren, aber nur 15.000 Bananen. Der legendäre Klassiker an den Verpflegungsstellen des bereits 40 Jahre alten Laufs ist Haferschleim. Im Ziel stehen Kloß mit Soße, Schweinsbraten und natürlich die Thüringer Bratwurst auf dem Speiseplan. Die Königsstrecke des Rennsteiglaufs misst 72,7 hügelige Kilometer – da dürfen es ruhig mal ein paar deftige Spezialitäten mehr sein.

Fett loswerden zu müssen, ist zu einer Art Zwangsvorstellung vieler in unserer Wohlstandsgesellschaft geworden, und das schließt die Ausdauersportler mit ein. Beim Essen wird peinlichst genau auf einen niedrigen Fettgehalt geachtet, manches Leckere von vornherein geächtet. Um ja kein Gramm Fett anzusetzen, lässt man die ausgefallensten Diäten und Pillenkuren über sich ergehen. Das Problem ist nur: Es scheint alles nichts zu helfen. Obwohl zum Beispiel die US-Amerikaner den Fettanteil ihrer täglichen Kalorienzufuhr in den vergangenen zehn Jahren im Schnitt um zehn Prozent gesenkt haben, gilt dort jeder Zweite als übergewichtig. Die Erklärung ist simpel: Wie statistische Erhebungen beweisen, wird insgesamt immer mehr gegessen, sodass der Einzelne, in absoluten Zahlen betrachtet, trotz fettärmerer Ernährung mehr Fett als früher zu sich nimmt. Dabei ist es mit dem Abnehmen doch so einfach: Wer weniger Kalorien aufnimmt als er verbraucht, wird abnehmen. Wer sich ständig mehr Kalorien zuführt als der Körper verbrennt, wird zunehmen – ganz gleich, wie hoch oder niedrig der Fettanteil in seiner Nahrung ist. Bei einem lockeren Dauerlauf verbrennt ein 75 Kilogramm schwerer Mann ungefähr 700 Kilokalorien pro Stunde, bei einem schnellen Dauerlauf sind es zirka 1.000 Kilokalorien. Das entspricht dem Brennwert von zwei Tafeln Vollmilchschokolade.

» **Schneller abnehmen** Der schnellste Weg, Kalorien loszuwerden, ist eine intensive sportliche Belastung. Je intensiver Ihr Lauftraining ist, desto mehr Fett verbrennen Sie. Bei einem sehr anstrengenden Laufprogramm werden Sie drei- bis viermal mehr Körperfett los als bei ruhigen Läufen. Trotzdem kann es sein, dass Ihnen der Trainer im Fitness-Studio erklärt, Sie könnten es auf dem Laufband ruhig langsam angehen lassen. Das ist ein Mythos, der sich schon lange hält. Vielleicht, weil die Betreiber solcher Clubs und andere Meinungsmacher im Multimillionen-Business Fitness mehr Kundschaft anlocken können mit dem Versprechen, dass man bei ihnen besonders mühelos abnimmt. Es stimmt zwar, dass Sie bei niedriger Intensität prozentual einen höheren Fettanteil verbrennen als bei hohen Intensitäten, insgesamt und in absoluten Zahlen allerdings verbrennen Sie sehr wohl mehr Fett, wenn Sie schneller laufen.

Intensität	Brennstufen zünden		
	verbrannte Kalorien pro Stunde	Zusammensetzung	absolut
langsamer Lauf	700 kcal	65 % Fett	455 kcal
		35 % Kohlenhydrate	245 kcal
zügiger Lauf	1.000 kcal	55 % Fett	550 kcal
		45 % Kohlenhydrate	450 kcal

» **Auf dem Sofa abnehmen** Stellen Sie sich vor, Sie sitzen abends auf dem Sofa vor dem Fernseher und essen eine Tüte Kartoffelchips, brauchen aber kein schlechtes Gewissen zu haben, weil die Kalorien von selbst wieder verschwinden. Sie halten das für ein nettes Märchen? Ist es aber nicht. Eine Studie der Universität Laval in Quebec zeigte in den neunziger Jahren erstmals, dass nicht etwa gleichmäßig niedrige Belastungen, sondern gerade gelegentliche Intensitätsspitzen die Fettverbrennung besonders aktivieren. Für die Untersuchung wurde ein gängiges Laufprogramm mit mehreren, 90 Sekunden langen intensiven Belastungen gespickt, in denen die Herzfrequenz der Testpersonen bis auf 95 Prozent ihrer Maximalbelastung stieg. Die Probanden verbrannten dreieinhalbmal mehr Fett als beim Dauerlauf im Wohlfühlbereich. Das Geheimnis liegt in der Erhöhung der Ruhe-Stoffwechselrate, dem so genannten Nachbrenneffekt: Noch Stunden nach einem intensiven Lauf schmilzt Ihr Fett von allein. Zusätzlich zu den verbrannten Kalorien beim Lauf selbst verbrennen Sie auf dem Sofa vor dem Schlafengehen noch die Hälfte der 800 Kilokalorien der Chips – und nach einem ruhigen Dauerlauf immerhin noch ein Viertel der Chipskalorien. Sind Sie nicht gelaufen, nehmen Sie die gesammelten Fettkalorien mit ins Bett, wo sie sich über Nacht in Ruhe auf Bauch und Hüften legen können.

» Zunehmen, um abzunehmen Es ist frustrierend, wenn Sie mit dem Laufen begonnen haben, um abzunehmen, und die Waage plötzlich sogar mehr anzeigt als vorher. Geben Sie jetzt nicht auf. Laufen bewirkt in der ersten Trainingsphase häufig zunächst eine Umverteilung: Fett wird abgebaut, Muskulatur entsteht. Dies wirkt sich in einem geringeren Körperfettgehalt aus, wodurch man zwar schlanker aussieht, aber nicht weniger wiegt, da das Muskelgewebe schwerer als das Fettgewebe ist. Also müssen Sie offensichtlich schon einiges mehr verbrennen, um nicht nur optisch sportlicher auszusehen, sondern auch faktisch leichter zu sein – und dazu brauchen Sie meistens drei Monate regelmäßiges Training.

» Mit Dr. Banister abnehmen Was ist eigentlich effektiver, um abzunehmen – eine Stunde in einem bestimmten Tempo zu laufen oder nur 40 Minuten, dafür jedoch schneller? Der Leistungsphysiologe Eric Banister von der University of British Columbia hat sich des Problems angenommen und auf Basis von Untersuchungsreihen auf dem Laufband eine Formel erstellt:

Qualen nach Zahlen

Belastungswert = Trainingsdauer x Auslenkungsfaktor

wobei:

Trainingsdauer: Dauer des Laufs in Minuten

Auslenkungsfaktor: (Trainingspuls - Ruhepuls) / (HFmax - Ruhepuls)

Trainingspuls: Ihr durchschnittlicher Puls beim Laufen

Ruhepuls: Ihr Puls in Ruhe

HFmax: Ihre maximale Herzfrequenz

Je höher Ihr Belastungswert, desto höher auch der Energie- beziehungsweise Kalorienverbrauch. Ganz wichtig bei der Berechnung ist, dass Sie Ihre genauen Herzfrequenz-Werte benutzen, keine Schätzwerte *(zur Bestimmung siehe Kapitel 032, „Aufs Herz hören")*. **Rechenbeispiel:** Nehmen wir an, Ihre maximale Herzfrequenz liegt bei 200 Schlägen in der Minute, Ihr Ruhepuls bei 50, im Training erreichen Sie einen Pulswert von durchschnittlich 125 Schlägen pro Minute. So kämen Sie speziell für diese Trainingseinheit auf einen Auslenkungsfaktor von 0,5. Würden Sie insgesamt eine Stunde auf diesem Niveau trainieren, würde laut Banister-Formel daraus ein Belastungswert von 30 resultieren. Ziehen Sie nun einen Vergleich zwischen dem einstündigen Training und einem schnelleren Lauf kürzerer Dauer: Eine 40-minütige Belastung zum Beispiel mit einem Durchschnittspuls von 170 ergibt dann einen Auslenkungsfaktor von 0,8. Das entspricht einem Belastungswert von 32. Das heißt: Der kürzere, intensivere Lauf stellt ein etwas härteres Training dar, bei dem Sie auch mehr Kalorien verbrennen.

» **Zum Bleistift werden** Jedes Mal, wenn Sie im Fernsehen oder an einer Laufstrecke Topläufer dahinfliegen sehen, fällt Ihnen deren schmächtiger Körperbau auf. Speziell die afrikanischen Athleten, die die meisten Langstreckenrennen dominieren, sind extrem grazil. Dagegen scheinen offensichtlich Körpergewicht und Bauchumfang vom mittleren bis zum hinteren Läuferfeld immer weiter zuzunehmen. „Die Bleistifte rennen vorneweg und die Radiergummis hinterher", hat dieses Szenario einmal der Marathon-Olympiateilnehmer Manfred Steffny beschrieben. Vielleicht fragen Sie sich: Wie viel schneller wären Sie, wenn Sie sich vom Radiergummi in einen Bleistift verwandeln könnten? Die Antwort ist nicht so leicht. Zu viele Faktoren spielen in eine vernünftige Rechnung mit hinein. Nehmen Sie zum Beispiel ein Prozent Ihres Körpergewichts ab, können Sie nicht automatisch erwarten, dass sich auch Ihre Laufgeschwindigkeit entsprechend erhöht – unter anderem, weil mit zunehmender Geschwindigkeit auch der Luftwiderstand größer wird. Außerdem vermindern Sie mit einer Gewichtsabnahme nicht nur Fett, sondern eventuell auch Proteine, sprich Muskelmasse, die Sie für mehr Schnelligkeit brauchen – insbesondere, wenn Sie als bereits leicht untergewichtige Person Gewicht abnehmen. Haben Sie allerdings leichtes Übergewicht, so verbessern Sie mit einer moderaten Gewichtsreduktion Ihre Ausdauerleistung garantiert. Vor allem bergauf werden Sie Ihre neue Leichtigkeit positiv spüren. Eine verlässliche Aussage über die Beziehung von Gewichtsverlust und Wettkampfzeiten in Form einer wissenschaftlich fundierten Formel ist nicht bekannt, aber unter Laufexperten gilt folgende Umrechnung als grobe Orientierungshilfe:

> *Gewichtsverlust in Prozent x Faktor 0,6 = Zeit in Prozent, die Sie sich über alle Wettkampfdistanzen verbessern können*

Rechenbeispiel: Können Sie bei angenommenen 90 Kilogramm Körpergewicht einen Marathon in vier Stunden laufen, sollten Sie bei einem Gewichtsverlust von 4,5 Kilogramm (= fünf Prozent) den Marathon drei Prozent (5 x 0,6 = 3) schneller laufen können, also in ungefähr 3:53 Stunden (drei Prozent von 4:00 Stunden sind 7:12 Minuten).

» **Bauch, Beine, Po akzeptieren** Die beliebtesten Kurse in Fitness-Studios sind die für bestimmte Problemzonen. „Bauch, Beine, Po" ist ein solches Angebot. Doch leider können Sie Fett nicht gezielt wegtrainieren. Ihr Körper legt Fettreserven für die spätere Produktion von Energie in der Muskulatur oder in der Leber an. Darüber hinaus finden sich derartige Energiespeicher auch verteilt im Unterhautgewebe, wo sie – im Übermaß vorhanden – meist als störend empfunden werden. Die örtliche Verteilung dieser Fettreserven im Unterhautgewebe ist individuell unterschiedlich. So gibt es zum Beispiel einen jeweils typisch männlichen und typisch weiblichen Fettverteilungstypen, der Ihnen angeboren ist. Im Bedarfsfall wird Fett immer generell abgebaut und über den Blutkreislauf zu den energieverbrauchenden und fettverbrennenden Muskeln transportiert. Haben Sie also eine Fettrolle im Bauchbereich, dann können Sie, zum Beispiel mit Situps, zwar Ihre Bauchmuskeln trainieren, aber nicht Ihr Bauchfett wegkriegen. Sie legen Muskeln am Bauch zu, jedoch unter der Fettschicht. Eine Kräftigung der jeweils dem Fett benachbarten Muskulatur hat allenfalls die positive Auswirkung, dass das Massenverhältnis zu Gunsten der Muskeln verschoben wird und sich Ihr Gewebe strafft. Je nach Veranlagung wird das Fett aber ausgerechnet immer dort am längsten sichtbar bleiben, wo Sie es am dringendsten loshaben möchten: an Bauch, Beinen und Po *(siehe Kapitel 064, „Po kräftigen")*.

» **Cellulite weglaufen** Orangenhaut – ein Wort versetzt Massen in Angst und Schrecken vor welligem, runzligen Gewebe an den Oberschenkeln und dem Po. Die Cellulite rückt alljährlich vor allem zur Frühjahrszeit in das Zentrum des Interesses, da die Beinfreiheit bei der Bekleidung dann die neuralgischen Körperregionen schonungslos offenbart. Bei der Cellulite führt eine Kombination aus anlagebedingten und erworbenen Störungen zu Veränderungen im Unterhautfettgewebe. Während beim Mann die Fettschicht zwischen Haut und Muskulatur von Bindegewebe durchzogen wird, das in allen möglichen Richtungen, also völlig ungeordnet verläuft, ist das Gewebe bei der Frau rechtwinklig angeordnet. Gelegentlich ist es sehr fest, straff, fast undurchdringlich. In derartigen Fällen werden Ver- und Entsorgung der Fettzellen stark behindert, es kommt zum Stau von Flüssigkeit in den Zellen, die dann anschwellen. Den sichtbaren Effekt davon nennt man Cellulite. Gelegentlich geschieht dies in besonders ausgeprägter Weise, so dass eigentlich schlanke Frauen am Becken und an den Oberschenkeln geradezu unförmig wirken. Laufen, aber auch alle anderen stoffwechselanregenden Maßnahmen wie Wärme- beziehungsweise Kälteanwendungen, können die Optik mildern, nicht aber das Problem für immer beseitigen. Mechanische Behandlungen und regelmäßiges Training können durchaus Erfolg haben – aber immer nur, solange Sie dranbleiben. Schon wenige therapie- oder sportfreie Wochen reichen aus, um das vorherige Bild wieder herzustellen. Diäten oder sehr umfangreiches Training haben oft nur den Effekt, dass Sie an Gewicht verlieren – aber eben nicht dort, wo Sie es wünschen. Geschlagen geben müssen Sie sich ja trotzdem nicht.

» **Speckrollen testen** Fett ist nicht gleich Fett. An manchen Stellen im Körper ist es gefährlicher als an anderen. Fettzellen, die bei Ihnen an Po und Hüfte sitzen, sind eher schwierig wieder wegzubekommen. Sie sind ursprünglich für den Einsatz in Notzeiten gedacht gewesen. Fettzellen, die sich an der Leber oder der Bauchspeicheldrüse bilden, sorgen für einen dicken Bauch und setzen Fettsäuren frei, die die Leber sofort in Energie umwandelt. Für unsere Vorfahren war dies wichtig, für uns ist es heute ein Problem, denn die Leber bekommt viel mehr Energie angeboten als sie benötigt. Wer im Büro sitzt, verbraucht nicht so viel Treibstoff wie jemand, der ein Mammut jagt. Kann die Leber das Fett nicht mehr verarbeiten, hat dies Auswirkungen auf die Blutfette. So entstehen ungesun-

ran an den Speck

de Cholesterinwerte. Die möglichen Folgen: Arteriosklerose und Herzkrankheiten bis hin zum Herzinfarkt. Außerdem setzt das Bauchfett auch Botenstoffe frei, die bewirken, dass Zucker aus dem Blut in die Zellen befördert wird. Die schlimmste Folge: Diabetes mellitus. Je mehr Bauchfett Sie mit sich herumtragen, desto höher ist Ihr Risiko. Sie können leicht messen, ob Sie im gesunden Bereich sind: Kneifen Sie im Stehen direkt neben dem Bauchnabel mit Daumen und Zeigefinger in senkrechter Richtung in die Haut und messen Sie die Dicke der Falte mit einem Maßband.

Von der Rolle

Frauen	super	gut	zu viel
bis 39 Jahre	< 3 cm	3–4 cm	> 4 cm
ab 40 Jahre	< 3,5 cm	3,5–4,5 cm	> 4,5 cm

Männer	super	gut	zu viel
bis 39 Jahre	< 2 cm	2–3 cm	> 3 cm
ab 40 Jahre	< 2,5 cm	2,5–3,5 cm	> 3,5 cm

Schneller abnehmen – was Sie wie lange tun müssen, um Kalorien zu verbrennen

Genussmittel	Betätigung in Zeit (Minuten)				
	Laufen	Spazieren	Nordic Walken	Schwimmen	
Pommes mit Mayonnaise* (570 kcal)	35	97	70	48	
Bratwurst mit Pommes* (850 kcal)	50	145	100	72	
1 Pizza Quattro Formaggi (750 kcal)	45	130	90	65	
1 Hamburger (250 kcal)	15	42	30	20	
300 g Kaiserschmarrn (700 kcal)	40	120	80	60	
100 g grüner Salat (15 kcal)	1	2,5	2	1,25	
200 g Nudeln (350 kcal)	20	60	40	30	
250 g Rindersteak (480 kcal)	30	82	60	40	
250 g Fisch (Forelle) (320 kcal)	18	55	35	28	
1 Banane (100 kcal)	6	17	12	9	
1 Apfel (60 kcal)	3,5	10	7	5	
Weißbrot** (30 kcal)	2	5	4	2,5	
Schwarzbrot** (100 kcal)	6	17	12	9	
180 g Früchte-Müsli (640 kcal)	35	110	70	55	
1 Tüte Chips (1.100 kcal)	65	190	130	95	
1 Tfl. Vollmilch-Schokolade (500 kcal)	30	85	60	42	
1 Tüte Gummibärchen (700 kcal)	40	120	80	60	
Bier*** (200 kcal)	12	35	25	18	
alkoholfreies Bier*** (125 kcal)	7,5	20	15	10	
Apfelschorle*** (175 kcal)	10	30	20	15	
Mineralwasser*** (0 kcal)	0	0	0	0	
Orangensaft (frisch) *** (225 kcal)	13	38	28	19	
Vollmilch (3,5 %)*** (325 kcal)	19	55	38	27	
Cola*** (200 kcal)	12	35	25	18	
Red Bull*** (225 kcal)	13	38	28	19	

Es wurden als Energieverbrauch gemessen bei einer Stunde Laufen (12 km/h) 1.000 Kilokalorien (kcal), Spazierengehen (5,5 km/h) 350 kcal, Nordic Walking mit starkem Stockeinsatz 500 kcal, Schwimmen (Kraulstil) 700 kcal, Radfahren (22–25 km/h) 800 kcal,

Betätigung in Zeit (Minuten)

Radfahren	Yoga	Kochen	Sex/Putzen	Mails checken	Autofahren	Schlafen
42	105	184	110	270	285	570
65	155	275	165	408	425	850
55	135	245	145	360	375	750
18	45	80	50	120	125	250
52	130	225	135	336	350	700
1	3,5	5	3	7	7	15
25	65	115	68	170	175	350
35	90	155	92	230	240	480
25	60	105	60	153	160	320
7,5	18	32	20	48	50	100
4,5	12	19	12	29	30	60
2,25	5,5	10	6	15	15	30
7,5	18	32	20	48	50	100
50	120	205	125	305	320	640
80	200	355	210	530	550	1.100
37	90	160	95	240	250	500
52	130	225	135	336	350	700
15	35	70	38	95	100	200
9	25	40	24	60	65	125
13	32,5	55	35	85	85	175
0	0	0	0	0	0	0
17	40	70	43	110	110	225
25	60	105	62	155	160	325
15	35	65	38	95	100	200
17	40	70	43	110	110	225

Yoga 325 kcal, Kochen 185 kcal, Sex/Putzen 310 kcal, Mails checken 125 kcal, Auto fahren 120 kcal, Schlafen 60 kcal.

* 1 Portion, ** 1 Scheibe, *** 0,5 Liter

PARTY MACHEN

Marathons und andere Volksläufe sind nicht nur Rennen über eine bestimmte Anzahl Kilometer, sondern tagelange Festivals. Im Rahmenprogramm der Wettbewerbe finden unter anderem Kinderläufe, Verkaufsmessen für Sportbekleidung und Showprogramme statt. Und – ganz wichtig – die Nudelparty am Vorabend des Hauptlaufs, auf der sich die Sportler den Bauch mit Kohlenhydraten vollschlagen können. Entsprechend zielgerichtet und wortkarg gehen viele Läufer dabei vor. Aber selbst als Partymuffel können Sie auf diesem Läuferfest Spaß haben, wenn Sie ein paar Regeln beherzigen.

» **Reinkommen** Nicht jeder darf mitmachen. Nudelpartys sind meist nur denjenigen vorbehalten, die eine Startnummer vorweisen können. Manchmal ist der Nudelverzehr nach dem All-you-can-eat-Prinzip im Startgeld inbegriffen, manchmal müssen Sie aber auch ein paar Euro extra dafür bezahlen. Angehörige dürfen sich gegen eine Gebühr meist ebenfalls bedienen. Grundsätzlich gilt: Je kleiner die Veranstaltung, desto liebevoller – und preisgünstiger – die Verpflegung.

» **Rankommen** Bei Tausenden ausgehungerten Teilnehmern müssen Sie schon ein bisschen Geduld mitbringen. Die Warteschlangen vor den Pastatrögen können sehr lang werden. Und Herumstehen ist Gift für Ihre Muskeln. Leider bringt es meist auch nichts, total früh mit dem leeren Teller in der Hand dazustehen und auf die Öffnung der Nudelausgaben zu warten – denn auf diese Idee kommen natürlich auch nicht nur Sie allein. Zu spät sollten Sie allerdings auch nicht eintrudeln, weil Sie sonst zu wenig Zeit haben, den Kohlenhydratberg bis zum nächsten Morgen zu verdauen. Schauen Sie, dass Sie spätestens um 18 Uhr gegessen haben. Stellen Sie sich entsprechend an und setzen Sie sich, wenn es geht, während des Wartens hin, um Ihre Beine zu entlasten.

» **Auswählen** Wenn Sie endlich an der Reihe sind, bekommen Sie zunächst Pasta auf den Teller geschaufelt, dann dürfen Sie die Soße auswählen.

Nehmen Sie eine möglichst leichte, am besten einfach Tomatensoße. Nichts gegen Experimente mit fremden Köchen – aber nicht am Abend vor Ihrem Rennen. Sie wissen nicht, wie viel Knoblauch im Bolognese-Sugo ist oder wie viel Fett in der Sahnesoße. Das könnte Ihnen schlecht bekommen. Halten Sie sich überhaupt etwas zurück, laden Sie sich nicht zu viel auf. Zum Trinken wählen Sie Wasser und Saftschorlen. Ein Bierchen schadet Ihnen auch nichts, es kann sogar gut sein, weil es Sie beruhigt und tiefer schlafen lässt.

» **Standort sichern** Setzen Sie sich zum Essen hin, das schont Ihre Beine und bringt Sie in Stimmung. Wie bei jedem guten Fest machen auch bei Nudelpartys nette Bekanntschaften am meisten Laune. Achten Sie jedoch genau darauf, welchen Tisch Sie mit Ihrem vollbeladenen Tablett ansteuern. Jetzt stellen Sie die wichtigste Weiche für den weiteren Verlauf des Abends. Meiden Sie Menschen, die durch das Tragen von identischen T-Shirts mit lustigen Aufschriften Gruppenzugehörigkeit demonstrieren – von denen werden Sie garantiert den ganzen Abend lang ignoriert. Setzen Sie sich auch nicht neben den Typen mit den ausgemergelten Gesichtszügen und dem Totenkopf-Tattoo am Oberarm, der eine schwarze Sonnenbrille trägt, obwohl es in der Nudelparty-Halle gar nicht so besonders hell ist. So einer ist dermaßen mit sich selbst beschäftigt, dass er Ihnen auch keinen Spaß bringt. Suchen Sie sich Leute aus, die miteinander lachen, die Sie vielleicht sogar freundlich interessiert anschauen, wenn Sie sich ihnen nähern.

» **Smalltalk beherrschen** Wenn Sie einen Tisch mit netten Leuten gefunden haben, brechen Sie das Eis. Das ist überhaupt kein Problem, denn Sie sitzen bei Läufern, und denen geht es mit ganz vielen Dingen wie Ihnen. Sie teilen ein gemeinsames Hobby, ach was, eine Lebenseinstellung mit diesen Menschen. Da gibt es immer etwas zu reden. Bringen Sie einfach einen guten Einstiegssatz, der Rest läuft von alleine.

Smalltalk-Grundkurs: *„Und, hast Du morgen etwas Größeres vor?" „Was ist Deine Bestzeit?" „Dein wievielter Marathon ist das?" „Marathonsitzung, Marathonverhandlung – mich nervt das, wenn alle von Marathons reden. Sollen Sie doch erst mal einen laufen."*

„Ich frage mich, ob ich genug kurze, schnelle Trainingsläufe gemacht habe." „Ob es morgen im Trägerhemd geht?" „Ich träume ja vom New-York-Marathon." „Läufst Du mit Stabilschuhen oder Lightweight Trainern?" „Ich habe genug von Gels, ich esse nur noch Riegel."

Smalltalk für Fortgeschrittene: „Bill Rodgers hat sich beim Boston-Marathon 1975 zweimal hinknien und seine Schuhe binden müssen. Er gewann trotzdem in 2:09:55 Stunden." „Spiridon Louis hat beim ersten olympischen Marathon 1896 in einer Taverne gerastet und Wein getrunken." „Ob man hier Hirschtalg kaufen kann?" „Warst Du schon einmal in Biel?" „Bengt Saltin hätte seine Freude an uns." „Ich finde ja den Transalpine härter als den Ultra-Trail du Mont-Blanc." „Wusstest Du, dass Haile Gebrselassie bei seinem Weltrekord in Berlin 2006 seine ersten 15 km 16 Sekunden zu langsam gelaufen ist?" „Wie klebst eigentlich Du Deine Brustwarzen ab?" „Ich sag nur: sechs Millimol pro Liter!" „Ach, der Marathon des Sables. Es ist doch viel leichter, 200 km durch die Wüste zu laufen als einen Marathon unter drei Stunden zu finishen." „Der langsamste Sprinter, der je bei einer Weltmeisterschaft teilnahm, hieß Kim Collins. 1997 in Athen humpelte er mit einer Verletzung nach 21,73 Sekunden ins Ziel. Der 100-Meter-Weltmeister des Jahres 2003 hieß ebenfalls Kim Collins. Diesmal brauchte er nur 10,07 Sekunden. Er leidet übrigens an Asthma." „Wenn Herodot und Plutarch recht hatten mit ihrer Geschichte vom Botenläufer Pheidippides, dann ging der erste Marathonlauf über 38,5 km. Nur weil die Royals bei den Olympischen Spielen in London 1908 so weit weg vom Stadion wohnten, müssen wir morgen so lange laufen." „200 Gramm Nudeln mit Tomatensoße reichen für 41 km, der Rest ist Kopfsache."

» **Abgang machen** So, genug gelacht. Gehen Sie zeitig ins Bett – allein, jedenfalls wenn Ihnen Ihre persönliche Bestzeit wichtiger ist als die besonders sympathische Nudelparty-Bekanntschaft. Sie können sich ja für die Finisher-Feier verabreden.

DOPEN

Vielleicht haben Sie auch schon einmal darüber nachgedacht, wie viel schneller Sie Ihre Laufrunde wohl schaffen würden, wenn Sie gedopt hätten wie Lance Armstrong oder Jan Ullrich. Doping, also die Einnahme illegaler Substanzen zur Leistungssteigerung, ist nur im Spitzensport verbreitet. Aber vielleicht haben Sie schon einmal Medikamente genommen, um Schmerzen abzutöten und an einem Wettkampf teilnehmen zu können? Dann sind Sie gar nicht so weit von den Armstrongs dieser Welt entfernt.

» **Medikamente missbrauchen** Dopen auch Freizeitläufer? Um dies herauszufinden, wurde beim Jungfrau-Marathon 1998 in Interlaken in der Schweiz eine großangelegte Kontrolle vorgenommen. Von den knapp 3.000 Läuferinnen und Läufern, die die 42,195 km bewältigten, wurden 130 Elite- und Freizeitläufer zur Urinprobe gebeten. Der Jungfrau-Marathon bot sich insofern für die Studie an, da die Strecke mit ihren rund 1.800 m Höhendifferenz eine große Herausforderung darstellt und dort fast nur ambitionierte Freizeitläufer mit klaren Leistungszielen starten, die auch auf schmerzhafte Grenzerfahrungen vorbereitet sind. Das Ergebnis war eindeutig: Nur eine einzige der 130 Proben, die im Schweizer Dopinglabor in Lausanne ausgewertet wurden, war positiv auf die Dopingmittel Morphin und Codein. Die Botschaft der Pressemeldungen lautete: „Marathonläufer sind sauber", mit dem Nachsatz „allerdings nur bedingt." Denn – das war das erstaunliche Randergebnis – gut ein Drittel der Urinproben zeigte die Einnahme von legalen Schmerzmitteln, die nicht auf der Dopingliste stehen. Vor allem Läufer mittleren Alters und solche, die gesundheitliche Probleme angaben, hatten Schmerztabletten genommen. Stand bei einem Teilnehmer die Gesundheit als Motivation fürs Laufen im Vordergrund, war die Einnahme von Schmerzmitteln seltener, als wenn ihm eine gute Zielzeit wichtig war. Auch wenn die Mittel legal sind, ist mit ihnen nicht zu spaßen. „Doping ist unfair, Medikamentenmissbrauch gefährlich", sagt der Sportarzt Beat Villiger, der die Untersuchung mit geleitet hatte. Wenn Sie sich bei Kniebeschwerden, einer leichten Erkältung, bei Asthma oder Rückenschmerzen Unterstützung aus der Apotheke besorgen, riskieren Sie in extremen Fällen – zum Beispiel, wenn Sie zu wenig trinken – gesundheitliche Probleme bis hin zu Nierenversagen und möglichen Spätfolgen. Villiger schob eine weitere Studie beim nicht minder anspruchsvollen Swiss Alpine Marathon in Davos nach.

Auch hier zeigte sich der Ge- und Missbrauch von Medikamenten: Zwölf Prozent der Läuferinnen und Läufer hatten 48 Stunden vor und während des Laufs ein Schmerzmittel (zum Beispiel Aspirin oder Panadol) oder einen nicht-steroidalen Entzündungshemmer (zum Beispiel Voltaren, Brufen oder Dolocyl) eingenommen. Lediglich zwei dieser Läufer nahmen diese Medikamente regelmäßig auch außerhalb der Wettkampfphase ein. Die übrigen erhofften sich damit lediglich einen besseren Lauf. Auch Asthmasprays wurden von Teilnehmern verwendet, die dies normalerweise nicht tun. Der Griff zu Medikamenten gegen Schmerzen ist in der Laufszene also durchaus weit verbreitet. Moralische und legale Grenzen sind dabei fließend *(siehe Kapitel 003, „Anständig bleiben")*.

» **Richtig dopen** Doping ist nicht einfach zu definieren, zu vielfältig sind die Möglichkeiten der unsportlichen Leistungssteigerung. Aber auch die Unterscheidung, wann Doping noch legal ist und wann es illegal wird, ist nicht pauschal zu treffen. Was ist zum Beispiel, wenn Sie zwei Kannen Kaffee vor dem Wettkampf trinken, um Ihren Kreislauf anzuregen? Dies hat für bestimmte Sportarten, in der Leichtathletik zum Beispiel, einen leistungsfördernden Effekt. Beim Bogenschießen dagegen wäre Kaffee kein Doping, sondern Dummheit, weil Sie davon anfangen zu zittern.

Nachhilfe-Unterricht

Juristische Einschätzung	**Dopingmittel**
Illegal	Epo[1], Wachstumshormone[2], Amphetamine[3], Cannabis[4]
Halblegal	Sauerstoffzelt[5], Eiweiß-Booster[6], Sex mit einer Prostituierten[7], viel Kaffee trinken[8]
Legal	Höhentraining[9], Angus-Steak essen[10], Sex haben, Kaffee trinken
Dumm	Aspirin[11], sonstige Schmerzmittel und andere Medikamente, die Sie nicht wirklich benötigen

legale Dopingmittel

[1] Erythropoetin (Epo) ist ein körpereigenes Hormon, das in der Niere hergestellt wird, die Bildung roter Blutzellen anregt und Sauerstoff in die Muskulatur transportiert. Seit 1983 ist es möglich, Epo synthetisch zu erzeugen und so die Ausdauer zu steigern. Epo gilt als Modedroge im Ausdauersport.

[2] Wachstumshormone werden im Schlaf in der Hirnanhangdrüse ausgeschüttet. Während der Pubertät ist die Produktion der Wachstumshormone am höchsten, mit zunehmendem Alter nimmt sie ab. Dopen Sie mit Wachstumshormonen, nimmt Ihre Muskelmasse zu, verzögern sich Ermüdungszustände und verringert sich Ihr Körperfettanteil. Hohe Dosierungen können erhebliche Nebenwirkungen haben und sogar zum Tod führen. Nicht nur Ihre Muskeln wachsen, sondern auch Ihre inneren Organe und äußeren Geschlechtsorgane.

[3] Amphetamine sind vor allem im Radsport populär. Durch ihre Einnahme werden Lungenkraft und Atmungsaktivität gesteigert und der Appetit gezügelt. Aber vor allem steigt Ihr Stimmungshormonlevel. Gute Laune bis hin zu extremer Euphorie ist nicht unüblich. Aber die Nebenwirkungen sind gravierend: starker Gewichtsverlust, Unkonzentriertheit, Nervosität, erhöhter Blutdruck und Angstzustände. Da Sie Ihre Ermüdung unnatürlich hinauszögern, besteht die Gefahr einer Überforderung bis hin zum Übertraining oder gar Zusammenbruch.

[4] Cannabis wird vor allem als Haschisch oder Marihuana konsumiert und hat eine

beruhigende Wirkung. Deshalb bringt es keine bessere sportliche Leistung, ist im Gegenteil dabei sogar hinderlich. Bei Sportarten aber, wo es auf eine hohe Risikobereitschaft ankommt – etwa beim Snowboarden, Bob und Ski fahren (nicht Slalom, der ist bekifft zu kompliziert) –, kann Ihnen Cannabis einen Vorteil verschaffen. Noch Wochen nach dem Gebrauch ist die Droge in Ihrem Urin nachweisbar. 15 Nanogramm pro Milliliter gelten als Grenzwert, höhere Konzentrationen werden als positive Probe gewertet.

[5] Sauerstoffzelte oder -kammern simulieren Bedingungen wie in großen Höhen. Dafür wird die normale Luft mit Stickstoff vermischt, der Sauerstoffgehalt also vermindert, ohne dass der Luftdruck sinkt. Inzwischen gibt es ganze, speziell dafür abgedichtete Wohnhäuser. Darin leben Athleten, zum Beispiel Langlauf-Profis, unter provoziertem Sauerstoffmangel. Diesen Zustand nennen Mediziner Hypoxie. Durch ihn soll die körpereigene Produktion von roten Blutkörperchen angeregt werden, die die Zellen mit mehr Sauerstoff versorgen können. Um denselben Effekt zu erreichen, müssen Sportler ansonsten in teure Höhentrainingslager in der Schweiz, Frankreich oder den USA reisen, wo Sie in den natürlichen Höhenlagen der Alpen, Pyrenäen oder Rocky Mountains trainieren. Die Weltantidopingagentur WADA diskutiert seit Jahren, Sauerstoffkammern in jeder Form als Methode zur Leistungssteigerung auf die Verbotsliste zu setzen.

[6] Eiweiß gilt als wichtiger Baustoff beim Muskelzuwachs. Deshalb ist es vor allem in der Bodybuilding-Szene populär, große Mengen Eiweiß zu konsumieren. Durch die zusätzliche Einnahme chemischer Substanzen, so genannter Eiweiß-Booster, können Sie die Aufnahme von Eiweiß im Körper anregen. Nachfolgend ein weit verbreitetes – ganz legales – Rezept für einen Eiweiß-Kick, das bei Bodybuildern beliebt ist: *Zutaten: 6 Eiweiß, 2 Eigelb, 1 Teelöffel Butter, 2 Scheiben gekochter Schinken, 2 Scheiben Gouda-Käse, 1 kleine Zwiebel, 3 Teelöffel Petersilie, 2 Scheiben Roggenvollkornbrot. Zwiebel schälen und klein hacken. Käse und Schinken in dünne Streifen schneiden. Petersilie klein hacken. Eiweiß und Eigelb verquirlen. Butter anschmelzen. Zwiebelstückchen in der Pfanne glasig schwitzen, die Eier dazugeben, dann Käse und Schinken. Das Ganze drei Minuten braten, auf die Brotscheiben legen, mit der Petersilie bestreuen und mit Pfeffer und Salz abschmecken.*

[7] Beim Geschlechtsverkehr mit einer Prostituierten bewegen Sie sich juristisch gesehen in einer Grauzone, moralisch ist er nicht minder umstritten. Aber Sex regt die Testosteronproduktion an, und ein erhöhter Testosteronspiegel erleichtert den Kraftzuwachs durch sportliche Aktivität. Testosteron ist das wichtigste männliche Geschlechtshormon. Über 90 Prozent des Testosterons werden in den Hoden hergestellt. Bei Frauen produzieren die Eier-

stöcke und die Nebennierenrinde geringe Mengen Testosteron.

[8] Coffein ist eine stimulierende Substanz, die in Kaffee, Tee oder Cola vorkommt. Coffein stand jahrelang auf der Dopingliste, wurde aber 2004 wieder gestrichen. Es wirkt unter anderem anregend auf Atmung, Herz, Kreislauf und das zentrale Nervensystem, erweitert die Blutgefäße und fördert den Abbau von Fettgewebe, was speziell für den Ausdauersport Vorteile bringt. Schon drei bis sechs Milligramm Coffein pro Kilogramm Körpergewicht zeigen Wirkung, was nur ein paar Schlucken Kaffee entspricht. Nachteile des Coffeins sind erhöhte Nervosität und Unkonzentriertheit. In einer Tasse Filterkaffee sind zwischen 80 bis 120 Milligramm Coffein enthalten, in einem Espresso 30 bis 50 Milligramm. Außerdem steckt Coffein unter anderem in Schwarztee (0,25 Liter enthalten 40 bis 70 Milligramm), Grüntee (0,25 Liter enthalten 25 bis 40 Milligramm), Cola (0,33 Liter enthalten 34 Milligramm), Diät-Cola (0,33 Liter enthalten 45 Milligramm), Red Bull (0,25 Liter enthalten 77 Milligramm), Milchschokolade (30 Gramm enthalten sechs Milligramm), dunkler Schokolade (30 Gramm enthalten 20 Milligramm).

[9] Training in der Höhe führt zu einer Reihe von Anpassungsvorgängen im Organismus, die für Läufer leistungssteigernd sind – allen voran die Bildung von mehr roten Blutkörperchen zum verbesserten Sauerstofftransport. Weil Sie in der dünnen Luft mehr atmen müssen, trainieren Sie möglicherweise auch die Atemmuskulatur. Außerdem wachsen die Mitochondrien, also die Kraftwerke der Körperzellen, und die Ausschüttung von Wachstumshormonen wird stimuliert.

[10] Das Fleisch vom argentinischen Angus-Rind gilt als besonders zart, saftig und eiweißreich. Das ist gut für Ihr Muskelwachstum. Außer dem Angus-Rind schwören Grillfans auf irisches Hereford-Rib-Eye-Steak vom frei weidenden Rind und auf neuseeländisches Wagyu-Rib-Eye-Steak.

[11] Aspirin enthält den Wirkstoff Acetylsalizylsäure (ASS). Er steht nicht auf der Dopingliste, da für ihn nie leistungssteigernde Effekte nachgewiesen werden konnten. Im Gegenteil: Bei höherer Dosierung schädigt ASS die Magenschleimhaut und führt zu ähnlichen Beeinträchtigungen wie die Stoffwechselsäuren, die bei der Ermüdung der Muskulatur entstehen. Die Schmerzen, die zum Beispiel gegen Ende eines Marathonlaufs auftreten, können Sie mit ASS nicht lindern. Und selbst wenn, würden Sie deswegen nicht schneller laufen können. Ihre Leistung beim Dauerlaufen ist zu sehr vom Stoffwechsel abhängig, als dass ein vermindertes Schmerzempfinden einen Einfluss darauf hätte. Durch die wettkampfbedingte Stressreaktion auf das Laufen sind Ihre Belastungsschmerzen ohnehin bereits deutlich unterdrückt.

049 GEHEIMREZEPTE AUSPROBIEREN

Auf der Suche nach einem sportlichen Zaubertrank können Sie sich Anregungen bei den Profis holen. Dabei werden Sie allerdings feststellen, dass sich auch Leistungssportler nicht nur von Salatblättern und Körnern ernähren. Bei den Olympischen Spielen in Seoul gab es im Athletendorf sogar eine McDonald's-Filiale – und die war stets gut besucht. Andererseits haben manche sogar ihren eigenen Koch dabei, der sich allerdings nur ungern in den Topf gucken lässt und seine Geheimrezepte schützen will. Ein paar Ernährungstipps können an dieser Stelle aber verraten werden.

» **Yamswurzel** Sie hat die leicht süßliche Note der Süßkartoffel, gepaart mit dem Aroma der Marone, ihre Zubereitung unterliegt regional unterschiedlichen Ritualen – und die ihr innewohnende Kraft kann Berge versetzen. 100 Gramm Yams enthalten 100 Kilokalorien. Es gibt 350 verschiedene Arten dieser Wurzel. Da müssen Sie schon ganz genau darauf achten, welche Sorte Sie erwischen, so unterschiedlich sind die ihnen zugeschriebenen Wirkungen, ob als Mittel gegen Entzündungen, Rheuma, Krämpfe oder Gicht. Frauen sollten bei der Sorte Mexican Wild Yams vorsichtig sein, die wird in Südamerika zur Verhütung eingesetzt. Wenn Sie schneller werden wollen, nehmen Sie die Yamswurzel aus der jamaikanischen Provinz Trelawny. Der Sprint-Weltmeister Usain Bolt habe es diesem Gewächs zu verdanken, dass er so schnell rennen kann – behauptet zumindest sein Vater Wellesley Bolt. Tatsächlich ergaben Untersuchungen, dass die Yamswurzel einen Stoff enthält, aus dem sich synthetische Steroide herstellen lassen, die wiederum für verstärktes Muskelwachstum eingesetzt werden. Aber der Olympiasieger hat mindestens noch ein zweites Geheimrezept: Chicken McNuggets. Ausgerechnet der schnellste Mensch der Welt, der 2009 mit einer Höchstgeschwindigkeit von rund 45 km/h den 100-Meter-Weltrekord verbesserte, verkündete vor der Weltmeisterschaft in Berlin: „Glücklicherweise habe ich einen McDonald's gefunden, so dass ich wieder Nuggets zum Lunch hatte."

» Hamburger und Pommes Frites Usain Bolt vertraut nicht als einziger Sprinter auf die Kraft des amerikanischen Fast Food. Auch Maurice Greene, ehemaliger 100-Meter-Olympiasieger und Weltrekordhalter, schlenderte zwei Tage vor seinem Wettkampf bei den Weltmeisterschaften in Helsinki mit einer großen McDonald's-Tüte durch die Hotellobby. 100 Prozent saftiges, frisch gebratenes Rinderhackfleisch, zwei Scheiben fleischige Tomate, milde Zwiebel, zart geschnittene Scheiben der Salzgurke, je nach Belieben extra Schmelzkäse, das alles in einer frischen Sesamsemmel aus 100 Prozent Weizenmehl und nach Belieben verfeinert durch Tomaten-Ketchup und Senfsauce, als Beilage eine Portion frisch der Friteuse entnommene Pommes: Maurice Greene konnte der Versuchung nicht widerstehen. Auf die Frage, ob Junkfood sich denn mit Leistungssport vertrage, war seine selbstbewusste Antwort: „Schaden tut es auf jeden Fall nicht."

» Kaiserschmarrn Eigentlich reicht der genussversprechende Anblick der in einer gusseisernen Stielpfanne auf Holzbrett servierten Gaumenfreude, um das Herz schneller schlagen zu lassen: Schneeweißer Puderzucker umhüllt die goldbraun gebackene Berglandschaft aus Ei und Mehl, die von hausgemachtem Apfelmus mit kleinen Fruchtstückchen begleitet wird. Die Zubereitung ist einfach, das Geheimnis liegt in der Herkunft der Zutaten, der Teigzubereitung, der richtigen Pfanne, einem guten Ofen, dem sofortigen Servieren sowie, das dürfen Sie keinesfalls unterschätzen, dem gewissen Etwas. Im Fall der Hüttenwirtin Helga Rauch, fünffache Siegerin des Meraner Frauenlaufs und ehemaliges Nationalmannschaftsmitglied, liegt's an der Höhenluft. Die Südtiroler Langstreckenläuferin bringt den Kaiserschmarrn in ihrer Rauch-Hütte auf der Seiser Alm in 1.800 Metern Höhe sofort an den Tisch, sobald die Mehlspeise den Salamander verlassen hat, eine spezielle Form von Elektrogrill mit ausschließlich Oberhitze. Helga Rauch hat ihren Kaiserschmarrn bereits für Tausende Gäste zubereitet, und diese langjährige Erfahrung ist durch nichts zu ersetzen. Auch der sechsfache Berglaufweltmeister Jonathan Wyatt, der seit mehreren Jahren in Südtirol lebt und trainiert, schwört am Tag vor einem Wettkampf auf Kaiserschmarrn. Und in Wien ist es nicht anders. Während überall auf der Welt Unmengen von Pasta vor einem

Rennen zubereitet werden, können Sie beim Wien-Marathon Kaiserschmarrn genießen.

» **Ugali** Ob leckeres Hühnchen, gegrillter Stockfisch, knackig gedünstetes Gemüse oder Süßes wie Ananas – Ugali können Sie mit vielerlei Beilagen und Zutaten ergänzen. Das sollten Sie auch unbedingt tun, denn der unverfeinerte Getreidebrei an sich schmeckt eigentlich nach gar nichts. Dafür gibt er Kraft. Lange haben Wissenschaftler nach dem Geheimnis der schnellen Afrikaner geforscht – unter anderem bei Ugali wurden sie fündig. Der Brei wird aus Hirse- oder Maismehl hergestellt. Kenianer essen ihn den ganzen Tag über, nicht nur die Läufer. Er gilt als Grundnahrungsmittel, ist reich an Kohlenhydraten und arm an Fett. Kenianer, die sich traditionell ernähren, haben selten Probleme mit Übergewicht. Der frühere kenianische Marathon-Weltrekordhalter Paul Tergat behauptete stets, er habe nie Nahrungsergänzungsmittel benötigt. Ugali reichte ihm.

» **Pinole** Essentielle Aminosäuren, zahlreiche B-Vitamine, diverse Spurenelemente, Mineralstoffe sowie hohe kalorische Dichte und obendrein etwa 20 Prozent Protein – das könnte als Rezept für modernste Energieriegel herhalten, steckt aber in einem uralten Nahrungsmittel. Die Tarahumara-Indianer aus den Gebirgszügen der Sierra Madre Occidental in Mexiko waren sportlich gesehen eine Spätentdeckung *(siehe Kapitel 035, „Brust an Brust rennen")*. Und ähnlich wie bei den Kenianern war man überrascht über die läuferischen Fähigkeiten der Tarahumara, vermutete geheime Zaubertränke oder magische Kräfte als Ursache. So fand man heraus: Was für die Kenianer Ugali, ist für die Tarahumara Pinole, ein Brei, der nach traditionellen Rezepten aus geröstetem und gemahlenem Getreide zubereitet wird. Die Azteken maßen ihm göttliche Kräfte bei. Die Basis bildet das Chiakorn, welches weltweit als das Getreide mit der größten Nährstoffdichte gilt. Von keinem anderen Getreide werden Sie mehr gesättigt.

» **Spätzle** Die identitätsstiftende Wirkung regionaler Spezialitäten wie Thüringer Bratwurst, Pfälzer Saumagen oder Leipziger Allerlei wird bei der schwäbischen Teigware auf die Spitze getrieben. Traditionalisten messen der erfolgreichen Zubereitung der Spätzle eine solche Bedeutung bei, dass sie als Ausweis der Heiratsfähigkeit junger Frauen gilt. Die schwäbische Sättigungsbeilage kommt zu jeder Art von Fleisch und Gemüse mit literweise Soße auf den Tisch. Oder als rustikaler Klassiker mit goldbraun angebratenen Zwiebeln und einer Prise weißem Pfeffer, während der zuvor fein geriebene und gleichmäßig verteilte Hartkäse noch auf dem dampfenden Teig zerschmilzt. Der schnellste Schwabe über 5.000 Meter, Dieter Baumann, war zu seiner aktiven Zeit dafür bekannt, dass er bei längeren Trainingslager-Aufenthalten stets eine Spätzlepresse im Gepäck hatte. Traditionalisten streichen den fertig angerührten Teig allerdings auf ein Schneidebrett und schaben ihn dann in leicht gesalzenes, kochendes Wasser. Gleich wie: 100 Gramm Spätzle enthalten etwa 290 Kilokalorien. Inzwischen ist auch Dieter Baumann zur traditionellen Zubereitungsart zurückgekehrt. Auf unsere Anfrage kam seine Auskunft: „Seit einem Jahr schabe ich!"

Spätzle schaben

» **Schildkrötenblut** Chinesische Langstreckenläufer gehörten lange nicht zur ersten Garde. Bis Wang Junxia auftauchte. Im Jahr 1993 war sie eine von mehreren Läuferinnen aus dem Stall des Wundertrainers Ma Junren, eines früheren Gemüsebauern und Tierzüchters, die bei den Leichtathletikweltmeisterschaften in Stuttgart gleich drei Weltmeistertitel holten – quasi konkurrenzlos. Wang Junxia verbesserte den 3.000-Meter-Weltrekord um über zehn Sekunden; ein Quantensprung. Der Trainer erklärte dies mit einer besonderen Philosophie, speziellen Extrakten der chinesischen Heilkunde und frischem Schildkrötenblut: Dieses tranken seine Sportlerinnen angeblich, nachdem Ma Junren den Tieren mit einer speziellen Machete den Kopf abgeschlagen hatte. Warmes Schildkrötenblut – Leichtathletikfans schauderten und staunten, die Fachwelt wunderte sich. Allerdings war die Erfolgswelle schnell vorbei. Bei den Asienspielen im Folgejahr – mittlerweile wurden umfangreiche Dopingtests angekündigt, die auch den Nachweis von Epo ermöglichten – liefen Ma Junrens Läuferinnen hinterher. Angeblich waren „alle vor kurzem am Blinddarm operiert", so die Erklärung des Trainers. Das klang dann noch eigentümlicher als die Schildkrötenblut-Theorie, die bislang keine wissenschaftliche Anerkennung fand.

» **Griechischer Wein** Spiridon Louis, der erste Marathonsieger der Olympischen Spiele der Neuzeit im Jahr 1896, ist – so legen es historische Zeichnungen nahe – bei seiner Ankunft im Olympiastadion von Athen ins Ziel getorkelt. Er war völlig entkräftet, so lautet die naheliegende Erklärung. Allerdings könnte er auch einfach alkoholisiert gewesen sein. Spezielle Marathonnahrung gab es damals ebenso wenig wie Verpflegungsstellen entlang der Strecke. Der wackere Hellene soll unterwegs bei der Einkehr in einer Taverne nach Rotwein und Hähnchen verlangt haben.

» **Zitrone** Bei den Olympischen Spielen 1952 lief die Entscheidung im Marathon auf ein Duell zwischen dem Schweden Gustaf Jansson und dem Tschechen Emil Zatopek hinaus. Die Verpflegung war damals noch nicht wissenschaftlich durchleuchtet, unterwegs gab es Kaffee, Tee und Zitronen. Der Schwede nahm bereits nach der Hälfte der Distanz eine. Zatopek war sich nicht sicher: Er hatte keine Erfahrung mit Südfrüchten. Aus Zweifel an der Wirkung nahm er keine zu sich, wollte aber abwarten, ob Jansson schneller wurde, um dann gegebenenfalls doch noch eine Zitrone zu greifen. Der Schwede brach ein. Zatopek gewann.

» **Kalbfleisch** Das zarte, saftige Kalbfleisch aus der spanischen Provinz Asturien begeistert durch einen kräftigen Geschmack und niedrigen Fettgehalt. Es verdankt seine hohe Qualität der besonderen Muskulatur der hier gezüchteten Rinderart Asturiana de los Valles. Die Kälber werden mindestens fünf Monate gesäugt und sind höchstens 18 Monate alt. Sie könnten auch baskisches Kalbfleisch wählen, das weist jedoch einen etwas höheren Fettgehalt auf. Manche Ausdauersportler schwören speziell auf das Kalbfleisch aus Asturien, etwa Alberto Contador. Dreimal gewann der spanische Radprofi die Tour de France. Im Jahr 2010 wurde er jedoch positiv auf das Dopingmittel Clenbuterol getestet. Er leugnete, gedopt zu haben. Ursache für den Fund sei das von ihm verzehrte Kalbfleisch, Clenbuterol werde schließlich häufig in der Kälbermast eingesetzt. Die Ankläger Contadors riefen daraufhin Vertreter des Viehzüchterverbandes und den Metzger, von dem das Fleisch stammte, in den Zeugenstand. Am Ende glaubten die Ausschussmitglieder des Königlichen Spanischen Radsportverbandes RFEC der Version Contadors vom verunreinigten Fleisch. Allerdings hob die höchste Instanz, der Internationale Sportgerichtshof CAS in Genf, das Urteil im Februar 2012 auf, verhängte gegen den erfolgreichen Rundfahrer rückwirkend bis zum positiven Befund im Juli 2010 eine zweijährige Dopingsperre und erkannte damit unter anderem auch Contadors dritten Tour-de-France-Sieg von 2010 ab. Das darf man getrost als Freispruch fürs Kalbfleisch werten.

» **Spinat** Frisch verarbeitet schmeckt das saftig grüne Blattgemüse am besten, ob als knackige Salatgrundlage, als Hauptgericht in Form eines leckeren Rahmsüppchens oder als abrundende Beilage in Kombination mit Fisch oder Fleisch. Dass Spinat besonders viel Eisen enthalte, ist ein Ammenmärchen. Was das frische Gemüse so wertvoll macht, ist sein hoher Anteil an Nitrat. Dies wandelt Ihr Körper in Stickstoffmonoxid um, das beim Sauerstofftransport eine wichtige Rolle spielt. Gleichzeitig wirkt Stickstoffmonoxid entzündungshemmend und erweitert Ihre Blutgefäße. Der Kenianer Geoffrey Mutai verbesserte 2011 bei den Marathons in Boston und New York die Streckenrekorde und gab als Grund an, dass er regelmäßig Spinat genieße.

Die besten Geheimrezepte

.... *Yams (auf Usain-Bolt-Art)* ....

Zutaten: Besorgen Sie sich unbedingt eine Yamswurzel aus der jamaikanischen Provinz Trelawny. Die müssen Sie wahrscheinlich extra einfliegen lassen, in Europa werden hauptsächlich afrikanische Yamswurzeln angeboten. Klären Sie die Kosten je nach Spedition und Liefertermin im Vorfeld.

Zubereitung: Vermeiden Sie den direkten Hautkontakt mit der rohen, ungeschälten Wurzel, sonst verursacht die raue Schale ein unangenehmes Jucken. Zur Vorbeugung reiben Sie Ihre Hände mit Olivenöl ein. Schälen Sie die Wurzel großzügig und schneiden Sie sie in Scheiben. Legen Sie die fertig geschnittenen Scheiben sofort in ein Wasserbad, andernfalls wird das saftig weiße Fleisch schnell gelb. Schlagen Sie die Scheiben in Aluminiumfolie ein und garen Sie die ungewürzte Yams 20 Minuten bei 180 Grad Umluft im Ofen oder im geschlossenen Holzkohlegrill über offenem Feuer. Zum Servieren können Sie die Yams mit marktfrischem Gemüse der Saison begleiten. Das Geheimnis der Wurzel liegt vermutlich in der schonenden Zubereitung, bei der die wertvollen Inhaltsstoffe erhalten bleiben – anders als beim Kochen in Wasser. Und beim Genuss dieser leicht süßlichen, fettfreien Köstlichkeit denken Sie an die schnellen Beine von Usain Bolt; bloß nicht an Chicken McNuggets.

.... *Kaiserschmarrn (von Helga Rauch)* ....

Zutaten (für 4 Personen): 150 g Mehl, 150 ml Milch, 50 ml Wasser, 6 Eier, etwas Vanillezucker, 1 Prise Salz, 40 g Zucker, 40 g Rosinen, Öl oder Butter zum Backen, Puderzucker zum Bestreuen.

Zubereitung: Eier trennen. Eiweiß steif schlagen. Eigelb, Mehl, Milch, Wasser, Salz und Vanillezucker zu einem glatten Teig verrühren, dann den Eischnee locker unterheben. In einer Pfanne Öl erhitzen, den Schmarrnteig eingießen, er sollte etwa drei bis vier Zentimeter hoch in der Pfanne stehen, mit Rosinen bestreuen und die Oberseite im Salamander goldgelb backen. Der richtige Zeitpunkt zum Wenden ist etwa eine Minute, bevor der Teig schwarz wird; nach dem Wenden die andere Seite einheizen. Den Kaiserschmarrn mit zwei Gabeln in Stücke teilen, Zucker und etwas Butter dazugeben, noch kurz schwenken, damit der Zucker karamellisiert und der Schmarrn schön bissfest wird. Nach Belieben einen Schuss Rum dazugeben, Sie können auch den hochprozentigen nehmen und den Schmarrn damit flambieren. Auf Tellern anrichten und mit Puderzucker bestreuen. Am besten passen dazu Preiselbeeren, aber auch Kompott oder hausgemachtes Apfelmus mit ganzen Fruchtstückchen. Anstelle der Rosinen können Sie auch Äpfel, Kirschen, gehackte Wal- oder Haselnüsse hinzugeben. Wichtig: Der Schmarrn sollte frisch gegessen werden, sonst fällt der Teig zusammen.

Käsespätzle (von Dieter Baumann)

Zutaten (für 4 Personen): ca. 500 g Mehl/405 (weiß), ca. 5 bis 6 Eier, ein halber Teelöffel Salz, 200 bis 400 g würziger Bergkäse, Weißwein, 1 kleine Zwiebel, Butter zum Anbraten, Wasser nach Bedarf – wird beim Rühren beigemischt.

Zubereitung: Mehl, Eier, Salz und Wasser zu einem Teig verrühren. Die Konsistenz ist Gefühlssache, die richtige Herstellung muss geübt werden. Wenn ein Spätzleschaber zum Einsatz kommt, sollte der Teig nicht zu dünn sein, sonst tropft er vom Brett. Bei der Spätzlepresse kann er etwas dünner werden, sonst gerät die Herstellung zum Kraftakt. Nach dem Rühren den Teig mit dem Kochlöffel luftig schlagen. Den Teig in kochendes Wasser geben. Nach drei Minuten – wenn die Spätzle nach oben kochen – mit dem Siebschöpfer aus dem Wasser holen und mit kaltem Wasser abschrecken. Die Spätzle dann in der Pfanne mit Butter leicht anbraten. Je nach Bedarf und Geschmack Bergkäse (aus Österreich! Dieter Baumanns Frau kommt aus Wien) mit einem mittleren Hobel über die Spätzle in der Pfanne geben und untermengen. Der Käse kann auch in dünne Scheiben geschnitten sein, braucht dann aber länger zum Schmelzen. Wenn der Käse geschmolzen ist, mit einem württembergischen Weißwein ablöschen. Danach sofort servieren. Wenn sie zu lange auf dem Herd stehen, trocknen Spätzle aus. Gleichzeitig mit der Zubereitung der Käsespätzle wird in einer kleinen Pfanne eine klein gehackte Zwiebel mit Butter angedünstet, dann mit Weißwein (klar: Württemberger) abgelöscht und gedünstet. Diese Zwiebel wird unmittelbar vor dem Servieren über die Käsespätzle verteilt.

FESTE TRINKEN
050

Jogger, die auf ihrer 20-Minuten-Runde Wasserflaschen spazieren tragen, fallen auf ein Ammenmärchen herein. Noch vor einigen Jahren hörte und las man überall: Beim Sport kann man nicht genug trinken. Inzwischen behaupten manche sogar das Gegenteil. Schuld ist ein schlimmer Unfall. Im Jahr 2002 starb eine 28-jährige Marathonläuferin in Boston an Hyponatriämie, einem zu geringen Natriumspiegel im Blut. Natrium gehört zum Elektrolyt-Haushalt des Menschen und ist bei der Regulierung lebenswichtiger Körperfunktionen beteiligt. Läufer verlieren Natrium durch Schwitzen, vor allem als Natriumchlorid, also Kochsalz. Trinkt man dann Unmengen an Wasser ohne Salzzusatz, wie die Marathonläuferin von Boston, kann sich die Blutkonsistenz zu sehr verdünnen. Seit dem Unfall geistert der irreführende Begriff „Wasservergiftung" durch die Öffentlichkeit. In Wirklichkeit handelt es sich um einen Salzmangel. Aus der Befürchtung, zu wenig zu trinken, wurde plötzlich die Angst vor der Überhydrierung. Andererseits kann man im Startbereich großer Läufe immer wieder beobachten, wie Teilnehmer noch schnell literweise Wasser in sich hineinkippen – und dann keine 100 m weit kommen, weil sie pinkeln müssen. Trinken scheint gar nicht so einfach zu sein.

» **Keine Wasserscheu haben** Zu viel erwischen können Sie als Freizeitsportler kaum. Problematisch könnten höchstens sehr hohe Trinkmengen ohne Salzzusatz im Extremsport-Bereich werden. So müssen etwa Triathleten während ihrer stundenlangen Belastung zwölf bis 15 Liter Wasser zu sich nehmen – und dabei auch auf ihren Elektrolythaushalt achten. Für die ganz große Mehrheit der Freizeitsportler aber geht es beim Trinken lediglich darum, die durch das Schwitzen verlorene Menge Flüssigkeit wieder hereinzuholen. Kurz gesagt: Es geht um Wasser, Wasser, Wasser, dann erst in zweiter Linie um etwas Elektrolyte, und ganz zum Schluss um Kohlenhydrate, die verbrauchte Energie zurückgeben sollen. Je besser trainiert Sie sind, desto mehr schwitzen Sie, aber desto weniger Salz verlieren Sie dabei. Ihr Körper stellt sich mit der Zeit auf die läuferischen Anforderungen ein *(siehe Kapitel 033, „Schweiß verlieren").*

» **Dem Durst misstrauen** Die internationale Vereinigung der Marathonärzte (IMMDA) rät Sportlern schlicht zu trinken, wenn sie Durst haben. Doch die eigenen Empfindungen sind manchmal trügerisch. Wer seinem Durstgefühl vertraut, tendiert meistens dazu, zu wenig zu trinken, vor allem mit zunehmendem Alter. Als Richtwert für die Menge Flüssigkeit, die ein Sportler an einem heißen Sommertag braucht, gilt etwa ein Liter pro Stunde. Dies entspricht den Empfehlungen der Deutschen Gesellschaft für Ernährung (DEG) für Training und Wettkampf. Die DEG empfiehlt außerdem, schon am Vortag eines Wettkampfes ausreichend zu trinken und in der halben Stunde vor dem Start noch einmal 0,3 bis 0,5 Liter. Die exakt benötigten Mengen hängen vom Trainingszustand jedes Einzelnen und der Belastungsintensität ab. Laut dem Sportwissenschaftler Tim Noakes kann ein Läufer bei hohen Temperaturen bis zu zwei Liter pro Stunde durch Schwitzen verlieren. Wenn Sie es genau wissen wollen, wiegen Sie sich vor und nach dem Training. Ihr Gewichtsverlust in Kilogramm entspricht Ihrem Flüssigkeitsbedarf in Litern. Falls Sie beim Trainieren etwas getrunken haben, ziehen Sie diese Menge beim Wiegen ab. Einfacher ist die Faustregel: Ist Ihr Urin hellgelb bis wasserfarben, haben Sie genug getrunken. Je dunkler die Farbe des Urins, desto mehr sollten Sie trinken.

» **Den Hahn aufdrehen** Der Körper des Menschen besteht zu 70 Prozent aus Wasser. Und Wasser ist das, was der Körper beim Sport braucht – keine Limo, kein Energie-Getränk und auch nicht unbedingt Mineralwasser aus einer Quelle mit klangvollem französischen oder italienischen Namen, das aufwändig gefördert, in Flaschen abgefüllt und per Lkw Hunderte Kilometer weit transportiert wurde. Gewöhnliches Leitungswasser ist gut genug. Die Weltgesundheitsorganisation WHO sieht keinen gesundheitlichen Vorteil von Mineralwasser gegenüber Leitungswasser. Schon der Begriff Mineralwasser suggeriert Ihnen vielleicht, dass Sie wertvolle Elektrolyte aus der Flasche beziehen können, in Wahrheit holen Sie sich diese Stoffe jedoch vor allem aus der festen Nahrung. Leitungswasser ist nicht nur hochwertig und umweltfreundlich, sondern auch preisgünstig. In München, das für die besonders gute Qualität seines Leitungswassers bekannt ist, kostet der Kubikmeter ungefähr 1,50 Euro.

Ein Kubikmeter sind 1.000 Liter. Wenn Sie im Restaurant also einen Liter Mineralwasser für sechs Euro zum Wein bestellen, zahlen Sie 4.000 Mal mehr.

» Leicht kühlen Wasser mit einer Temperatur von um die zehn Grad Celsius schmeckt den meisten Menschen am besten, wie Befragungen gezeigt haben. Aber die Temperatur ist natürlich Gewohnheitssache und wird individuell verschieden wahrgenommen. Manche kommen mit kalten Getränken besser klar als andere, denen der lokale Reiz sogar auf den Magen schlägt. Die unter Sportlern weit verbreitete Meinung, kaltes Wasser entziehe dem Körper Energie und mindere die Leistung, stimmt dennoch nicht. Zwar muss das Wasser im Magen und Darm auf 37 Grad Körperwärme aufgeheizt werden, das geschieht allerdings nicht durch zusätzliche Stoffwechselvorgänge, sondern durch die Wärme, die mit der sportlichen Bewegung ohnehin schon im Körper entstanden ist.

» Etwas salzen Mit zunehmender Belastungsdauer nimmt auch der Verlust von Natriumchlorid, sprich Kochsalz, über den Schweiß zu. Das ist gut so. Sie haben sowieso zu viel davon in Ihrem Körper. Nicht unbedingt, weil Ihnen andauernd der Salzstreuer beim Kochen ausrutscht, sondern weil in unserer Nahrung, insbesondere in Fertigprodukten und Backwaren, viel zu viel Salz verarbeitet wird. Ihr Körper hat die ganze Zeit damit zu schaffen, dieses Salz loszuwerden. Mit einer schönen, langen Laufrunde helfen Sie ihm nur dabei. Erst wenn Sie mehr als vier Liter getrunken und dabei nichts gegessen haben, sollten Sie auch an etwas Salzzufuhr denken. Eine kleine Prise, maximal ein halber Teelöffel, genügt. Zu Beginn des Laufbooms in den siebziger Jahren gehörten Salztabletten neben Wasser und Tee zur Standardverpflegung bei Wettkämpfen. Damals gab es noch keine Sportgetränke mit Natriumzusätzen. Später kamen die Tabletten wegen des zunehmend schlechten Rufes von Salz aus der Mode. Es verursache Bluthochdruck, sagte man zum Beispiel. Doch jetzt feiern die kleinen, weißen Pillen eine Wiederauferstehung in der Wettkampfverpflegung, denn die meisten Erfrischungsgetränke haben kaum noch Salzanteile. Mehr als eine Tablette, die in der Regel etwa 200 Milligramm Natrium enthält, ist pro Stunde aber nicht nötig.

» **Auf die Mischung achten** Wenn Sie gut trainiert sind, hat Ihr Körper hohe Glykogen- sprich Energiereserven und nimmt von außen keine zusätzlichen Kohlenhydrate auf. Erst nach etwa 30 km Laufen am Stück gehen die Vorräte zur Neige. Damit Sie beim Marathon nicht einbrechen, sollten Sie vorher schon anfangen, Kohlenhydrate zuzuführen. Nach dem Lauf sollten Sie es ohnehin tun, damit Sie sich erholen. Die teuren Fertigmixe aus dem Supermarkt können Sie sich allerdings sparen. Rühren Sie lieber Ihr eigenes Energie-Getränk zusammen. Dabei müssen Sie nur auf eine gute Verdünnung achten, sonst können Sie die Flüssigkeit nur langsam verdauen. Wenn der Kohlenhydratanteil zu hoch ist, schwappt das Getränk zu lange in Ihrem Magen herum. Und im Darm kann es sogar passieren, dass Ihnen Flüssigkeit entzogen wird. Am besten mischen Sie Wasser und Kohlenhydrate etwa im Verhältnis 3:1. Am schnellsten geht es mit Leitungswasser und Zucker: etwa 60 bis 80 Gramm, also 20 bis 25 Stück Würfelzucker, auf einen Liter Wasser. Als geschmackliche Alternative können Sie dem Wasser auch Fruchtsaft beimischen. Das hat gegenüber bereits gemischten Schorlen den Vorteil, dass Sie das Mischungsverhältnis selbst bestimmen können. In den Nährwertangaben auf der Flasche steht, wie hoch der Kohlenhydratanteil ist. Meistens beträgt er zwischen 100 bis 120 Gramm pro Liter – Vorsicht bei Traubensaft, da ist er noch höher. Schauen Sie auch beim Fruchtmix darauf, dass Sie etwa zwei- bis dreimal so viel Wasser wie Saft im Glas oder Ihrer Sportflasche haben, dann kommen Sie auch auf etwa 60 Gramm Kohlenhydrate pro Liter Flüssigkeit. Mehr können Sie kaum verstoffwechseln. Es sei denn, Sie sind Profi, dann schaffen Sie bis zu 90 Gramm Kohlenhydrate pro Stunde.

» **Alkohol trinken** Bier eignet sich nicht als Durstlöscher. Alkohol wird vor allen anderen Stoffen vom Körper verarbeitet, verzögert so die Regeneration und mindert den Trainingseffekt. Andererseits macht ein Gläschen Bier Spaß. Das gilt auch für Rotwein, der – in Maßen genossen – aufgrund seiner pflanzlichen Inhaltsstoffe wie Flavonoide, Polyphenole oder Phytoalexine gut ist für die Herzgefäße. Polyphenole sind auch in alkoholfreiem Weißbier enthalten, weshalb es laut einer Studie an der Technischen Universität München entzündungshemmend wirkt, Sauerstoffradikale abfängt und Bakterien tötet. Sie müssen jedoch nicht alles an Ihrem Sport medizinisch und wissenschaftlich sehen. Sie haben sich angestrengt und dürfen sich hinterher auch mal etwas gönnen.

» **Kaffee trinken** Ein, zwei Tassen Kaffee vor dem Laufen, und Sie fühlen sich energiegeladener. Coffein stimuliert Ihr Nervensystem, deshalb stand es jahrelang auf der Dopingliste *(siehe Kapitel 048, „Dopen")*. Der dubiose Ruf, den Kaffee unter Sportlern genießt, rührt aber vor allem daher, dass er dem Körper angeblich Wasser entzieht. Tatsächlich kurbelt Kaffee die Schweißproduktion an und wirkt harntreibend, allerdings nur bei Menschen, die selten welchen trinken und ihn nicht gewohnt sind. Problematischer ist für Läufer, dass Kaffee die Darmtätigkeit anregen kann. Weitere Vor- und Nachteile halten sich die Waage: Durch seinen hohen Gehalt an Antioxidantien stärkt Kaffee das Immunsystem und mindert das Risiko, an Diabetes und Herzleiden zu erkranken. Coffein fördert die Fettverbrennung und gilt als schmerzunterdrückend nach intensiven Laufeinheiten. Zusätzlich entspannt es die Atemmuskulatur, was insbesondere Läufer, die unter Asthma leiden, positiv spüren können. Menschen mit Arteriosklerose-Erkrankungen und Herzkrankheiten dagegen sollten vor dem Laufen keine größeren Mengen Kaffee trinken. Außerdem hemmt Kaffee die Eisenaufnahme aus der Nahrung. Alles in allem gibt es für Läufer keinen Grund, mit dem Kaffeetrinken aufzuhören. Aber auch keinen, damit zu beginnen.

051 — *SCHWANGER LAUFEN*

Schwangerschaften sind heutzutage seltener geworden. Frauen gebären hierzulande im statistischen Mittel nur noch 1,4 Kinder, vor 100 Jahren waren es etwa doppelt so viele. Dabei sind die Mütter bei der Geburt ihres ersten Kindes heute durchschnittlich etwa 30 Jahre alt. Schwangerschaften werden deshalb heute mehr als früher als Ausnahmezustand begriffen, der Tagesrhythmus einer schwangeren Frau ändert sich meist tiefgreifend. Das muss Sie als Läuferin nicht beunruhigen. Sie dürfen auch während der Schwangerschaft weiter trainieren. Dies empfiehlt sich sogar.

» ***Schwangerschaft planen*** Sollten Sie als Läuferin zwischen Ihren sportlichen Ambitionen und einem Kinderwunsch hin- und hergerissen sein, wäre das bedauernswert. Bedenken Sie, dass ein Kind eine Entscheidung fürs Leben ist – und für Ihren Lebenslauf nachhaltiger als eine neue Bestzeit auf Ihrer Lieblingsstrecke. Falls Sie Angst haben sollten, dass nach der Schwangerschaft nichts mehr so ist wie vorher, so können Sie zumindest bezüglich Ihrer Laufleistung beruhigt sein. In der Weltelite der Langstreckenläuferinnen gibt es reichlich schnelle Muttis. Etwa Ingrid Kristiansen: Die Norwegerin hatte ihre Schwangerschaft bis zum sechsten Monat nicht einmal bemerkt. Ihr war zwar bei den Crosslauf-Weltmeisterschaften übel geworden. Vor allem stieß ihr aber übel auf, dass sie nur 35. wurde. Erst daraufhin ließ sie sich untersuchen. Die Tatsache, dass sie Leistungssportlerin war, ließ bis dahin das Ausbleiben ihrer Regelblutung nicht weiter verwunderlich erscheinen; das kommt bei Frauen, die extremen Ausdauersport betreiben, durchaus vor, vor allem wenn ihr Bodymass-Index unter 18 sinkt. Sollte das auf Sie zutreffen, sollten Sie mit dem Lauftraining eventuell etwas kürzer treten und versuchen, etwas an Gewicht zuzulegen. Das verbessert Ihre Chancen auf eine Schwangerschaft.

» ***Schwanger werden*** Schwanger werden können Sie als Läuferin besonders gut. Denn durch die regelmäßige Bewegung wird Ihr Hormonhaushalt angeregt, was die Wahrscheinlichkeit einer Schwangerschaft erhöht. Noch besser: Ihr Partner ist auch Läufer *(siehe Kapitel 062, „Laufen und lieben")*. Die Gefahr dagegen, dass Sie Ihren Hormonhaushalt durch die viele Lauferei durcheinanderbringen, ist sehr gering.

» ***Schwanger weiterlaufen*** Auch während der Schwangerschaft können Sie bis zu einem gewissen, individuell verschiedenen Zeitpunkt weiter trainieren. Sechs Wochen vor und nach der Geburt können die wenigsten Frauen an Ausdauersport denken. Doch es gibt extreme Gegenbeispiele. Die 27-jährige Amber Miller lief 2011 in der 39. Schwangerschaftswoche den Chicago-Marathon. Im Ziel hatte sie nur wenig Zeit, sich auszuruhen. Kurz nachdem sie den Zielstrich nach knapp sechseinhalb Stunden überquert hatte, setzten die Wehen ein. Amber Miller nahm sich dann noch ein Sandwich, und ein paar Stunden später gebar sie ihre Tochter – ohne Komplikationen. Der Arzt, der Amber Miller auch während der Marathonvorbereitung betreute, hatte ihr von der Teilnahme nicht abgeraten. Mutter und Baby waren nach der Geburt wohlauf. Ulrike Maisch, Marathon-Europameisterin aus Rostock, ist ab dem siebten Monat nur noch täglich gewandert, weil ihr das Laufen schwerfiel. Bis zum achten Monat praktizierte sie noch Aquajogging. Die Spitzenläuferin warnt davor, die Leistungsfähigkeit in der Schwangerschaft zu überschätzen. Sie werden Ihre Leistungsgrenze sehr viel schneller erreichen, Steigungen und Treppen deutlich belastender empfinden. Die Marathon-Weltrekordlerin und zweifache Mutter Paula Radcliffe ist grundsätzlich der gleichen Meinung wie Ulrike Maisch. Sie rät: „Das Wichtigste während der Schwangerschaft: Hören Sie auf Ihren Körper!"

» Mehrkosten einplanen Die schnelle Radcliffe hat noch einen anderen Ratschlag parat – Training auf dem Laufband. Sie lief während ihrer Schwangerschaft selbst darauf, aber auf keinem gewöhnlichen. Es musste schon ein Antischwerkraft-Laufband sein. Auf diesem trug sie eine luftdicht abschließende Manschette um die Hüfte, an der eine das ganze Gerät einhüllende Plastikabdeckung befestigt war. In diesem Luftsack wurde der Luftdruck maschinell erhöht und das durch die Schwangerschaft gestiegene Körpergewicht ausgeglichen. Ursprünglich wurde das Gerät konzipiert für Reha-Patienten und Astronauten, die aus dem All zurückkehren. Von 20 bis 100 Prozent reicht die Gewichtsreduktion mit der Differenzluftdruck-Technologie. So lässt sich die Belastung für die Beine senken. Die Belastung für das Bankkonto steigt. Für die Anschaffung eines Anti-Erdanziehungs-Laufbandes müssen Sie etwa 30.000 Euro zurücklegen, das sollten Sie bei der Schwangerschaftsplanung berücksichtigen. Immerhin kommen noch weitere Mehrausgaben auf Sie zu. Zum Beispiel für ein neues Paar Laufschuhe. Durch die Schwangerschaft schwellen Ihre Füße an, Ihre alten Laufschuhe passen nicht mehr. Auch ein neuer, größerer Sport-BH wird fällig. Dass Sie andere Oberbekleidung benötigen, versteht sich von selbst. Zusätzlich sollten Sie beim Laufen einen Bauchgurt tragen, jedenfalls von dem Zeitpunkt an, an dem sich Ihr Bauch auszuwölben beginnt; einen ähnlichen Zweck erfüllen Produkte wie ein Baby-Sherpa oder ein Babybelt. Unbedingt brauchen Sie ein leistungsstarkes Handy, für den Fall, dass es beim Laufen losgeht oder Sie Probleme haben. Falls Sie kein Handy mitnehmen wollen, können Sie es alternativ wie Amber Miller in Chicago machen. Sie ließ sich beim Marathon in der 39. Schwangerschaftswoche von ihrem Ehemann begleiten.

» **Nach der Schwangerschaft laufen** Nach der Geburt sollten Sie nicht direkt wieder mit dem Laufen beginnen, Sie riskieren sonst eine Absenkung des Beckenbodens. Die Folgen des Geburtsvorgangs müssen vollständig auskuriert sein, und auch die hormonelle Umstellung bedarf einiger Zeit. Mit sechs bis acht Wochen sollten Sie rechnen. Auch danach sollten Sie nur sehr sanft anfangen, je nachdem, wie lange Sie in der Schwangerschaft pausieren mussten. Wilhelm Steinmann, Chefarzt in der Frauenheilkunde und selbst Marathonläufer, empfiehlt in dieser Zeit eine speziell angeleitete Gymnastik. Benutzen Sie beim Laufen ein Stützband um die Taille, um dem Bauch Halt zu geben. So lange Sie Ihr Neugeborenes stillen, sollten Sie es mindestens 45 Minuten nach dem Laufen nicht an die Brust setzen – Ihre Milch könnte sauer sein. Tests mit Säuglingen zeigten, dass die Muttermilch direkt nach dem Laufen mitunter nicht so schmackhaft ist und eher verschmäht wird. Einige Säuglinge verzogen regelrecht das Gesicht. Alles in allem kann Ihr Wiedereinstieg jedoch sehr schnell gelingen. Ingrid Kristiansen stieg nach der Geburt ihres Sohnes zügig wieder ins Training ein. Und kein halbes Jahr später lief sie bereits wieder einen Marathon – und verbesserte dabei ihre Bestzeit um mehr als zwei Minuten auf 2:27:51 Stunden. In den folgenden Jahren wurde sie übrigens noch schneller, stellte den 5.000-Meter-Weltrekord auf und lief die Weltbestzeit der Frauen im Marathon – erst mit 2:24:26 Stunden (London-Marathon 1984), dann verbesserte sie sich noch einmal auf 2:21:05 Stunden. Damit hat Ingrid Kristiansen erstmalig gezeigt, dass eine Schwangerschaft eine Leistungssteigerung nach sich ziehen kann. Weitere Beweise lieferten Irina Mikitenko und Kathrin Dörre-Heinig. Beide liefen ihre Marathonbestzeiten, nachdem sie Mutter geworden waren. Mediziner spekulieren über hormonelle Einflüsse als Grundlage für die Leistungsverbesserungen nach der Schwangerschaft und vergleichen diese sogar mit der positiven Wirkung des Höhentrainings:

Die Schwangerschaft provoziere ähnliche Bedingungen – erhöhtes Gewicht, gesteigerte Sauerstoffzufuhr und intensivere Stoffwechselprozesse.

BAUCHSCHMERZEN BEKÄMPFEN

» **Gleichmäßig trinken** Der Bauch kann Ihnen beim Laufen manchmal ganz schön Sorgen bereiten. Besonders bei hohem Tempo besteht die Gefahr, dass sich der Magendruck erhöht. Die Folge: Sie müssen in die Büsche. Das nervt gewaltig. Beim Laufen wird mit zunehmender Intensität das Blut aus dem Magen-Darm-Trakt in die am Laufen beteiligte Muskulatur abgezogen. Dadurch schaltet die Darmtätigkeit einen Gang herunter, der Magen schränkt die Verdauung und seine wasserentziehende Funktion ein. So bleiben die Inhalte von Magen und Darm sehr flüssig und gelangen unter der Erschütterung des Laufens schnell in den Enddarm. Die Erschütterungen sind dabei genau das, was das Laufen vom Radfahren oder Schwimmen unterscheidet. „Beim Laufen kann man Bauchschmerzen bekommen, beim Radfahren nie", sagte der mehrfache Ironmansieger Dave Scott einmal. Außerdem führt die vermehrte Ausschüttung von Endorphinen und anderen Stresshormonen, die beim Sport helfen, die Müdigkeit der Muskeln und Organe zu unterdrücken, zu einem Anstieg der Magensäure. Diese verstärkt ebenfalls die Darmbewegungen. Das Problem können Sie beheben, wenn Sie nicht zu viel auf einmal trinken. Nehmen Sie kleinere Schlucke über einen längeren Zeitraum zu sich, das entlastet Ihren Darm. Haben Sie einen sensiblen Magen, müssen Sie auch mit Sport- beziehungsweise Elektrolytgetränken vorsichtig sein. Nicht jeder verträgt die stark gesüßten Mixturen beim Laufen, und manche müssen dies unterwegs büßen. Durch den höheren osmotischen Druck des Sportgetränks wird sogar zusätzliche Flüssigkeit in Magen und Darm hineingezogen. Die Inhaltsstoffe des Energiegetränks bleiben bis zum Ende des Laufs im Magen liegen oder wollen oft genug schnell wieder unverdaut heraus. Das nennt man dann Übergeben. Ab und zu können Sie das im Ziel bei Marathonläufen beobachten.

» Leicht essen Essen Sie weniger Ballaststoffe. Auch auf scharfe, fette und sehr heiße Speisen sollten Sie verzichten. Spätestens wenn der Sonntagsbraten Ihnen beim Laufen zum dritten Mal aufstößt, wissen Sie, dass Sie den nächsten langen Lauf besser vor das Mittagessen legen sollten. Menschen sind schließlich keine Wiederkäuer, und Nahrung, die wir verschluckt haben, sollte ausschließlich im Magen weiterverarbeitet werden. Beachten Sie die Magenverweildauer von Speisen und Getränken. Diese hängt von verschiedenen Faktoren ab. Kohlenhydrat- und eiweißreiche Mahlzeiten werden leichter verdaut als fettreiche. Gekochte, gedämpfte und gedünstete Speisen verlassen den Magen eher als gegrillte, gebratene, überbackene und frittierte. Je geringer der Ballaststoffgehalt, desto zügiger die Magenpassage. Flüssige, feine und weiche Nahrung transportiert der Magen schneller in den Darm als feste, gröbere und härtere Speisen. Lebensmittel mit hohem Salz- oder Zuckergehalt werden langsamer verdaut als mit niedrigerer Konzentration.

» Tabletten nehmen Kriegen Sie Ihre Magenprobleme einfach nicht in den Griff, helfen als letzte Möglichkeit Kohlekompretten, also in Tablettenform gepresste Aktivkohlestücke gegen Durchfall. Die medizinische Kohle besteht aus verkohlten Pflanzenteilen, die im Darm gelöste Stoffe an sich binden. Darmbakterien und -giftstoffe werden von der Kohle aufgenommen und mit ihr ausgeschieden. Bei sehr hohen Dosierungen kann es aber auch zu Verstopfungen kommen.

» Seitenstechen lindern Meistens fühlen Sie das Seitenstechen im rechten Oberbauch, wobei die Schmerzen auch auf die linke Seite oder nach oben und unten ausstrahlen können. Die meisten Läufer nehmen an, dass ein zu voller Magen die Ursache dafür sei. Das stimmt aber nur beim Bergablaufen. Radrennfahrer oder Skilangläufer leiden nie unter Seitenstechen, obwohl sie vor und während längerer Wettkämpfe große Mengen fester und flüssiger Nahrung zu sich nehmen müssen.

Magen entlasten: Die inneren Organe hängen an einem Bandapparat, der wiederum an Ihrem Zwerchfell befestigt ist. Das Zwerchfell ist die Muskelplatte zwischen Bauchraum und Lunge, die für die Atmung zuständig ist.

Leber, Milz, Magen, Dick- und Dünndarm bilden ein mehrere Kilogramm schweres Gewicht, das an Ihrem Zwerchfell wie an einem dünnen Faden hängt. Im Unterschied zum Radfahrer zieht die beim Laufen auftretende Schwingung die inneren Organe bei jedem Laufschritt nach unten. Dazu kommt, dass Ihr Zwerchfell, um die Luft aus der Lunge zu pressen, bei jeder Ausatmung sprunghaft nach oben bewegt wird. Diese ständige Spannung kann einen schmerzhaften Krampf im Zwerchfell auslösen, den Sie als Seitenstechen erleben. Das häufige Auftreten von Seitenstechen auf der rechten Seite hat seinen Grund darin, dass die rechts sitzende Leber bei weitem das schwerste Organ im Bauchraum ist und daher am ehesten am Zwerchfell zieht.

Pause einlegen: Sollten Sie unterwegs von Seitenstechen überrascht werden, ist die erste und beste Behandlung, das Tempo zu verlangsamen oder eine Laufpause einzulegen, bis die Stiche abgeklungen sind. Sind Sie in einer Gruppe unterwegs und wollen Sie den Weg mit den anderen fortsetzen, versuchen Sie, mit der Hand auf die schmerzende Stelle im Bauch zu drücken. Sie verschaffen sich Erleichterung, wenn Sie synchron mit der Ausatmung diesen Druck wieder lösen.

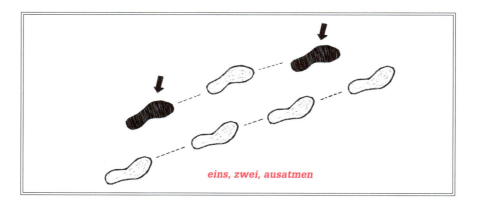

eins, zwei, ausatmen

Wegatmen: die Fortgeschrittenen-Methode, um Stiche zu lindern. Atmen Sie jeweils dann aus, wenn das Bein der nicht schmerzenden Seite auf dem Boden aufsetzt. Wenn also die rechte Seite schmerzt, versuchen Sie, immer dann auszuatmen, wenn der linke Fuß auf den Boden aufsetzt. Das ist nicht so einfach. Dazu gehört einige Konzentration auf Atmung und Schrittfolge. Wahrscheinlich ist es allein schon die Ablenkung, die bei dieser Methode Wunder wirkt. Und wenn sie nicht hilft, nutzen Sie den Trick des New-York-Marathonsiegers Alberto Salazar, der inzwischen Weltklassesportler trainiert: „Ich sage meinen Athleten immer: Nehmt die Daumen in die geschlossene Hand und konzentriert euch darauf, dann gehen die Stiche auch weg! Und es funktioniert. Keiner weiß, warum!"

» **Während der Menstruation trainieren** Frauen unterliegen größeren Schwankungen ihres Hormonhaushalts, insbesondere in der Menstruation. Trotzdem können Sie auch in dieser Zeit trainieren – es kommt nur darauf an, wie.

Woche 1: Zu Beginn der Regel fühlt sich jede zweite Frau schlapp, dann ist lockeres Training angeraten. *Woche 2:* Vor dem Eisprung steigt der Spiegel des Hormons Östrogen, viele Frauen fühlen sich jetzt besonders fit. Östrogen wirkt anabol, also aufbauend auf die Muskeln. Jetzt ist der ideale Zeitpunkt für intensive Läufe, anstrengende Einheiten und Kräftigungsübungen. Aber hören Sie dabei auf Ihren Körper. Falls Sie extrem viel laufen, produzieren Sie vermehrt das Hormon Prolaktin. Dies kann schlimmstenfalls sogar den Eisprung behindern, Ihre Östrogenproduktion hemmen und somit Ihre Fruchtbarkeit und die Stabilität Ihrer Knochen negativ beeinflussen. *Woche 3:* Nach dem Eisprung sinkt der Östrogenspiegel. Dafür steigt der Progesteronspiegel. Wassereinlagerungen und eine leicht erhöhte Körpertemperatur können die Folge sein und das Ausdauertraining erschweren, besonders bei warmen Temperaturen. Bindegewebe und Bänder sind nun etwas lockerer, die Verletzungsgefahr steigt. Laufen Sie vorsichtig. *Woche 4:* Die Hormonpegel sinken, es droht das prämenstruelle Symptom (PMS), sprich schlechte Laune, Bauchschmerzen und empfindliche Brüste. Das verdirbt Ihnen die Lust aufs Laufen, Ihr Leistungsvermögen sinkt. Raffen Sie sich trotzdem auf. Sport ist das beste Rezept gegen PMS. Laufen hebt Ihre Stimmung und entspannt.

» **Pille absetzen** Bestimmte Antibaby-Präparate können aufgrund ihres Östrogen- und Gestagen-Gehalts zu einer Wassereinlagerung von bis zu drei Litern führen. Dadurch nehmen Sie zu. Setzen Sie die Pille ab, verlieren Sie das zusätzliche Gewicht wieder – und laufen leichter und schneller.

SODBRENNEN LÖSCHEN

053

» **Alles ätzend finden** Ursache für Sodbrennen ist ein Rückfluss von Magensäure in die Speiseröhre. Dagegen ist diese normalerweise durch einen Muskel abgeschirmt. Ist dieser geschwächt, tritt der Magensaft, der unter anderem Salzsäure enthält, in die Röhre zurück. Die ätzende Säure ist im Magen dafür verantwortlich, dass die Nahrung schnellstmöglich zersetzt wird und in den Verdauungstrakt gelangt. Sie ist so aggressiv, dass selbst kleinste Anteile in der Speiseröhre Sodbrennen auslösen. Erstaunlicherweise treten die Beschwerden eher beim langsamen Laufen auf, selten bei schnellen Läufen oder Wettkämpfen. Oft entsteht Sodbrennen durch falsche Ernährungs- und Essgewohnheiten. Nicht alles, was Ihnen schmeckt, ist auch gut für Ihren Magen.

» **Hausmittel verwenden** Süße, fettreiche oder zu scharf gewürzte Speisen können vor einem Lauf zu übermäßiger Säureproduktion im Magen führen. Auch Coffein und Alkohol lösen solche Reize aus. Oder Hektik und Wettkampfstress schlagen Ihnen im wahrsten Sinn auf den Magen. Unter Stress wird zu viel Verdauungssaft produziert, sodass der pH-Wert sinkt und der Magen unangenehm sauer wird. Es gibt ein paar einfache Mittel dagegen:

Weißbrot: drei Stunden vor dem Lauf nichts oder nur noch ein Stück trockenes Weißbrot essen. **Kartoffelsaft:** Kartoffeln im Entsafter auspressen. Den Saft mit lauwarmem Wasser in einem Verhältnis eins zu zwei verdünnen. Empfohlene Tagesration: 100 Milliliter. Eine gute Alternative dazu ist Weißkohlsaft. Davon vertragen Sie auch größere Mengen. **Kräutertee:** langsam und nicht zu heiß trinken. Am besten eignet sich die Kamille, sie besänftigt die Magenschleimhaut am wirksamsten, aber ebenso gut sind Fenchel-, Minz-, oder andere Kräutertees. **Backpulver:** in einem Glas Wasser auflösen und trinken. Nach der Einnahme kann es allerdings zu Blähungen und Aufstoßen kommen, da bei der Reaktion des Pulvers mit Wasser Kohlendioxid entsteht. **Haferflocken:** zwei Hände voll gut durchkauen und nach und nach runterschlucken. Sollte Ihnen das zu trocken sein, dann können Sie die Flocken zuvor auch in etwas Tee oder lauwarmem Wasser leicht aufquellen lassen. **Kaugummi:** nach einer fettigen, scharfen Mahlzeit eine Stunde lang kauen.

» **In die Apotheke gehen** Wenn alles nichts nützt, müssen Sie zu Medikamenten gegen Sodbrennen, zu Antazida greifen. Sie sind gut verträglich und können auch problemlos vor oder während des Laufens genommen werden. Sie neutralisieren die Magensäure direkt im Magen. Der Prozess dauert nur wenige Minuten.

054 — BAUCHGEFÜHL ENTWICKELN

Jeder Lauf hat einmal ein Ende, aber ein Läufer bleiben Sie immer. Selbst, wenn Sie gerade nicht durch die Gegend rennen, können Sie etwas dafür tun, dass Sie schneller werden, Ihre Lauftechnik verbessern und weniger anfällig für Verletzungen sind. Stärken Sie Ihre Körpermitte. Zum Laufen benötigen Sie nicht nur Ihre Beinmuskulatur, sondern auch die Ihres Rumpfes, insbesondere die Bauch- und Rückenmuskeln. So dämpfen Sie den ständigen Aufprall beim Laufen, halten Ihren Oberkörper leichter gerade und beugen Rückenbeschwerden vor. Gönnen Sie sich regelmäßig fünf Übungen, idealerweise mindestens zweimal wöchentlich. Dazu brauchen Sie nicht einmal ein Fitness-Studio, Gewichte oder irgendwelche Geräte. Alltägliche Situationen und Ihr eigenes Körpergewicht reichen völlig aus. Achten Sie nur darauf, dass Sie die Bewegungen konzentriert ausführen und Ihre Wirbel- oder Lendenwirbelsäule nicht belasten. Für jede Übung gilt: dreimal zwölf Wiederholungen pro Körperseite. Ob Sie es richtig machen, merken Sie ganz einfach: Sie dürfen nur die Körperregion spüren, die Sie gerade trainieren wollen.

» **Der Lazarus** Der Wecker klingelt. Zeit, wieder aufzustehen. Richten Sie Ihren Oberkörper auf, halten Sie dabei Ihre Beine ausgestreckt auf der Matratze. Die Arme bleiben links und rechts am Oberkörper. Bauchmuskeln ständig angespannt halten. *Das bringt es:* für die mittlere Bauchmuskulatur. *Alternative:* Sie rollen aus dem Bett und trainieren auf dem Boden. Legen Sie sich auf den Rücken, stellen Sie Ihre Beine angewinkelt auf, heben Sie Kopf und Schultern leicht an und richten Sie den Oberkörper langsam auf. Nicht einknicken mit dem Kopf! Nacken gerade halten!

Kopf und Schultern bilden eine Linie. Die Hände legen Sie dabei über Kreuz auf Ihrem Schlüsselbein ab. Das nennt man Situps. Fortgeschrittene halten die Hände dabei auf Ohrenhöhe. Profis strecken die Hände hoch. Je weiter Sie die Hände von Ihrem Körper weghalten, desto mehr Gewicht müssen Sie mit Ihren Bauchmuskeln bewegen – desto schwieriger wird die Übung.

Querleser *Querschläger*

» **Der Querleser** Bleiben Sie seitlich ausgestreckt am Boden liegen und schlagen Sie die Tageszeitung auf, die Sie querlesen, während Sie weiter an Ihrem starken Rumpf arbeiten. Gehen Sie in den Seitstütz, also in seitliche Körperlage, stützen Sie sich auf einen Ellenbogen und den unten liegenden Fuß. Der andere Arm ruht locker am Körper. Achten Sie auf Körperspannung und eine gerade Körperlinie, dann heben und senken Sie Ihre Hüfte. Zwischendurch Zeitung umblättern nicht vergessen. **Das bringt es:** für die seitliche Bauchmuskulatur, eine stabile Hüfte und die umfassende Information über das Weltgeschehen. **Alternative:** der Querschläger. Gehen Sie in den Seitstütz. Dieses Mal bewegen Sie aber nicht die Hüfte auf und ab, sondern das obere gestreckte Bein in einer Grätschbewegung. Werfen Sie gleichzeitg noch den freien Arm wie zu einem Schlag quer nach oben.

» **Der Bankdirektor** Auf dem Weg zur Arbeit machen Sie Pause auf einer Parkbank. Legen Sie sich auf den Rücken, an einen der kurzen Ränder der Bank, aber nur bis zum Gesäß, so dass Ihre Beine abgewinkelt den Boden berühren. Jetzt ziehen Sie beide Beine gleichzeitig bis zum Bauch an. ***Das bringt es:*** für die unteren Bauchmuskeln. ***Alternative:*** der Bankdirektor nach dem Börsencrash. Sie trainieren ohne Parkbank. Legen Sie sich auf den Rücken, strecken Sie die Beine in Kerzenhaltung nach oben, die Arme liegen ausgestreckt am Boden. Heben Sie das Becken leicht an. Sie müssen sich keine Sorgen machen, dass Sie Ihren Anzug ruinieren. Sie brauchen ja sowieso keinen mehr.

» **Der Bückling** Falls Sie öfter mal vor Ihrem Chef auf die Knie gehen, haben Sie diese Übung besonders dringend nötig, denn sie stärkt Ihr Rückgrat. Gehen Sie von der knienden Haltung in den Vierfüßlerstand, also auf Knie und Hände. Strecken Sie nun abwechselnd den linken Arm und das rechte Bein beziehungsweise den rechten Arm und das linke Bein in die Waagerechte. ***Das bringt es:*** für den gesamten Rücken und das Gesäß. ***Alternative:*** der Untergeher. Legen Sie sich auf den Bauch und imitieren Sie Schwimmbewegungen im Bruststil mit Armen und Beinen. Heben Sie dabei auch Ihren Kopf leicht an, als müssten Sie ihn über Wasser halten. Für Fortgeschrittene: Kraul- statt Brustschwimmen. Ausgestreckte Arme und Beine gleichzeitig in Paddelbewegungen zügig auf- und abbewegen.

» **Der Elvis** Sie liegen auf dem Rücken, nur auf Ihren Schultern abgestützt, stellen Ihre angewinkelten Beine auf. Nun heben Sie Ihr Becken so, dass Ihre Oberschenkel und Ihr Rücken eine gerade Linie bilden, dann senken Sie Ihr Becken wieder. Welcher Alltagshandlung diese Bewegung entspricht, dürfen Sie sich selbst überlegen. ***Das bringt es:*** für Rücken-, Bauch- und Gesäßmuskeln. ***Alternative:*** die Embryonalhaltung. Sie liegen auf dem Rücken, heben Kopf und Beine an und ziehen die angewinkelten Knie mit Ihren Händen zu Ihrem Gesicht.

055 — BAUCHLANDUNG VERMEIDEN

» **Loser Schnürsenkel** Bei schnellem Tempo und großen Schritten sind sie akut weniger gefährdet, bei langsamem Tempo und kleinen Schritten dafür umso mehr. Ein Fuß gerät beim Aufsetzen in die Reichweite des offenen Senkels. Sie treten darauf und fixieren das Schuhband am Boden, während der Fuß mit dem offenen Senkel schon zum nächsten Schritt ansetzt – und Ihre Vorwärtsbewegung jäh stoppt. Außerdem können Sie mit dem offenen Schnürsenkel auch schnell mal irgendwo hängenbleiben. Um einen Sturz zu vermeiden, sollten Sie die Senkel schnellstens wieder zusammenbinden *(siehe Kapitel 087, „Schuhe binden").*

» **Stein** Der sprichwörtliche Stolperstein trägt seinen Namen nicht ohne Grund. Wenn Sie mit einem Fuß auf dem Stein landen und seitlich umzuknicken drohen, entlasten Sie das Bein reflexartig und fangen sich mit dem anderen Bein ab. Das seitliche Umknicken ist äußerst gefährlich für Ihre Außenbänder. Sie können zwar selbst bei einem Außenbandriss weiterlaufen – die anderen Bänder übernehmen die Haltearbeit – aber Ihr Fuß wird deutlich instabiler. Auf felsigem Untergrund sollten Sie eher auf dem Ballen und Mittelfuß laufen, statt mit der Ferse über den ganzen Fuß abzurollen. Machen Sie kürzere Schritte, damit Sie mit dem Fuß dichter unter Ihrem Körperschwerpunkt landen, so können Sie Ihr Gleichgewicht selbst beim Umknicken besser kontrollieren.

» **Schlagloch** Anders als der Stein, der eine unerwartete Erhebung darstellt, ist das Schlagloch eine unerwartete Vertiefung. Das Problem: Wenn Sie schon auf die Landung Ihres Fußes eingestellt sind, fällt er noch etwas tiefer. Ihre Balance kommt abrupt durcheinander. Entlasten Sie das ins Schlagloch tretende Bein schnellstmöglich, fangen Sie sich blitzartig mit dem anderen Bein ab. Günstigstenfalls geraten Sie nur ins Straucheln, schlimmstenfalls stürzen Sie. Je schneller Sie reagieren, desto besser.

» **Baumwurzel** Wenn Sie von einer Straße in ein Waldstück abbiegen, müssen Sie aufmerksamer laufen. Ihren zuvor umherschweifenden Blick sollten Sie jetzt auf das Terrain unmittelbar vor Ihnen richten. Scannen Sie den Boden ab. Erkennen Sie Wurzeln frühzeitig. Achten Sie auf Nadelbäume und Birken. Sie gehören zu den Flachwurzlern, ihre Wurzeln können gefährlich aus der Erde ragen. Auch Buchenwälder haben ihre Tücken. Die Gemeine Rotbuche hat einen mehrere Meter um den Stamm reichenden Wurzelhof. Wenn Sie Pech haben, stolpern Sie von einer Wurzel zur nächsten. Laufen Sie mit kurzen, lockeren Schritten, achten Sie auf einen höheren Kniehub als beim Straßenlauf, bei dem Sie die Füße dichter über den Boden führen. Drosseln Sie Ihr Tempo.

» **Bahnschwelle** Vor allem bei Nässe werden Bahngleise glatt wie Schmierseife. Sie müssen weniger das Stolpern als das Wegrutschen einkalkulieren. Treten Sie deshalb in die asphaltierten Gleiszwischenräume. Vermeiden Sie vor allem, mit dem Ballen auf die Bahngleise zu treten.

» **Zu dicke Mittelsohle** Laufschuhe werden als Unfall- und Verletzungsgrund unterschätzt. Dabei verhält es sich mit ihnen prinzipiell ähnlich wie mit High-Heels: Die hohe Mittelsohle wirkt wie ein Hebel. Sie knicken leichter um und können Ihr Körpergewicht nur noch schwer abfangen. Das Problem besteht allerdings hauptsächlich auf unebenem Untergrund, weniger auf der Straße. Deshalb ist ein wesentliches Kennzeichen von modernen Trailschuhen für den Offroad-Einsatz, dass sie flacher konstruiert sind. Orientierungsläufer, die mit Karte und Kompass quer durchs Unterholz jagen, nutzen extrem flache, robuste Trailschuhe. Die sind zwar wenig gedämpft, bieten aber einen direkteren, sichereren Bodenkontakt.

» *Stolperdraht* die fieseste aller Fallen. Bleiben Sie in einer Drahtschlinge hängen, werden Sie zu Boden gehen. Passen Sie vor allem beim Querfeldeinlauf über Truppenübungsplätze auf. Halten Sie hier ein Multitool bereit, ein handliches Multifunktionswerkzeug, mit dessen gehärteter Stahlzange Sie sich zur Not aus der Schlinge befreien und Ihren Dauerlauf fortsetzen können.

» *Im Falle des Fallens* Reagieren Sie schnell. Stützen Sie sich möglichst nicht mit den Händen ab. Versuchen Sie, Ihre Körperachse zu drehen, damit Sie nicht frontal auf dem Bauch landen. Führen Sie die Drehbewegung beim Landen weiter. So rollen Sie sich über Hand, Unterarm, Oberarm, Schulter und Rücken ab und nehmen, wenn Sie das Abrollen reflexartig beherrschen, den Schwung des Falls so mit, dass Sie in einer runden Bewegung gleich wieder auf die Beine kommen.

MIT HUNGER LAUFEN

Es gab einst einen Fitness-Papst namens Ulrich Strunz, der in den 1990er Jahren die Menschen auf unterhaltsame Art für das Laufen begeistern konnte. Er war ein begnadeter Redner und Motivator, aber auch ein erstklassiger Verkäufer seiner selbst und seiner Fitnesspillen und -ampullen *(siehe Kapitel 017, „Erleuchtung finden")*. Strunz wurde zur Marke, und da eine Marke unverwechselbare Botschaften braucht, kreierte er sie. „Laufen Sie morgens direkt nach dem Aufstehen, da Ihr Körper dann zwangsläufig an das Fett muss!", war eine seiner beliebtesten Forderungen. Er behauptete, dass der Körper ohne Frühstück keine Kohlenhydrate zur Energieverwertung habe und deshalb sofort mit der Fettverbrennung beginnen müsse.

» **Nicht frühstücken** Tatsächlich sind am Morgen die Glykogenvorräte der Leber verbraucht, eine mehr als 15-stündige Nahrungskarenz entleert sie sogar nahezu vollständig. Deshalb werden Sie einen raschen Blutzuckerabfall bemerken, wenn Sie morgens nüchtern laufen, es sei denn, Sie haben am Vorabend spät und viel gegessen. Die Folge des nüchternen Laufens ist eine schnellere Ermüdung im Training oder eine verminderte Leistung, insbesondere bei längeren Laufdistanzen. Außerdem fühlen Sie sich vielleicht insgesamt nicht so wohl beim Sport. Daran können Sie Ihren Körper allerdings schnell gewöhnen. Und nach ein paar nüchteren Morgenläufen werden Sie das neue Gefühl des zwar leeren, aber auch leichten Magens eventuell sogar genießen.

» **Leicht frühstücken** Auf nüchternen Magen können Sie nicht so schnell und lange laufen wie mit leicht gefüllten Energiespeichern – im Endeffekt verbrennen Sie also weniger Kalorien als wenn Sie bereits eine Kleinigkeit gegessen haben. Dies gilt nicht nur morgens, sondern auch mittags oder abends. Darüber hinaus profitieren Sie nach einem intensiveren Lauf von einem erhöhten Ruhestoffwechsel, der ebenso zu einem höheren Kalorienverbrauch im Vergleich zum Nüchtern-Lauf im schlappen Zustand beiträgt *(siehe Kapitel 046, „Abnehmen")*.

OHNE HUNGER LAUFEN

» **Vor dem Lauf** Ob und wann Sie vor dem Laufen etwas essen sollten, hängt von drei Faktoren ab: Der Länge Ihres Laufs, dem Tempo und Ihren Essgewohnheiten. Wenn Sie morgens vor der Arbeit nur eine halbe Stunde joggen gehen, brauchen Sie nicht unbedingt zu frühstücken. Wobei ein Toast mit Honig Ihre Verdauung nicht überfordert. Damit haben Sie Ihrem Magen eine leichte Aufgabe gestellt und gleichzeitig ausreichend kurzkettige Kohlenhydrate an Bord, um den Morgenlauf samt anschließendem Duschen ohne Hungerast zu überstehen. Danach werden Sie richtig hungrig sein: Ihr Frühstück haben Sie sich verdient, und Sie sollten es ernst nehmen. Wenn Sie abnehmen wollen, sollten Sie nicht beim Frühstück anfangen. Eine US-amerikanische Studie zeigt, dass diejenigen, die das Frühstück auslassen, eine vierfache höhere Wahrscheinlichkeit haben, übergewichtig zu sein. Denn wer auf den Imbiss am Morgen verzichtet, isst später vor lauter Hunger umso mehr. Vor einem Marathon ist das Frühstück ebenfalls wichtig, aber nicht entscheidend. Hier sollten Sie leicht Verdauliches zu sich nehmen und keine Experimente wagen. Noch wichtiger bei einem derart langen Lauf ist die Ernährung in den Tagen davor. Füllen Sie Ihre Energiespeicher. Ernähren Sie sich ausgewogen. Essen Sie sich satt, aber überfüllen Sie Ihren Magen nicht. Sonst ist er während des Rennens zu sehr mit der Verdauung beschäftigt, was Sie gewaltig ausbremsen kann.

» **Während des Laufs** Ihr Körper kann gut längere Zeit ohne feste Nahrung auskommen. Der Treibstoff wird Ihnen, rein rechnerisch gesehen, kaum ausgehen. Ein Kilogramm Körperfett entspricht etwa 7.000 Kilokalorien Energie. Bei flottem Lauftempo verbrauchen Sie grob geschätzt etwa zwölf Kilokalorien pro Kilogramm Körpergewicht in der Stunde. Beispielsweise benötigt ein 80 Kilogramm schwerer Läufer bei flottem Lauftempo etwa 960 Kilokalorien pro Stunde. Angenommen, er besitzt 15 Prozent Körperfett, entspräche das zwölf Kilogramm Fett, mithin 84.000 Kilokalorien, die locker für mehrere Marathons reichen würden. Das ist zwar bloße Theorie, denn Fettkalorien sind nicht ganz so leicht abrufbar, aber sie gibt Ihnen die ruhige Gewissheit, dass Sie für jeden noch so langen Dauerlauf genügend Energiereserven in sich tragen.

Dem Mann mit dem Hammer begegnen: Ihr Körper gibt seine Reserven nicht so gerne preis, deshalb meldet er sich frühzeitig mit einem Hungergefühl. Im Ausdauersport gibt es eine extreme Form davon: den Hungerast. Der überrascht Sie, wenn Sie gut trainiert sind, nach etwa 32 km: So lange reicht Ihr Energietank, der mit leicht verfügbaren Kohlenhydraten gefüllt ist. Danach muss Ihr Körper auf den Reservetank umschalten, das sind Ihre Fettreserven. Dazu benötigt der Organismus jedoch mehr Sauerstoff – und Sie werden plötzlich langsamer, weil Ihnen dieser Sauerstoff nicht mehr für die Muskulatur zur Verfügung steht. Marathonläufer haben dafür schöne Beschreibungen, sprechen vom „Mann mit dem Hammer" oder von „der Mauer", weil es sich tatsächlich so anfühlt, als liefen Sie gegen ein Hindernis.

Den Mann mit dem Hammer austricksen: Verhindern können Sie das Gefühl des leeren Tanks durch Training, weil es sich positiv auf Ihren Stoffwechsel auswirkt, und vor allem durch rechtzeitige Nahrungsaufnahme. Sie müssen Energie nachliefern. Wie und mit welchen Produkten, das sollten Sie im Training ausprobieren, also zum Beispiel, ob Sie eher Bananen oder Orangen, Energiegels, Energieriegel oder die mit Gummibärchen verwandten Energiegummis vertragen *(siehe Kapitel 022, „Laufend schlucken")*. Tests zeigen, dass bei Läufen ab etwa 100 Minuten Länge die Energieaufnahme Ihre Laufleistung verbessern kann. Je länger Sie laufen, desto wichtiger wird der Nachschub. Je nach Körperbau und Intensität des Laufs verbrennen Sie etwa 700 bis 1.000 Kilokalorien pro Stunde. Wie Sie diese Menge in sich hineinschaufeln, hängt von Ihrer Verdauung ab. Es spielt keine Rolle, ob Sie die Energie in flüssiger oder fester Form zu sich nehmen. Zum Vergleich: Ein Energieriegel enthält etwa 40 Gramm Kohlenhydrate; ein Energiegel, das Sie mit Wasser runterspülen, etwa 27 Gramm. In jedem Fall sollte Ihre Nahrung leicht verträglich sein und nicht zu viele Kohlenhydrate auf einmal beinhalten. Die Faustregel lautet: etwa 0,8 Gramm Kohlenhydrate pro Kilogramm Körpergewicht pro Stunde. Das sind zwischen 60 Gramm bei durchschnittlich Trainierten und 90 Gramm bei Spitzensportlern. Mehr geht nicht und liegt Ihnen nur im Magen. Achten Sie auf eine Mischung der Energielieferanten. Die üblichen Riegel liefern die Energie in Form von Glukose, wenn Sie dazu noch Energie in Form von Fructose zu sich nehmen, können Sie Ihre Energieaufnahme leichter auf bis zu 90 Gramm Kohlenhydrate pro Stunde steigern. Je flüssiger die Nahrung, desto leichter ist ihre Verwertung im Magen. Mit 18 Bananen im Bauch wird Ihnen das Laufen eher etwas schwer fallen.

Lob der Banane

Laufdauer	Energienachschub für einen 75 kg schweren Läufer
30 min	0,4 l Energiegetränk oder 1 Banane
60 min	2 Energiegels oder 2 Bananen
90 min	1 Energieriegel, 1 Energiegel, 5 Energiegummis oder 3 Bananen
2 Stunden	2 Energieriegel, 1 Energiegel, 4 Energiegummis oder 4 Bananen
3 Stunden	2 Energieriegel, 3 Energiegels, 4 Energiegummis oder 6 Bananen
4 Stunden	4 Energieriegel, 3 Energiegels, 4 Energiegummis oder 8 Bananen
5 Stunden	4 Energieriegel, 5 Energiegels, 3 Energiegummis oder 10 Bananen
9 Stunden	8 Energieriegel, 7 Energiegels, 8 Energiegummis oder 18 Bananen

Das ist drin: Energiegetränk (0,25 l, 80 kcal): sechs bis acht Gramm Kohlenhydrate auf 100 Milliliter Wasser Energiegummis (pro Stück 25 kcal): pro Stück etwa 4,5 Gramm Kohlenhydrate Energiegels (40-Gramm-Packung, 110 kcal): 27 Gramm Kohlenhydrate Energieriegel (55-Gramm-Packung, 200 kcal): 40 Gramm Kohlenhydrate Banane (130 Gramm, je nach Reifegrad zwischen 80 und 120 kcal): 30 Gramm Kohlenhydrate

» **Nach dem Lauf** Jetzt müssen Sie Ihre Energiespeicher wieder auffüllen. Dabei befolgen Profis klare Ernährungsregeln: Sie greifen zu einer genau austarierten Menge an Kohlenhydraten, Proteinen, Mineralien, gerne verpackt als „Recovery"-Pulver und -Riegel. Aber im Grunde ist es ganz einfach: Wer sich wochenlang entbehrungsreich auf einen Wettkampf vorbereitet hat, dann alles gegeben und Tausende Kalorien verbrannt hat, kann in sich hineinschaufeln, was er will. Falls Sie schon auf den letzten Kilometern des Rennens von Ihrer lukullischen Belohnung phantasieren, von einem Eis, einer kühlen Cola, von einer fett belegten Pizza oder einer schönen Currywurst mit Pommes – dann stehen Sie zu Ihren Gelüsten. Hauen Sie rein *(siehe Kapitel 049, „Geheimrezepte ausprobieren").*

SICH ERLEICHTERN

058

Sie müssen beim Laufen auf die Toilette. Ein menschliches Bedürfnis. Kein Problem eigentlich: stehen bleiben, stilles Örtchen aufsuchen und laufen lassen. Ganz so einfach ist es dann aber doch nicht. Sie finden nicht immer so leicht einen geeigneten Ort. Ein kleineres Bedürfnis ist leichter loszuwerden als ein größeres. Männer haben es einfacher als Frauen. Und wenn Sie mal während eines Wettkampfs müssen, gilt es abzuwägen: Wie viel Zeit kostet die Erleichterung, wie viel Druck können Sie noch aushalten?

» Laufen lassen Tief im Wald pinkelt es sich einfacher als im Stadtzentrum. Je einsamer die Laufstrecke, desto weniger problematisch ist es, wenn Sie unterwegs aufs Klo müssen. Grundsätzlich sollten Sie auch im Wald nicht direkt an den Weg machen, sondern mindestens zehn Meter weit ins Unterholz gehen. Putzen Sie sich besser mit natürlichem Gewächs ab als mit Papier, so schonen Sie die Umwelt. Natur wird eher wieder zu Natur. Achten Sie darauf, dass Ihnen keine Spaziergänger oder andere Läufer beim Geschäft zugucken müssen beziehungsweise können. Suchen Sie Blickschutz hinter einem Baum oder Gebüsch. Sind Sie fertig, machen Sie vor dem Säubern erst einen großen Schritt nach vorne. Ziehen Sie sich komplett an und nesteln Sie nicht noch lange an Ihrer Hose herum, wenn Sie in Sichtweite von Passanten plötzlich aus dem Unterholz brechen. Überprüfen Sie vor dem Neustart ins Laufen, ob Sie nichts liegen gelassen oder aus Ihren Taschen verloren haben, etwa Handschuhe, Mütze, Schlüssel. Wenn Sie mitten in der Stadt laufen, nehmen Sie etwas Kleingeld mit, falls Sie eine öffentliche Toilette aufsuchen und dafür etwas bezahlen müssen. Alternativ bieten sich die Toiletten von Cafés, Fast-Food-Restaurants oder Kaufhäusern an.

Die Pinkel-Matrix Der amerikanische Laufjournalist Mark Remy hat sich intensiv damit beschäftigt, wann Sie es im Notfall wo laufen lassen dürfen – eine komplexe Problemstellung, abhängig von der Dringlichkeit und der Bevölkerungsdichte. Seine Matrix würde, auf Deutschland bezogen, in etwa so aussehen:

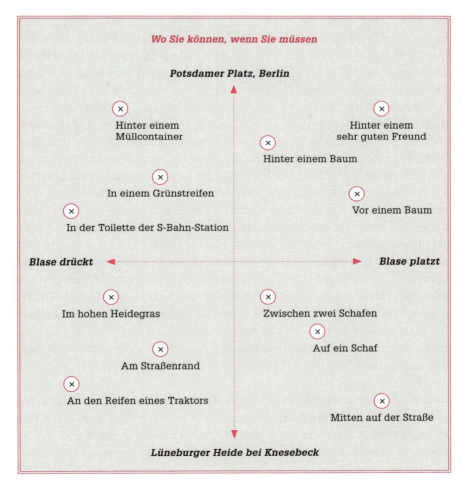

» **Abwägen** Vor dem Wettkampf sollen Sie viel trinken, damit Sie gut hydriert an den Start gehen. Während des Rennens sollen Sie viel trinken, damit Sie nicht dehydrieren. Da kann es durchaus sein, dass unterwegs die Blase drückt. Schlimmer noch: Sie haben außerdem viel gegessen, damit Ihnen unterwegs die Energie nicht ausgeht. Irgendwann ist alles verdaut, rumpelt bei höchstem Tempo in Ihrem Magen und will raus. Ihr Dilemma: Wenn Sie stehenbleiben und sich erleichtern, verlieren Sie wertvolle Zeit. Wenn Sie nicht stehenbleiben, müssen Sie sich quälen und verlieren dadurch auch Zeit. Welche Entscheidung ist also sinnvoller? Sind es nur noch wenige Minuten bis ins Ziel, erübrigt sich jeder Gedanke ans Austreten. Sie kneifen die Pobacken zusammen und schauen, dass Sie schnellstmöglich über den Zielstrich gelangen. Nirgends stehen mehr Toiletten zu Ihrer Verfügung als dort. Ist der Weg bis ins Ziel noch weit, überlegen Sie, wo ein geeignetes Örtchen für den Toilettengang wäre. Fragen Sie Mitläufer oder Streckenposten, wo die nächsten Veranstaltungstoiletten stehen. Überlegen Sie, ob Sie vielleicht auch Streckenabschnitte vor sich haben, auf denen Sie Ihr Geschäft problemlos am Rand machen können. Sehen Sie Restaurants oder Cafés, die sich dazu anbieten? Dann nutzen Sie lieber diese, denn an den offiziell ausgewiesenen Toiletten stehen Sie nicht als einziger an. Die Schlangen sind meist lang und kosten zusätzlich Zeit. Bei einer durchschnittlichen Pinkelpause gehen nur 30 Sekunden Zeit verloren, beim Toilettengang ohne Wartephase sind es maximal 1:30 Minuten. Das ist überschaubar. Dagegen kostet Sie ein massiver Blasen- oder Magendruck viel mehr Zeit. Durch den Druck müssen Sie Ihre Unterleibsmuskulatur unverhältnismäßig anstrengen. Das geht auch zu Lasten der Laufökonomie und kostet Sie auf jedem Kilometer mehrere Sekunden. Dazu kommt, dass die Beschwerden Sie auch demoralisieren.

» **Hand anlegen** Zählen Sie sich schon fast zu den Laufprofis, also zu denen, die mit dem Laufen Geld verdienen und für die jede Sekunde kostbar ist, dann sollten Sie vermutlich ähnlich ungeniert mit Ihrem Magendruck umgehen, wie Ihre Vorbilder. Dass es Radprofis unterwegs im Sattel laufen lassen, ist kein großes Geheimnis. Weltklasseläufer tun dies auch. Beim Laufen ist dies allerdings physisch schwieriger, da eine Entspannung der Blasen- oder Gesäßmuskeln der Anspannung der am Laufen beteiligten Muskeln widerspricht. Es würde zu weit führen zu empfehlen, diese Entspannung zu trainieren. Dazu gehören auch der unbedingte Siegeswille und eine spezielle Rennsituation. Paula Radcliffe kauerte sich 2005 beim London-Marathon vor laufenden Fernsehkameras an einer Verpflegungsstelle kurz hin, zog die Hose im Schritt beiseite und ließ es laufen, rannte weiter und gewann überlegen in 2:17:42 Stunden – in der drittschnellsten je von einer Frau gelaufenen Zeit der Welt. Der Zwischenstopp hatte keine 15 Sekunden gedauert, war aber „die allergrößte Erleichterung", wie Radcliffe im Ziel sagte. Schlimmer erging es der deutschen Weltklasseläuferin Uta Pippig auf Ihrem Weg zum Sieg beim 100. Boston-Marathon 1996. Pippig hatte Menstruationsprobleme und Magenbeschwerden, aber keine Zeit zu verschwenden, denn es ging um den ersten Platz beim historischen Geburtstag des Laufklassikers. Nach 37 km lag sie noch 200 m hinter der Siegerin des New-York-Marathons, Tegla Loroupe, dann überholte sie die Afrikanerin und gewann mit wenigen Sekunden Vorsprung. Auf der Zielgeraden war Pippigs Malheur aber nicht mehr zu übersehen. In Decken gewickelt wurde Sie hinter dem Zielstrich sofort zu einem Toilettenwagen geführt. „Es war der blanke Horror, aber irgendwann habe ich die Gedanken an meine Probleme ausgeschaltet und nur noch an den Sieg gedacht", sagte Uta Pippig Jahre später. Angesprochen wurde sie auf die Probleme aber nur von der Fachpresse, ansonsten wurde das Ganze einfach diskret ignoriert. Geschickter machte es so gesehen der deutsche Marathonläufer Werner Dörrenbächer auf seinem Weg zum Deutschen Rekord 1980 in Essonne bei Paris. Als es ihn unterwegs im Magen drückte, schob er kurzerhand seine Finger unters Gesäß und warf den Ballast unbesehen an den Straßenrand. Am nächsten Verpflegungsposten reinigte er im Vorbeilaufen noch seine Hand und war nach 2:12:22 Stunden überglücklich im Ziel. Dörrenbächer hatte etwas Falsches gegessen, so etwas sollte ihm daraufhin nie mehr wieder passieren.

» **Pflanzen pflücken** Der Umwelt zuliebe sollten Sie sich bei einem dringenden Bedürfnis mit natürlichen Materialien behelfen. Die Größe der Pflanzenblätter eines Erdteils hängt stark mit dem dort vorherrschenden Klima zusammen. Deutschland liegt in der gemäßigten Klimazone Mitteleuropas und ist ein Land der mittelgroßen Blätter. 60 bis 80 Prozent unserer Baumblätter sind weder besonders groß noch besonders klein, also gerade richtig und schön handlich. Da hat die hiesige Laufszene gerade nochmal Glück gehabt. Große Blätter gibt es vor allem in Osteuropa, wo kontinentales Klima herrscht. Unpraktisch kleine Blätter hängen am häufigsten an den Bäumen des Mittelmeerraums.

Die sanftesten Blätter

Rhabarber (Rheum rhabarbarum): Sind Sie vornehmlich auf dem Land unterwegs, am Rande der Städte, bringen Sie Ihren Allerwertesten durch die Anmut der großen, mehrlappigen Blätter des Rhabarbers wieder zum Strahlen. Ein leichter Hopser über den nächsten Gemüsegartenzaun, ein schneller Griff, und schon halten Sie 200 Quadratzentimeter saftigster Wischmasse in Ihrer Hand. Die großen Blätter sind eins, zwei, drei auch zu mehrlagigen Varianten gefaltet, so dass Sie selbst groben Schmutz wieselflink beseitigen können. Die Stile haben eine 1a abführende Wirkung, deshalb gilt bei Verstopfungen: oben kauen, unten drücken.

Kastanie (Castanea): Lieben Sie das urbane Laufen, suchen Sie die Königin unter den städtischen Wischblättern, die Kastanie. Fünf Blatt auf einen Streich an einem Stielchen, ein jedes portionsgerecht und formschön länglich-elliptisch – etwa 25 cm

Pracht. So handlich, so praktisch ist nicht einmal das papierne Vorbild. Und hocken Sie zur richtigen Jahreszeit unterm Baum, da wird Ihnen nie langweilig, denn die runden, braunen Nussfrüchte sind für allerlei lustigen Zeitvertreib gut.

Huflattich (Tussilago farfara): Laufen Sie bevorzugt in der Natur, auf Wald und Wiesenwegen, lassen Sie sich von den leicht behaarten und großflächigen Blättern des Huflattichs entzücken. Dieser weiche Wisch! Dieser sanfte Strich! Die Blüte strahlt außerdem einen betörend feinen, leicht honigartigen Duft aus, der jedes WC-Raumparfüm übertrumpft.

» Klo mieten Sie wollen in freier Natur nicht müssen müssen? Dann lassen Sie sich doch an Ihren wirklich wichtigen Lauftagen ein portables Toilettenhäuschen an Ihrer Laufrunde aufstellen. Zahlreiche Vermieter bieten mobile Klos an. Die Konditionen sind allerdings recht unterschiedlich. Ein Vergleich lohnt sich. Lieferung, Auf- und Abbau und Endreinigung sollten im Preis inbegriffen sein. Bei guten Anbietern gibt es einen Wochenendtarif, so können Sie die Toilette beim Samstags- und Sonntagstraining nutzen. Ein vernünftiges Klo für drei Tage bekommen Sie schon ab ungefähr 100 Euro.

» Luxus-Klo mieten Falls Sie auch im Wald auf einen gewissen Komfort im WC nicht verzichten wollen, bedienen Sie sich im hochpreisigeren Segment. Mieten Sie zum Beispiel den „Superior Line Sanitärcontainer", laut Hersteller „mit exklusiver Ausstattung in modernem, zeitgemäßen Design. Passend zu allen Veranstaltungen, die hohe Ansprüche an die angemietete Ausstattung haben". Für Wasser- und Stromanschluss müssen Sie selbst sorgen. Drei Tage Superior-Pinkeln kosten Sie 15.000 Euro. Aber dafür kriegen Sie schließlich auch etwas für Ihr Geld:

Damen-Version: 4 WCs (deckenhohes Trennwandsystem mit integrierter LED-Besetztanzeige), 2 Waschtische (berührungslose Armaturen mit Infrarotsensor) *Herren-Version:* 2 WC-Kabinen (deckenhohes Trennwandsystem mit integrierter LED-Besetztanzeige), 4 Urinale (berührungslos), 2 Waschtische (berührungslose Armaturen mit Infrarotsensor) *außerdem:* Elektrofußbodenheizung / Luftheizer, Klimaanlage, LED-Lichtkonzept mit Waschtisch- und Bodenbeleuchtung, 46-Zoll-LED-Display mit integriertem PC, Bose-Soundsystem, Seifenspender, Papierhandtuchspender, Beduftungsanlage, Außenfassade Kassettenblech Weißalu mit hinterleuchtetem Piktogramm.

» Klo selber bauen *Sie brauchen:* 1 großen Eimer mit Henkel und Deckel, 1 Plane, ca. 10 Liter Wasser, 1 Besenstil / Ast *Sie bauen:* Das Wasser in den Eimer geben. Den Besenstil in den Boden neben den Eimer rammen. Die Plane über den Besenstil werfen. Diese dient dann als Sicht- und Wetterschutz. Hocken Sie sich unter der Plane auf den Eimer. Legen Sie den Deckel nach dem Geschäft auf den Eimer und tragen Sie den Eimer nach dem Lauftraining ins Unterholz. Schütten Sie ihn dort aus.

059 — SICH BESCHWEREN

Haben Sie sich schon einmal gefragt, warum viele Menschen ausgerechnet am Bauch zunehmen, egal ob durch übermäßiges Essen, Trinken oder während der Schwangerschaft? Ihr Schwerpunkt liegt im Körperzentrum, etwa eine Handbreit unterhalb Ihres Bauchnabels. Hier stören die Speckrollen am wenigsten – weiter oben würden sie Sie viel leichter aus dem Gleichgewicht bringen. Ebenso verhält es sich mit der Schwangerschaft: Ein zusätzliches Gewicht ist am besten nahe des Körperschwerpunkts, also im Bauch, untergebracht. Wenn Sie laufen, kommt es physikalisch gesehen allein auf die Bewegung dieses Schwerpunktes an. Den wollen Sie von A nach B transportieren. So schnell wie möglich, so weit wie möglich, so vergnüglich wie möglich. Deshalb sollten Sie sich gut überlegen, wie sich Ihr Körperschwerpunkt verändert, wenn Sie sich beschweren.

» **Mit einer großen Flasche** Die Unsitte kommt aus Amerika, denn viele Läufer fürchten, sie könnten während einer kurzen Joggingrunde durch den Park verdursten und führen deshalb eine Wasserflasche mit. Aber in der Hand getragen, verschiebt das Gewicht der Wasserflasche den Körperschwerpunkt zu einer Seite; vielleicht nur wenige Millimeter, aber das reicht. Die Wasserflasche bringt rechte und linke Körperhälfte in ein Ungleichgewicht. Resultat: Der Armschwung auf der Seite der Wasserflasche erfolgt nur noch gebremst. Das führt zu einer ungleichen, unrhythmischen und verkrampften Laufhaltung *(siehe Kapitel 039, „Schwung holen" und 042, „Schmuck tragen")*.

» **Mit vielen kleinen Flaschen** Statt einer Wasserflasche in der Hand tragen Sie einen elastischen Gürtel, einen Trinkgurt, der mehrere Plastikfläschchen aufnimmt und ein bisschen an den Patronengurt eines Sheriffs erinnert. Dafür sollte man Ihnen einen Stern an die Brust heften, denn physikalisch betrachtet stört das gleichmäßig rings um die Hüften verteilte Mehr-Gewicht am wenigsten und ist damit die cleverste Lösung. Achten Sie beim Leeren der Fläschchen ebenfalls auf gleichmäßige Verteilung, sonst rutscht Ihnen der Gurt zu einer Seite runter.

» **Mit einem Trink-Rucksack** Beim Laufen mit Rucksack sollten Sie unbedingt auf ein spezielles Läufermodell achten. Diese sind eher flach konstruiert und in enge Innenfächer unterteilt, damit die Last dicht am Körper sitzt, somit dichter am Körperschwerpunkt. Die Träger sind breiter, gepolstert und anatomisch geformt, dazu leicht elastisch, damit sie das schwingende Gewicht am Rücken etwas abfedern. Je mehr sich der Rucksack bewegt, desto mehr stört er die Laufbewegung; deshalb sind Alltagsrucksäcke ungeeignet. Läufer mit Rucksack entwickeln oft einen Schlappschritt: Sie vermeiden die Sprungbewegung und jegliches Auf und Ab und führen stattdessen mit steifem Rücken und in kurzen, flachen Schritten die Füße nach vorne, um das Wippen des Rucksacks zu vermeiden. Beim Trinkrucksack kommt das Schwappen der Flüssigkeit in der Trinkblase dazu: Diese wird im Rucksack befestigt, per Trinkschlauch können Sie während des Laufens trinken. Sie sollten die Menge der mitgeführten Flüssigkeit aber stark am Bedarf ausrichten und überflüssigen Ballast vermeiden (siehe Kapitel 036, „Ein breites Kreuz haben").

» **Mit einer Weste** Eine Gewichtsweste wird meist mit einzelnen Bleielementen bestückt. Mit zunehmender Anzahl wird das Laufen beschwerlicher. Kraftsportler steigern so ihren Trainingsreiz. Bisweilen trainieren sogar Läufer mit Gewichtswesten, vor allem Profis, die über die Sprintdistanzen starten, wie die tschechische Ausnahmeathletin Jarmila Kratochvilova. Von ihr sagt man, dass sie den 800-Meter-Sprint erfand: 1983 stellte sie in München den noch heute gültigen Weltrekord von 1:53,28 Minuten auf. Es heißt, dass Kratochvilova zum Krafttraining mit einer zehn Kilogramm schweren Bleiweste durch ein knöcheltief mit Wasser gefülltes Becken lief – und dabei, wie ihr ehemaliger Trainer Miroslav Kvac berichtet, auch noch eine Gasmaske trug!

» **Über andere** Als Läufer ecken Sie auch mal an, vor allem im Wettkampf mit anderen Läufern. Aber auch ohne direkte Berührung haben Sie das Recht, sich zu beschweren. Etwa über Konkurrenten, die sich von außen Hilfe geben lassen. Wie Herbert Steffny einst beim Frankfurt-Marathon, als er sich unterwegs regelwidrig von seiner Frau vom Motorrad aus verpflegen ließ. Die anderen Läufer beschweren sich zu Recht über ihn, aber nicht auf offiziellem Wege, so durfte er sich als Sieger feiern lassen. Derartige Verstöße kommen schon mal vor, oft geht es dabei auch um Abkürzungen, Behinderungen oder Vorteilnahmen. Profis beschweren sich heute auch oftmals über die Verletzung ihrer Intimsphäre, etwa wenn sie andauernd für Dopingtests zur Verfügung stehen müssen. Geringe Erfolgsaussichten hat dagegen eine Beschwerde über zu schnell laufende Konkurrenten, wie einmal von Sabrina Mockenhaupt in einem Interview nach einer Europameisterschaft geäußert: Die anderen Läuferinnen seien auf einmal einfach schneller geworden. Für zu langsames Laufen musste Mockenhaupt sich allerdings selbst einmal eine Beschwerde anhören, nämlich von ihrer Mannschaftskollegin Irina Mikitenko. Bei den Europameisterschaften 2006 war Mockenhaupt über die 10.000-Meter-Distanz bis zur Schlussrunde beständig im Windschatten von Mikitenko gelaufen – und hatte diese dann im Spurt überholt. Mikitenko beschwerte sich daraufhin über das nicht sehr sportliche Mannschaftsverhalten. Angeblich hatte sie Mockenhaupt mehrfach aufgefordert, auch mal die Geschwindigkeit vorzugeben, doch diese habe ihr signalisiert, dass sie nicht könne. „Aber warum konnte sie dann auf einmal auf den letzten 200 Metern?", fragte die verärgerte Mikitenko. Der Leichtathletik-Verband war von der Auseinandersetzung gar nicht erfreut und bat zum Schlichtungsgespräch. Heute trainieren die beiden Sportlerinnen sogar ab und zu zusammen, Freundinnen sind sie dennoch nicht geworden. Um eine offizielle Beschwerde bei einem Wettkampf einzulegen, müssen Sie meist eine Geldsumme beim Veranstalter hinterlegen. Das Geld bekommen Sie nur zurück, wenn Ihre Beschwerde gerechtfertigt ist.

060 — KEINE BLÖSSE GEBEN

Es kann durchaus eine komplexe Entscheidung sein, ob Sie in kurzen oder langen Hosen vor die Tür treten. Es kommt nicht nur auf Ihre Kälteempfindlichkeit, sondern auch auf Ihr ästhetisches Empfinden und den Kulturraum an, in dem Sie sich bewegen *(siehe Kapitel 038, „Anderen begegnen")*. Stellen Sie sich doch erst einmal ein paar selbstkritische Fragen.

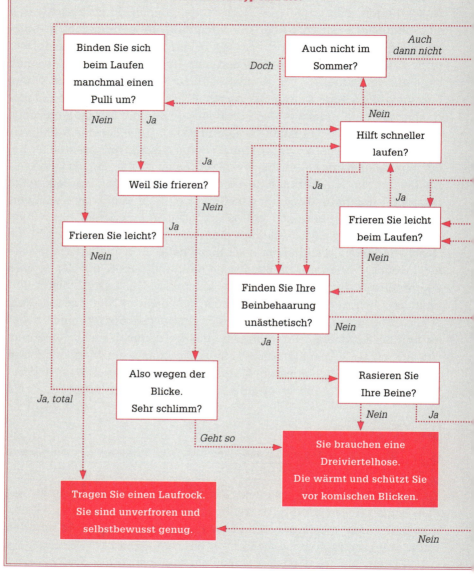

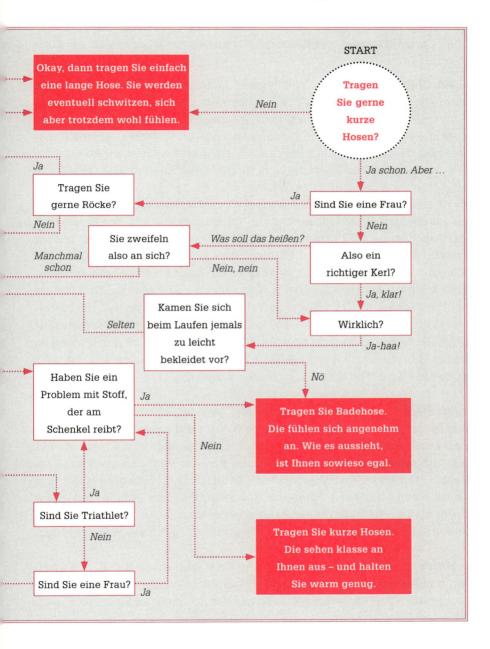

061 GESCHMEIDIG BLEIBEN

» Mit Gleitmitteln „Einen Wolf laufen" nennt man das Aufscheuern von Hautpartien – entweder, weil zwei feuchte Hautstellen aneinander reiben, oder weil Stoff die Haut aufscheuert. Der Begriff kommt vermutlich daher, dass die wunde Stelle schmerzen kann wie ein Wolfsbiss. Am anfälligsten sind die Oberschenkelinnenseiten. Aber wund scheuern können Sie sich auch unter den Oberarmen, in den Achselhöhlen, in der Gesäßfalte oder zwischen den Zehen. Je feuchter eine Hautstelle ist, an der es reibt, desto schneller ist sie wund. Kommt die Feuchtigkeit vom Schwitzen, was meistens der Fall ist, schmerzen die feinen Salzkristalle des Schweißes zusätzlich in den Schürfwunden. Falls Sie dieses Problem öfter haben, cremen Sie Ihre Oberschenkelinnenseiten und Achseln vorbeugend mit Vaseline ein. Die Alternative ist Hirschtalg. Der hält länger auf der Haut als Vaseline, was vor allem bei langen Läufen angenehm ist. Und anders als Vaseline ist das Mittel aus natürlichen Stoffen hergestellt. Er hinterlässt allerdings hartnäckigere Flecken in der Bekleidung als Vaseline. Für die Füße reicht meist Fußpuder, um die Zehenzwischenräume trocken zu halten. Für den Schutz der Gesäßritze ist für den Erwachsenen gut, was auch dem Kleinkind nützt: klassischer Babypuder.

» Mit Stoff Baumwollbekleidung irritiert die Haut schneller als Funktionsfasern, denn sie saugt sich mit Schweiß voll, wird nass und rau *(siehe Kapitel 034, „Richtig chillen")*. Außerdem reibt lockere, schlabbrige Kleidung eher als eng anliegende. Eine Kurztight, die eng am Bein und im Schritt anliegt, rutscht und reibt nicht, weite Shorts schon. Überprüfen Sie Ihre Laufkleidung auf harte Nähte an den neuralgischen Stellen. Unter der Tight sollten Sie, wenn überhaupt etwas, dann einen Sportslip tragen, keine Baumwollunterhose, keine Boxershorts, auch keinen Stringtanga.

» Mit dem Rasierer Ambitionierte Rennradfahrer erkennen Sie sofort an ihren rasierten Beinen. Es gibt zwei Gründe dafür: Zum einen haben sie in glattem Zustand weniger Luftwiderstand, zum anderen verkleben Wunden nicht so stark, die sie sich bei einem etwaigen Sturz zuziehen können. Beim Laufen gilt beides in etwas abgeschwächter Form genauso. Bei Sprintern und Mittelstrecklern ist die Rasur der Beine sowieso verbreitet. Bei ihnen spielen Tempo und Luftwiderstand eine größere Rolle als beim Dauerläufer. Aber auch für den ist die Rasur vorteilhaft. Überall, wo Haare sitzen, ist die Reibung bei Feuchtigkeit größer, und somit auch die Wahrscheinlichkeit, dass Sie sich wund scheuern. Viele Frauen rasieren ihre Beine regelmäßig, wenn auch vor allem aus optischen Gründen. Auch als Mann, der oft längere Strecken läuft, sollten Sie eine Komplettrasur erwägen.

» **Mit Bewegung** „Wie geht's Deinen Knien?" Vermutlich wurde diese Frage auch Ihnen schon mehrmals gestellt. Mit einem neunmalklugen, leicht spöttischen Unterton. Von Leuten, die keine Ahnung vom Laufen haben, aber dafür eine ganze Menge Vorurteile. Zum Beispiel jenes, dass Sie beim Laufen angeblich Ihre Gelenke schädigen, die als Stoßdämpfer des Körpers herhalten müssen, und dadurch Arthrose bekommen. Da bei Arthrose jede intensive Bewegung wehtut, denken viele, dass das Laufen die Ursache dafür sei. Aber wenn Sie vernünftig laufen, also korrekt angepasste Schuhe tragen und diese, wenn nötig, auswechseln, Verletzungen richtig auskurieren, Alternativtrainings und Ruhetage in Ihren Trainingsplan einbauen, sind Sie nicht empfänglicher für Arthrose als ein unsportlicher Mensch. Im Gegenteil. Der größte Risikofaktor für eine Arthrose ist, sich nicht zu bewegen und ein daraus folgender übermäßiger Körperfettanteil. Übergewichtige, passive Menschen haben ein etwa doppelt so hohes Risiko, Arthrose zu bekommen, als Menschen, die aktiv sind. Je mehr Gewicht Sie auf die Gelenke bringen, desto mehr Druck lastet auf diesen. Das beschleunigt den Gelenkverschleiß. Da hilft nur Abnehmen. Ausdauertraining wirkt nicht nur indirekt durch den damit einhergehenden Gewichtsverlust gegen Arthrose, sondern auch direkt. Wenn Sie laufen, werden die Knorpel in allen beteiligten Gelenken zusammengedrückt und ausgedehnt. Dadurch kommt vermehrt Sauerstoff an die Knorpel, und sie werden besser mit Nähr- und Mineralstoffen versorgt. Außerdem stärken Sie beim Laufen die Bänder, die Ihre Gelenke unterstützen. Das hält sie stabiler und macht sie weniger anfällig für Verstauchungen und Verrenkungen, die den Knorpel schädigen und zu Arthrose führen können.

» **Mit Tabletten** In den USA ist die Einnahme von Glucosaminen zur Vermeidung von Gelenkabnutzung oder schlicht Knieschmerzen weit verbreitet. Der wissenschaftliche Nutzen ist umstritten.

» **Mit künstlichen Gelenken** Etwa jeder 10. bis 20. Deutsche ab dem 60. Lebensjahr erhält die Diagnose: Arthrose. 300.000 Patienten pro Jahr müssen sich ein künstliches Knie- oder Hüftgelenk implantieren lassen. Rät Ihnen der Arzt zur Operation, bestimmen Sie den Zeitpunkt selbst. Viele Sportler zögern den Eingriff lange hinaus, manchmal mit Hilfe vieler Schmerztabletten. Das Zögern vor der Operation liegt auch daran, dass die künstlichen Gelenke nur etwa 15 Jahre halten und dann wieder ausgetauscht werden müssen. Aber in dieser Zeit können Sie dank der Implantate geschmeidig weiterlaufen. Der Orthopäde Thomas Wessinghage, 5.000-Meter-Europameister 1982 und heute Ärztlicher Direktor einer angesehenen Klinik, empfiehlt: Nehmen Sie nach Operation und Anschluss-Reha noch einige Wochen bis Monate physiotherapeutische Behandlungen in Anspruch. Steigen Sie nicht sofort wieder ins Lauftraining ein. Bereiten Sie Ihre Muskeln und Gelenke mit leichten Sportarten wie Nordic Walking vor. Wann der richtige Zeitpunkt ist, wieder zu laufen, müssen Sie mit Ihrem Arzt besprechen. Auch das Trainingsprogramm fällt nach der Operation für jeden Einzelnen unterschiedlich aus. Da die künstlichen Gelenke hauptsächlich für alltägliche Belastungen gebaut sind, müssen Sie langsam ausprobieren, wie viel Sport Sie schaffen. Steigern Sie Ihr Pensum vorsichtig. Mehrere kleinere Läufe über die Woche verteilt, zum Beispiel dreimal fünf Kilometer, sind besser als ein langer Lauf. Es gibt viele Beispiele von Läufern, die dank einer umsichtigen Steigerung wieder an einem Marathon teilnehmen konnten.

062 — *LAUFEN UND LIEBEN*

Fernsehen, Zeitschriften, Kino, Internet – alles ist voll von Sex. Selbst auf Werbeanzeigen für Fruchtsäfte, Waschmittel oder Magerjoghurt prangen die Orgasmusgesichter von Männern und Frauen, denen nichts auf der

Welt mehr Lust zu verschaffen scheint als ein Schluck, eine Wäschetrommel oder ein Löffel voll von dem Zeug, das mit der Reklame unters Volk gejubelt werden soll. Sexualität ist scheinbar überall verfügbar, frei von allen Tabus sowie wissenschaftlich komplett enträtselt. Die Popkultur suggeriert Ihnen, dass es nichts Natürlicheres auf der Welt gibt als allzeit bereit und willig zu sein. Und wenn Sie das nicht sind, müssen Sie sich von selbst ernannten Sex-Experten raten lassen, diese und jene Mittelchen zu sich zu nehmen oder an Ihrer körperlichen Leistungsfähigkeit zu arbeiten. Es steckt mehr hinter dem Geheimnis von gutem Sex, aber Laufen kann Ihnen tatsächlich weiterhelfen.

» **Romantisch sein** Es gibt einige körperliche Gemeinsamkeiten zwischen Liebe machen und laufen. Das Herz schlägt schneller, das Atemvolumen erhöht sich, Blutdruck und Muskelanspannung steigen. Aber statt das Ganze rein körperlich als gymnastische Übung zu betrachten, könnten Sie ruhig mal ein bisschen romantisch werden – auch wenn ein paar unromantische Sportler sagen, ein erfolgreicher Zieleinlauf nach einem langen, anstrengenden Lauf sei viel besser als Sex. Wenn Sie den Austausch von Zärtlichkeiten nur sportwissenschaftlich sehen, werden Sie garantiert wenig Freude daran haben.

» **Kopf einschalten** Was unterscheidet guten von schlechtem Sex? Das, was dabei in Ihrem Kopf passiert. Weder die Länge des Aktes noch die Anzahl der Orgasmen oder sonst eine olympische Rekordbrecherei geben Auskunft über die Qualität Ihrer Intimitäten. Es gibt keine wissenschaftlich objektivierbaren Fakten über die Güte des Geschlechtsverkehrs. Darin gleichen sich guter Sex und gutes Essen: Dem einen schmeckt es so, dem anderen so – das kann man in keinem Labor berechnen. Lassen Sie sich nicht einreden, soundso viele Male Sex in der Woche sei die Regel, alles andere nicht normal. Die Realität sieht völlig anders aus. In einer langjährigen Beziehung wachsen Liebe und Vertrautheit – aber die sexuelle Leidenschaft nimmt ab. Dazu kommen die alltäglichen Stimmungskiller, allen voran heftiger Leistungsdruck und Zeitmangel durch die Arbeit, nicht zu vergessen die vier bis fünf wöchentlichen Trainingseinheiten, falls Sie ein engagierter Läufer sind.

» **Kopf ausschalten** Am Ende eines anstrengenden Bürotages, zwischen Tempodauerlauf und Elternabend schnell noch super Sex haben – das kann kaum funktionieren. Und das hat nichts mit Ihrer Fitness zu tun. Falls Sie merken, dass Ihre Beziehung unter Ihrem Lauftraining leidet, schrauben Sie es zurück, wenn Ihnen etwas an Ihrem Partner liegt – oder laufen Sie gemeinsam *(siehe Kapitel 031, „Herz zeigen")*. Achten Sie überhaupt auf Zeit miteinander und stimmungsfördernde Situationen. Das klingt banal, könnte aber Ihr wichtigstes Aphrodisiakum sein. Nach einem gemütlichen Abendessen zu zweit haben Sie mehr Lust auf Sex als nach dem Termin beim Steuerberater. Ein schöner, entspannter Lauf zu zweit kann wie ein Vorspiel wirken. Gemeinsame Ziele zu verfolgen, schweißt zusammen – das gilt auch für eine Marathonvorbereitung, die Sie mit Ihrem Partner bestreiten.

» **Hormonhaushalt ankurbeln** Wie gut Sie Ihren Kopf ein- und abschalten können, hängt auch von Ihren Hormonen ab. Laufen hat eine positive Wirkung auf eine ganze Reihe körpereigener Botenstoffe. Regelmäßiges, moderates Training macht Ihren Kopf frei, macht Sie glücklich und entspannt und steigert dadurch Ihre Lust. Sie können mehr Spaß am Sex haben, wenn Sie nicht von der Mühsal des Alltags abgelenkt, sondern voll bei der Sache sind. So gehen Sie viel intensiver auf Ihren Partner ein.

Adrenalin und Cortisol: Stress-Hormone, werden durch das Laufen abgebaut. Bei Übertraining wird jedoch mehr Cortisol produziert, was zu Proteinabbau, zur Verschlechterung der Immunabwehr und zu Schlafstörungen führen kann. *Testosteron:* Hormon, das Männern und Frauen Lust macht und den Wettkampfgeist fördert, wird beim Laufen vermehrt ausgeschüttet. Frauen verfügen jedoch über etwa zehnmal weniger Testosteron als Männer. *Endorphin und Serotonin:* Hormone für Glücksgefühle und die Dämpfung von Schmerzen, werden durch das Laufen vermehrt ausgeschüttet.

» **Nicht überreizen** Wenn Sie immer mehr und intensiver laufen, bedeutet das nicht, dass Sie ohne Ende Testosteron ausschütten und ständig an Dynamik und Lust zulegen. Irgendwann geht Ihre ganze Energie fürs Laufen drauf, der Testosteronspiegel sinkt dadurch wieder – und Sie haben keinen Antrieb mehr für Intimitäten. Grundsätzlich ist aber auch das wieder eher eine Kopfsache als eine Frage der körperlichen Leistungsfähigkeit. K.O.-Gefühle werden in Partnerschaften oft vorgeschoben, wenn die Beziehung nicht mehr stimmt oder einer der Partner sich vom Alltag überlastet fühlt. Wenn zwei Menschen wirklich miteinander Sex haben wollen, werden sie das auch nach einem gemeinsam gefinishten Ultramarathon tun. Körperliche Erschöpfung ändert vielleicht die Art des Sexes – nicht aber die Bereitschaft dazu. Auch wenn es nach einem Marathon wahrscheinlich nicht mehr sehr wild zugeht, wird der Sex sicherlich als erfüllend empfunden. Grundsätzlich brauchen Sie aber auch Ihre Ruhephasen, im Training wie für den Testosteronspiegel – dann steigt er rasch wieder.

» Hart werden Manchmal nützt es Ihnen nichts, Ihren Kopf anzuschalten und Ihren Hormonhaushalt anzukurbeln – wenn Ihr Problem organischer Natur ist. Im Gegensatz zu einer psychisch bedingten erektilen Dysfunktion, zum Beispiel wegen Stress, Versagensängsten oder Leistungsdruck, handelt es sich hierbei um eine möglicherweise schwerwiegende Herz-Kreislauf-Erkrankung. Die Ursachen liegen etwa in verkalkten Blutgefäßen, Diabetes, Bewegungsmangel, Übergewicht und Bluthochdruck – also in allem, was Sie mit regelmäßigem Laufen bekämpfen können. Laufen fördert die Durchblutung des Gewebes. Darin ähnelt es, vereinfacht ausgedrückt, der Wirkungsweise von Potenzmitteln wie Viagra, Cialis und Levitra. Diese hemmen ein Enzym, das Blutgefäße verengen, also Erektionen abschwächen kann. Wenn Sie Viagra einnehmen und sexuell stimuliert werden, entspannt sich der Schwellkörper im Penis, die Blutzufuhr wird erleichtert und führt zur Erektion. Biochemisch gesehen ähnelt der Penis der Lunge. Die Wirkstoffe der Potenzmittel – zum Beispiel Sildenafil in Viagra – verhindern auch dort die Verengung der Blutgefäße und verbessern so die Sauerstoffaufnahme. Deshalb werden die Hartmacher auch als Dopingmittel benutzt. Normalerweise erfolgt die Einnahme ärztlich kontrolliert. Die Tabletten werden erst nach einer Herzuntersuchung verschrieben und in Apotheken für viel Geld verkauft, was in der Regel dazu führt, dass man sparsam damit umgeht. Im Internet gibt es Nachahmerprodukte oder gefälschte Mittel weitaus billiger und ohne Rezept von teils fragwürdigen Herstellern. In rauen Mengen und ohne ärztliche Aufsicht eingenommen, können Potenzmittel wie jedes Medikament schwere bis tödliche Folgen haben. Laufen dagegen ist gratis, ungefährlich – und hilft.

» **Hart bleiben** Spätestens seit Bundestrainer Berti Vogts bei der Fußball-Weltmeisterschaft 1994 in den USA die Spielerfrauen loshaben wollte, ist das Thema Enthaltsamkeit vor einem Wettkampf ein beliebter Sportlermythos. Auch der Boxweltmeister Muhammad Ali schwor angeblich darauf. Sechs Wochen vor einem Wettkampf soll er sein Liebesleben eingestellt haben – um seine Kraft nicht im Bett zu verpulvern. Bis heute dauert die Diskussion über Sinn und Unsinn der mönchischen Askese an. Es gibt keinen wissenschaftlichen Beleg dafür, dass Sex sportliche Energie raubt. Kraft, Ausdauer oder Sauerstoffkapazität eines Athleten werden durch Geschlechtsverkehr nicht in Mitleidenschaft gezogen. Der Kalorienverbrauch beim Sex ist ebenfalls zu vernachlässigen, er liegt je nach Alter, Geschlecht, Körpergewicht und erotischer Aktivität bei ungefähr vier bis acht Kilokalorien pro Minute. Bei einem ausgiebigen Wohnungsputz verbrauchen Sie mehr. Die hormonellen Auswirkungen von Sex sind unterschiedlich. Bei Frauen führt Geschlechtsverkehr zur Steigerung des Testosteronspiegels – was sich positiv auf ihren Wettkampfgeist auswirkt. Außerdem mindert sexuelle Stimulation vor der Anstrengung die Muskelschmerzen danach, weil Botenstoffe, die für Schmerzempfindlichkeit zuständig sind, blockiert werden. Bei Männern sinkt der Testosteronspiegel nach dem Sex, die Glückshormone Serotonin und Endorphin nehmen zu – was tendenziell zu tiefer Entspannung, sprich zu einer erholsamen Nacht und einem Erwachen mit einem positiven Gefühl von Energiegeladenheit führt. Dies ist vor einem Rennen äußerst hilfreich. Aber das funktioniert natürlich nicht, wenn Sie die ganze Nacht durchmachen und überhaupt nicht zum Schlafen kommen. Bei einer Befragung von 2.000 Finishern des London-Marathons, ob sie am Vorabend des Rennens Sex hatten, fanden Forscher der Universität Oxford heraus, dass sexuell aktive Läufer und Läuferinnen im Schnitt fünf Minuten schneller liefen als die enthaltsamen. Wobei sich hier natürlich die Frage nach Ursache und Wirkung stellt. Vielleicht sind nicht nur die leidenschaftlichen Liebhaber die besseren Läufer, sondern die sportlichen Läufer die engagierteren Liebhaber. Berti Vogts Weisheit zum Thema lautete: „Sex vor einem Spiel? Das können meine Jungs halten, wie sie wollen. Nur in der Halbzeit, da geht nichts."

063 NACKT LAUFEN

In unseren Breitengraden gehen Sie grundsätzlich bekleidet in die Öffentlichkeit, außer es ist sehr heiß oder Sie treiben Sport, dann sind Sie nur leicht angezogen. Nackt sind Sie aber nie. Nackt sein gilt nur dort als moralisch vertretbar, wo es ausdrücklich erlaubt beziehungsweise erwünscht ist, in einer Sauna oder auf einem FKK-Gelände zum Beispiel. Oder bei einem Wettkampf der Nacktläufer.

» **Gesetze einhalten** Wenn Sie in Deutschland nackt durch den Wald oder die Stadt laufen, machen Sie sich zunächst nicht strafbar. Die Entblößung des Geschlechts in der Öffentlichkeit wird nur dann als Ordnungswidrigkeit geahndet, wenn sie als Belästigung der Allgemeinheit oder gar als exhibitionistische Handlung betrachtet wird. Letzteres ist der Fall, wenn das Blankziehen vor aller Augen der sexuellen Befriedigung dient. Die Übergänge sind fließend. So bewegen Sie sich als nackter Läufer auf jeden Fall in heiklen Grenzbereichen. Aber Sie sind nicht allein. Es gibt eine kleine Nacktläuferszene und sogar ein überschaubares Wettkampfangebot. Der bekannteste rennende Nackedei Deutschlands war der Freiburger Astrologe und Sexualtherapeut Peter Niehenke. Der kam als „Freiburger Nacktläufer" zu einigermaßen großer Popularität und beschäftigte um das Jahr 2000 herum Justiz und Medien. Niehenke joggte immer wieder nackt durch die Freiburger Innenstadt, wurde sechs Mal verurteilt und argumentierte, dass die Nacktheit ein Bürgerrecht sei. Niehenkes wahre Motive blieben allerdings etwas dubios, inzwischen ist er untergetaucht.

» **Freiheit spüren** Fragen Sie Nacktjogger nach ihren Motiven, so sprechen diese von einem völlig neuen Körperempfinden. Dann hören Sie

Sätze wie: „Der Wind auf der Haut, auch in dem Bereich, wo man Textilien eigentlich immer gewohnt ist, gibt einem das Gefühl absoluter Freiheit." Einen ähnlichen Effekt beschwören FKK-Anhänger, wenn sie nackt im Meer schwimmen.

» **Den alten Griechen huldigen** Ein weiteres Argument eingefleischter Nacktläufer ist, dass angeblich schon die alten Griechen Sport ohne störende Kleidung betrieben. So geht zum Beispiel das Wort Gymnasium auf das griechische Gymnasion zurück – wo die männliche Jugend nackt trainierte. Doch erst von den 15. Olympischen Spielen 720 v. Chr. wird berichtet, dass ein gewisser Orsippos von Megaron als erster Läufer unten ohne startete. Ganz eindeutig sind die Quellen allerdings nicht. Eigentlich sollen die Athleten mindestens mit einem Lendenschurz bekleidet gewesen sein – und Flitzer Orsippos seinen unterwegs nur verloren haben, weshalb er notgedrungen nackt weiterlief.

» **Verklemmtheit abbauen** Offensive Nudisten behaupten immer wieder, durch ihr Verhalten überkommene Konventionen ihrer Mitmenschen abbauen zu wollen. Doch das Argument, dass das Nacktlaufen nur eine verklemmte Minderheit störe, ließen die Richter schon im Fall Niehenke nicht durchgehen. Es gibt bestimmt sinnvollere Methoden, etwas für ein besseres Miteinander in der Gesellschaft zu tun, als andere mit der eigenen Nacktheit zu konfrontieren. Die Reaktionen darauf sind sehr unterschiedlich, wie erfahrene Nudisten berichten. So wird zum Beispiel eine Gruppe von Nackten offensichtlich viel leichter akzeptiert als ein einzelner nackter Läufer.

» **Reibung verhindern** Vielleicht können Sie sich vorstellen, dass Sie nackt nicht so stark schwitzen und sich nicht so leicht an Ihrem Lauf-Shirt wundscheuern. Das ist allerdings nur bedingt richtig. Funktionelle Textilien leiten den Schweiß vom Körper weg, sie saugen sich nicht voll und kleben auch nicht auf der Haut. Und Haut, die an Haut reibt, zum Beispiel im Schritt, scheuert sich eher wund als wenn sie durch eine enganliegende Bekleidungsschicht geschützt ist *(siehe Kapitel 061, „Geschmeidig bleiben")*.

PO KRÄFTIGEN

Der erste Muskel, der mit zunehmendem Alter schwindet, ist auch Ihr größter: der Gluteus maximus, sprich Ihr Hintern. Im Laufe der Jahre folgt er den Gesetzen der Schwerkraft und welkt dahin. Es sei denn, Sie ergreifen aktive Gegenmaßnahmen. Manche Fitnesstrainer führen Ihnen die Wichtigkeit eines vorbeugenden „Bauch, Beine, Po"-Workouts besonders drastisch vor Augen: Sie überreichen Ihnen einen Bleistift, den Sie sich unter eine Gesäßbacke klemmen sollen – wenn er nicht runterfällt, sondern hält, ist es höchste Zeit für Kräftigungsübungen. Das Fett an Ihrem Allerwertesten werden Sie allerdings nicht so leicht los *(siehe Kapitel 046, „Abnehmen")*. Aber keine Angst, als Läufer sind Sie auch hier im Vorteil. Mit jedem Schritt trainieren Sie Ihren Gesäßmuskel mit. So formt sich ein sexy Po wie von selbst. Und mit ein paar leichten, spezielleren Einheiten besiegen Sie die Schwerkraft vollends.

» **Draußen bergauf** Je länger der Schritt, je höher der Kniehub, desto größer wird die Arbeit für den Gluteus. Am meisten wird er bergauf beansprucht. Toll sind Sprünge am Hang. Am leichtesten tun Sie sich mit Wechselsprüngen, bei denen Sie einfach nur einen besonders langen Laufschritt machen und sich extra heftig abdrücken.

» **Zuhause auf Zehenspitzen** Die leichteste Übung für einen straffen Po ist die Kniebeuge. Verstärken Sie den Effekt, indem Sie die Füße schulterbreit auseinander stellen und sich beim Hochgehen bis auf die Zehenspitzen recken. Dabei werden auch die hintere Oberschenkel- und die Wadenmuskulatur gekräftigt.

» **Im Büro im Sitzen** Einen breiten Po bekommt man nicht vom vielen Sitzen. Vergessen Sie dieses Vorurteil. Dennoch geht das ewige Herumgehocke auf den Hintern, weil es dort liegende Muskeln und Nerven irritiert. Das kann zu dauerhaften Schmerzen führen. Kneifen Sie alle zehn bis 15 Minuten die Pobacken zusammen. Spannen Sie die Gesäßmuskeln 20 Mal hintereinander für zwei bis drei Sekunden an.

SOUVERÄN AUFTRETEN

» Über kurz oder lang Zerbrechen Sie sich nicht den Kopf über die Länge Ihrer Schritte oder die Ihrer Beine. Ob Sie groß gewachsen oder klein sind, kurze oder lange Beine haben – darauf kommt es nicht an. Viel wichtiger ist das Verhältnis von Masse und Größe Ihres Körpers. Das zeigt ein Blick auf die Weltelite, wo alle möglichen Maße vertreten sind. Es sieht manchmal schon witzig aus, wenn zwei völlig unterschiedlich groß gewachsene Spitzenathleten nebeneinander herlaufen. Aber von der bloßen Körpergröße lässt sich nicht ableiten, wer schneller ist. Interessanter als die Beinlänge ist die Schrittlänge, denn die richtet sich auch nach dem Tempo: Je schneller Sie sind, desto größer werden Ihre Schritte. Und damit steigt auch die Belastung für Ihren Bewegungsapparat. Als Daumenregel gilt, dass Sie beim gemütlichen Lauftempo bei jedem Schritt etwa das Zweifache Ihres Körpergewichts abfangen. Erschrecken Sie nicht, Ihre Beine sind dafür geschaffen. Bei großen Sprüngen in gesteigertem Tempo müssen Leistungssportler bis zum Achtfachen ihres Körpergewichts wegstecken.

» Über Kreuz An der Form Ihrer Beine lässt sich nicht erkennen, wie gut Sie laufen können oder wie oft Sie sich verletzen – egal, ob Sie X-Beine, O-Beine oder was auch immer für Krümmungskurven haben. Bei Frauen kommt die X-Beinstellung öfter vor als bei Männern, wahrscheinlich wegen der breiteren Hüften. Nicht einmal das Abrollverhalten Ihrer Füße lässt Rückschlüsse auf Ihr Lauftalent zu. Seit Jahrzehnten versuchen Laufschuhhersteller, die so genannte Überpronation, das übermäßige seitliche Einknicken des Fußes, durch entsprechende Schuhkonstruktionen einzudämmen. Dabei weiß man noch nicht einmal, ob die Überpronation tatsächlich schädlich ist *(siehe Kapitel 080, „Laufschuhe durchschauen")*. Jedenfalls gibt es keine Untersuchung, die zeigt, dass Überpronierer öfter von Verletzungen betroffen sind als andere Läufer. Der Laufstil scheint mithin eine sehr individuelle Geschichte zu sein, und irgendwie kommt Ihr Körper mit dem, was Sie von der Natur geschenkt bekommen haben, meist sehr gut klar. Das gilt sogar bis zu einem gewissen Maß für eine

Beinlängendifferenz, also wenn ein Bein kürzer oder länger ist als das andere. Die meisten Menschen wissen nicht einmal, dass ihre Beine nicht gleich lang sind, es sei denn, sie betreiben Leistungssport. In diesem Fall sollten Sie sich für einen souveränen Auftritt von einem Orthopäden vermessen lassen.

» **Über Stock und Stein** Wenn Sie die ausgetretenen Pfade verlassen, müssen Sie sich ständig neu anpassen. Im Gelände beeinflussen Untergrund und Steigungen Ihre Schrittlänge – und natürlich Ihr Tempo. Beim Geradeauslaufen auf ebener Fläche machen Sie etwa 145 bis 170 Schritte in der Minute. Beim Querfeldeinlaufen, auf Trails oder in den Bergen variiert diese Zahl viel stärker, weil Sie Ihr Lauftempo ständig anpassen, egal, ob Sie einen Deich hochlaufen, die Kleine Scheidegg in der Schweiz oder den Berliner Teufelsberg.

» **Der entscheidende Schritt** Den haben Sie als Läufer längst gemacht. Obwohl fast alle Menschen das Zeug zum Laufen mitbringen, bewegt sich die Mehrheit viel zu wenig, in Deutschland nämlich im Schnitt nur 1,4 km pro Tag, also knapp zehn Kilometer pro Woche. Wenn Sie eine Stunde laufen, haben Sie dieses Wochenpensum vermutlich schon erreicht, und wenn Sie zwei Mal pro Woche laufen, haben Sie einen entscheidenden Schritt zur Verbesserung der Statistik getan *(siehe Kapitel 001, „Vorläufer verstehen")*.

(066) WADEN SCHÜTZEN

Hunde beißen jeden Läufer. Könnte man meinen, wenn man mit Läufern spricht. Viele haben Angst vor den Tieren. Selbst manche Hundehalter machen beim Laufen einen weiten Bogen um fremde Hunde, wenn sie ihre eigenen nicht dabei haben. Tatsächlich sind die Begegnungen von Läufern und Hunden besondere – weil Sie als Läufer das Tier animieren, mit Ihnen zu laufen. Die allermeisten Hunde, die an Ihnen hochspringen oder in Ihre Wade zwicken, sind im Grunde völlig harmlos. Es ist wirklich so, wie Hundehalter oft behaupten: „Der will doch nur spielen." Aber Sie sind aus dem Alter raus und wollen nur laufen.

» **Aus dem Weg gehen** Beim Joggen begegnen Sie rein theoretisch sehr viel öfter einem anderen Läufer als einem Hund. Auf knapp 18 Millionen Läufer hierzulande kommen nur 5,4 Millionen Hunde. Tatsächlich leben in Deutschland nur in gut 13 Prozent der Haushalte Hunde, doch die scheinen alle immer ausgerechnet dort herumschnüffeln zu müssen, wo Sie entlanglaufen wollen. Dann läuft der Hund womöglich auch noch auf Ihrer Wegseite und Sie denken, dass Sie einem Tier doch keinen Platz machen müssen. Also schreien Sie vielleicht erst das Tier an, dann den Hundehalter, damit der kapiert, dass sein Hund an die Leine und weit weg von Ihrer Laufstrecke gehört. Das ist keine so gute Idee. Die Gemütsverfassung des Hundehalters bedingt die des Hundes und hat wiederum Auswirkungen auf Sie. Ein „Fass!" des Hundebesitzers wäre eine Reaktion der übelsten Sorte, aber auch ohne einen Angriffsbefehl können er und sein Hund aggressiv werden. Also wechseln Sie im Zweifelsfall besser die Wegseite und umgehen einen Konflikt.

» **Weggucken** Haben Sie Angst vor Hunden, sollten Sie nicht auf der Stelle kehrtmachen, nur weil Ihnen einer freilaufend entgegenkommt. Ein abruptes Stehenbleiben, Umdrehen und Weglaufen motiviert den Hund nur, Ihnen hinterherzujagen. Es ist nur dann sinnvoll, abzudrehen, wenn der Hund Sie noch nicht bemerkt hat. Ansonsten sollten Sie ganz ruhig und gleichmäßig weiterlaufen und dabei versuchen, den Hund zu ignorieren. Schauen Sie in entgegengesetzte Richtung und denken Sie einfach an etwas anderes. Der Hund kann Angstschweiß von gewöhnlichem Schweiß unterscheiden, aber dieser alleine macht ihn nicht angriffslustig – erst recht nicht, wenn Ihr selbstsicheres, desinteressiertes Verhalten überhaupt nicht zu Ihrem Geruch passt.

» **Angriff aushalten** Kommt es doch zur Attacke, drosseln Sie Ihr Lauftempo. Gehen Sie möglichst langsam weiter und vermeiden Sie jeden direkten Blickkontakt zum Hund, denn für Hunde stellt dieser eine Bedrohung dar. Wenden Sie sich demonstrativ vom Tier ab, suchen Sie Augenkontakt mit dem Hundehalter. Wenn der Hund an Ihnen hochspringt und Sie anbellt, versuchen Sie, ihn mit fester Stimme und kurzen Befehlen anzusprechen. Eine ruhige Stimme wirkt besser als lautes Kreischen, das den Hund erschrecken und seine Aggressivität erhöhen kann. Wirkt das ruhige, bestimmte Auftreten nicht, versuchen Sie es noch einmal mit der Unbeteiligt-sein-Nummer. Lassen Sie die Arme mit geöffneten Händen an den Seiten nach unten hängen. Schauen Sie in die Luft und sprechen Sie kein Wort mehr. Auf keinen Fall sollten Sie die Arme wild nach oben reißen oder hektisch herumfuchteln, damit animieren Sie den Hund nur, an Ihnen hochzuspringen. Grundsätzlich sollten Sie ihn auch nicht schlagen, auf keinen Fall mit den Händen, aber auch nicht mit Stöcken, Ästen oder ähnlichem, das steigert die Angriffslust des Tieres nur.

MIT HUND LAUFEN

» **Den richtigen Partner finden** Den meisten Hunden kommen Sie beim Laufen nicht hinterher. Aber jeder, der schon einmal einen Läufer mit einem Hund an der Leine im Park beobachtet hat, weiß, dass einige Tiere bessere Athleten sind als andere. Welchen Sie als Laufpartner wählen können, hängt von verschiedenen Dingen ab. Es gibt keine ideale Hunderasse für alle läuferischen Herausforderungen. Und nicht zuletzt kommt es auch darauf an, dass Hund und Halter von der Persönlichkeit und ihren Wesenszügen her zueinander passen. Manche Rassen, zum Beispiel Huskys und Windhunde, sind geborene Läufer. Auch die meisten Jagdhunde sind von Natur aus lauffreudig. Dagegen sind plattschnäuzige Hunde wie Mops und Bulldogge keine Ausdauerathleten, weil sie leicht überhitzen. Das soll nicht heißen, dass Ihr Mops überhaupt nicht laufen kann. Er sollte Ihnen nur nicht auf einem sommerlich heißen 20-km-Lauf hinterherhecheln müssen. Auch für lange Läufe im Schnee oder schwierigem Gelände eignen sich manche Rassen deutlich besser als andere. Auch Mischlinge können gute Läufer sein, besonders wenn sie mittelgroß, munter und bewegungsfreudig sind.

Die besten Hunde zum Laufen

Lauftalent

Schnauffragment

Lange Läufe über mehr als 90 Minuten im lockeren Tempo

Geeignet: mittelgroße bis große, aber schlanke und nicht zu schwere Hunde mit starken Hinterläufen	*Weimaraner, Siberian Husky, Deutsch Kurzhaar, Golden Doodle, Magyar Vizsla, Jack Russell Terrier, Border Collie*

Lange Läufe im langsamen Tempo

Geeignet: Hunde mit stämmigem Körperbau, die große Distanzen verkraften	*Catahoula, Labrador Retriever, Pudel, Dalmatiner*

Kürzere, zügige Läufe über maximal 90 Minuten

Geeignet: muskulöse, aber eher schlanke oder gedrungene Hunde	*Pit Bull, English Setter, Beagle, Golden Retriever, Deutscher Schäferhund*

Kurze, ganz schnelle Läufe

Geeignet: Hunde mit mittelgroßem, schlanken Körperbau und ausgeprägter Vorliebe fürs Laufen	*Magyar Vizsla, Deutsch Kurzhaar, Weimaraner, Windhund, Whippet, Border Collie*

Laufen bei Hitze

Geeignet: Hunde mit langer Schnauze, glattem Fell, schlankem Körperbau

Rhodesian Ridgeback, Airedale Terrier, Foxterrier

Laufen bei Kälte

Geeignet: Hunde mit dickem Fell und gedrungenem Körperbau

Siberian Husky, Alaskan Malamute, Deutscher Schäferhund, Schweizer Sennenhund

Laufen auf belebter Strecke

Geeignet: unaggressive, menschenorientierte und folgsame Hunde

Golden Retriever, Labrador Retriever, Pudel, Labradoodle, Border Collie

---

» **Nicht überfordern** Hetzen Sie Ihren vierbeinigen Liebling nicht von 0 auf 100. Er ist zwar zum Laufen geboren, aber lassen Sie es langsam angehen. Der Hund darf kein Welpe mehr sein, er sollte erst dann mit Ihnen laufen, wenn seine Knochen ausgewachsen sind. Das dauert je nach Rasse zwischen neun und 16 Monate.

» **Gesundheit testen** Ist Ihr Hund übergewichtig oder überhaupt keine Bewegung gewohnt, müssen Sie ihn zunächst mindestens ein halbes Jahr lang mit Spaziergängen auf die ersten Mitlaufschritte vorbereiten. Testen Sie seine Fitness auch im Gelände, also dort, wo es bergauf und bergab geht. Haben Sie das Tier übernommen oder aus einem Tierheim und wissen Sie nichts über seinen bisherigen Bewegungsradius, seien Sie besonders geduldig. Machen Sie erst einmal einen langen Spaziergang mit dem Hund, bevor Sie mit ihm laufen gehen. Ist der Hund im Gehtempo nicht müde zu kriegen, kann er auch laufen.

» **Langsam steigern** Beginnen Sie das Lauftraining Ihres Hundes so, wie es auch Laufeinsteiger tun: mit abwechselnden Lauf- und Gehintervallen von drei bis fünf Minuten *(siehe Kapitel 006, „Durchhalten")*. Beginnen Sie dann nach vier bis sechs Wochen, drei- bis viermal pro Woche 15 bis

20 Minuten zu laufen. Packen Sie danach pro Woche nicht mehr als fünf bis zehn Minuten drauf.

» **Überanstrengung erkennen** Auch Hunde brauchen ein Aufwärmen und Abwärmen. Halten Sie das Lauftempo auf den ersten und letzten fünf bis zehn Minuten bewusst niedrig. Achten Sie auf Zeichen der Überanstrengung: hängender Schwanz, laut vernehmliches Hecheln, Röcheln, Keuchen oder ein unsauberer Gang. Bleibt der Hund irgendwann sitzen und läuft nicht mehr weiter, braucht er sofort eine Pause. Warten Sie zehn Minuten, bis er sich erholt hat. Gehen Sie mit ihm weiter, laufen Sie nicht. Gönnen Sie dem Hund zwei Tage Erholung, er hat sie dringend nötig.

» **Tüte mitnehmen** Entsorgen Sie die Hinterlassenschaften Ihres Hundes. Ihre Mitmenschen, nicht nur die anderen Läufer, danken es Ihnen.

» **Weggehen** Wenn Sie mit Ihrem Hund unterwegs sind, vergessen Sie nicht, sich in den Läufer in sich zurückzuversetzen. Rufen Sie Ihren Hund zu sich, sobald Sie bei einem Läufer Anzeichen von Angst sehen. Legen Sie Ihren Hund an die Leine. Wenn er nicht mehr zu greifen ist und auf den Läufer zurennt, laufen Sie ihm auf keinen Fall hinterher. Entfernen Sie sich, den Hund rufend, in die entgegengesetzte Richtung. Nicht, um sich vor einem Konflikt aus dem Staub zu machen, sondern weil Sie dieses Verhalten in der Regel für Ihren Hund interessanter macht. Wenn er Ihr Verschwinden bemerkt, wird er Ihnen schnellstmöglich folgen wollen.

» **Höflich bleiben** Die Taktik ist nicht aufgegangen, Ihr Hund ist nicht mehr zu halten. Er rennt auf den Läufer zu, springt an ihm hoch, schnappt, bellt, beschmutzt seine Kleidung. Fassen Sie den Hund und binden Sie ihn fest, damit er nicht mehr stört. Entschuldigen Sie sich beim Opfer Ihres Hundes, reden Sie im freundlichen Tonfall mit ihm und geben Sie ihm Ihre Adresse und Telefonnummer, um für eventuelle Reinigungskosten aufkommen zu können. Sie sind selbst ein Läufer, und schon alleine deshalb sollten Sie gegenüber anderen Läufern nicht laut werden. Außerdem beruhigt die Deeskalation auch Ihren Hund.

» **Mit Katze laufen** Vergessen Sie's. Eine Katze läuft nicht mit Ihnen. Sie kennt keinen Gehorsam wie der Hund und lässt sich auch nicht an der Leine mitführen. Weil die Katze leicht ist, ließe sie sich höchstens hinterherschleifen, aber das nennt man dann Tierquälerei. Wenn Ihre Katze unbedingt mit muss, weil sie nicht alleine zu Hause bleiben kann, dann gehört sie in Ihren Laufrucksack (siehe Kapitel 036, „Ein breites Kreuz haben").

» **Mit Kater laufen** Laufen macht nüchtern. Durch die Bewegung erhöhen Sie die Verstoffwechselung des Alkohols. Werden normalerweise 0,1 Promille Alkohol pro Stunde abgebaut, sind es beim Laufen je nach Anstrengungsgrad bis zu viermal so viel. Haben Sie also eine Promille im Blut – das ist bereits der Zustand, in dem Sie enthemmt und fahruntauglich sind – brauchen Sie zehn Stunden Schlaf oder einen zweieinhalbstündigen Lauf, um wieder nüchtern zu werden. Nur ist es nicht so einfach, betrunken oder mit Restalkohol zu laufen: Gleichgewichtsstörungen und Übelkeit sind nicht die besten Voraussetzungen. Empfehlenswert ist folgende Kombination: Sie gehen mit dem Rausch ins Bett, und am nächsten Morgen machen Sie statt eines Katerfrühstücks einen langen Lauf. Sie verlassen das Haus mit Kater – und kehren ohne ihn zurück.

» **Mit Muskelkater laufen** Der Muskelkater ist ein ebenso ungeeigneter Laufpartner wie der Haus- oder Promillekater. Ein Muskelkater ist eine Muskelverletzung, die sollten Sie nicht auf die leichte Schulter nehmen. Früher glaubte man, dass die Schmerzen auf eine Anhäufung von Laktat in der Muskulatur zurückzuführen seien, aber das ist falsch. Die Muskulatur besteht aus vielen kleinen Muskelfasern, die ihrerseits wieder aus vielen aneinander geketteten Segmenten bestehen. Zwischen diesen befinden sich dünne Trennwände, die Z-Scheiben, die bei einer ungewohnten Belastung der Muskeln zerstört werden. Die Muskelzellen schwellen daraufhin an und sorgen für den Muskelschmerz. Gewöhnlich sind die Schmerzen nach wenigen Tagen wieder verschwunden. Ihre Muskeln wappnen sich gegen den Muskelkater. Die Muskelzellen erinnern sich an übermäßige Belastungen, zum Beispiel an Bergabläufen oder einen Marathon, und das Nervensystem verteilt mit zunehmender Lauferfahrung Ihrerseits die entsprechenden Impulse immer effizienter. Mit anderen

Worten: Sind Sie ein Laufeinsteiger, haben Sie eher Muskelkater als ein versierter Marathonläufer. Profi-Marathonläufer schaffen es leichter, einen Hauskater zum Mitlaufen zu bewegen, als einen Muskelkater zu bekommen.

068 » EINEN KAMPFHUND WIEDERBELEBEN

Der American Staffordshire Terrier hat ein Imageproblem. Eigentlich ist er ein ganz verspieltes, ja, im Innern seines Herzens vielleicht sogar familienfreundliches Wesen. Das erkennt nur niemand, weil er ständig schlechte Schlagzeilen macht. Als Halter eines solchen Kampfhundes haben Sie entsprechend viele Sorgen. Und wenn Sie mit ihm laufen gehen möchten – dann kann er nicht. Er hat keine Kondition. Wie bei vielen anderen hochgezüchteten Rassen ist das Herz des Terriers zu klein für seine Körpermasse. Er kann zwar über kurze Strecken gut sprinten und anderen Hunden oder Tieren nachjagen, aber dann braucht er eine Pause. Wenn Sie an einem heißen Sommertag zügig mit ihm unterwegs sind, kann es sein, dass er vom einen auf den nächsten Schritt umkippt. Meistens hechelt er dann elendig, kommt aber wieder auf die Beine, wenn er sich etwas abgekühlt hat. Es sei denn, er bleibt bewusstlos liegen.

» **Nett sein** Stellen Sie fest, ob Ihr vierbeiniger Freund tatsächlich bewusstlos ist. Das ist der Fall, wenn er nicht mehr hechelt. Sprechen Sie mit ruhiger Stimme auf ihn ein, sagen Sie ihm nette Sachen ins Ohr, auf die er sonst reagiert, zum Beispiel: „Knochen". Drehen Sie ihn auf seine rechte Seite. Streicheln und schütteln Sie ihn sanft.

» **Atemwege reinigen** Wenn Sie seinen Herzschlag fühlen können, er aber nicht atmet, befreien Sie seine Atemwege. Strecken Sie dazu seinen Nacken nach hinten. Öffnen Sie sein Maul, schauen Sie nach, ob Fremdkörper drin sind. Entfernen Sie auch Schleim oder Erbrochenes. Ertasten Sie mit Ihren Fingern, ob Sie auch wirklich alles entfernt haben.

» **Hinhören** Beginnen Sie keinesfalls mit der Wiederbeatmung Ihres Hundes, bevor Sie seine Atemwege gründlich gereinigt haben, er könnte sonst ersticken. Bringen Sie seinen Kopf und Nacken in eine Linie. Oft reicht dies schon, und Ihr kleiner Liebling fängt spontan wieder an zu atmen. Beobachten Sie, ob sich sein Brustkorb hebt und senkt, achten Sie auf Atemgeräusche. Wenn sich zehn Sekunden lang nichts tut, starten Sie mit der Reanimation.

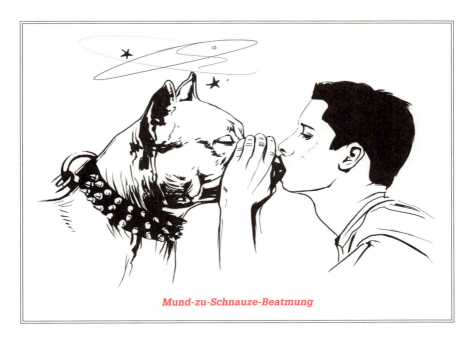

Mund-zu-Schnauze-Beatmung

» **Beatmen** Ziehen Sie die Zunge des Kampfhundes mit Daumen und Zeigefinger so weit wie möglich nach vorne. Schließen Sie dann sein Maul und halten Sie es mit beiden Händen sorgfältig geschlossen, sodass keine Luft entweichen kann. Führen Sie nun Ihren Mund an seine Nase: Pusten Sie Luft durch seine Nasenlöcher, bis sich seine Lungen sichtbar ausdehnen. Bei einem noch jungen oder sehr kleinen Hund gehen Sie genauso vor, nur dass Sie mit Ihrem Mund seine Nase und sein Maul umschließen.

» **Beeilen** Wiederholen Sie die Beatmung fünf Mal. Kontrollieren Sie, ob Ihr Schatz von selbst wieder mit der Atmung einsetzt. Ansonsten fahren Sie fort, beatmen Sie ihn etwa 15 Mal pro Minute. Bei kleineren Hunden etwas öfter, etwa 20 bis 25 Mal pro Minute. Machen Sie sich zum Tierarzt auf. Unterbrechen Sie Ihre Beatmung nicht, bis Sie dort angekommen sind. Beauftragen Sie jemanden, den Tierarzt vorzuwarnen, dass Sie mit einem Notfall unterwegs sind, damit er entsprechende Maßnahmen vorbereiten kann und keine lebenswichtige Zeit verloren geht.

069 — BEINE HEBEN

» **Auf der Treppe** Die Dramaturgie eines Treppenlaufs ist recht einleuchtend. Gestartet wird unten, und wer als Erster oben ankommt, hat gewonnen. Anders als beim normalen Laufwettkampf, wo Sie in der Horizontalen schnell sein müssen, müssen Sie es hier in der Vertikalen sein. Aber zunächst einmal kommt es auf Ihre Ellenbogen an. Denn wenn Sie als Erster oben ankommen möchten, müssen Sie als einer der Ersten unten starten. Und der Eingang zum Treppenhaus ist oft ein Nadelöhr. Wie beim Empire State Building Run Up, der prestigeträchtigen Hatz bis auf die Aussichtsplattform des New Yorker Wahrzeichens im 86. Stockwerk auf 320 Metern Höhe *(siehe Kapitel 012, „Aussicht genießen")*. Nach dem Massenstart im Foyer müssen Sie sich auf den wenigen Metern bis zum Treppenhaus durch eine enge Tür drängeln und gegen die anderen Starter durchsetzen. Und das sind keine Anfänger. Zum Lauf auf das Empire State Building können Sie sich nicht einfach anmelden. Sie brauchen eine Einladung, die Sie nur kriegen, wenn Sie bereits als Treppenläufer aufgefallen sind. Wie der Deutsche Thomas Dold zum Beispiel. Er hat bereits sechs Mal in Folge in New York gewonnen. Er weiß, worauf es ankommt:

Training: Zu Ihrem normalen Lauftraining sollten Sie zwei Trainingseinheiten pro Woche auf Treppen einlegen, wobei Sie insgesamt jeweils 30 bis 40 Stockwerke hochlaufen. Dazu brauchen Sie natürlich erst einmal ein Hochhaus, mindestens ein vier- bis zehnstöckiges Bürogebäude. Thomas

Dold fährt am Wochenende extra nach Frankfurt, ebenso sein Trainingspartner Matthias Jahn, der unter anderem den Vertical Marathon in Singapur auf das 73 Etagen hohe Stamford-Hotel gewonnen hat. Wählen Sie zu Anfang ein eher moderates Tempo, in dem Sie das ganze Gebäude ohne Pause hinauflaufen können. Dabei gewöhnen Sie sich gleich mal an das eher schmucklose Interieur und die trockene, staubige Luft von Treppenhäusern. Schon nach wenigen Etagen werden Sie ein Kratzen im Rachen bemerken und einen komischen, metallischen Geschmack im Mund. Das kommt von der Anstrengung. Runter nehmen Sie den Aufzug, um Ihre Gelenke zu schonen. Gelegentlich laufen Sie aber auch, ein paar Treppenabsätze sogar rückwärts, um Ihre Koordination zu schulen: Schauen Sie dabei unter Ihrem Arm hindurch auf die folgenden Stufen unter Ihnen, Ihre Hand rutscht zur Sicherheit locker über das Geländer.

Renntaktik: Erkundigen Sie sich, ob das Treppenhaus rechts- oder linksdrehend ist. Matthias Jahn lässt sich eigens für jede Richtung ein Paar spezielle Einlegesohlen mit Karbonanteil anfertigen: Die Einlage für den jeweils äußeren Fuß ist angewinkelt, damit er mehr Halt in der Kurve hat. Beim Wettkampf laufen Sie ein gleichmäßiges Tempo. Nehmen Sie zwei Stufen auf einmal. Wobei Sie auf die unterschiedliche Steilheit vorbereitet sein müssen. In dem 508 m hohen Wolkenkratzer Taipei 101 in Taiwan zum Beispiel warten 2.046 Stufen, 91 Etagen und eine Steigung von fast 50 Prozent auf Sie. Zur Unterstützung Ihrer Beine setzen Sie die Arme ein: Ziehen Sie sich am Geländer hoch, rechts und links abwechselnd, wenn das Treppenhaus eng genug ist. Bleiben Sie mit den Armen im Laufrhythmus, unterstützen Sie mit dem rechten Arm das linke Bein und umgekehrt. Wechseln Sie gelegentlich die Seite des Treppenhauses – allerdings nur dann, wenn Sie Platz für sich haben. Ansonsten bleiben Sie immer auf der inneren Spur, sodass lästige Konkurrenten auf der Außenbahn überholen müssen. Auf der Innenbahn können Sie sich besser in die Kurve legen: Ziehen Sie sich mit der Hand am Geländer schwungvoll hinein. Machen Sie sich auf das Ende gefasst. Sie sollten wissen, wie es im Zielbereich aussieht. Beim Vertical Marathon etwa sind die letzten Meter auf dem Hoteldach flach, da können Ihre Beine nach den vielen Stufen leicht ins Straucheln geraten.

» **Im Watt** Die letzte, zwölf Kilometer lange Etappe des Nordseelaufs ist topfeben. Sie würden niemals vermuten, wie anstrengend sie ist. Los geht es auf der Insel Neuwerk, das Ziel ist in Cuxhaven, also auf dem Festland. Dazwischen liegt das Watt. Dieses artenreiche Naturwunder an der ostfriesischen Nordseeküste steht während der Flut unter Wasser. Bei Ebbe können Sie darüber laufen. Das heißt allerdings nicht, dass es völlig trocken ist. Sie müssen durch Schlick, durch teilweise knöcheltief stehendes Wasser und durch Priele – die bachartigen Zu- und Abflüsse des Meeres –, in denen Ihnen das Wasser manchmal bis zur Hüfte reicht. Achten Sie vor allem auf Ihre Füße: Die Miesmuscheln, die im Schlick stecken, sind mitunter recht scharfkantig. Laufen Sie deshalb nicht barfuß. Tragen Sie alte Laufschuhe, die Sie hinterher wegwerfen können, denn die kriegen Sie nie wieder sauber *(siehe Kapitel 088, „Schein wahren")*. Das Gleiche gilt für Ihre Socken, die Sie davor schützen, sich am Sand zwischen Ihren Zehen wundzureiben. Damit Ihre Schuhe nicht so leicht im Schlick steckenbleiben und Sie am Ende auf Ihren Strümpfen weiterlaufen müssen, wählen Sie eng sitzende Modelle, die Sie fest schnüren. Falls Sie sie dennoch verlieren: Laufen Sie ohne Schuhe weiter. Verkürzen Sie Ihre Schrittlänge, so sinken Sie weniger ein. Orientieren Sie sich an den Einheimischen. Die laufen teils Umwege über das festere Sandwatt – sind aber trotzdem schneller als über das tiefere Misch- oder Schlickwatt. Wenn Sie im Watt trainieren, starten Sie mit kurzen Einheiten. Da Sie bei jedem Schritt mal mehr, mal weniger stark einsinken, benötigen Sie mehr Kraft als auf Asphalt, um die Füße wieder vom Boden zu lösen. Das werden Sie vor allem als Muskelkater in den Oberschenkeln, der Wade und entlang des Schienbeins spüren.

» **Über Dünen** Es tut Ihren Füßen und Ihrer Seele gut, ohne Hektik und ohne Schuhe einen schönen weichen Sandstrand entlangzulaufen. Wenn Sie dann noch gelegentlich einen Abstecher in die Dünen machen, haben Sie bereits das Erfolgsrezept des neuseeländischen Kult-Trainers Arthur Lydiard umgesetzt: Er ließ seine Athleten regelmäßig barfuß in den Dünen laufen und dazu Hügelsprints absolvieren. Dabei ziehen Sie die Knie extra hoch und trainieren einen intensiven Abstoß. Das kostet viel Kraft. Sie müssen Ihre Beine langsam daran gewöhnen, sonst drohen Ihnen

Achillessehnenbeschwerden. Wenn Sie länger durch die Dünen laufen, etwa in der Sahara, sollten Sie sich eher kraftsparend und mit Schuhen fortbewegen. Achten Sie auf einen flachen, fast schon schlurfigen Schritt, die Knie heben Sie nur wenig. Präparieren Sie Ihre Schuhe mit sanddichten Gamaschen: Diese werden seitlich an der Sohle verklebt und umhüllen den ganzen Schuh. Ihre Sohlen müssen vor allem in Querrichtung ein gutes, jedoch nicht zu tiefes Profil aufweisen. So haben Sie im Sand einen guten Abdruck, ohne zu viel Kraft zu verlieren. An einem Strand laufen Sie am besten direkt am Wassersaum, da ist der Sand fester. Das schont Ihre Knie.

» **Im Wasser** Beim Aquajoggen sind Sie im Wasser, werden von einer speziellen Auftriebsweste in der Senkrechten gehalten und vollführen Laufbewegungen. Klingt seltsam, sieht für die anderen Badegäste auch so aus, hat aber mit rhythmischer Gymnastik für Reha-Patienten dennoch nichts zu tun. Aquajogging ist eine auch von Laufprofis angewandte Form des gelenk- und sehnenschonenden Kreislauf- und Muskeltrainings. Untersuchungen haben gezeigt, dass Sportler, wenn sie sich richtig ins Zeug legen, beim Aquajoggen mehr Kalorien verbrauchen können als beim Laufen. Der Puls steigt fast genauso hoch. Dabei kommt es weniger auf Ihre Fuß- als vielmehr auf Ihre Bein- und Kniearbeit an. Der Fußabdruck entfällt, das Vorwärtskommen ist nebensächlich. Dafür kämpfen Sie gegen den Widerstand des Wassers an – und gegen die mitunter etwas verächtlichen Blicke der Mitschwimmer. Vor denen braucht Ihnen aber nichts peinlich zu sein, denn Sie leisten einiges: Die Dichte des Wassers ist 800 Mal höher als die der Luft, das macht Aquajogging überraschend anstrengend, obwohl Sie nicht wie an Land gegen die Schwerkraft ankämpfen müssen. Wenn Sie Laufbewegungen imitieren, sollten Sie Ihre Knie bewusst anheben, etwa bis auf Bauchnabelhöhe, parallel dazu stark die Arme einsetzen. So können Sie auch Intervalle und Sprints simulieren. Verärgern Sie dabei aber die anderen Badegäste nicht. Schwimmbadtauglicher ist eine ruhigere Technik: Sie halten die Beine und Arme gestreckt und bewegen sie so, als wollten Sie würdevoll voranschreiten. Etwas würdelos mag Ihnen vielleicht die komische Auftriebsweste vorkommen. Alternativ können Sie sich beim

Bademeister eine bunte Schwimmnudel ausleihen, falls Sie diese kleidsamer finden.

BEINE STILLHALTEN
070

» **Mit Pausen** Erholung ist eine der besten Trainingseinheiten. Nur wenn Sie sich zwischen zwei Trainingsreizen Zeit zur Regeneration lassen, sind Sie hinterher fitter als vorher und Ihre Leistungskurve zeigt nach oben. Diesen Effekt nennt man Superkompensation. Wenn Sie sich dagegen ständig immer nur mehr Umfänge und höhere Geschwindigkeiten zumuten, geht es mit Ihrer Kondition sogar abwärts. Je mehr Sie laufen, desto mehr Ruhetage sollten Sie sich gönnen. Bauen Sie jede Woche, jeden Monat und jedes Jahr kürzere und längere Erholungsphasen in Ihren Trainingsplan ein, besonders nach sehr beanspruchenden Belastungen, zum Beispiel einem Marathon. Noch 48 Stunden danach sind Schädigungen der Muskelfasern nachweisbar. Erst sieben Tage später setzt die Erholung ein, die bis zu zehn Wochen dauern kann. Wenn Sie vorher schon wieder intensiv laufen, schwächen Sie sich nur.

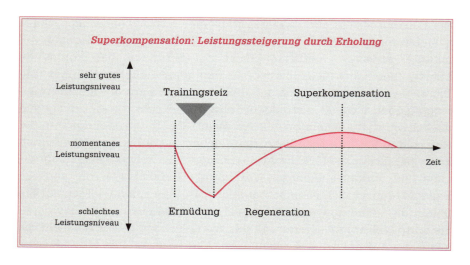

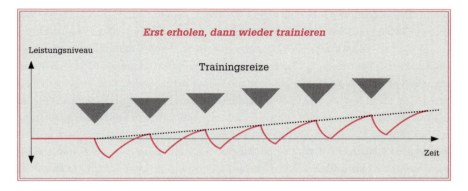

» **Mit Auslaufen** Traben Sie nach einer harten Trainingsbelastung oder nach dem Zieleinlauf bei einem Wettkampf ein paar Meter. Bewegen Sie Ihre stark beanspruchten Muskeln im langsamsten Tempo ganz locker zirka zehn Minuten lang. Dadurch wird das Muskelgewebe durchblutet und Laktat abgebaut, das Stoffwechselprodukt, das sich bei harten Belastungen im Muskel ansammelt und die Beine müde macht. Sind Sie nach dem Marathon nicht mehr zum Auslaufen in der Lage – so wie die meisten – traben Sie am nächsten Morgen. Es fällt Ihnen wahrscheinlich schwer, sich dazu zu motivieren. Aber es hilft Ihnen. Andernfalls zieht sich der Laktatabbau hin, und Sie schleppen Ihre schweren Beine länger als nötig mit sich herum.

» **Mit Stretching** Auch Dehnübungen fördern die Durchblutung Ihrer überlasteten Muskelfasern und beugen außerdem Verkürzungen der Muskulatur vor. Unmittelbar nach einer Belastung verhindert das vorsichtige Stretching Muskelverspannungen und -verhärtungen. Gehen Sie dabei nie über die Schmerzgrenze hinaus *(siehe Kapitel 071, „Spagat wagen")*. Halten Sie die Dehnung einige Sekunden, machen Sie keine wippenden Bewegungen.

Die drei besten Stretchingübungen für Läufer **Wadenmuskulatur** Gehen Sie in Schrittstellung und stützen Sie sich mit den Händen an einer Wand oder einem Baum ab. Ihre Fußspitzen sind zu Wand gerichtet. Beugen Sie das vordere Bein leicht im Kniegelenk. Das hintere Bein lassen Sie gestreckt. Wichtig: Die Ferse bleibt am Boden. Wade, Oberschenkel,

Hüftbereich und Rücken bilden eine gerade Linie. Sie spüren ein leichtes Ziehen in der Wade. Wenn Sie sich mit dem Oberkörper weiter nach vorne beugen und den Druck zur Wand erhöhen, verstärkt sich auch Ihr Dehngefühl in der Wade. Das Gleiche geschieht mit einer weiteren Schrittstellung, also wenn Sie das hintere Bein weiter zurück stellen. **Oberschenkelvorderseite** Sie stehen aufrecht und halten sich mit einer Hand an einer Wand oder einem Baum fest. Mit der anderen greifen Sie einen Fuß und führen ihn nach hinten in Richtung Gesäß. Es entsteht ein Zuggefühl im vorderen Oberschenkel. Wichtig: Nicht mit der Hüfte nach rechts oder links abkippen und der Dehnung ausweichen. Stabilisieren Sie Ihren Beckenbereich, indem Sie die Bauchmuskulatur anspannen. **Hüft- und Gesäßmuskulatur** Sie liegen flach auf dem Rücken. Beugen Sie ein Bein und umfassen Sie Ihr Kniegelenk. Ziehen Sie es langsam in Richtung Brustkorb. Das andere Bein bleibt gestreckt am Boden liegen. Ziehen Sie die Zehen dieses Beines zu sich heran und bauen sie eine Grundspannung auf. Es entsteht ein leichtes Ziehen in der Gesäßmuskulatur des angewinkelten und am Hüftstrecker des ausgestreckten Beines. Wichtig: Der Dehnung nicht ausweichen, indem Sie das Knie des ausgestreckten Beines abwinkeln.

Waden dehnen

» **Mit Massagen** Die meisten Läufer schwören auf Massagen. Wissenschaftliche Untersuchungen, die wundersame Wirkungen belegen können, gibt es allerdings nur wenige. An der Universität Utrecht zum Beispiel wurde herausgefunden, dass die Kombination von Stretching und Massage die allgemeine Funktionstüchtigkeit der Muskulatur stärkt. Die verbesserte Muskeldurchblutung während der Massage ist auf jeden Fall nicht von der Hand zu weisen. Steht Ihnen kein Masseur zur Verfügung, können Sie auch einmal eine Selbstmassage ausprobieren. Dabei kneten und streicheln Sie Ihre Muskulatur mit langsamen, sanften Bewegungen an den Stellen, die schmerzen beziehungsweise besonders beansprucht wurden.

» **Mit Einreibungen** Die bringen leider nichts. Massageöl, Franzbranntwein, Tiger Balm und ähnliche Mittel fördern die Durchblutung nicht. Sie gelangen nur in die obersten Hautschichten, wo sie ein wohliges, prickelndes Gefühl auslösen. Sie sind auch gut für Ihre Nase, weil sie meist angenehm riechen. Das war's dann aber auch schon.

» **Mit Eisbädern** Marathon-Weltrekordlerin Paula Radcliffe tut es, Marathon-Europarekordhalter Viktor Röthlin tut es, und Fußballprofis tun es auch: in Eis baden, um die Regeneration zu fördern. Die Teilnehmer am Admirals Cup, dem prestigeträchtigsten Segelrennen der Welt, halten ihre Arme in Eiswasser, um ihre Muskeln zu erholen. Nach der starken Durchblutung des Muskelgewebes durch den Sport verengen sich die Blutgefäße aufgrund des Kälteschocks zunächst. Steigen Sie dann wieder aus der Eiswanne heraus, wird die Durchblutung umso mehr angeregt. Dadurch verbessern Sie den Abbau von Abfallprodukten im Körper und hemmen Entzündungsreaktionen im Gewebe – ähnlich wie bei Prellungen und Stauchungen, bei denen Sie Kältesprays benutzen. Ein erwünschter Nebeneffekt ist die Stärkung Ihres Immunsystems. Eisbademeister empfehlen: Lassen Sie kaltes Wasser in die Badewanne einlaufen. Das Wasser hat im Winter, so wie es aus dem Hahn läuft, gewöhnlich sechs bis acht Grad Celsius. Total unverfrorene Profis geben noch Eiswürfel hinzu, um ihr Bad auf drei bis vier Grad herunterzukühlen. Dann steigen Sie hinein: Es reicht, wenn Ihre Beine von Wasser bedeckt sind. Lassen Sie obenrum ruhig ein trockenes Shirt oder einen Pullover an oder tragen Sie zusätzlich eine Mütze, um nicht komplett auszukühlen und einer Erkältung vorzubeugen. Paula Radcliffe sitzt 15 Minuten in der Eiswanne, aber die ist ja auch eine Weltrekordlerin. Für Sie reichen erst einmal fünf bis sechs Minuten. Wenn Sie das nicht aushalten, versuchen Sie es am Anfang mit zweimal drei bis vier Minuten. Oder probieren Sie die Alternativen aus: Steigen Sie in eine volle Regentonne oder in einen Bach oder Fluss. Die Warmduscher-Methode des Eisbades ist das Abbrausen mit einem Dusch-Schlauch, am besten ohne Brausekopf.

» **Mit Saunagängen** Für die meisten Mitteleuropäer ist die Sauna immer noch eine spezielle Einrichtung für dunkle Winterabende, in ihrem Ursprungsland Finnland dagegen gehört das Schwitzen zum Leben wie Essen und Trinken. Der entscheidende Vorgang beim Saunieren ist der rapide Temperaturwechsel. Der Körper versucht, die überschüssige Wärme durch eine deutliche Steigerung der Hautdurchblutung loszuwerden. Direkt nach belastenden Trainingseinheiten oder Wettkämpfen sollten Sie nur kurze Saunagänge wählen und viel trinken. Die erholsame Wirkung auf die erschöpfte Muskulatur ist eindeutig nachweisbar *(siehe Kapitel 033, „Schweiß verlieren")*.

So lange müssen Sie stillhalten

Muskelempfinden nach Belastung	Trainingsempfehlung
keinerlei Beschwerden	Training in vollem Umfang weiter möglich
leichte Schmerzen in einzelnen Muskelpartien	7 Tage reduziertes Training, 2 Wochen kein Wettkampf
Muskelschmerzen beim normalen Gehen	14 Tage reduziertes Training, 4 Wochen kein Wettkampf
starke Schmerzen, Gehen nur humpelnd möglich	1 Monat reduziertes Training, 2 Monate kein Wettkampf

SPAGAT WAGEN

Gute Durchblutung, geschmeidige Muskeln, verbesserte Beweglichkeit, verringertes Verletzungsrisiko – Stretching soll für alles Mögliche gut sein. Ob Dehngymnastik wirklich etwas bringt, und wenn ja, ob Sie sie vor oder nach dem Laufen machen sollten, darüber streiten sich die Trainingsexperten. Am besten, Sie finden selbst heraus, ob es gut für Sie ist, Ihre Muskeln mit speziellen Übungen in Spannung zu versetzen. Aber wenn, dann richtig! So machen es die Profitänzer im klassischen Ballett, um den Spagat zu schaffen:

» **Aufwärmen** Zehn Minuten traben – das nennen Sie Aufwärmen? Dann können Sie den Spagat gleich vergessen. Unter eineinhalb Stunden Vorbereitung geht beim Ballett nichts. Sie stehen an der Stange und beginnen mit kleinen Muskelbewegungen, die immer komplexer werden. Vor allem beugen und strecken Sie die Beine und Fußgelenke.

» **Französisch lernen** Die Bewegungen im Ballett sind stark formalisiert. Der Tanz wurde an französischen Adelshöfen entwickelt, das spiegelt sich heute noch in den grundlegenden Begriffen wieder. Wichtig für das Aufwärmen und Stretchen sind insbesondere vorsichtige Tendus (Streckungen der Füße), Pliés (Beugungen des Knies), schnellere Tendus und Jetés (schwungvolles Werfen der Beine nach hinten oder vorne), Développés (Beinbewegungen von der Beugung in die Streckung) und Grands Battements (besonders schwungvolles Werfen, so hoch wie möglich). Es gibt rund 150 weitere Ausdrücke für Positionen, Arm- und Fußtechniken. Auch der Kopf ist beim Training gefordert: Für das richtige Placement (die Körperhaltung, insbesondere das Verhältnis der Arme, Beine, Schultern und Hüften zueinander) ist Konzentration nötig. Viele Übungen werden en croix (kreuzweise), also en avant (vorwärts), en arrière (rückwärts) und à la seconde (seitwärts) ausgeführt.

» **Ziehen** Sie bleiben aufrecht, schieben die Füße am Boden vor und zurück, strecken die Füße, schieben die Beine vor und zurück, dann kommen die Kniebeugen dazu, die immer tiefer werden. Sie halten sich dabei zur Kontrolle an der Stange vor dem Spiegel fest. Sie neigen Ihren Oberkörper nach hinten und vorne und nehmen Ihre Arme mit. Sie gehen in die Hocke, tief runter, strecken die Beine, neigen den Oberkörper und strecken die Füße in die Luft. Dabei ziehen Sie Ihre Muskulatur ständig gegen die eigene Unbeweglichkeit.

» **Am Boden liegen** Wenn Sie Ihre ersten Übungsfolgen durchgearbeitet haben, frühestens nach 45 Minuten, verlassen Sie die Stange und machen in der Mitte des Raums, im so genannten Center, mit Drehungen und Dehnübungen in alle Richtungen weiter. Wenn Sie nicht richtig warm sind, besteht jetzt die Gefahr, dass Sie sich verletzen, zum Beispiel, weil Ihre Achillessehne reißt. Der Vorteil am Boden: Sie können sich mit den Händen abstützen und den Oberkörper ablegen, während Sie Ihre Beinmuskulatur dehnen.

» **Brachial werden** Als Anfänger üben Sie am Boden und drücken Ihren Körper gewaltsam Zentimeter um Zentimeter in den Spagat. Als Profi stehen Sie an der Stange oder an einer Wand und ziehen einen Fuß mit den Händen daran empor. Egal, wie Sie den Spagat üben: Es tut weh. Die Belastung geht exponentiell nach oben. Wenn Sie denken, Sie können nicht mehr weiter dehnen, setzt der Trainingseffekt erst ein. Nach langer Übungszeit kann Ihr Trainer irgendwann Ihre Beine bis hinter Ihren Kopf ziehen, auch wenn Sie das nie für möglich gehalten hätten. Es ist auch eine Frage der Wahrnehmung: Die physischen Erfahrungen führen mit der Zeit zur Verschiebung der psychologischen Schmerzgrenzen – Sie können immer ein bisschen weiter dehnen. Professionelle Tänzer können ihre intensiv aufgewärmten Muskeln extrem belasten und gummiartige Bewegungen damit ausführen. Sie kennen ihren Körper und wissen, wie weit sie gehen können. Die Devise der Ballett-Tänzer ist die gleiche wie bei Marathon-Läufern: „No pain, no gain." Besonders Begabte brauchen etwa ein halbes Jahr Training, bis sie den Spagat schaffen, bei anderen dauert es bis zu drei Jahre. Starke Dehnungen schwächen allerdings die Muskeln. Das wirkt sich unter anderem negativ auf die Fähigkeit, hoch zu springen, aus.

» **Dranbleiben** Professionelle Ballett-Tänzerinnen und -Tänzer erkennen Sie sofort an ihrer hibbeligen Art. Sie können sich nicht normal auf ein Sofa lümmeln. Sie sitzen schnurgerade da oder rutschen auf den Boden und sind ständig dabei, ihre Füße zu strecken, ihre Hüften zur Seite zu schieben, die Muskeln zu dehnen und Gelenke knacken zu lassen. Reine Gewohnheitssache.

 WEGLAUFEN

Wenn Sie laufen, genießen Sie die Natur – aber lassen Sie sich nicht von ihr anfallen. Kommen Sie wilden Tieren zu nahe, können sich diese leicht bedroht fühlen, insbesondere, wenn sie Nachwuchs haben. Dann lösen Sie Revierverhalten, Schutzinstinkte und den Beutetrieb der aggressiveren Spezies aus. Das Gute an einer solchen Begegnung: Sie sind viel ausdauernder als Ihre Angreifer, weil Tiere im Gegensatz zu Ihnen ihre Körpertemperatur nicht regulieren können und deshalb schnell überhitzen und schlappmachen. Das Schlechte daran: Tiere sind begnadete Sprinter, und die paar Sekunden, die die Vierbeiner voll aufdrehen können, reichen locker aus, um Sie zu packen. Als ausdauerndstes Säugetier gilt der in Nordamerika lebende Gabelbock, der eine Geschwindigkeit von 60 bis 70 km/h bis zu sechs Kilometer lang durchhalten kann. Die Höchstgeschwindigkeit von Usain Bolt bei seinem Weltrekordlauf im Jahr 2009 betrug rund 45 km/h – und das nur über 100 Meter. Das schnellste Säugetier der Welt, der Gepard, hält sein Maximaltempo von 110 km/h 300 bis 500 m durch. Ein Strauß schafft eine halbe Stunde 50 bis 70 km/h. Grundsätzlich sind Sie als Mensch jedoch eine weitaus größere Gefahr für die Tiere als andersherum. Die meisten Angriffe von Tieren resultieren aus Leichtsinn der Menschen, weil sie sie anfüttern oder ihnen sonst zu nahe treten. Am besten, Sie machen unterwegs lautstark auf sich aufmerksam, damit Sie die Tiere nicht erschrecken, halten genügend Abstand zu ihnen und lassen sie so gut es geht in Ruhe. Die meisten – zum Beispiel Pferde, Schafe und Straußen – sind Fluchttiere. Sie rennen bei kleinen Anzeichen von Gefahr normalerweise vor Ihnen weg. Normalerweise.

Nichts wie weg

Angreifer	Höchstgeschwindigkeit	Gefährlichkeit	Alternative zum Weglaufen
Raubkatzen			
Gepard	110 km/h	☠☠☠	beten und totstellen
Löwe	60 km/h	☠☠☠	beten und totstellen
Pferde			
Rennpferd	70 km/h	☠	zwei Schritte zur Seite machen
Ackergaul	30 km/h	☠	auf das Pferd einreden, Arme weit ausbreiten, stehen bleiben und Baum spielen, Karotte hinhalten
Isländer	25 km/h	☠	Arme weit ausbreiten, stehen bleiben und Geysir spielen
Vögel			
Strauß	60 km/h	☠	auf Krallen achten, Strauß tritt und hackt
Krähe	70 km/h	☠	Bogen um Nester mit Nachwuchs machen, Mütze aufsetzen, neonbunt kleiden, Schirm aufspannen
Schwan	10 km/h	☠	stehen bleiben, Arme weit wie Flügel ausbreiten
Wolf	65 km/h	☠☠	stark und selbstsicher wirken, Kehle schützen
Hunde			
Rottweiler	40 km/h	☠☠	selbstsicher bleiben, wegschauen, Arme hängen lassen *(siehe Kapitel 066, „Waden schützen")*
Chihuahua	20 km/h	☠	„buh!" rufen
Nashorn	50 km/h	☠☠☠	keine, laufen Sie im Zickzack, wenn vorhanden um Bäume oder Sträucher herum, an denen das Nashorn eventuell hängenbleibt, weil es extrem schlecht sieht
Flusspferd	50 km/h	☠☠☠	keine, geraten Sie bloß nie zwischen das Tier und das Gewässer, in dem es wohnt
Elefant	40 km/h	☠☠☠	keine, laufen Sie im Zickzack

Angreifer	Höchstge-schwindigkeit	Gefähr-lichkeit	Alternative zum Weglaufen
Bären			
Braunbär	50 km/h	☠☠☠	groß aufbauen, Bär anschreien oder sonst irgendwie erschrecken, zum Beispiel mit dem Abfeuern einer Leuchtrakete, auf einen Baum klettern (da kommt er normalerweise nicht hoch, aber er kann den Stamm schütteln)
Schwarzbär	50 km/h	☠☠☠	siehe Braunbär, aber bloß nicht auf einen Baum klettern (da kommt er ebenfalls hoch)
Eisbär	40 km/h	☠☠☠	siehe Schwarzbär, aber bloß nicht lange über einen Baum nachdenken – es gibt keinen
Rinder			
Stier	45 km/h	☠☠	zwei elegante Schritte zur Seite ausweichen und „olé!" rufen, ansonsten still stehen bleiben und Baum spielen
Kuh	25 km/h	☠	auf die Nase hauen, einen Schritt zur Seite ausweichen und das Tier mit Schmackes umwerfen
Wildschwein	55 km/h	☠☠	auf einen Baum klettern, Beine vor den scharfen Hauern schützen, bloß nicht hinfallen
Schafböcke			
Rauhwoller	35 km/h	☠	groß aufrichten, ausweichen, Foto machen
Ostfriesisches Milchschaf	25 km/h	☠	Bocksprung drübermachen
Esel	35 km/h	☠	streicheln
Leguan	33 km/h	☠☠	selbstsicher und groß aufbauen, Arme beeindruckend ausbreiten
Krokodil	20 km/h	☠☠☠	dem Tier auf die Augen hauen und hoffen, dass es vor Schreck loslässt, bloß nicht unter Wasser ziehen lassen

STRÜMPFE ANZIEHEN

Vor gar nicht allzu langer Zeit galt der Kompressionsstrumpf noch als Synonym für das unsexieste Kleidungsstück der Welt. Ihre Oma hatte solche Liebestöter in der Wäschetruhe versteckt. Im Krankenhaus müssen Patienten die Dinger aus Angst vor Thrombosen tragen. Für Fluggäste auf Langstrecke in der Economy-Klasse sind sie die letzte Hoffnung, die Folter der Airlines durch viel zu enge Sitzreihen zu überstehen. Längst haben aber auch Läufer den Kompressionsstrumpf für sich entdeckt. Die Sportartikel-Hersteller versprechen ihren Kunden mehr Ausdauer und eine schnellere Regeneration durch die teure Strickware. Unabhängige Wissenschaftler halten das tendenziell für ein Werbemärchen. Sie sagen: Im Gegensatz zu alten oder kranken Menschen verfügen Sportler über eine trainierte Muskulatur, die für genügend Blutfluss sorgt. Thrombosestrümpfe sind demnach nur bei erschlafften oder geschädigten Gefäßstrukturen sinnvoll. Der Kniff der Sockenverkäufer bestehe darin, therapeutisch sinnvolle Maßnahmen für kranke auf gesunde Menschen zu übertragen, und das funktioniere eben nicht. Moderates Auslaufen nach der Belastung bringe viel mehr für die Durchblutung der Gefäße und den Abtransport verbrauchter Flüssigkeiten, sprich für die Regeneration. Allerdings sagen selbst Skeptiker: Läufer, die sich einbilden, dass die Strümpfe etwas bewirken, haben auch ein gutes Gefühl von Halt in ihnen – und durch diese mentale Stütze eventuell eine größere Leistungsfähigkeit. Auch Profis schwören darauf. Paula Radcliffe zum Beispiel lief ihren Weltrekord mit Kompressionsstrümpfen. Haile Gebrselassie dagegen trug nie welche. So oder so gibt es auch noch ein paar andere sinnvolle Einsatzmöglichkeiten:

» **Als Handschuh** Sie stehen schlotternd in Ihrem T-Shirt am Start eines Herbstlaufs und hoffen, dass es nun endlich losgeht. Entspannen Sie sich. Schlüpfen Sie mit den Händen in Kompressionsstrümpfe. Sie sind so lang, dass Sie sie fast bis zu den Schultern aufrollen können – so bleiben Sie warm bis zum Startschuss. Unterwegs stopfen Sie die Dinger in Ihre Hose – zum Wegwerfen sind sie zu teuer.

» **Als Stirnband** Sobald Sie eine längere Strecke laufen, rinnt Ihnen der Schweiß in die Augen. Sie müssen dauernd blinzeln – eine Anstrengung, auf die Sie gerne verzichten würden. Binden Sie sich einen Kompressionsstrumpf um die Stirn. Wenn Sie ihn vorher der Länge nach falten und geschickt zusammenrollen, sieht er aus wie ein normales Tuch.

» **Als Keilriemen-Ersatz** Sie bleiben auf dem Weg zum Lauftreff mit Ihrer alten Rostbeule liegen – der Keilriemen ist gerissen. Vergessen Sie den klassischen Trick mit der Damenstrumpfhose, nehmen Sie stattdessen einen Kompressionsstrumpf, der eignet sich aufgrund seiner Spannung und Festigkeit viel besser zur Reparatur. Verdrillen Sie ihn und führen Sie ihn straff gespannt in die Keilriemenscheiben ein. Knoten Sie den Strumpf zusammen und schneiden Sie die losen Enden des Knotens sauber ab. Fahren Sie mit einer so geringen Drehzahl wie möglich weiter. Das funktioniert aber nur bei älteren Auto-Modellen. Neuere Wagen laufen mit Flachrippen-Riemen und haben sehr hohe Drehzahlen, da können Sie selbst mit Kompressionsstrümpfen nichts mehr ausrichten.

» **Als Kulturbeutel** Sie reisen gerne mit leichtem Gepäck. Lassen Sie doch auch noch Ihren Beutel mit Waschzeug zu Hause. Nehmen Sie stattdessen einen Kompressionsstrumpf und füllen Sie ihn mit dem Notwendigsten. In den anderen füllen Sie die ganzen kleinen Dinge, die sonst immer irgendwo in den Untiefen Ihrer Reisetasche verschwinden: Pflaster, Sicherheitsnadeln, Schuh-Chip zur Zeitmessung, Brustgurt der Pulsuhr. Die Strümpfe sind so lang, dass Sie die oberen Enden aus dem Gewühl Ihrer Tasche herausragen lassen können – so finden Sie Ihre Necessaires auch in der größten Unordnung mit einem Griff.

» **Als Gel-Gürtel** Bei einem Rennen verzichten Sie auf jedes überflüssige Gramm Ballast. Deshalb benutzen Sie nicht einmal einen Gürtel, um Ihre Kohlenhydratgels für unterwegs daran zu befestigen, sondern kleben sich die Tuben mit Pflaster auf die Haut. Das kann jedoch ganz schön hinderlich sein. Die hautfreundliche Alternative: Binden Sie sich einen Strumpf um die Hüfte und stecken Sie die Gels hinein. Falls Sie etwas beleibter sind, knoten Sie zwei Strümpfe aneinander.

» **Als Armschlinge** Sie fallen beim Waldlauf und brechen sich einen Arm. Stellen Sie ihn ruhig. Binden Sie zwei Strümpfe zusammen und knoten Sie die losen Enden zur Schlinge. Falls Sie den verletzten Arm gar nicht mehr bewegen können, ziehen Sie den Knoten mit den Zähnen fest. Legen Sie sich die Schlinge so um, dass sie auf Ihrer Schulter ruht und der verletzte Arm locker und angenehm im 90-Grad-Winkel darin liegt. Gehen Sie schnellstmöglich zum Arzt.

074 — BEINFREIHEIT GENIESSEN

Nur die wenigsten Wettkämpfe finden direkt vor Ihrer Haustüre statt. Zu Fuß kommen Sie meistens nicht hin. Achten Sie bei der Anreise auf Ihre Beine, die brauchen Sie schließlich noch.

» **Im Auto** Sie sind nicht der Fahrer, auf keinen Fall. Als Fahrer müssen Ihre Beine stundenlang leicht angewinkelt sein und permanent Gas geben, bremsen und kuppeln – das ist zu anstrengend. Wenn Sie schon unbedingt selbst am Steuer sitzen müssen, machen Sie alle 30 Minuten Rast. Steigen Sie dazu aus dem Auto aus. Turnen Sie alle Stretching-Übungen durch, die Sie kennen. Es ist aber wirklich besser, Sie bleiben auf dem Beifahrersitz. Schieben Sie ihn ganz nach hinten, so dass Sie Ihre Beine komplett ausstrecken können. Ziehen Sie Ihre Schuhe aus. Legen Sie die Beine ab und zu hoch auf die Ablage unter der Frontscheibe, damit sich das Blut nicht staut. Schieben Sie sich ein Fensterputztuch unter, damit Ihre Fersen weich gebettet sind. Nutzen Sie Staus oder einsame Straßenabschnitte, um sich einmal komplett im Sitz zu drehen: Legen Sie sich mit dem Rücken auf die Sitzfläche, der Kopf ragt Richtung Fußraum, und strecken Sie die Beine in die Höhe. Schütteln Sie die Beine nun leicht aus, halten Sie die Position bis zum Stauende. Vorsicht bei Polizeifahrzeugen. Sie sind in dieser Position nicht angeschnallt, wenigstens nicht so, wie es sein sollte, da droht ein Bußgeld. Knicken Sie beim Vorbeifahren der Ordnungshüter die Beine in den Knien ab, so dass sie nicht auffallen. Eventuell haben Sie einen Hut oder eine Mütze griffbereit, die Ihnen der

Fahrer über die Knie stülpen kann, so dass der Eindruck entsteht, auf dem Beifahrersitz sei einfach nur eine kleine Person.

» **Im Zug** Reservieren Sie einen der begehrten Plätze am Vierertisch im Großraumwagen, wo Sie besonders viel Beinfreiheit genießen. Gangplätze sind besser als Fensterplätze, hier können Sie so oft aufstehen, wie Sie wollen. Zweitbeste Lösung ist ein Platz im Sechserabteil. Auch hier gilt: besser an der Tür als am Fenster. Sparen Sie sich eine Reservierung, wenn nur noch normale Plätze im Großraumwagen zur Verfügung stehen. Da ist es sinnvoller, Sie setzen oder legen sich zwischen den Wagen auf den Boden oder gehen auf dem Gang auf und ab. Sind Sie sehr lange unterwegs, gehen Sie fünf Minuten vor jeder Haltestelle an das andere Ende des Zuges, steigen Sie am Bahnhof aus und nutzen Sie die Haltezeiten zu einem Steigerungslauf auf dem Bahnsteig bis zu Ihrem Wagen zurück. Eine gute Alternative ist der Speisewagen. Da können Sie, wie am Vierertisch im Großraumwagen, Ihre Beine so weit von sich strecken, wie Sie wollen. Einziger Nachteil: Der Speisewagen ist zum Verzehr der angebotenen Speisen gedacht. Haben Sie keinen Hunger, haben Sie ein Problem. Eine halbe Stunde lang können Sie die Bahnkellner auch mit einem langsam genossenen Tee, Kaffee oder Wasser hinhalten, aber dann werden sie langsam ungehalten. Erfreuen Sie sich besser gleich am läuferfreundlichen Angebot der Bahnküche. Die ist viel besser als ihr Ruf und nicht ungeeignet, um Ihre Energiespeicher aufzufüllen. Die Bordklassiker für Läufer sind die Ofenkartoffel mit Sauercreme oder das Hühnerfrikassee mit Reis – beides gut verdauliche und kohlenhydrathaltige Sportler-Snacks. Beim Frikassee lassen Sie allerdings die beigelegten Champignons lieber weg, die liegen Ihnen beim Laufen sonst schwer im Magen.

» **Auf dem Schiff** Laufen Sie an Deck. Umrunden Sie es, wenn möglich, ein paar Mal. Auf guten Kreuzfahrtschiffen gibt es extra Lauf-Bahnen und natürlich Fitness-Studios mit Laufbändern. Nicht nur deshalb ist es für Ihre Beine angenehmer, mit dem Schiff statt mit dem Flugzeug zum Beispiel zum New-York-Marathon anzureisen. Sie gewöhnen sich außerdem peu-à-peu an die Zeitumstellung. So eine Transatlantik-Passage dauert allerdings mindestens neun Tage und kostet mehr als 1.000 Euro, zum Beispiel mit der Queen Mary 2 von Hamburg aus. Damit Ihnen nicht langweilig wird, versuchen Sie, den Weltrekord für das Laufen eines Marathons auf offener See zu brechen. Der Deutsche Björn Grass hält diesen seit dem Jahr 2000. Er brauchte 2:48:25 Stunden auf der „Explorer of the Seas", die damals auf dem Weg von den Bahamas nach Key West war. Eigentlich hat das Schiff eine 274 m lange Bahn, davon konnte Grass aber nur 175 m nutzen. Seine Strecke war dadurch so eckig, dass Grass in den Kurven ständig abstoppen musste. Er fand diese Bedingungen so schlecht, dass er seine Zeit mit einer Leistung von unter 2:30 Stunden bei einem Straßen-Marathon gleichsetzt. Im Jahr 2005 holte sich Grass auch noch den Weltrekord über 50 km auf offener See. Er lief 3:44:04 Stunden auf der „Celebrity Galaxy" im Golf von Mexiko mit Kurs auf Galveston in Texas. Auch hier waren die Bedingungen nicht optimal. Die Laufrunde maß nur 120 m. Als angehender Weltmeere-Rekordhalter sollten Sie jedenfalls nicht nur seefest, sondern auch wenig anfällig für einen Drehwurm sein.

Laufbahn voraus – die längsten Joggingstrecken auf Kreuzfahrtschiffen

Kreuzfahrtschiff	*Rundenlänge*
Oasis of the Seas	692 m
Queen Mary 2	536 m
Aida-Flotte	375 m
Explorer of the Seas	274 m
MS Europa	185 m
Mein Schiff 1	154 m
Mein Schiff 2	146 m
MS Columbus 2	142 m
Celebrity Galaxy	120 m

» Im Flugzeug Fluggesellschaften pferchen Sie in viel zu enge Sitzreihen, um möglichst viele Menschen in den Flieger zu bekommen und so ihre Gewinne zu maximieren. Der Sitzabstand wird zwischen Ihrer Kopfstütze und der des Vordersitzes gemessen. In der Economy-Klasse beträgt er im Schnitt 80 cm. Das entspricht in etwa der Länge von drei Laufschuhen. Die Beinfreiheit ist entsprechend geringer. Da müssen Sie das Beste draus machen. Erfragen Sie schon bei der Buchung bei Ihrer Airline, wann Sie einchecken und einen Sitzplatz reservieren können. In der Regel geht das im Internet 24 Stunden vor Abflug. Gehen Sie exakt 23 Stunden und 59 Minuten vorher auf die Seite der Fluggesellschaft. Buchen Sie einen Platz am Notausgang, da stehen die Sitzreihen weiter voneinander entfernt. Wenn dort nichts mehr frei ist, buchen Sie einen Sitz am Gang, da können Sie Ihre Beine auch besser ausstrecken. Reservieren Sie nie hinter Trennwänden. Dort haben Sie zwar keinen Vordermann, der seinen Sitz nach hinten lehnen kann – aber auch keinen Vordermann, unter dessen Sitz Sie Ihre Beine schieben können.

Im Sitzen **Muskelpumpe:** Ihr Füße sind flach am Boden. Heben Sie die Zehen an, so hoch es geht, die Fersen drücken dabei an den Boden. Dann heben Sie die Fersen an, die Zehen bleiben auf dem Boden. So immer abwechseln, in einer fließenden Bewegung, jeweils mindestens 30 Sekunden lang, am besten stündlich. **Fuß-Kreisel:** Heben Sie einen Fuß an uns lassen Sie ihn leicht aus dem Sprunggelenk heraus kreisen. 15 Sekunden lang. Dann den anderen Fuß. Fortgeschrittene heben beide Füße gleichzeitig an, lassen sie in die jeweils andere Richtung kreisen – und wechseln dann die Richtungen. Fünf Wiederholungen pro Seite.

Im Stehen **Dehnen**: Waden, hintere Oberschenkel, Gesäß, Rücken und Nacken sind die Körperregionen, die beim langen Sitzen verspannen. Die klassischen Dehnübungen dafür können Sie auf engstem Raum machen, etwa beim Anstehen vor der Toilette. Oder in ihr, falls Ihnen das Geturne vor den Augen der anderen Passagiere zu peinlich ist. **Kräftigen:** Machen Sie Kniebeugen auf beiden Beinen wie auch auf jeweils einem Bein. Wippen Sie im Zehenstand. Springen Sie sachte auf der Stelle, auch jeweils nur auf einem Bein oder zusätzlich bewusst aus dem Fußgelenk. Falls Sie Business- oder First Class fliegen: Üben Sie Hockstrecksprünge. In der Economy haben Sie dazu keinen Platz.

Im Gehen Nutzen Sie die Zeiten, in denen die anderen Fluggäste auf ihren Plätzen beschäftigt sind – mit Schlafen oder Filme gucken. Vermeiden Sie es, das Trainingsprogramm auf die Zeiten zu legen, in denen alle aufstehen, zum Beispiel direkt nach den

Mahlzeiten, wenn die Tabletts abgeräumt worden sind. Das Programm im Gang: leichtes Auf- und Abgehen; zügiges Auf- und Abgehen; leichtes Joggen auf der Stelle; leichtes Joggen auf und ab; Rückwärtsgehen. In der Toilette: Joggen auf der Stelle mit hohem Kniehub und hoher Frequenz – sehr wirkungsvoll. Ziehen Sie dazu die Schuhe aus, damit Sie die anderen Passagiere nicht mit Ihrem Trampeln verstören.

» **Mit dem Fahrrad** Beinfreiheit haben Sie so natürlich genug, aber das Radfahren kostet Kraft und Energie – nicht die besten Voraussetzungen für eine gute Laufleistung. Planen Sie auf jeden Fall so viel Zeit ein, dass Sie nicht mit Vollgas durchstrampeln müssen. Erkunden Sie vor der Anreise das Streckenprofil, denn Berge kosten nicht nur Zeit, sondern besonders viel Kraft. Kombinieren Sie die Radtour mit einer Zugreise. Ein Stück nutzen Sie das Rad, bergauf den Zug. Oder noch besser: Hin fahren Sie mit dem Zug, zurück mit dem Rad – eine äußerst sinnvolle Regenerationsmaßnahme *(siehe Kapitel 070, „Beine stillhalten")*.

075 · KNIE SCHONEN

Die Knie sind die Sensibelchen unter den Körperteilen eines Läufers. Auf der Liste der häufigsten Sportverletzungen stehen sie ganz oben. Ein eigenes Krankheitsbild ist nach ihnen benannt: das Läuferknie, auch Runner's Knee oder Patellofemorales Schmerzsyndrom (PFPS) genannt. Damit ist der Schmerz gemeint, der durch die Reizung des Knorpelgewebes unterhalb von Patellasehne oder Kniescheibe auftritt, meist nach langen Läufen, aber auch nach langem Sitzen, beim Bergablaufen oder dem Hinabgehen von Treppen. Anfällig dafür seien, so eine Orthopädenmeinung, vor allem Läufer mit X- oder O-Beinen sowie Überpronierer, also diejenigen, deren Füße beim Gehen und Laufen übermäßig stark nach innen einknicken. Vor allem eine zu schwache Oberschenkel-, Hüft- und Gesäßmuskulatur kann offenbar zum Läuferknie führen, insbesondere schwache Adduktoren. Ganz genau weiß man es aber nicht. Wissenschaftlich ergründet ist das Läuferknie nicht. Nur dass es wehtut, das weiß jeder, der es einmal hatte *(siehe Kapitel 065, „Souverän auftreten")*.

» **Mit Ruhe** Reduzieren Sie Trainingsumfang und -intensität. Legen Sie Ruhetage ein. Stopp: bei Schmerzen an der Innen- oder Außenseite des Knies, die Sie schon beim Aufstehen spüren und den Tag über nicht loswerden. Vorsicht: bei stechenden Schmerzen im Knie, die nach dem Loslaufen nachlassen, aber später oder bei längerem Sitzen wiederkommen. Weiterlaufen: wenn Sie auch nach zwei Stunden Sitzen im Kino oder nach einem langen Lauf keine Beschwerden haben.

» **Mit Schweiß** Beim Bergauflaufen lassen die Schmerzen oft nach. Außerdem stärken Sie damit Ihre Gesäßmuskeln, insbesondere den Gluteus maximus *(siehe Kapitel 064, „Po kräftigen")*. Dieser sorgt für kontrollierte Bewegungen von Hüfte und Oberschenkeln und verhindert, dass Ihr Knie nach innen gedreht wird. Abwärtslaufen dagegen verschlimmert das Problem. Radfahren und Kraulschwimmen wiederum sind gut zur Kräftigung. Ebenso eine einfache, gezielte Übung für zu Hause: Legen Sie sich auf die Seite, so, dass Beine, Gesäß und Rücken gegen eine Wand gelehnt sind. Das verletzte Bein liegt oben. Nun heben Sie das Bein an der Wand entlang an – halten Sie Ihre seitliche Hüftmuskulatur unter Spannung – bis etwa zu einem Winkel von 30 Grad. Verharren Sie ein paar Sekunden, dann legen Sie das Bein wieder ab. Je dreimal zehn bis 20 Wiederholungen, dreimal wöchentlich. Weitere, einfache Übungen sind Kniebeugen sowie stabilisierende und Ihre Koordination schulende Gymnastik mit Wackelbrett und Sitzball. Ein starker Rumpf hilft Ihnen, Knieschmerzen zu verhindern *(siehe Kapitel 054, „Bauchgefühl entwickeln")*. Um Rückfälle zu vermeiden, können Sie außerdem an Ihrem Laufstil feilen: Ein verkürzter Laufschritt entlastet die Kniegelenke. Zählen Sie Ihre Schritte pro Minute und erhöhen Sie diese Zahl – falls es Ihnen nicht zu kompliziert zum Ausrechnen ist – um fünf bis zehn Prozent *(siehe Kapitel 065, „Souverän auftreten")*.

» **Mit Eis** Wärme weitet die Blutgefäße und fördert dadurch die Durchblutung verletzter Körperstellen, Kälte blockiert sie. Beides kann sinnvoll sein – die Kälte direkt nach dem Laufen, zumindest in einem frühen Stadium der Beschwerden, die Wärme dagegen zu einem späteren Zeitpunkt, wenn Sie sich bereits auf dem Weg der Besserung befinden. Eine gute Durchblutung bedeutet mehr Zufuhr von Sauerstoff und den Abtransport von Abfallprodukten des Stoffwechsels. Kälte dämmt Entzündungen ein und lindert Schmerzen. Dabei müssen Sie nicht einmal ins Gefrierfach steigen. Kalt heißt: kälter als Ihre Körpertemperatur, also deutlich weniger als 37 Grad Celsius. Ein Waschlappen, getränkt mit kaltem Wasser, reicht völlig aus. Nach 20 bis 25 Minuten ist der Waschlappen warm. Die Energie dazu hat er dem Knie entzogen – aber in einer Form, die für Sie verträglich ist. Wenn Sie Ihren Körper stattdessen mit Minusgraden traktieren und die Entzündungsvorgänge damit ersticken, arbeiten Sie Ihrem natürlichen Heilungsprozess vielleicht sogar entgegen. Sanitäter greifen nur dann zum Eisspray, wenn ein akut verletzter Sportler schreiend auf dem Boden liegt. Seien Sie auch vorsichtig bei der Benutzung von Kälte-Packungen aus der Apotheke. Wenn Sie dennoch mit Eis hantieren möchten, basteln Sie sich einen praktischen Massageroller: Lassen Sie Wasser in einem Pappbecher gefrieren, schneiden Sie den oberen Rand ab und massieren Sie mit dem Eis die Knieregion. Oder machen Sie es wie Paula Radcliffe und andere Laufstars und nehmen Sie Eisbäder *(siehe Kapitel 070, „Beine stillhalten")*.

» **Mit Quark** Quark kühlt und enthält obendrein Enzyme, die Sie durch die Haut aufnehmen. Sie sollen angeblich die Heilung unterstützen. Wissenschaftlich belegt ist das nicht, aber renommierte Orthopäden, Physiotherapeuten und Chiropraktiker schwören auf die positive Wirkung. In der Apotheke gibt es auch Salben, die mit solchen Enzymen angereichert sind. Wenn Sie lieber in Ihren eigenen Kühlschrank greifen: Benutzen Sie Magerquark, der hat weniger Fettstoffe, auf die Ihre Haut verzichten kann. Tragen Sie den Quark messerrückendünn auf, wickeln Sie eine Binde herum, lassen Sie ihn ein paar Stunden einwirken, bis er bröselig und hart wird. Die Verdunstungskälte des Quarks zieht Wärme aus der Entzündung.

» **Mit Stütz-Bandagen** Fest gewickelte Binden entlasten Ihre Muskulatur und Ihr Kniegelenk mechanisch und wirken Schwellungen entgegen. Allerdings üben diese Verbände auch Druck auf die Gefäße und das Lymphsystem aus, was die Blutzirkulation behindert. Wenn ein Muskel einen hohen Druck erfährt, kann er nicht mehr seine optimale Leistung bringen.

Dennoch können Verbände eine große mentale Hilfe für Sportler sein: Eine Bandage am Knie vermittelt das Gefühl von Halt. Positive Gedanken steigern die Leistung *(siehe Kapitel 073, „Strümpfe anziehen")*.

» **Mit Tapes** Bunte Klebestreifen aus elastischem Baumwollgewebe werden mit unterschiedlichem Zug auf die vorgedehnte oder entspannte Muskulatur aufgebracht. Damit sollen Muskelpartien, Gelenke sowie das Lymph- und Nervensystem stimuliert werden. Die Methode hat ein japanischer Chiropraktiker bereits Anfang der siebziger Jahre entwickelt.

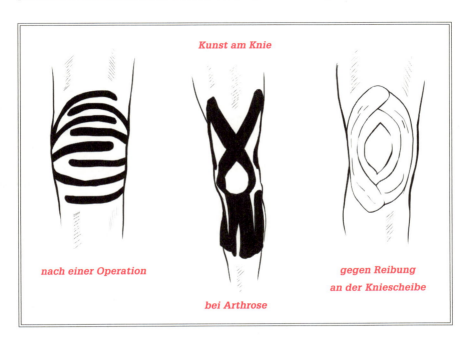

Kunst am Knie

nach einer Operation

bei Arthrose

gegen Reibung an der Kniescheibe

Grundgedanke ist, dass unser Körper mit Kettenreaktionen funktioniert, sprich, dass alle Körperteile miteinander zusammenhängen. Deshalb wird ein schmerzendes Knie beim Taping nicht isoliert betrachtet. Vielmehr achten ausgebildete Fachleute beim Anlegen der Klebestreifen auf den Verlauf der Muskeln und Nerven eines Patienten. Das aufgeklebte Tape soll die Gefäße stimulieren, die Durchblutung fördern und Selbstheilungsprozesse ankurbeln. Auch für die Propriozeption des Fußes sollen Tapestreifen gut sein. Damit ist die Muskelspannung im Fuß kurz vor dem Aufsetzen gemeint. Die durch Tapes korrigierte Stellung des Fußgelenks soll sich wiederum positiv aufs Knie auswirken, so die Theorie. Da die Taping-Methode nicht geschützt ist, darf sich jeder, der will, Tape-Experte nennen. Viel falsch machen kann man bei leichten Beschwerden nicht: Im schlimmsten Fall sind die Klebestreifen einfach nutzlos – was leicht passieren kann, wenn man sie stümperhaft aufpappt. Nach ungefähr zehn Tagen verliert das Tape seine Spannung und muss ersetzt werden. Bis dahin können Sie es auch unter der Dusche oder beim Schwimmen tragen. Die Muster der Tapes auf der Haut sind eine Kunst für sich.

076 — ÜBERS KNIE BRECHEN

Sie können ein Holzstück sauber zersägen oder es kurzerhand zerbrechen. Mit der Säge sind Sie ganz sicher, dass Sie es klein bekommen und Sie wissen auch genau, wie lang das Stück wird. Brechen Sie es übers Knie, ist das Gelingen fraglich. Ähnlich ist es auch beim Laufen: Sie können einen vorsichtigen Laufeinstieg wagen, bei dem Sie sich nach und nach an immer längere Laufstrecken herantasten. Wenn Sie in der dritten Woche zehn Minuten am Stück schaffen, halten Sie in der vierten Woche auch elf Minuten durch. Springen Sie gleich auf 40 Minuten, dann kann das gut gehen – muss aber nicht.

» **Marathon in vier Wochen** Sie haben mit einer Freundin leichtsinnigerweise gewettet, dass Sie sie beim Marathon XY begleiten werden und die Distanz ohne weiteres schaffen. Sie haben zwei Probleme. Erstens: Der Marathon ist schon in vier Wochen. Zweitens: Sie laufen bisher maximal zweimal pro Woche. Bevor Sie mit dem Crashkurs beginnen, machen Sie einen Testlauf über fünf Kilometer. Teilen Sie die ermittelte Endzeit durch fünf und errechnen Sie so Ihre gelaufene Durchschnittszeit pro Kilometer. Addieren Sie zu der Kilometerzeit 50 Sekunden, dann haben Sie das Marathonrenntempo, das Sie anstreben sollten. *Beispiel:* Sind Sie die fünf Kilometer in 22:30 Minuten gelaufen, dann ist Ihr Marathontempo 5:20 min/km (4:30 Minuten plus 50 Sekunden), was einer möglichen Endzeit von 3:45 Stunden entspricht. Der Unterschied: Nach einer normalen Marathonvorbereitung von mindestens zwölf Wochen könnten Sie mit einer Fünf-Kilometer-Testzeit von 22:30 Minuten den Marathon mindestens 15 Minuten schneller laufen als über Knie gebrochen – also in 3:30 Stunden. Die große Frage ist natürlich: Halten Sie das durch?

Der Marathon-Kniebrech-Plan

Samstag .... 5-km-Testlauf mit Ein- und Auslaufen

1. Woche

Mittwoch .... 2 km Einlaufen, 8 km im Marathonrenntempo, 2 km Auslaufen
Freitag .... 2 km Einlaufen, 10 km im Marathonrenntempo, 2 km Auslaufen
Sonntag .... 2 km Einlaufen, 12 km im Marathonrenntempo, 2 km Auslaufen

2. Woche

Dienstag .... 2 km Einlaufen, 14 km im Marathonrenntempo, 2 km Auslaufen
Donnerstag .... 2 km Einlaufen, 16 km im Marathonrenntempo, 2 km Auslaufen
Samstag .... 2 km Einlaufen, 18 km im Marathonrenntempo, 2 km Auslaufen

3. Woche

Montag .... 2 km Einlaufen, 20 km im Marathonrenntempo, 2 km Auslaufen
Mittwoch .... 2 km Einlaufen, 22 km im Marathonrenntempo, 2 km Auslaufen
Freitag .... 2 km Einlaufen, 24 km im Marathonrenntempo, 2 km Auslaufen
Sonntag .... 30 min lockerer DL

4. Woche

Montag .... 30 min lockerer DL
Dienstag .... 2 km Einlaufen, 6 km im Marathonrenntempo, 2 km Auslaufen
Donnerstag .... 30 min lockerer DL
Samstag .... 20 min lockerer DL
Sonntag .... Marathon

» Marathon ohne Vorbereitung, mit Betrug *Mit der Bahn:* Sie stellen sich an den Start, mit dem Startschuss legen Sie los. So schnell Sie können sprinten Sie zur nächsten Bahnstation. Dort steigen Sie in die Linie, die Sie am nächsten ans Ziel bringt. Beachten Sie, dass Sie nicht unbedingt als Erster über die Ziellinie spurten. Das würde doch zu sehr auffallen. *Mit einem Kumpel:* Geben Sie den Messchip zur Erfassung der individuellen Laufzeit einem Freund mit. Der trägt dann nicht nur seinen, sondern auch Ihren Chip am Schuh und läuft für Sie den Marathon. Vermutlich wird es aber schwer sein, jemanden dazu zu überreden. Manche, die Sie nach diesem unlauteren Gefallen fragen, werden Ihnen eher die Freundschaft kündigen. *Mit einem Favoriten:* Sie stellen sich mit Ihrem Chip in der Hand in die zweite Startreihe, direkt hinter die Favoriten. Dann heften Sie Ihren Chip mit einer Sicherheitsnadel an die Shorts eines der schnellsten Läufer, merken sich dessen Startnummer und Gesicht und schauen, dass Sie selbst schnellstmöglich mit der Bahn, dem Auto oder dem Fahrrad zum Ziel kommen. Dort passen Sie Ihren Mann hinterm Zielstrich ab und nehmen ihm Ihren Chip wieder unauffällig vom Körper. Das ist der leichteste Weg zur Bestzeit. Aber auch so ziemlich der unfairste.

Schlechte Vorbilder: **Norbert *Südhaus*:** Beim Marathonlauf der Olympischen Spiele 1972 in München überwand der 16-jährige Schüler die Absperrungen. Er pfuschte sich in Sportkleidung und ohne Startnummer als Erster auf die letzte Runde im ausverkauften Olympiastadion. Zehntausende ahnungslose Zuschauer jubelten ihm zu. Der Gymnasiast aus Wiedenbrück stahl dem echten Gewinner, Frank Shorter aus den USA, damit gewaltig die Show. Das Trickspiel flog schon wenige Minuten später auf, der falsche Sieger war schnell überführt. Südhaus bereute seinen Schabernack später sehr und entschuldigte sich nachträglich bei Shorter. *Sergio und Arnold Moetsoneng:* Etwas geschickter stellten es die Zwillingsbrüder Sergio und Arnold Moetsoneng an. Sie starteten 1999 beim Comrades-Ultramarathon in Südafrika auf der 89-Kilometer-Strecke mit nur einer Nummer und wechselten sich beim Laufen ab. Da sie sich sehr ähnlich sahen, fiel Ihre Masche zunächst niemandem auf. Die vordere Platzierung machte jedoch Veranstalter und Konkurrenten stutzig. Eine Auswertung verschiedener Fotos vom Rennverlauf brachte die Sache schließlich ans Licht. Die beiden Betrüger hatten eines nicht beachtet: Sergio trug seine Uhr links, Arnold aber rechts am Handgelenk.

» **Marathon ohne Vorbereitung, ohne Betrug** Sie können einen Marathon ohne Vorbereitung auch ganz legal und ohne fremde Hilfe schaffen. Dazu müssen Sie nur gehfähig und einigermaßen gesund sein. Der Plan: Sie wandern den Marathon komplett durch, mit Rastpausen unterwegs. Es heißt zwar Marathonlauf, aber es gibt keine Regel, nach der Sie die Distanz tatsächlich laufend bewältigen müssen. Ein Marathonläufer ist jeder, der einen Marathon gefinisht hat. Im langsamen Gehtempo schaffen Sie etwa fünf Kilometer pro Stunde. Für die 42,195 km benötigen Sie also achteinhalb Stunden. Die größte Herausforderung: Sie müssen einen Lauf finden, dessen Ziel länger als die üblichen fünfeinhalb oder sechs Stunden geöffnet ist. In Deutschland haben Sie da schlechte Chancen, aber in den USA gibt es einige passende Veranstaltungen. Der Klassiker unter den Wander-Läufen ist New York: Sie haben neun Stunden lang dafür Zeit *(siehe Kapitel 012, „Aussicht genießen")*.

» **Olympiateilnahme** Eine Olympiateilnahme müssen Sie sich normalerweise hart erarbeiten. Um sicher als Fünf-Kilometer-, Zehn-Kilometer- oder Marathon-Läufer dabei zu sein, müssen Sie in Deutschland als Mann 13:18 Minuten beziehungsweise 27:45 Minuten oder 2:12:00 Stunden rennen, bei den Frauen gelten 15:13 Minuten, 31:45 Minuten und 2:30 Stunden als Qualifikationszeiten. Unterbieten außer Ihnen mehr als zwei Landsleute diese Zeiten, werden nur die drei Besten mitgenommen. Aber die Qualifikationszeiten sind nicht in jedem Land gleich. Die Landesverbände haben die Möglichkeit, ihre Normen individuell zu bestimmen. In Deutschland orientiert man sich dabei an einer realistischen Chance im Finale, also an einer möglichen Platzierung unter den besten 16 Sportlern der Welt. Pauschal kann man sagen: Je kleiner das Land, desto niedriger die Norm. Aus ganz kleinen Staaten, die eigentlich gar keinen Athleten schicken können, lädt das Internationale Olympische Komitee eine überschaubare Anzahl Sportler ohne Qualifikationsvorgaben ein. Manchmal trifft diese Kulanzregel auch auf große Nationen zu. Nur so kam Eddie the Eagle, ein britischer Spaßvogel, der sich als Skispringer versuchte, 1988 zu seinem Olympiastart auf der Schanze. Eddie wog zehn Kilo mehr als der schwerste seiner Konkurrenten und flog zirka 30 m weniger als der Vorletzte. England stellt eigentlich gar keine Skispringer, weil es den Sport auf der Insel nicht gibt, also durfte der erstbeste Chaot eine Bruchlandung für die britische Krone wagen. Immerhin soll Michael Edwards, wie er mit richtigem Namen hieß, allein in der Saison 1988/1989 400.000 Britische Pfund Werbegelder verdient haben. Drei Jahre später war er pleite.

Durch Staatenwechsel: Wollen Sie auch einmal an Olympischen Spielen teilnehmen, dann müssen Sie gar nicht härter trainieren oder schneller laufen, sondern einfach nur Ihren Pass umtauschen. Informieren Sie sich aber vor dem Staatenwechsel darüber, ob Ihre neue Heimat überhaupt im internationalen Sport organisiert ist. Wenn nicht, müssen Sie selbst eine Sport-Organisation aufbauen. Aber auch das ist vermutlich leichter, als 2:12 Stunden im Marathon zu laufen *(siehe Kapitel 012, „Aussicht genießen")*.

Durch Geschlechtsumwandlung: Sinnvoll ist sie nur, wenn Sie sich vom Mann zur Frau umoperieren lassen. Dann müssen Sie den Marathon nur noch unter 2:30 Stunden laufen, um bei Olympia dabei zu sein. Doch Vorsicht vor Vorverurteilungen: Die Südafrikanerin Caster Semenya wurde seit den Leichtathletik-Weltmeisterschaften 2009 verdächtigt, eine Geschlechtsumwandlung zu verheimlichen. Überraschend hatte sie in Berlin sehr souverän die 800 Meter gewonnen. Vor allem fielen ihr kraftvoller Laufstil und ihr männlicher Körperbau auf. Die Offiziellen und die Medien gingen äußerst unsensibel mit der Problematik um, aber auch die völlig überforderte Athletin äußerte sich nicht in einer Form, die die Situation hätte klären können. Sie wurde sogar für einige Zeit gesperrt. In der Saison 2011 tauchte sie erneut auf und gewann auch wieder internationale Rennen, an ihre alten Zeiten konnte sie allerdings nicht mehr anknüpfen.

Durch Behinderung: Eine makabre Form der Vorteilsnahme wäre das Vortäuschen einer Behinderung, um sich für die Paralympics, die Olympischen Spiele der Behinderten, zu qualifizieren *(siehe Kapitel 008, „Augen zu und durch")*. Ganz aus der Luft gegriffen ist das Gedankenspiel nicht. Ein investigativer Reporter behauptete im Vorfeld der Olympischen Spiele 2008 in Peking, Hinweise für Selbstverletzungen bei chinesischen Sportlern gefunden zu haben, die ihnen die Teilnahme an den Paralympics ermöglichen sollten. Die holländische Rollstuhlfahrerin Monique van der Vorst sorgte für einen Skandal, als sie nach der Ehrung als niederländische Behinderten-Sportlerin des Jahres 2009 ihrem Rollstuhl entstieg und ihn im Auto verstaute. Die Paralympics-Medaillengewinnerin von Peking und mehrfache Rollstuhl-Weltmeisterin war bereits öfters beim Gehen beobachtet worden.

» **Wettkampf im Greisenalter** Sie müssen als 90-Jähriger nicht mehr unbedingt mit dem Laufen beginnen, aber es spricht auch nichts dagegen. Es nützt Ihrer Gesundheit ebenso wie der eines 40-Jährigen. Noch vor gar nicht allzu langer Zeit glaubte man, der Mensch trete ab dem Alter von etwa 35 Jahren in einen unaufhaltsamen körperlichen Verfallsprozess ein. Heute weiß man, dass Abbau-Erscheinungen keine zwingende direkte Folge des Alterns sind. Vielmehr resultieren sie aus einem inaktiven Lebenswandel, der oft mit dem Älterwerden einhergeht. Mehr noch: Ausdauersportler, die mit zunehmendem Alter intensiv weitertrainieren, erleben in der Regel erst um das 50. Lebensjahr, teils sogar deutlich später, eine spürbare Leistungseinbuße. Und selbst dann fällt der allmähliche Rückgang von Kraft und Ausdauer für gewöhnlich weit geringer aus als erwartet. Aber Sie können ruhig langsamer laufen als die Jüngeren, um die gleiche Anerkennung zu bekommen. Manche Laufveranstalter – vor allem in den USA – geben auf den Urkunden und in den Ergebnislisten eine so genannte Age Graded Time an. Damit lassen sich die Resultate älterer Läufer mit denen jüngerer ins Verhältnis setzen – und so besser einordnen. Man spricht hier von Leistungs-Relationstabellen.

Zeitreise eines 60-Jährigen: Die Tabelle auf der nächsten Doppelseite zeigt die Zeiten eines 60 Jahre alten Mannes und welchen Zeiten eines 25-Jährigen diese entsprechen würden. Außerdem lässt sich ablesen, auf welchem Leistungsstand ein Mann insgesamt ist, der jeweils so schnell laufen kann. Ein Beispiel: Schafft ein 60-Jähriger zehn Kilometer in 35:10 Minuten, dann ist er so leistungsstark wie ein 25-Jähriger, der für die gleiche Strecke 28:16 Minuten braucht. Das entspricht Weltrekord-Niveau.

Laufen wie ein Junger – die umgerechneten Zeiten eines 60-Jährigen

Leistung	5 km Zeit / AG-Zeit	10 km Zeit / AG-Zeit	15 km Zeit / AG-Zeit
100 %	15:58 / 12:50	33:24 / 26:51	51:28 / 41:22
95 %	16:48 / 13:31	35:10 / 28:16	54:10 / 43:33
90 %	17:44 / 14:16	37:07 / 29:50	57:11 / 45:58
85 %	18:47 / 15:06	39:18 / 31:35	1:00:33 / 48:40
80 %	19:57 / 16:03	41:45 / 33:34	1:04:20 / 51:43
75 %	21:17 / 17:07	44:32 / 35:48	1:08:37 / 55:09
70 %	22:48 / 18:20	47:43 / 38:21	1:13:31 / 59:06
65,5 %	24:23 / 19:36	51:00 / 41:00	1:18:34 / 1:03:09
65 %	24:34 / 19:45	51:23 / 41:18	1:19:11 / 1:03:38
60 %	26:37 / 21:23	55:40 / 44:45	1:25:46 / 1:08:57
57 %	28:01 / 22:31	58:36 / 47:06	1:30:17 / 1:12:34
55 %	29:02 / 23:20	1:00:44 / 48:49	1:33:34 / 1:15:13
50 %	31:56 / 25:40	1:06:48 / 53:42	1:42:56 / 1:22:44
45 %	35:29 / 28:31	1:14:14 / 59:40	1:54:22 / 1:31:56
40 %	39:55 / 32:05	1:23:31 / 1:07:08	2:08:40 / 1:43:25
35 %	45:37 / 36:40	1:35:26 / 1:16:43	2:27:02 / 1:58:11

AG-Zeit: Age Graded Time, also die Zeit, die der 60-Jährige umgerechnet als 25-Jähriger gelaufen wäre. Quelle: World Association of Veteran Athletes (WAVA)

20 km Zeit / AG-Zeit	Halbmarathon Zeit / AG-Zeit	Marathon Zeit / AG-Zeit	
.... 1:09:55 / 56:12	.... 1:14:00 / 59:29	... 2:33:14 / 2:04:53 ...	..... *Weltrekordniveau*
.... 1:13:36 / 59:09	... 1:17:54 / 1:02:37 ...	... 2:41:18 / 2:11:27 ...	
... 1:17:41 / 1:02:27 ...	... 1:22:14 / 1:06:06 ...	... 2:50:15 / 2:18:46 ...	..... *Weltklasseniveau*
... 1:22:15 / 1:06:07 ...	... 1:27:04 / 1:09:59 ...	... 3:00:16 / 2:26:55 ...	
... 1:27:24 / 1:10:15 ...	... 1:32:30 / 1:14:21 ...	... 3:11:32 / 2:36:06 ...	.... *nationale Spitze*
... 1:33:13 / 1:14:56 ...	... 1:38:40 / 1:19:19 ...	... 3:24:18 / 2:46:31 ...	
... 1:39:53 / 1:20:17 ...	... 1:45:43 / 1:24:59 ...	... 3:38:54 / 2:58:24 ...	.... *regionale Spitze*
... 1:46:45 / 1:25:48 ...	... 1:52:59 / 1:30:49 ...	... 3:53:56 / 3:10:40 ...	
... 1:47:34 / 1:26:28 ...	... 1:53:51 / 1:31:31 ...	... 3:55:44 / 3:12:08 ...	
... 1:56:32 / 1:33:40 ...	... 2:03:20 / 1:39:08 ...	... 4:15:23 / 3:28:08 ...	.... *lokale Spitze*
... 2:02:40 / 1:38:36 ...	... 2:09:50 / 1:44:21 ...	... 4:28:50 / 3:39:06 ...	
... 2:07:07 / 1:42:11 ...	... 2:14:33 / 1:48:09 ...	... 4:38:36 / 3:47:04 ...	
... 2:19:50 / 1:52:24 ...	... 2:28:00 / 1:58:58 ...	... 5:06:28 / 4:09:46 ...	... *Freizeitläuferniveau*
... 2:35:22 / 2:04:53 ...	... 2:44:27 / 2:12:11 ...	... 5:40:31 / 4:37:31 ...	
... 2:54:48 / 2:20:30 ...	... 3:05:00 / 2:28:43 ...	... 6:23:05 / 5:12:13 ...	
... 3:19:46 / 2:40:34 ...	... 3:31:26 / 2:49:57 ...	... 7:17:48 / 5:56:49 ...	

AUFSTAMPFEN

077

Einer der skurrilsten militärischen Befehle lautet: „Ohne Tritt Marsch!" Dadurch werden Sie aufgefordert, sich völlig unmilitärisch zu verhalten. Sie sollen gerade nicht im zackigen Gleichschritt losmarschieren, sondern einfach so, ohne darauf zu achten, welche Schrittfolge Ihr Nebenmann macht. Der Ursprung dieses Befehls ist uralt, angeblich kannten ihn schon die Römer. Sie wussten: Wenn eine militärische Formation im Gleichschritt daher gestampft kommt, kann eine Brücke in heftige Schwingungen geraten. Das kennen Sie aber auch, ohne dass Sie jemals Legionär waren. Wenn Sie über eine Brücke laufen, spüren Sie manchmal, dass sie vibriert. Das soll sie auch. Dadurch wird Energie abgebaut, und das Bauwerk bleibt stabil.

» **Alleine** Je kleiner die Brücke, desto deutlicher spüren Sie die Schwingungen. Das Eigengewicht der Brücke spielt dabei eine wichtige Rolle. Je leichter sie ist, desto eher fängt sie an zu federn. Aber seien Sie unbesorgt: Als einzelner Läufer bringen Sie die Konstruktion nicht zum Einsturz – nicht einmal dann, wenn Sie ein paar Pfund Übergewicht haben.

» **Zu zweit** Wenn Sie mit einem Laufpartner über eine Brücke laufen, tun Sie das keinesfalls im Gleichschritt. Lassen Sie sich zumindest nicht erwischen. Nicht wegen der Einsturzgefahr, sondern wegen des Bußgelds, das Sie riskieren. Ganz streng genommen verstoßen Sie gegen § 27, Absatz 6 der Straßenverkehrsordnung. Da heißt es: „Auf Brücken darf nicht im Gleichschritt marschiert werden."

» **In der Gruppe** Auf Brücken, die schon seit Jahrhunderten stehen, brauchen Sie keine Angst vor einem Einsturz zu haben. Die Überführungen wurden damals dermaßen massiv und stabil gebaut, dass sie auch von Ihnen nicht aus der Ruhe gebracht werden können. Der Brückenbauexperte Thorsten Wanzek, Leiter des Lehrstuhls für Holz und Stahlbau an der Universität Leipzig, sieht die Gefahr eher bei modernen, filigranen Konstruktionen, die unter hohem Kostendruck entstanden sind. Unter anderem war Wanzek bei der Planung einer Brücke über die Waal, eines Seitenarms des Rheins, beteiligt. Und da hatte der Professor und begeisterte Läufer eine ungewöhnliche Anforderung zu berücksichtigen: Das 285 m lange, schlank konstruierte Stahlbauwerk steht in der Nähe von Nimwegen, und dort findet alljährlich die viertägige Volkswanderung „Nijmeegse Vierdaagse" statt, die größte Wanderveranstaltung der Welt. Jedes Jahr marschieren etwa 40.000 Teilnehmer zügig los – unter anderem über die Waal-Brücke. Nach europäischer Norm muss diese mindestens eine Last von 250 Kilogramm pro Quadratmeter aushalten. Dieser Wert könnte beim Nimwegenmarsch tatsächlich überschritten werden – etwa weil dabei manchmal sogar Hochzeiten auf der Brücke stattfinden. Vorsichtshalber hat Wanzek mit 500 Kilogramm Gewicht pro Quadratmeter gerechnet. Beim Lauf selbst ist es eher unwahrscheinlich, dass sich mehr als zwei Menschen auf einem Quadratmeter befinden. Problematischer als ihr Gewicht sind die Schwingungen, die sie auslösen können. Wenn die Trittfrequenz einer Laufgruppe mit der Schwingfrequenz der Brücke übereinstimmt – das kritische Maß bewegt sich zwischen 2,5 und 3,5 Hertz – kann sie ins Schwanken kommen. Das erzeugt ein unangenehmes Gefühl. Doch zu einer Resonanzkatastrophe, bei der das Bauwerk einbricht, kommt es sicher nicht, da das Flattern durch Material und Konstruktion gedämpft wird. Der Brückenbauer meint: „Sobald eine Laufgruppe stehenbleibt, beruhigt sich die Brücke wieder." Im Zweifelsfall lautet die Empfehlung des Fachmanns: „Nicht im Pulk darüber laufen."

Als unbedenklich gelten insbesondere die berühmten, seit Jahren erprobten Brückenläufe mit vielen Teilnehmern: Kölner Brückenlauf (sechs Brücken), Düsseldorfer Brückenlauf (drei Brücken), Salzach-Brückenlauf (drei Brücken), Big-Sur-Marathon (drei Brücken, inklusive der 84 m hohen Bixby Bridge), K-21-Halbmarathon Davos (Start auf der 525 m langen Sunnibergbrücke), New-York-Marathon (fünf Brücken, Wellen-Start in mehreren Blocks auf der doppelstöckigen Verrazano Narrows Bridge), Berlin-Marathon (acht Brücken), Venedig-Marathon (22 Brücken), Istanbul-Marathon (Start über die Bosporus-Brücke, später noch Überquerung der Galatabrücke), Lissabon-Halbmarathon (Start von mehr als 30.000 Teilnehmern auf der Brücke des 25. Aprils).

NIEDERKNIEN

In den Olymp der Laufgötter drängen viele Athleten, aber der Einlass ist nur den wirklich Großen vorbehalten. Denn zur Heiligsprechung eines Sportlers gehört es, dass er neben den sportlichen Erfolgen noch mehr zu bieten hat.

» Göttinnen Melpomene: Melpomene ist in der griechischen Mythologie die Muse der tragischen Dichtung und des Trauergesangs, eine der Schutzgöttinnen der Künste. Melpomene lautete vermutlich auch der Name der ersten Marathonläuferin, einer Griechin, die offensichtlich nach der Göttin benannt wurde. Sie lief anlässlich der ersten Olympischen Spiele der Neuzeit 1896 in Athen die zirka 40 km lange Strecke von Marathon nach Athen. Nachdem ihr die offizielle Teilnahme am Marathonlauf verweigert worden war, bewältigte Melpomene die Distanz alleine und noch vor Beginn der Wettkämpfe. So will es zumindest die Legende. In den Annalen taucht allerdings auch eine gewisse Stamata Revithi als erste Marathonläuferin 1896 auf. Sie soll angeblich einen Tag nach dem Männermarathon auf die 40-km-Distanz geschickt worden sein und dafür 5:30 Stunden benötigt haben. Die Vermutung liegt nahe, dass es sich bei beiden um ein und dieselbe Person handelt. Melpomene steht für die frühe Erkenntnis, dass Frauen ebenso lange laufen können wie Männer.
Katherine Switzer: Die US-Amerikanerin ist eine der Pionierinnen des Frauenlaufs. Berühmt wurde Sie 1967. Sie hatte sich als K. V. Switzer beim Boston-Marathon angemeldet, obwohl Frauen das Marathonlaufen nicht erlaubt war. Sie startete gemeinsam mit ihrem damaligen Freund, dem Hammerwerfer Tom Miller, und da sie weite Jogging-Klamotten trug, fiel sie zunächst niemandem auf. Doch irgendwann wurde der Renndirektor Jock Semple auf sie aufmerksam, stürzte auf die Strecke und versuchte, Switzer gewaltsam am Weiterlaufen zu hindern. Ein Bodycheck ihres Freundes verhinderte dies. Da sich das Gerangel direkt hinter dem mitfahrenden Pressebus ereignete, wurde alles dokumentiert. Die Fotos gingen um die Welt. Switzer organisierte fünf Jahre später in New York den ersten reinen Frauenlauf weltweit und überzeugte Ende der 1970er Jah-

re den Kosmetikkonzern Avon, eine internationale Frauenlaufserie zu etablieren. Aus dieser Serie ging auch die Initiative für den Berliner Frauenlauf hervor, der heute mit etwa 18.000 Teilnehmerinnen der größte Frauenlauf in Deutschland ist. Switzer bereist weiterhin die ganze Welt mit ihrem Anliegen, die Frauen zum Laufen zu bewegen. Zuletzt erschien ihre Autobiographie unter dem Titel „Marathon Woman" *(siehe Kapitel 031, „Herz zeigen").* **Grete Waitz:** Grete Waitz steht für die Emanzipation der Frau im Sport und war eine der Pionierinnen des Langstreckenlaufs in der Leichtathletik. Sie war bescheiden, introvertiert, strahlte aber dennoch eine große Autorität aus. Sie war die erste Frau, die mit ihren Laufleistungen in Zeitbereiche vorstieß, die bisher nur von Männern bestimmt worden waren. Die ersten Lauffotos der jungen Grete Waitz zeigen ein dünnes, blondes Mädchen mit zwei seitlich gebundenen Zöpfen. Das war 1972 in München, wo die Norwegerin am ersten olympischen 1.500-Meter-Wettbewerb für Frauen teilnahm. 1975 verbesserte sie zweimal die Weltrekorde über 3.000 Meter, was damals für Frauen die längste offizielle Bahndistanz war. Außerdem wurde Waitz fünfmal Crosslauf-Weltmeisterin. Zur Legende wurde Grete Waitz in New York. Dort nahm sie 1978 ohne spezielles Training an ihrem ersten Marathon teil, dabei verbesserte sie sofort die Weltbestleistung. Neunmal gewann sie den prestigeträchtigsten Marathonlauf der Welt, davon dreimal in Weltrekordzeit. Ihren größten Sieg feierte sie allerdings 1983, als sie in Helsinki zur ersten Marathon-Weltmeisterin der Leichtathletik-Geschichte wurde. 2004 diagnostizierten Ärzte bei Grete Waitz einen Krebstumor, der sie im Herbst 2005 zu einer Chemotherapie zwang. „Ich werde siegen", sagte sie, doch diesen Kampf konnte sie nicht gewinnen. Im Jahr 2011 erlag sie der Krankheit. **Joan Samuelson:** Unter ihrem Mädchennamen Joan Benoit schrieb die US-Amerikanerin 1984 Leichtathletik-Geschichte. Sie gewann bei den Olympischen Spielen in Los Angeles die Marathon-Goldmedaille. Damit ist sie die erste Marathonsiegerin der olympischen Geschichte, denn bis einschließlich der Olympischen Spiele 1980 in Moskau war die längste olympische Frauendistanz 3.000 m lang. Schon 1983 hatte Samuelson auf sich aufmerksam gemacht. In Boston war sie in 2:22:43 Stunden drei Minuten unter der Weltrekordmarke von Grete Waitz geblieben. Mit dem Selbstbewusstsein des Rekordes gestaltete sie auch den olympischen Marathon. Sie rannte schon nach 15 Minuten dem Feld davon, hatte bei der Hälfte der Distanz fast eine Minute Vorsprung und erreichte das Ziel weit vor allen Konkurrentinnen. Samuelson war die erste Weltklasseläuferin, die nach Beendigung ihrer internationalen Laufkarriere ambitioniert weiterlief, also das wurde, was Dieter Baumann eine „Lebensläuferin" nennt *(siehe Kapitel 006, „Durchhalten")*. Zuvor galt der Leistungssport immer als eine Art Beruf, den man nach der Karriere vollständig aufgab. Samuelson lief noch als 50-Jährige den Marathon unter 2:50 Stunden und nimmt auch heute regelmäßig an Wettkämpfen teil, immer als Beste ihrer Altersklasse. *Tegla Loroupe:* Tegla Loroupe ist ein Idol für viele Frauen in Afrika und eine Vorkämpferin für die Gleichberechtigung in ihrer Heimat, nicht nur im Sport. Ein Land wie Kenia brauchte Frauen wie sie. Die zierliche Läuferin sammelte in ihrer Karriere sechs Weltrekorde, drei Weltmeisterschafts-Titel im Halbmarathon und zwei über 10.000 Meter. Im Herbst 1999 gelangen ihr innerhalb von nur drei Wochen drei große Halbmarathonsiege und zwischendurch ein Marathon-Weltrekord in Berlin in 2:20:43 Stunden. Schon bei ihrem ersten Marathonlauf, 1994 in New York, war die 1,55 m kleine Athletin nicht zu schlagen. Es folgten diverse Lauferfolge über Distanzen von fünf Kilometer bis Marathonlänge auf allen Kontinenten. Beeindruckend war und ist ihre fröhliche Ausstrahlung. Spricht man sie darauf an, erzählt sie gerne davon, wie hart ihr Leben als eines von 24 Kindern eines Bauern im Hochland Kenias war und wie dankbar sie dafür ist, dass das Laufen ihr Leben so erleichtert habe. Tegla Loroupe läuft immer noch, aber die Prioritäten haben sich in den vergangenen Jahren verschoben. Ihre „Tegla Loroupe Peace Foundation" organisiert Friedensläufe in Kenia, Uganda und vereinzelt auch in Europa. In Kapenguria, in ihrer kenianischen Heimatregion West Pokot, entsteht mit ausländischer Hilfe die „Tegla Loroupe Academy", eine Schule, deren Bau rund drei Millionen Euro kostet.

» **Götter** *Emil Zatopek:* Es gibt kaum einen Läufer, um den sich mehr Geschichten ranken als um den legendären Emil Zatopek. Auf den Mund gefallen war der Tscheche auch nicht. Sein bekanntester Spruch lautet: „Vogel fliegt, Fisch schwimmt, Mensch läuft." Doch unvergesslich wurde

Emil Zatopek   **Grete Waitz**

er vor allem durch seine großen läuferischen Leistungen und seinen eigenartigen Laufstil mit hochgezogenen Schultern, wackelndem Kopf, offenem Mund und heraushängender Zunge. Man nannte ihn deshalb nur „die tschechische Lokomotive". Als erstem und bislang einzigem Läufer gelangen ihm bei Olympischen Spielen Siege über 5.000 Meter, 10.000 Meter und den Marathon, und dies innerhalb von nur acht Tagen. Das war 1952 in Helsinki. 18 Mal verbesserte er den Weltrekord über die Distanzen von 5.000 m bis 20 km. Vom Mai 1948 bis zum Juni 1954 blieb er in 38 Rennen über 10.000 Meter unbesiegt. Zatopek war einer der ersten Profiläufer, da er als Armeeangehöriger zum Training freigestellt war, und er knüpfte seiner Laufkarriere zunächst eine beim Militär an. 1968 war er im Prager Frühling einer der Unterzeichner des regimekritischen „Manifests der 2.000 Worte". Daraufhin wurde er unehrenhaft aus der Armee entlassen, alle Auszeichnungen wurden ihm aberkannt, er musste in einem Uranbergwerk schuften. Zatopek schloss dennoch schon in den 1970er Jahren seinen Frieden mit der kommunistischen Regierung. *Abebe Bikila:* Der Äthiopier war der erste Schwarzafrikaner, der im Marathonlauf bei Olympischen Spielen Gold gewann. Eindrucksvoll war sein Sieg 1960 in

Rom vor allem, weil er barfuß über das Kopfsteinpflaster rannte und das Ziel in Weltrekordzeit erreichte. Abebe Bikila war das Gehen und Laufen in Schuhen nicht gewohnt, begann aber nach diesen Olympischen Spielen erstmals, in Schuhen zu trainieren. Auch bei den Olympischen Spielen 1964 in Tokio war Bikila eine Klasse für sich. Er gewann wieder in Weltrekordzeit, diesmal in Schuhen. Im Ziel war ihm keinerlei Anstrengung anzumerken. Demonstrativ machte er bis zum Eintreffen der Gegner Lockerungsübungen. Er war damit der erste Läufer, dem im Marathonlauf der Olympischen Spiele zwei Siege hintereinander gelangen, nach ihm schaffte dies nur noch der Ostdeutsche Waldemar Cierpinski. 1969 wurde Bikila durch einen Autounfall querschnittsgelähmt, fortan war er auf den Rollstuhl angewiesen. Doch entmutigen ließ er sich nicht, er blieb sogar sportlich aktiv. Der Äthiopier nahm an Schlittenrennen für Behinderte teil und wurde 1970 bei den Weltspielen für Behinderte Neunter im Bogenschießen. 1973 erlag Bikila, der seit Beginn seiner Karriere Mitglied der kaiserlichen Garde war, einer Hirnblutung. In Äthiopien nahmen Zehntausende Menschen an seiner Beerdigung teil. Der Kaiser rief einen landesweiten Trauertag aus. **Ron Hill:** Der Brite zählte in den 1960er und 1970er Jahren zu den besten Marathonläufern der Welt, gewann aber nie eine olympische Medaille. Bei seinem ersten Marathon 1961 in Liverpool siegte er auf Anhieb in 2:24:22 Stunden. Auf dem Höhepunkt seiner Karriere wurde er 1969 auf historischer Strecke in Athen Marathon-Europameister und im April 1970 Sieger beim Boston-Marathon. Hill hatte einen Lauf, denn wieder nur drei Monate später gewann er in Edinburgh in 2:09:28 Stunden den Marathon-Titel bei den Commonwealth-Spielen und war damit der zweite Läufer weltweit, der die Barriere von 2:10 Stunden unterbot. Aber der Brite war nicht nur ein großartiger Athlet, sondern auch ein kluger Tüftler. Der promovierte Chemiker ist einer der Pioniere der Funktionsbekleidung im Sport. Ende der 1960er Jahre kombinierte er erstmals Kunstfasern mit Baumwolle. Seine Split-Shorts sind legendär, seine Netz-Singlets Kult. Heute macht Ron Hill eher durch skurrile Aktionen von sich reden. So vermarktet er sich als Weltrekordler im täglichen Laufen, dem so genannten „Streak-Running", und führt dabei eine Zeitspanne seit Dezember 1964 an. Selbst nach Operationen an den Zehen oder am Meniskus machte er sich auf Krücken auf den Weg, nur um diese Serie nicht beenden zu müssen. Allerdings definiert er tägliches Laufen auch sehr eigenwillig: Eine Meile genügt demnach schon. **Steve Prefontaine:** Der US-amerikanische Mittel- und Langstreckenläufer wurde nur 24 Jahre alt. Er verunglückte 1975 in Eugene/Oregon (USA) mit seinem Sportwagen tödlich. Aber nicht nur seine smarte Erscheinung und sein früher Tod machten ihn zur Legende. Prefontaine stellte 15 amerikanische Rekorde auf, gewann 119 von 151 Bahnrennen, Hallen-Wettkämpfe nicht mitgezählt, hielt zeitweise alle US-Rekorde von der Zwei-Meilen-Distanz bis zu den 10.000 Metern und wurde 1972 bei den Olympischen Spielen in München über 5.000 Meter Vierter. Mit 21 Jahren war er dort der jüngste Teilnehmer im Feld. Ein begnadetes Talent, das ehrgeizig und hart zu sich selbst war. Steve Prefontaine verkörperte als Läufer den Hippie-Geist der 1960er Jahre. Seine langen Haare, sein buschiger Schnauzbart, seine Vorliebe für Rock'n'Roll und schnelle Autos – sein vermeintlich wildes Leben machte ihn zum James Dean der Sportszene. Tragisch, dass er ebenso wie dieser durch einen Autounfall ums Leben kam. **Henry Rono:** Vom 8. April bis 27. Juni 1978 erzielte der Kenianer eine Rekordserie, die in den leichtathletischen Laufdisziplinen einmalig ist. In gut sechs Wochen verbesserte der bis dato völlig unbekannte Afrikaner überraschend die Weltrekorde über 5.000 Meter, 3.000 Meter Hindernis, 10.000 Meter und 3.000 Meter in genau dieser Reihenfolge. Danach tingelte der Champion von Veranstaltung zu Veranstaltung, startete zu oft, litt unter Verfolgungswahn, glaubte sogar, sein Trainer wolle ihn umbringen. 1981 schaffte Rono ein großes Comeback: In Knarvik (Norwegen) steigerte er seinen 5.000-Meter-Weltrekord noch einmal und begann, für stattliche Antrittsgelder aufzutreten. Das Ziel sah er aber selten als Erster. Dann schien der Stern des Henry Rono für ewig versunken zu sein. Doch 1986 brachte er sich noch einmal in erstaunliche Form und lief den Marathon in 2:19:12 Stunden. Es nutzte aber nichts: Rono begann zu trinken, wurde alkoholabhängig, verlor und vergaß die Zugangsdaten zu seinen Bankkonten und wurde sogar wegen Betrugs verhaftet. Doch Rono hat auch diese Krise gemeistert. Heute arbeitet er in Albuquerque/New Mexiko (USA) als Personal Trainer. „Ich bin ein Stehaufmännchen", sagt er über sich selbst, „nichts Besseres als alle anderen Menschen auch." Er ist ein bescheidener Gott geworden.

079 UNTEN OHNE LAUFEN

» In der Theorie Jahrzehntelang hat die Laufschuhindustrie viel Geld investiert und die ausgeklügeltsten Technologien erforscht, um das Laufen für jedermann möglich zu machen. Und in diesem Fall haben sich die Investitionen tatsächlich gelohnt. Ohne die modernen, gedämpften und stabilisierenden Laufschuhe wäre der Laufboom undenkbar gewesen. Heute laufen etwa 18 Millionen Menschen in Deutschland, davon sieben Millionen regelmäßig. Und was ist ihr Dank? Auf einmal wollen anscheinend alle barfuß laufen – als wäre das die Erfindung des Jahrhunderts. Die Debatte hält an.

Pro: Die Dramaturgie hätte nicht besser sein können. Sogar ein Harvard-Professor läuft jetzt barfuß herum und erzählt es allen: Daniel Lieberman machte im Jahr 2010 auf sich und das Laufen ohne Schuhe unter anderem mit einem vielbeachteten Artikel in dem amerikanischen Magazin *Nature* aufmerksam. Und er hatte Forschungsgelder übrig, mit denen er beweisen wollte, dass Barfußlaufen besser sei als Laufen mit Schuhen. Sein Ansatz reicht über das bloße Schuheausziehen hinaus bis zum richtigen Laufstil: Barfuß setzen Sie Ihren Fuß laut Lieberman anders auf, nämlich mit dem Mittel- oder sogar Vorfuß. Mit Schuhen landen Sie eher auf der Ferse. Dies sei unnatürlich und führe ziemlich sicher zu Verletzungen. Wenn Sie nicht mit nackten Füßen laufen wollen, etwa wegen der Kälte oder des harten Untergrunds, sollten Sie nach Meinung Liebermans eine neue Schuh-Kategorie bevorzugen: den Barfuß-Laufschuh, der keine Stütz- oder Dämpfungselemente hat und sich dadurch so anfühlen soll, als seien Sie unten ohne unterwegs *(siehe Kapitel 080, „Laufschuhe durchschauen")*. Ein anderer, vor allem in den USA prominenter Barfuß-Apologet ist Daniel Howell, der nicht müde wird, das Schuheausziehen in Büchern und Zeitschriften zu propagieren. Sein Ratschlag an Barfuß-Anfänger: langsam herantasten, erst insgesamt 80 km weit barfuß gehen, um die Haut und die Muskulatur an die ungewohnte Belastung zu gewöhnen. Vor allem trainierte Läufer unterschätzen oft, dass ihre Füße beim Barfußlaufen ganz anders beansprucht werden als beim Laufen mit Schuhen.

Contra: Gegen das Barfußlaufen an sich hat kein ernstzunehmender Wissenschaftler etwas einzuwenden. Hin und wieder ohne Schuhe zu laufen kräftigt die Fußmuskulatur und beugt so wahrscheinlich Verletzungen vor. Aber Sie brauchen keine Religion daraus zu machen. Neue Trends im Ausdauersport werden immer wieder ausgerufen. Erst kam das Nasenpflaster, dann die Kompressionssocke, jetzt sind die Barfuß-Fundamentalisten am Start. Ob Mittel- oder Vorfußlaufen einen Vorteil gegenüber Rückfußlaufen bringt, ist umstritten. Es gebe keinen Beweis dafür, dass dies gesünder ist beziehungsweise weniger Verletzungen verursacht, sagen Barfuß-Skeptiker wie Benno Nigg, einer der renommiertesten Biomechaniker in der Sportschuhentwicklung. Ähnlich ist es mit den Barfuß-Schuhen – etwas Genaues weiß man nicht. Es läuft auf eine Glaubensfrage hinaus. Denn auch für die Behauptung, dass die minimalistischeren Schuhe angeblich für weniger Verletzungen sorgen, gibt es keinen eindeutigen Beweis. Die Theorie-Diskussion führt ohnehin am Läuferalltag vorbei. Kaum jemand kann und will ausschließlich barfuß laufen. Die Situation erinnert ein bisschen an alte Schulzeiten. Früher bildeten sich auf dem Pausenhof auch immer Grüppchen und diskutierten über den richtigen Kleidungsstil – nur damals ging es noch um Doc Martens und Adidas. Anders als bei solchen Modefragen, bei denen Sie schnell ins Abseits geraten können, brauchen Sie sich bei der Barfuß-Debatte aber nicht zu scheuen, zwischen den Fronten zu stehen. Wie so oft bei solchen vermeintlich neuen Trends, versuchen zahlreiche Theoretiker sich vehement einen Namen zu machen oder sich gar als Erfinder des Ganzen zu verkaufen – in diesem Fall auch noch gefördert durch einen Industriezweig. Dieser lebt gut von dem paradoxen Angebot von Schuhen zum Barfußlauf. Das besondere Gefühl, das mit diesen Schuhen versprochen wird, erleben Sie jedoch anders viel besser: Ziehen Sie die Dinger einfach aus.

Hier finden Sie eine kleine Argumentationshilfe. Malen Sie sich aus, wie sich zwei Läufer gegenübersitzen: Der eine ist barfuß, der andere hat Laufschuhe an. Wir haben die jeweiligen Standpunkte einer Podiumsdiskussion entnommen, die im Rahmen eines internationalen Sportärztekongresses in London stattfand: Zu Wort kamen namhafte Vertreter beider Richtungen.

Streitgespräch

Barfuß ist besser | **Schuhe sind besser**

Unsere Vorfahren liefen barfuß. | Und sie lebten in Höhlen.

Natürlich laufen ist besser. | Gibt es unnatürliches Laufen?

Ich trage ja nicht den ganzen Tag Handschuhe, warum sollte ich also Schuhe tragen? | Weil Du nicht den ganzen Tag lang auf Deinen Händen stehst.

Abebe Bikila gewann den Olympischen Marathon 1960 in Rom barfuß. | Ja, weil die Schuhe von seinem Sponsor nicht passten. 1964 gewann er wieder, diesmal mit Schuhen. Und er war schneller als 1960.

Bei seinem Olympiasieg 1960 war Abebe Bikila Mittelfußläufer. | Und 1964 war er Rückfußläufer.

Der renommierte Harvard-Professor Dan Lieberman findet Barfußlaufen gut. | Ja, aber er ist Evolutionsbiologe, Spezialgebiet Schädeldecke.

Paula Radcliffe ist Vorfußläuferin. | Ryan Hall ist Rückfußläufer.

Nike hat mehr als eine Million Paare des Barfuß-Laufschuhmodells Free verkauft. | Aber nur als Freizeitschuh. Kein Mensch läuft damit.

Bis 1970 gab es gar keine Laufschuhe. | Stimmt, und Computer gab es auch nicht.

Barfuß ist besser. | Stimmt doch gar nicht.

Du bist doof. | Selber.

» In der Praxis Martl Jung kann über den Streit um teure Barfuß-Schuhe nur lachen. Er geht und läuft seit mehr als zehn Jahren unten ohne, und zwar überall, im Sommer wie im Winter. Barfuß hat Martl Jung die Alpen an ihrer breitesten Stelle überquert. Er ist von München nach Verona gegangen: 500 km und 30.000 Höhenmeter in 32 Tagen. Auch den Zugspitz-Extremberglauf hat er barfuß absolviert: von einer Wiese in Ehrwald aus auf Deutschlands höchsten Berg. Bei seinen alpinen Abenteuern hat Martl Jung alle nur denkbaren Untergründe mit seinen Fußsohlen gefühlt. Wer darauf zurechtkommt, hat bei Trainingsrunden auf Tartanbahnen erst recht keine Probleme mehr. Folgende Beschreibungen stammen von Martl Jung:

Asphalt: Bergauf ist Asphalt okay, weil Sie dabei langsamer laufen und die Hauptbelastung auf dem Vorfuß liegt. Bergab jedoch haben Sie eine starke, ungedämpfte Stoßbelastung und rollen über den gesamten Fuß ab. Da reibt der Asphalt heftig an den Fußsohlen und wird mit der Zeit zum Problem. Auf langen, asphaltierten Bergabstrecken bleiben Sie deshalb lieber auf den Mittel- und Seitenstreifen, die sind vergleichsweise glatt. Ansonsten gilt auf Asphalt wie überhaupt beim Barfußlaufen: Achten Sie darauf, nie mehr Haut abreiben zu lassen als nachwachsen kann. Bevor Sie Ihre Füße wund laufen, machen Sie Pause.

Wiesen: Sie sehen nicht nur schön aus, sie sind auch ein wunderbar weicher Untergrund. In den Südalpen sind Grasflächen teils aber nicht so lustig, eher wie Stoppelfelder, voller spitzer Halme und Disteln. Da müssen Sie langsam drüber.

Forstwege: nicht sehr angenehm, voller spitzer Steine – außer, es sind schon viele Wanderer oder Autos darauf unterwegs gewesen und haben den Untergrund glatt geschliffen, wie es etwa auf den Forstwegen des Zugspitz-Extremberglaufs der Fall ist. Grundsätzlich kommt es auf die genaue Art des Wegbelags an. Oft sind die Forstwege mit dem Gestein der Gegend aufgeschüttet. Dann gelten die gleichen Unterschiede wie auf Wanderwegen. Stein ist nicht gleich Stein. Das spüren Sie sehr schnell beim Barfußlaufen.

Wanderwege Aus Granit: ein toller Laufuntergrund, überhaupt kein Problem. Granit hat eine glatte Oberfläche. Er bricht in flachen Platten und bildet selbst bei den kleinen Steinen keine Winkel unter 90 Grad. Granit kommt vor allem in den deutschen Mittelgebirgen vor, in den Alpen dagegen selten, aber zum Beispiel auch am Mont-Blanc und in der Gegend um Brixen in Südtirol. **Aus Dolomit:** ganz übel! Die Steine bilden lauter spitze Winkel, und die spitzesten, warum auch immer, zeigen stets nach oben. Normalerweise sind viel begangene Wege relativ glatt. Nicht so in den Dolomiten, dem namensgebenden Gebirge des Dolomits. Dazu ist die Oberfläche der Steine extrem rau, da es sich um versteinerte Korallen handelt. Die Struktur der Steine ist so filigran, dass Sie daran hängenbleiben wie an winzigen Widerhaken. Sie kriegen die Fußsohle kaum mehr vom Boden hoch. Das Paradoxe daran: Ausgerechnet in technisch einfachstem Gelände, etwa auf den Flachstücken des Sella-Plateaus in Südtirol, müssen Sie sich total langsam und vorsichtig bewegen. **Aus vulkanischem Gestein:** noch schlimmer als Dolomit, an manchen Orten der Dolomiten gleich neben Dolomit zu finden. Gesteinseinschlüsse und Luftblasen erzeugen beim Verwittern des vulkanischen Gesteins äußerst scharfe Kanten. Selbst auf breiten, flachen Wegen kommen Sie nur sehr langsam und vorsichtig voran. **Aus Sandstein:** herrlich weich. Sandstein gibt es in den Alpen nicht, aber in den deutschen Mittelgebirgen, zum Beispiel in der Sächsischen Schweiz. Dort hat sich auch eine spezielle Art zu klettern etabliert, die besonders guten Halt an den Felsen garantiert: barfuß.

Waldboden: ein Traum, besonders die Kombination aus glatten Wurzeln und einem Teppich aus vermoderndem Laub. Selbst die Steine, die auf solchen Naturwegen aus der Erde ragen, sind angenehm abgerundet.

Bachbetten: Vielleicht müssen Sie ab und zu einen Bach durchqueren. Das fühlt sich nur auf großen Steinen gut an. Kleine Steine werden bei jedem Regen neu sortiert und liegen daher immer etwas wild, ganz anders als auf Wanderwegen, wo sich die Steine auch im steilen Geröll durch die vielen Wanderer immer mit der flachen Seite nach oben legen – nur der Dolomit nicht.

Geröll: **Aufwärts gut machbar, abwärts müssen Sie sich sehr konzentrieren und langsam laufen.** Die Beschaffenheit der Steine ändert sich mit den Höhenmetern. Unterhalb der Baumgrenze, die in Deutschland bei etwa 1.800 m liegt, sind die Steine nicht so scharfkantig. Das liegt wahrscheinlich daran, dass die täglichen Temperaturverläufe im Schutz des Waldes noch gedämpft sind, die Steine nicht so leicht zerbersten. Oberhalb der Baumgrenze kommt es dagegen zu mehr Frostsprengung, außerdem wirkt der Regen heftiger auf die Steine ein, lässt sie stärker verwittern und macht sie dadurch scharfkantiger.

Schnee: **das Schönste, das man sich vorstellen kann.** Ob beim Lauf auf die Zugspitze oder beim fünfstündigen Durchwandern des Marmolata-Gletschers – jedes Schneefeld ist ein Hochgenuss für die nackten Fußsohlen, den Sie am besten so lange wie möglich auskosten sollten. Schnee gibt nach. Er ist weich, Sie müssen sich auf keine Hindernisse konzentrieren und können sich entspannen. Für Ihre brennenden Füße ist die Kälte die reinste Wohltat nach langen, trockenen Geröllpassagen. Ihre Extremitäten können ohnehin einige Kälte aushalten, so lange Ihr Rumpf warm eingepackt ist. Sie müssen keine Angst vor Erkältungen haben, Viren kommen nicht durch die Fußsohle.

» Unten ganz ohne laufen Mit Sprungfedern: Sie meinen, dass es Ihnen gerade ganz schlecht geht, da Sie die Achillessehne zwickt? Darüber kann ein Läufer wie David Behre nur lachen. Er hat nämlich keine Achillessehnen. Er hat überhaupt keine Beine mehr. Ein Güterzug rollte an einem Bahnübergang über sie drüber. Behre hat statt Beinen Prothesen und ist auf diesen genauso schnell wie die schnellsten Läufer in Deutschland. Inspiriert wurde er zum Sprint mit künstlichen Gliedmaßen schon auf dem Krankenbett, als er aus dem Koma erwachte. Da lief im Fernsehen eine Leichtathletik-Übertragung mit dem Südafrikaner Oscar Pistorius, der ebenfalls Prothesen trägt. Pistorius rannte damit über 400 Meter so schnell wie die Besten der Welt und wurde für Behre zum Vorbild. Heute sind Pistorius und Behre Freunde im Leben, aber auf der Laufbahn bleiben sie Konkurrenten. „Um schnell zu laufen, brauchen Sie Sportprothesen", sagt der beste beinamputierte Sprinter Deutschlands, „mit gewöhnlichen Prothesen geht das nicht." Diese Sportprothesen sind aus Carbon und wirken ein wenig wie Sprungfedern. Die größte Herausforderung ist nicht die Bewegungskoordination, sondern die Beherrschung der auf den Körper wirkenden Kräfte. Das Kunststück besteht darin, diese Kräfte abzufangen und in den nächsten Schritt zu legen. Bei jedem Schritt geben die Federn etwa zwei Tonnen Gewicht an den Stumpf zurück. Wer das aushalten will, ohne dass die Wirbelsäule bricht, braucht viel Kraft. Beschleunigen und Geradeauslaufen ist relativ einfach, schwierig sind Kurvenlagen und vor allem das Abbremsen aus hohem Tempo. Wenn David Behre einmal in Fahrt ist, kann er nicht in fünf Schritten wieder zum Stehen kommen. Auch das muss geübt sein. **Im Rollstuhl:** die Alternative zu den Prothesen. Rollstuhlwettbewerbe haben bei den großen Marathons längst Tradition. Die Teilnehmer sind in zwei verschiedene Klassen unterteilt. Erstens die klassischen Rollstuhlfahrer, deren Geräte in der Regel leichte Rennrollstühle sind, die mit den Händen direkt an den Rädern angetrieben werden, so wie man es auch bei gewöhnlichen Rollstühlen kennt. Zweitens gibt es die Handbiker, die ihre Fahrwerke mit einer Handkurbel vorwärtsjagen. Dabei ist der Muskeleinsatz etwas effektiver, deshalb sind die Fahrzeiten auch schneller. Die Herz-Kreislauf-Belastung in den Rennrollstühlen ist eher der beim Laufen vergleichbar, während die der Handbiker mehr dem Radfahren gleicht. Entsprechend sollten Sie auch Ihr Trainingsprogramm gestalten, wenn Sie selbst einmal in einen Rennrollstuhl steigen wollen. Sie können auch ohne Körperbehinderung an den Rennen teilnehmen, das ist aber eher ungewöhnlich. Innerhalb beider Klassen gibt es noch einmal Unterteilungen in spezielle Behinderungsklassen, die sich nach dem Grad der Einschränkungen richten. Die schnellsten Rollstuhlfahrer benötigen für die Marathondistanz nur 1:20 Stunden, die Frauen 15 Minuten länger, bei den Handbikern brauchen die schnellsten Männer 1:05 Stunden, die Frauen 1:17 Stunden. Der Star unter den Rollstuhl-Marathon-Fahrern ist der Schweizer Heinz Frei, der das Rennrollstuhlfahren durch seine großartigen Leistungen, aber auch seine eloquente Art populär gemacht hat. Frei gewann alleine 19-mal den Berlin-Marathon und wurde mehrfach als Schweizer Sportler des Jahres ausgezeichnet.

LAUFSCHUHE DURCHSCHAUEN

Bei dem riesigen Angebot an Laufschuhen blickt kaum mehr jemand durch. Die Vielfalt an der Schuhwand beim Sporthändler ist ähnlich verwirrend wie das Schokoladenangebot im Supermarkt. Allein in Deutschland werden mehr als 40 verschiedene Laufschuh-Marken angeboten. Sind Sie eher ein Zartbitter- oder ein Vollmilchtyp? Entscheidend ist bei Schokolade wie bei Schuhen, was Sie mögen. Damit Ihnen die Auswahl leichter fällt, sollten Sie auch bei Laufschuhen ein paar Sorten und Eigenschaften kennen.

Dämpfung: Wenn Sie Laufschuhe betrachten, ist die voluminöse Mittelsohle das auffälligste Merkmal. Als Mittler zwischen Ihrem Fuß und dem Untergrund dämpft sie den Aufprall beim Aufsatz Ihres Fußes ab, Sie setzen nicht so hart auf.

Stabilisierung: Die Schuhkonstruktion stabilisiert auch den Abrollvorgang Ihres Fußes. Zum einen als Schutz vor dem Umknicken, zum anderen zur Korrektur von orthopädischen Fußfehlstellungen. Die Stabilität wird erreicht durch eine steife Materialbeschaffenheit der Zwischensohle und spezielle Komponenten im Schuh. Die wirken ein bisschen so wie die Stützräder am Kinderfahrrad.

Schutz: Dämpfung und Stabilisierung sind orthopädische Schutzwirkungen. Wichtig ist auch die klimatische Komponente, also dass Sie keine kalten Füße bekommen: Der Laufschuh schützt Sie vor kalter Luft, vor kaltem, nassem oder eisigem Untergrund. Außerdem schützt er Ihre Füße mechanisch vor rauem, scharfem oder unebenem Bodenbelag.

Lüftung: Wenn Ihre Füße warm werden, fangen Sie an zu schwitzen. Anders als bei Alltagsschuhen ist das Obermaterial von Laufschuhen so konstruiert, dass mehr Luft an Ihre Füße kommt und die vom Fuß abgegebene Feuchtigkeit besser verdampft. Dabei gibt es spezielle Laufschuhversionen für warme Außentemperaturen und für kalte.

Gesundheit: Beim Laufen übernehmen die Schuhe wichtige Funktionen, damit Sie länger und gesünder laufen können. Gerade als Laufanfänger sollten Sie auf gute Schuhe Wert legen, sie ermöglichen Ihnen einen leichteren Einstieg in Ihr möglicherweise zukünftiges Lieblingshobby.

Image: Als Laufanfänger werden Sie sich über die happigen Preise von Laufschuhen wundern. Doch in diesem Fall ist das Ausgeben solcher Summen tatsächlich begründet. Laufschuhe sind Sportgeräte, und als solche in der Entwicklung und Produktion aufwändiger als die meisten Straßenschuhe. Außerdem haben Sie mit dem richtigen Laufschuh am Fuß auch eine besondere Außenwirkung: Sie zeigen, dass Sie Läufer sind – Sie senden also eine effektvolle Botschaft und schinden Eindruck, wie Sie das auch mit unterschiedlichen modischen Schuhen tun, seien es Pumps oder handgenähte Budapester.

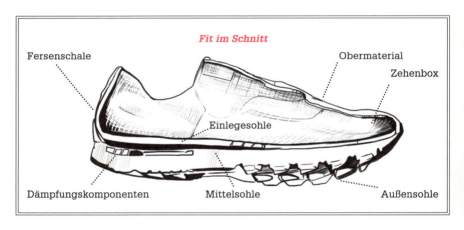

Verschiedene Schuh-Typen: Eine Regel, ab welchem Lauftempo oder Körpergewicht welche Schuhkategorie für Sie am geeignetsten ist, gibt es nicht. Es kommt ganz auf Ihre körperlichen Voraussetzungen und Ihre Lauferfahrung an – und nicht zuletzt auf den Einsatzzweck sowie Ihren Geschmack, also mit welchem Typ Schuh Sie am liebsten laufen. Mehr Dämpfung ist nicht immer besser, mehr Stabilität auch nicht. Im Gegenteil, da ist schnell zu viel des Guten erreicht. Achten Sie darauf, dass Ihre

Füße und Ihr Bewegungsapparat noch genügend Bewegungsspielraum haben. So, dass sich Ihr Fuß in natürlicher Form bewegen kann. Die wichtigsten Laufschuh-Typen:

Neutralschuhe: die größte Laufschuhkategorie. Die Schuhe zeichnen sich durch die dämpfende Mittelsohle aus, die Ihnen das Laufen auf härterem Untergrund ermöglicht. Deshalb werden die Modelle auch als Dämpfungsschuhe bezeichnet. Mit diesen Schuhen können Sie auf Straßen und Parkwegen laufen, aber auch auf Waldwegen.

Stabilschuhe: Im Unterschied zu den Neutralschuhen sind hier die Mittelsohlen stabiler gefertigt. Das soll den Fuß vor Fehlbelastungen schützen, etwa vor der so genannten Überpronation, dem übermäßigen Einknicken des Fußes nach innen während des Abrollvorgangs. Eine leichte Pronation ist aber vollkommen normal, ein natürlicher Dämpfungsmechanismus. Es gibt keine medizinische Definition dafür, ab wann eine Pronation zur – angeblich schädlichen – Überpronation wird. Deshalb sollte Ihr Schuh ein gewisses Maß an Pronation zulassen. Zu stabile Schuhe provozieren eher Verletzungen, als sie zu vermeiden, weil sie den Abrollvorgang des Fußes in eine bestimmte Richtung zwingen. Die Probleme kündigen sich mit leichten Schmerzen nach dem Laufen an, die zunächst im Sprunggelenk oder an der Achillessehne beginnen. Einen Stabilschuh sollten Sie in Betracht ziehen, wenn zum Beispiel Ihre Innenbänder am Fußgelenk nach dem Laufen schmerzen.

Bewegungskontrollschuhe: Sie sind die Steigerungsform von Stabilschuhen und stützen nicht nur den Abrollvorgang des Fußes, sondern führen und kontrollieren die gesamte Bewegung. Bewegungskontrollschuhe bewahren den Fuß vor zu starken Einwärtsdrehungen bei eingefallenen Fußgewölben, sprich Plattfüßen. Sie sind eher für schwerere Läufer geeignet, weniger für Leichtgewichte.

Lightweight Trainer: Auf Deutsch klingt diese Kategorie noch sperriger – „Leichtgewichtige Trainings- und Wettkampfschuhe" passt eigentlich nicht zu den leichten, flexiblen und für das schnellere Laufen konzipierten Teilen. Sie wiegen nur bis zu 310 Gramm pro Schuh. Wenn Sie keine Probleme mit Fehlstellungen Ihrer Füße haben, werden Sie sich nicht nur bei schnelleren, sondern auch bei langsameren Trainingsläufen damit anfreunden können. Da Laufschuhe durch den Einsatz moderner Materialien immer leichter werden, wird das Angebot von Lightweight Trainern immer größer. Gut für Sie.

Trailschuhe: die Geländewagen unter den Laufschuhen. Aber so, wie heutzutage auch viele Geländewagen durch die Großstädte fahren, können Sie mit den meisten Trailschuhen auch in der Stadt auf hartem Untergrund laufen. Eigentlich für Läufe abseits von befestigten Wegen konzipiert, haben die Schuhe ein gröberes Profil der Außensohle, dazu Details wie verstärkte Fersenkappen oder vorne hochgezogene Außensohlen als Zehenschutz. Damit Sie nicht so leicht umknicken, sind Trailschuhe flacher konstruiert. Ihr Obermaterial ist robuster und schützt Ihre Füße besser. Mitunter besteht es auch aus einer speziellen Membran, die von außen kein Wasser an Ihren Fuß lässt.

Minimalistische Schuhe: Hier wird möglichst viel weggelassen, vor allem bei der Mittelsohlenkonstruktion. Ihr Fuß soll flach und niedrig am Boden stehen. Auf Dämpfung wird wenig Wert gelegt, mitunter sogar ganz darauf verzichtet, dann werden die Modelle auch als Barfuß-Schuhe bezeichnet. In diesen sollen Sie ein Gefühl und eine muskuläre Beanspruchung wie beim Barfußlaufen spüren, gleichzeitig sind Ihre Füße aber besser vor Verletzungen geschützt. An das Laufen mit minimalistischen Schuhen sollten Sie sich ganz allmählich gewöhnen, sie fordern Ihren Bewegungsapparat deutlich stärker. Deshalb werden die Schuhe oft auch als Trainingshilfe für die Muskulatur empfohlen *(siehe Kapitel 079, „Unten ohne laufen")*.

081 GRÖSSEN VERGLEICHEN

» **Mathematik studieren** Vor der Suche nach einem passenden Laufschuh sollten Sie ein Grundstudium der Mathematik absolvieren. Zumindest müssen Sie in der Lage sein, die Größe Ihrer gewöhnlichen Straßenschuhe in Ihre Laufschuhgröße umzurechnen – also mindestens eine halbe bis eine ganze Nummer dazu zu addieren *(siehe Kapitel 082, „Laufschuhe kaufen").* Die so ermittelte Größe sollten Sie theoretisch allen drei in Deutschland verwendeten Größensystemen zuordnen können: dem US-amerikanischen, britischen und europäischen. In der Regel werden Laufschuhe auf der Innenseite der Schuhzunge in allen drei Maß-Arten angegeben, abgekürzt als US, UK und EU. Falls Sie im Ausland auf Schuh-Shoppingtour sind, wird es noch komplizierter: Weltweit existieren mehr als ein Dutzend verschiedene Größensysteme, die nur zum Teil standardisiert sind. Schon allein deshalb ist ein rein rechnerischer Vergleich der Größen untereinander unmöglich.

» Abmessungen prüfen Verschiedene Hersteller haben teils unterschiedliche Messmethoden und Fertigungsverfahren. Schuhgrößen richten sich grundsätzlich nach der Länge des Schuhs – aber die wird von den Unternehmen teils nach der Länge der Fußsohle, der der Schuh passt, teils nach dem Leisten, der zur Herstellung des Schuhs verwendet wird, teils nach der Innenlänge des Schuhs, die größer sein muss als die Fußsohle, bemessen. Damit der internationale Schuhkauf vollends chaotisch wird, gibt es in verschiedenen Ländern diverse, historisch bedingte Maßeinheiten mit entsprechend seltsamen Zwischengrößen: zum Beispiel den in Zentraleuropa verwendeten Pariser Stich, der 2/3 cm misst und meist gar keine Zwischengrößen hat; das in Großbritannien und den USA gebräuchliche Barleycorn von 1/3 Zoll, also 8,47 Millimetern, von dem es auch halbe Größen gibt, oder Angaben in Zentimetern wie in Japan oder in Millimetern wie in Korea, wobei es Zwischengrößen von fünf Millimetern gibt. Darüber hinaus stoßen Sie noch auf Größensysteme, die die Schuhbreite berücksichtigen, insbesondere bei den Herstellern Asics, Brooks, Etonic und New Balance. Aber weder Schuhlänge noch -breite beschreiben hinlänglich, ob Ihnen ein Modell passt. Auch auf Form und Volumen des Schuhs kommt es an, insbesondere beim Vergleich von Damen- und Herrenmodellen. Selbst wenn eine Frau und ein Mann gleich lange Füße haben, ist das Fußvolumen des Mannes noch um rund 30 Prozent größer als das der Frau. Kurz gesagt: Nehmen Sie sich beim Schuhkauf Zeit und probieren Sie verschiedene Modelle an. Alles andere bringt nichts. Deshalb sind zum Beispiel auch Internet-Einkäufe heikel.

LAUFSCHUHE KAUFEN

» Am richtigen Ort Wenn Sie Schuhe kaufen wollen, gehen Sie nicht zum Billigdiscounter oder Kaffeeröster, sondern in ein richtiges Fachgeschäft mit guter Auswahl. Das hat zunächst schon mal den Vorteil, dass Ihnen kein schlecht gelaunter Kassierer die Ware verramscht. Sie begegnen Leuten, die etwas von dem verstehen, was sie Ihnen anbieten – und die auch noch das gleiche Hobby wie Sie haben. Mit dem Fachverkäufer im Laufladen ist es wie mit dem Anlageberater Ihrer Bank: Wenn Sie das Gefühl haben, dass er Sie nicht ernst nimmt, Sie nicht versteht oder einfach nur ein Geschäft machen will – oder nicht einmal das geeignete Produkt für Sie hat – gehen Sie woanders hin. Und planen Sie genügend Zeit ein: Sie müssen eine große Auswahl von Schuhen anprobieren und diese ausgiebig testen. Lassen Sie Ihren Partner lieber zu Hause, es sei denn, er oder sie ist ebenfalls Läufer und teilt Ihre Leidenschaft.

» **Mit Video** Manchmal dürfen Sie auf einem Laufband Probe laufen, das kann aber mitunter ein ungewohntes Gefühl sein. Sie laufen dann nicht so, wie Sie es draußen in der Natur tun würden. Die Laufstilanalyse per Video, die es in vielen Fachgeschäften gibt, ist deshalb umstritten. Entscheidend ist letztlich, in welchem Schuh Sie sich am wohlsten fühlen.

» **Mit Socken** Probieren Sie neue Laufschuhe immer mit den Socken an, mit denen Sie auch laufen. Oder Sie kaufen erst die Socken, dann die Schuhe. Die Socken sind die zweitwichtigste Investition nach dem Laufschuh. Fragen Sie nach speziellen Laufsocken mit Links-rechts-Unterscheidung. Dabei ist jede Socke anatomisch angepasst, am deutlichsten sichtbar am Zehenwinkel: Eine Laufsocke ist vorne nicht gerade oder rund, sondern richtet sich nach der Länge Ihrer Zehen.

» **Mit gefülltem Portemonnaie** Laufschuhe sind teuer, denken Sie? Das ist Ansichtssache! Sie stecken Ihr Geld hier nicht in einen schnöden Gebrauchsgegenstand, sondern tätigen eine Investition in Ihre Gesundheit, mit der Sie Ihre Lebensfreude steigern. Laufschuhe sind deshalb vergleichsweise günstige Sportgeräte, mit 100 Euro sind Sie dabei. Aber der Preis sollte Ihrem Spaß nicht im Wege stehen. Lassen Sie sich mal so richtig gehen. Gönnen Sie sich etwas. Prassen Sie. Das Teuerste ist nicht immer das Beste, aber ein hoher Preis relativiert sich meist über eine längere Einsatzdauer, weil billigere Schuhe in der Regel nicht so lange halten – und das Laufvergnügen ist hier noch nicht einmal einberechnet.

Preis-Nutzungs-Tabelle für Laufschuhe

Schuhpreis:	75 €	100 €	150 €	200 €
Kilometerleistung:				
200 km	.... 0,38 €/km	.... 0,50 €/km	.... 0,75 €/km	.... 1,00 €/km
400 km	.... 0,19 €/km	.... 0,24 €/km	.... 0,38 €/km	.... 0,50 €/km
600 km	.... 0,13 €/km	.... 0,17 €/km	.... 0,25 €/km	.... 0,33 €/km
800 km	.... 0,09 €/km	.... 0,13 €/km	.... 0,19 €/km	.... 0,25 €/km
1000 km	.... 0,08 €/km	.... 0,10 €/km	.... 0,15 €/km	.... 0,20 €/km

Rechenbeispiel: Wenn Sie 75 Euro für Ihren Laufschuh bezahlen und 200 km mit ihm laufen können, kostet er Sie 38 Cent pro km. Wenn Sie 200 Euro für ein besseres Modell ausgeben, das 600 km hält, dann kommt Sie das am Ende günstiger, nämlich 33 Cent pro km.

» Mit Knausrigkeit: Der Herstellungspreis für ein Paar Laufschuhe liegt bei ungefähr 15 Dollar, also etwa zwölf Euro. Darin enthalten sind Material- und Lohnkosten, die in den chinesischen Fabriken minimal sind. Im schicken Laufladen in Europa oder in den USA bezahlen Sie dann locker bis zu 170 Euro. Der horrende Aufschlag setzt sich aus Gewinnspannen zusammen, aber auch aus Entwicklungs- und Marketingkosten, wie bei anderen Konsumgütern auch. Die Hersteller geben mitunter mehr Geld für die Bewerbung des Produkts aus als für die Herstellung. Allerdings kommt ein nicht unerheblicher Aufwand für Prototypen, Laboranalysen und Testkilometer hinzu. Die Wertschöpfungs-Tabelle auf der nächsten Seite zeigt, wie hoch der Anteil des Händlers am Verkaufspreis für ein Paar Laufschuhe ist, die Sie im Laden kaufen. Wir haben hier nur mit 100 Euro gerechnet. Ist der Preis höher, steigen die Margen bei gleichbleibenden Herstellungskosten entsprechend. Wenn Sie preisbewusst einkaufen, können Sie Ihre Kosten dämpfen.

Wertschöpfung

Aufteilung von 100 €, die Sie im Laden für ein Paar Laufschuhe bezahlen:

19 € Finanzamt (Mehrwertsteuer)

39 € Händler (laufende Kosten, davon
18 € Personalkosten, 18 € Miete und
übrige Aufwendungen, 3 € Gewinn)*

14 € Distribution
(13 € für Lagerung, Transport und Verkauf,
1 € Gewinn)

14 € Hersteller/Marke
(5 € für Werbung, 3 € für Forschung und Entwicklung,
2 € für die Verwaltung, 4 € Gewinn)

14 € Produktion (7 € für Material inklusive fertige Mittelsohle, Außensohle und Karton, 2 € Löhne für 2 Stunden Arbeit, 3 € für Formen und Konstruktion, 2 € Gewinn)

* Der Einkaufspreis des Händlers für ein Paar Schuhe errechnet sich aus den Kosten für die Produktion, Hersteller/Marke und Distribution. Er beträgt etwa 45 €.

Auslaufmodelle: Laufschuhe werden saisonal verkauft, wie Bekleidungsmode. Oft ändern sich nur winzige Details oder die Farben. Fragen Sie den Fachhändler nach älteren Modellen und vergleichen Sie die verschiedenen Laufschuhjahrgänge im Geschäft, die als Auslaufmodelle oder Restposten gekennzeichnet und entsprechend günstiger sind. ***Abgespeckte Modelle:*** Ein Laufschuh wird nicht dadurch besser, dass er im Vergleich zu einem anderen Modell mehr Dämpfung, Stabilitätskomponenten in der Mittelsohle und bunte Besätze auf dem Obermaterial aufweist. Deshalb ist der teuerste Laufschuh nicht gleich der beste. Der Schuh muss individuell zu Ihnen passen: Wenn Sie kein Übergewicht und keine orthopädischen Probleme haben, können Sie einen ganz normalen, einfach konstruierten und dadurch preisgünstigeren Dämpfungsschuh wählen. Mehr brauchen Sie nicht. ***Rabattmodelle:*** Viele Fachhändler gewähren ihren Stammkunden einen Rabatt beim Laufschuhkauf. Oder der Rabatt gilt für Sie automatisch als Mitglied eines Lauftreffs oder Sportvereins. Obendrein profitieren Sie von Rücknahmeaktionen. Manche Hersteller gewähren eine Umtauschfrist. Selbst wenn Sie mit einem Schuh schon gelaufen sind, dieser sich aber als ungeeignet erweist, können Sie ihn wieder zurückgeben. Das erspart Ihnen einen teuren Fehlkauf. ***Schrottmodelle:*** Laufschuhe werden zu sensationell günstigen Preisen bei Discountern oder im Internet angeboten. Bei der Anprobe zwischen Espresso-Packungen und Gartenmöbeln können Sie allerdings keine anderen Modelle testen. Auch im Internet fehlt Ihnen der Vergleich. Die Wahrscheinlichkeit eines teuren Fehlkaufs ist hoch.

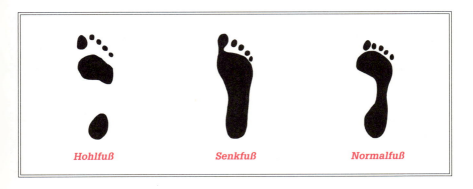

Hohlfuß *Senkfuß* *Normalfuß*

» Mit Blick auf die Zehen Wenn Sie bereits Laufschuhe besitzen, nehmen Sie diese zum Kauf mit. Erstens als Vergleich und Referenz für sich selbst. Zweitens für den Verkäufer. Gute Laufschuhberater sind Spurenleser. Sie erkennen an den Abnutzungsmerkmalen Ihres Schuhs Ihren

Laufstil. Ideal wäre es, wenn der Verkäufer außerdem Ihre Spuren im Sand sehen könnte: Am Abdruck Ihrer Füße können Sie gut erkennen, wie Ihr Fuß abrollt und welche Fußform Sie haben. Alternativ können Sie sich auch den Abdruck Ihrer feuchten Füße auf den Badezimmer-Fliesen anschauen, wenn Sie aus der Dusche steigen. Dabei sehen Sie, ob Sie ein normal ausgeprägtes Fußgewölbe haben, einen Hohlfuß oder einen Senkfuß. Gleichzeitig erkennen Sie Ihren Zehenwinkel, zu dem Ihre Schuhe passen sollten. Ein spitzer Zehenwinkel wird als ägyptische Fußform bezeichnet, das Gegenteil ist der Quadraftfuß. Bei der so genannten griechischen Fußform ist die zweite Zehe länger als die Großzehe – beim Schuhkauf müssen Sie darauf achten, dass auch die zweite Zehe vorne genügend Platz hat.

» **Mit Daumenbreite** Wenn Sie schon mal barfuß sind, vergleichen Sie Ihre Füße. Viele Menschen haben unterschiedlich große. Der größere ist dann der Maßstab für Ihren Laufschuh *(siehe Kapitel 081, „Größen vergleichen")*. Bei der Anprobe finden Sie die richtige Größe, indem Sie beide Schuhe anziehen, im Stand beide Füße gleichmäßig belasten und dann draufdrücken: Vor Ihrer längsten Zehe sollte im Schuh noch eine Daumenbreite Platz sein. Die ist für das so genannte Schubmaß, das ist der Fachbegriff für den Effekt, dass sich Ihr Fuß beim Laufen ausdehnt und im Laufschuh nach vorne rutscht. Als Daumenregel gilt: Wählen Sie Ihre Laufschuhe eine halbe bis eine ganze Nummer größer als Ihre Straßenschuhe. Falls Sie in dem Schuh einen Marathon laufen wollen, sollten Sie eher noch mehr Platz vorne einrechnen.

» **Mit Proportion** Als Frau können Sie bedenkenlos auch mit Männerschuhen laufen – wenn Sie die richtigen auswählen. Der Hauptunterschied ist die Passform. Bei gleicher Länge hat ein Frauenfuß im Durchschnitt 30 Prozent weniger Volumen als ein Männerfuß. Und die Ferse ist deutlich schmaler, der Ballenbereich dafür in der Relation breiter. Ein durchschnittlicher Frauenfuß ist also zierlicher und anders proportioniert – deshalb ist es genauso schwierig, für eine Frau einen passenden Männerschuh zu finden wie passende High-Heels für einen Mann, selbst wenn die Füße die passende Länge haben.

» Mit wenig Modegeschmack Wenn Sie den messbaren Teil des Schuhkaufs abgeschlossen haben, fängt die eigentliche Suche erst an. Denn jetzt müssen Sie Schuhe finden, die nicht nur von der Größe, sondern auch von der Eignung her zu Ihren Füßen passen – die also dem Einsatzzweck entsprechen, Ihrer Statur, Ihren Laufgewohnheiten und Ihren Designwünschen. Bei Letzterem müssen Sie wahrscheinlich die größten Abstriche machen. Da Sie Ihre Kaufentscheidung nach rein funktionellen Argumenten fällen sollten, können Sie auf das Design meist keine Rücksicht nehmen. Überdies sind Laufschuhe eher selten wirkliche Hingucker. Mit ihren hohen Mittelsohlen, dem stark ausgeprägten Profil und den vielen bunten Applikationen taugen Sie meist nicht für einen stilvollen Auftritt jenseits der Laufstrecken. Der Einsatzzweck ist am schnellsten entschieden: Wollen Sie im Wald laufen oder auf der Straße? Wollen Sie einen Weltrekord auf der 400-m-Bahn brechen oder gemächlich durch den Stadtpark traben? Ihre Laufgewohnheiten und -bedürfnisse sollten Sie Ihrem Laufschuhberater ebenfalls mit auf den Weg ins Schuhlager geben, damit er Ihnen die geeigneten Modelle raussuchen kann – zum Beispiel mit wasserdichter Membran, falls Sie gerne bei Regen laufen. Oder einen Schuh mit fester beziehungsweise weicher Mittelsohle, je nachdem, was Sie lieber mögen und wie hart der Untergrund ist, auf dem Sie die meiste Zeit unterwegs sind.

» Mit gutem Gewissen Wenn Sie Schuhe kaufen, nehmen Sie niemals die erstbesten. Lassen Sie sich immer vergleichbare Modelle zeigen, möglichst von verschiedenen Herstellern. Nehmen Sie den Rat Ihres Laufschuhverkäufers ernst. Aber auch, wenn er noch so nett ist oder angeblich selbst so viel und gerne in diesem oder jenem Modell läuft – das entscheidende Kriterium für die Schuhentscheidung ist die Rückmeldung Ihrer Füße. Testen Sie deshalb alle in Frage kommenden Modelle in Ruhe. Grenzen Sie die Auswahl langsam ein, legen Sie einen Schuh nach dem anderen in den Karton zurück. Und wenn Sie sich bei der Entscheidung am Ende zwischen zwei Schuhen schwer tun: Nehmen Sie beide. So können Sie besten Gewissens Ihren Schuhtick ausleben. Sie sollten ohnehin so viele Laufschuhe daheim im Schuhschrank stehen haben, wie Sie Tage in der Woche laufen *(siehe Kapitel 084, „Fremd gehen")*.

LAUFSCHUHE SELBER BASTELN

083

Falls Sie zufällig Schumacher heißen, so befinden Sie sich in guter Gesellschaft. Ihr Name zählt in Deutschland zu den häufigsten Nachnamen, denen eine Berufsbezeichnung zu Grunde liegt. Allerdings wird der Beruf, für den der Name steht, in Deutschland kaum noch ausgeübt. Die meisten Schuhhersteller finden sich heute in Südostasien, besser gesagt in der chinesischen Provinz Guangdong. Dort leben auf einer Fläche, die etwa so groß ist wie Nordrhein-Westfalen, mehr als 100 Millionen Menschen. Und es gibt mehr als 2.000 Schuhfabriken. In diesen werden 80 Prozent aller weltweit getragenen Laufschuhe produziert. Dagegen werden nicht einmal 0,1 Prozent der in Deutschland genutzten Laufschuhe auch in Deutschland hergestellt. Das können Sie ändern.

» Nach der Tarahumara-Methode Sie benötigen: ein scharfes Messer, ein langes Lederband, etwas Gummikleber sowie einen alten Autoreifen. Falls der nicht zur Hand ist, können Sie auch etwa sechs Millimeter dickes Wildleder nehmen, zur Not tut es auch eine alte Gummisohle aus neoprenartigem Kunststoff. Oder Sie setzen ganz anderes Plastik ein: Ihre Kreditkarte. **Darum geht es:** Die Tarahumara-Indianer schnitzen sich Ihre Laufschuhe selbst. Sie nennen die Dinger Huaraches. Das ist an sich nichts Besonderes, viele Völker basteln gerne ihr eigenes Schuhwerk, die Niederländer beispielsweise Klompen. Aber während der holländische Holzschuh eher für die Gartenarbeit geeignet ist, rennen die Tarahumara mit ihren Minimalschuhen mitunter bis zu zwei Tage ohne Unterbrechung *(siehe Kapitel 035, „Brust an Brust rennen")*. **So geht es:** Aus dem Profilteil des Autoreifens fertigen Sie Ihre Schuhsohle. Dazu trennen Sie die Reifenflanken ab und schneiden die Lauffläche des Reifens einmal quer durch. Markieren Sie Ihren rechten und linken Fußabdruck auf dem Gummi (Profil nach unten) und schneiden Sie jeweils eine Sohle aus, die seitlich und an Ferse und Zehen jeweils etwas größer ist als der Fuß. Stellen Sie sich barfuß auf die Sohle und markieren Sie den Punkt zwischen Ihrer großen und der zweiten Zehe. Außerdem markieren Sie einen Punkt etwa in der Mitte der Sohle außen, dazu einen Punkt hinten am

Fuß seitlich des Fußgelenks auf der Fußinnenseite. An diesen Punkten treiben Sie mit dem Messer kleine Löcher in die Sohlen, die gerade groß genug sind für den Lederriemen. Diesen führen Sie von unten durch das vordere Loch durch die Sohle. Mit einem Knoten sorgen Sie dafür, dass das eine Riemenende nicht durch das Loch rutscht. Der Lederriemen sitzt nun zwischen Ihrer großen und der zweiten Zehe. Führen Sie den Lederriemen über den Fußrücken durch das äußere Loch, dann wickeln Sie ihn zweimal um Ihre Fessel und führen ihn dann durch das innere Loch in der Autoreifen-Sohle. Dort verknoten sie ihn. Justieren Sie Länge und Sitz des Lederriemens sehr sorgfältig, denn die Sohle ist ja nur an drei Punkten befestigt und soll so bis zu 48 Stunden fest halten. Wenn Ihnen das alles zu fummelig ist, nehmen Sie Ihre Kreditkarte: In den USA können Sie auch Nachbauten der Huarache-Modelle der Tarahumara erwerben. Sie kosten zwischen 75 und 135 Dollar.

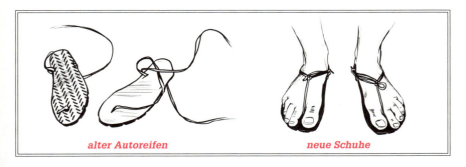

alter Autoreifen   **neue Schuhe**

» **Nach Bowerman-Rezept** *Sie benötigen:* ein Waffeleisen, Urethan-Komponenten, Acrylkleber. *Darum geht es:* Ein Grundstein für den Aufstieg von Nike zum größten Sportartikelhersteller der Welt wurde in der Küche von Barbara Bowerman gelegt. Eines Morgens, es war im Sommer 1971 in Eugene, Oregon, servierte sie ihrem Mann Bill zum Frühstück selbst gebackene Waffeln. Der Trainer Bill Bowerman hatte sich schon seit einiger Zeit den Kopf darüber zerbrochen, dass im Leichtathletik-Stadion der Universität von Oregon, dem Hayward Field, ein neuer Belag aufgebracht worden war. Statt auf Asche liefen seine Athleten jetzt auf einer neuartigen Kunststoffoberfläche. Die alten Spikes mit den langen Dornen waren hier nicht mehr einsetzbar. Der Coach bezog seine Frau in die Überlegungen mit ein, wie er die Außensohlen für seine Mittelstreckler noch griffiger, gleichzeitig die Schuhe aber noch leichter machen könnte. Als Bill eine von Barbaras frischen, dampfenden Waffeln auf seinem Teller umdrehte, inspizierte er das Muster des durch das Waffeleisen gezeichneten Teigs, schaute zu Barbara auf und sagte: „Das könnte klappen." Wenige Minuten später war das Küchengerät zweckentfremdet. Bowerman rührte im heimischen Werkraum die Komponenten zur Herstellung von Urethan zusammen, einem einfach zu verarbeitenden Kunststoff, mit dem er für die Entwicklung seiner Außensohlen experimentierte, und buk es im Waffeleisen. Und so entstand das Muster für die berühmt gewordene Waffelsohle – der „Waffle Trainer" wurde das erste echte Erfolgsmodell von Nike. Bowerman hatte die Firma gemeinsam mit einem seiner studentischen Athleten, Phil Knight, gegründet, der sich in seiner Abschlussarbeit mit Vermarktungsstrategien für Laufschuhe auseinandersetzte. Das Waffeleisen von Barbara Bowerman war nach Bills Experimenten freilich nicht mehr zum Backen brauchbar, so dass er es kurzerhand im Garten vergrub – damals die übliche Entsorgungsmethode für Elektroschrott. 2011, zwölf Jahre nach Bill Bowermans Tod, fand man das ramponierte Ding wieder. Heute hängt es im Museum des Nike-Stammsitzes in Beaverton im US-Bundesstaat Oregon. Experten sind sich einig, dass die Waffelsohle eine der größten Erfindungen im Laufschuhuniversum der vergangenen 50 Jahre war. Allerdings ist natürlich auch ein Stück Legendenbildung dabei. *So geht es:* Das Waffelsohlen-Originalrezept von Bowerman ist nicht mehr aufzutreiben. Vermutlich hat der Tüftler es damals mit im heimischen Garten vergraben. Aber Martyn Shorten, der als Biomechaniker bei Nike mit Bowerman gemeinsam herumexperimentiert hat, empfiehlt folgende Rezepte:

Mit Chemie: Sie nehmen flüssiges Urethan als Zwei-Komponenten-Werkstoff, das erhalten Sie in einem Modellbau- oder Bastelladen. Zusätzlich brauchen Sie eine Trennlösung, um den Kunststoff nachher aus der Waffelform zu bekommen. Sprühen Sie das Waffeleisen erst mit der Trennlösung ein, damit das Urethan nicht festbackt. Mixen Sie die A- und B-Bestandteile des Urethans (normalerweise zu gleichen Teilen), gießen Sie es in die Waffelform und halten Sie etwas Abstand. Der chemische Vorgang erzeugt Hitze. Finger weg, sobald er eingesetzt hat. Lassen Sie den Werkstoff aushärten.

Ohne Chemie: Sie brauchen 2 Eier, 250 Gramm Mehl, 400 ml Milch, 200 ml Pflanzenöl, 1 Esslöffel Zucker, 4 Teelöffel Backpulver, ¼ Teelöffel Salz, ½ Teelöffel Vanilleextrakt. Heizen Sie das Waffeleisen vor. Schlagen Sie die Eier in einer großen Schüssel mit einem Handmixer schaumig. Rühren Sie Mehl, Milch, Öl, Zucker, Backpulver, Salz und Vanille unter, bis alles gleichmäßig verteilt ist. Sprühen Sie das vorgeheizte Waffeleisen mit Anti-Haft-Spray oder Trennmittel ein (aus dem Supermarkt, nicht aus dem Bastelladen!). Geben Sie den Teig in das heiße Waffeleisen und warten Sie, bis er goldbraun ist. Servieren Sie die Waffeln mit Butter oder Ahornsirup. Servieren Sie sie heiß – sonst schmecken Sie nach Schuhsohle.

» **Im Robinson-Stil** *Sie benötigen:* ein Wäldchen aus Kokospalmen, Geduld. *Darum geht es:* Sollten Sie einmal auf einer einsamen Insel stranden, brauchen Sie aufs Laufen nicht zu verzichten. Machen Sie es einfach wie Tom Hanks als abgestürzter FedEx-Angestellter Chuck Noland im Film „Cast Away". *So geht es:* Sammeln Sie die strapazierfähigen Blätter der Kokospalme und wickeln Sie sie um Ihre Füße. Zum Fixieren spinnen Sie sich aus den Fasern der Baumrinde eine Art Schnürsenkel. Wenn es auf Anhieb nicht klappt, bewahren Sie Ruhe. Im Film harrt Chuck Noland vier Jahre lang auf der einsamen Insel im Südpazifik aus, da bleibt genug Zeit zum Rumprobieren. Und wenn Ihnen jegliches Schuhmacher-Geschick abgeht, halten Sie sich einfach mit Schwimmen fit.

» **Nach der Lunge-Strategie** *Sie benötigen:* jahrelange läuferische und kaufmännische Erfahrung, Unternehmergeist, eine Vision, einen Bruder mit ebensolchen Eigenschaften, ein gut gefülltes Sparkonto und Glück. *Darum geht es:* Bereits im Alter von 18 Jahren, noch bevor er das Abitur in der Tasche hatte, gründete Ulf Lunge sein erstes Sportgeschäft in Hamburg. Bruder Lars stieg mit ein – beide passionierte Läufer. Weitere Läden in Hamburg und Berlin kamen dazu. Die Brüder testeten die Laufschuhe, die sie verkauften, sehr penibel. Um ein Produkt nach ihren Vorstellungen zu erhalten, ließen sie schließlich in den 1990er Jahren auf eigenes Risiko und unter eigenem Namen Laufschuhe in Fernost herstellen. Aber die Schuhe kamen nicht in der gewünschten Qualität in Deutschland an. Das Projekt war gescheitert, aber die Idee eigener Laufschuhe nicht gestorben. Im Jahr 2006 ersteigerte Ulf Lunge einen ehemaligen Kuhstall in Mecklenburg-Vorpommern. Mit 6.600 Quadratmetern Grundfläche bot das Gebäude viel Spielraum für Phantasie. Dort entstanden 2007 die ersten Laufschuhmuster mit dem Label Lunge auf der Lasche. Und wenn einer der Brüder heute eine Idee zur Veränderung von Form, Farbe oder Funktion der Schuhe hat, braucht er nur von seinem Schreibtisch im ersten Stock aufzustehen und hinunter ins Erdgeschoss zu gehen. Dort, wo früher Kühe gemolken wurden, ist jetzt eine komplette Laufschuhmanufaktur. *So geht es:* Klappern Sie Maschinenbauer und Fertigstoff-Lieferanten in ganz Europa ab. Besorgen Sie sich eine Million Euro für den Maschinenpark und eine Million Euro für die Renovierung Ihrer Fabrik. Sprechen Sie bei der Landesregierung wegen finanzieller Unterstützung vor, immerhin haben Sie in einer strukturschwachen Gegend Arbeitsplätze zu bieten. Holen Sie sich erfahrene Näherinnen aus der Schuhmetropole Pirmasens, wo früher die meisten Lederschuh-Hersteller Deutschlands ihren Sitz hatten. Experimentieren Sie. Und haben Sie Geduld: Bei den Lunges wird es auch noch einige Jahre dauern, bis sich der Umbau des Kuhstalls rentiert.

FREMD GEHEN

Ein Seitensprung ist unter Menschen ein Drama, bei Laufschuhen ein Muss. In unserer Gesellschaft gehört zwar die lebenslange Treue zu einem einzigen Partner zu den konventionellen Idealvorstellungen, die lebenslange Liebe zu einem Laufschuh dagegen hätte peinliche Folgen.

» **Öfter wechseln** Nur wenn Sie ein Laufeinsteiger sind, reicht Ihnen ein Paar Laufschuhe. Auf die Qualität sollten Sie beim Kauf allerdings genauso achten wie jeder andere Läufer auch. Denn der, der wenig oder langsam läuft, sollte deshalb noch lange nicht auf gute Ausrüstung verzichten. Sie sind ausreichend versorgt, wenn Sie ebenso viele Schuhe besitzen, wie Sie Tage pro Woche laufen. Laufen Sie also viermal, benötigen Sie vier Paar Schuhe. Diese sollten Sie abwechselnd tragen, entsprechend den verschiedenen Trainingsansprüchen und Laufuntergründen. Dadurch vermeiden Sie eine einseitige Belastung des Bewegungsapparates und beugen Überlastungsverletzungen vor. Jedes Schuhmodell forciert einen bestimmten Fußaufsatz, ein bestimmtes Abroll- und Abdruckverhalten – also immerwährend gleiche Belastungen an immer denselben Körperstellen. Täglich unterschiedliche Dämpfungssysteme, Zwischensohlenmaterialien und Schnürsysteme sind eine spürbare Wohltat für Sie und Ihre Füße.

» Funktion überprüfen Ihre Schuhe bestehen aus Kunststoffschaum und Gummi. Diesen Materialien setzt die Zeit auch zu, wenn Sie sie gar nicht benutzen. Also Vorsicht beim Hamsterkauf: Wenn Sie sich Ihr Modell auf Vorrat zulegen und es acht Jahre lang horten, werden Sie am Ende nicht viel Spaß damit haben. Daran erkennen Sie die Funktionstüchtigkeit Ihrer Schuhe:

Schauen Sie sich den Schuhschaft an: Hat er Risse, Löcher, sichtbare Materialermüdungen? Wenn ja, dann weg mit den Dingern. Der Schaft soll den Schuh am Fuß halten. Kann er das nicht mehr sicher, geht das auf Kosten Ihrer Laufökonomie.

Drücken Sie mit den Fingern in die Zwischensohle. Fühlt sie sich brüchig oder stark zusammengepresst an? Sehen Sie schon Risse oder Knautschzonen? Kein gutes Zeichen. Es wird Zeit für ein neues Paar. Zwischensohlen verlieren ihre Funktion oft schneller als Außensohlen. Lassen Sie sich also nicht vom Erscheinungsbild einer Außensohle täuschen, sie sagt viel, aber nicht alles über den Zustand eines Laufschuhs aus.

Stellen Sie Ihre Laufschuhe vor sich auf den Tisch. Fallen sie zu der einen oder anderen Seite um? Das spricht für eine starke Abnutzung, die Sie dann aber zumeist auch direkt beim Betrachten der Außensohle bemerken.

Hören Sie auf Ihren Körper. Hatten Sie in letzter Zeit orthopädische Beschwerden? Wenn ja, kann dies durchaus mit abgetragenen Schuhen in Zusammenhang stehen. Kaufen Sie sich neue.

» Kilometer zählen Wie viele Kilometer Sie mit einem Paar Laufschuhe trainieren können, hängt von Ihrem Körpergewicht ab und außerdem davon, wie und wo Sie in welchem Modell laufen. Je schwerer Ihr Gewicht, je kräftiger Ihr Fußaufsatz und je weniger Material in der Schuhsohle, desto größer ist der Verschleiß. Dämpfungs- und Stabilitätselemente leben länger als Schaftmaterialien, Außen- und Zwischensohlenschäume. Je dicker die Sohle, also je mehr Technik sie beinhaltet, desto haltbarer ist der Schuh. 500 bis 600 km sollte ein guter Laufschuh grundsätzlich vertragen, und es können gut weitere 150 bis 300 km mehr sein, wenn Sie ihn gut pflegen und zum Beispiel ausschließlich auf weichem Untergrund laufen. Ihre Wettkampfschuhe und leichtgewichtigen Trainingsschuhe halten sicher nicht so lange. Andererseits soll es sogar Läufer mit derart elegantem Stil geben, dass ihre Schuhe erst nach 1.000 bis 1.200 km verschlissen sind.

ABFEDERN

» Mit Profil Beim Adidas-Laufschuhmodell Achill gab es bereits Ende der 1960er Jahre ein so genanntes Sägezahn-Profil in der Außensohle. Beim Aufsetzen des Fußes wurden die einzelnen Zähne zusammengedrückt und sorgten so für einen dämpfenden Effekt. Das Prinzip des mechanischen Energieabbaus wird seither bei zahlreichen Laufschuhen genutzt, ob bei Modellen wie dem Waffle Trainer von Nike, dem Marathon Trainer von Adidas oder der Zigtech-Reihe von Reebok. Bei Adidas-Modellen wird sogar ein kompletter Block der Mittel- und Außensohleneinheit flexibel gelagert, damit er sich getrennt vom Rest der Sohle verschieben kann. Grundsätzlich ist die mechanische Verformung des Sohlenmaterials eine der effektivsten Dämpfungsmethoden – und der Grund, warum Laufschuhe, anders als andere Sportschuhe, diese voluminösen Mittelsohlen besitzen.

» Mit Kunststoff Die klassische Mittelsohle eines Laufschuhs besteht aus Polyurethan oder, noch häufiger, aus Ethylenvinylacetat, kurz EVA. Diese Kunststoffe sind formbeständig, leicht und flexibel, außerdem nehmen sie viel Energie auf. Teilweise wird EVA aus ganzen Platten herausgeschnitten und entsprechend den Schuhanforderungen gefräst. Meistens kommt heute jedoch druckgeschäumtes Material zum Einsatz. Es wird unter hohem Druck in eine Form gepresst, die der Sohle des Laufschuhs entspricht, härtet dann aus und wird mit den anderen Teilen des Laufschuhs verklebt und vernäht.

» **Mit Luft** Von Nike kommt die revolutionäre Air-Sohle. Hier werden je nach Einsatzzweck des Laufschuhs unterschiedlich große Luftkissen in die Mittelsohle integriert, die allerdings nicht mit normaler Luft, sondern mit speziellem Gas gefüllt sind. Air-Sohle hört sich nun einmal besser an als Gas-Sohle. Die Air-Kissen haben teils sogar Kammern, die mit unterschiedlichem Druck befüllt sind. Sie sollen außer für Dämpfung auch für Stabilität sorgen. Das Laufgefühl beschreiben die Amerikaner als „cushy", weil es sich mitunter ein bisschen wie auf einem Kissen anfühlt.

» **Mit Gel** Der japanische Laufschuhhersteller Asics entwickelte ebenfalls Dämpfungskissen, die in die Mittelsohle eingesetzt werden. Diese sind aber nicht mit Luft, sondern mit einer zähen Gel-Flüssigkeit gefüllt. Die Gel-Kissen unterscheiden sich in Form, Dichte und Größe – je nach Einsatzzweck des Laufschuhs. Auch andere Hersteller benutzen Gel-Technologien. Hersteller Brooks füllt die Dämpfungskissen mit Silikongel, das durch kleine Öffnungen in verschiedene Kammern gepresst wird und somit flexibel auf die jeweilige Aufprallkraft reagiert.

» **Mit Stoßdämpfern** Das von Nike entwickelten Shox-System wurde erstmals 2001 bei Laufschuhen vorgestellt. Shox steht für ein Dämpfungssystem mit mehreren Säulen aus Polymer, die unter dem Fuß nach dem Stoßdämpferprinzip arbeiten. Die in den Säulen verarbeiteten Kunststoffschäume stammen ursprünglich angeblich aus der Formel-1-Rennwagentechnologie. Es läuft allerdings kaum jemand damit, man sieht die Shox-Modelle eigentlich nur als Freizeitschuhe.

» **Mit Röhren** Verschiedene Hersteller haben mit quer in die Mittelsohle integrierten Röhren experimentiert, teilweise waren diese oval oder sonstwie ausgeklügelt geformt. Aber egal ob Röhre, Dreieck, Schlaufe, Netz oder sonstige Aussparung: Beim Aufsetzen des Fußes sollen sich die Hohlräume verformen und damit den Aufprall abfedern.

» **Mit Überdruck** Von Adidas gab es in den 1990er Jahren ein Luftkammernsystem in der Außensohle, das sich mit einer speziellen Hand-Luftpumpe aufblasen ließ. Lange hielt die Luft nicht, und die Technologie verschwand bald wieder.

» **Mit Spiralen** Seit einigen Jahren experimentiert der amerikanische Laufschuhhersteller Spira mit mechanischen Federn, die in der Mittelsohle unterhalb der Ferse platziert werden. Die ringförmig aufgebaute Wellenfeder, Wavespring genannt, soll den Aufprall abfedern und die gestaute Energie wieder an den Fuß zurückgeben.

» **Mit Zamperl** Es kann Ihnen durchaus passieren, dass Sie beim Laufen mal auf einen kleinen Hund – bairisch: Zamperl – treten. Rein aus Versehen natürlich. Meist ist die Ursache im Aggressionstrieb des Hundes zu suchen. Der Hund rennt mit gefletschten Zähnen auf Sie zu, Sie wollen sich nicht in Ihrem Lauftrott stören lassen, und schon ist es passiert. Ihr Körpergewicht wird zwar spürbar abgefedert, aber dies ist natürlich kein legitimer Weg, mit der Aufprallenergie Ihres Körpers umzugehen *(siehe Kapitel 066, „Waden schützen")*. Juristisch machen Sie sich eventuell der Sachbeschädigung schuldig: Auch wenn zivilrechtlich betont wird, dass Tiere keine Sachen sind (§ 90 Bürgerliches Gesetzbuch, 90a), werden die auf Sachen anzuwendenden strafrechtlichen Vorschriften auf Tiere übertragen.

086 — WEICH LANDEN

Bei Asphalt denken die meisten Laufanfänger: „Oh je, da mache ich mir ja die Gelenke kaputt!" Und dann laufen Sie lieber im Park oder im Wald. Aber Asphalt ist besser als sein Ruf. Deshalb werden in Deutschland jährlich mehr als 120 Marathonveranstaltungen und noch mehr City-Läufe auf Asphalt abgehalten. Das hat gute Gründe.

» **Auf Waldboden** Er gilt allgemein als der ideale Laufuntergrund. Dabei schwingt die Vorstellung von weich federnden Naturböden mit Moosbelag und Tannennadeln mit. Doch das ist ein Mythos. In der Realität laufen Sie meistens über plattgewalzte Wald-Wirtschaftswege, die durch schwere Forstfahrzeuge so verdichtet sind, dass Sie auch gleich auf der Straße laufen könnten. Wenn Sie den unberührten Waldboden erleben wollen, sollten Sie unbefestigte Wanderwege auf Naturboden bevorzugen: Pfade, Trails oder wie Sie es nennen mögen. Sie kennen solche Wege nicht? Schaffen Sie sich selbst welche: Laufen Sie einfach quer durch den Wald. Entwickeln Sie Ihr eigenes Wegenetz und geben Sie den Routen Namen. So pflegen Sie ein persönliches Verhältnis zu den Strecken, haben eine zusätzliche Laufmotivation und können zu Hause etwas erzählen. Klingt doch besser, wenn Sie von Ihrer „Adrenalinkick am Adlerhorst"-Runde oder vom „Geheimen Waldversteck"-Trail erzählen, statt von einem x-beliebigen Forstweg.

» **Auf dem Holzweg** Speziell präparierte Laufoberflächen aus Rindenmulch werden als Finnenbahn bezeichnet. Der Belag besteht aus einer Mischung von klein gehäckselten Baumbestandteilen, Sägespänen und Holzresten. Eine Finnenbahn ist deutlich weicher als ein Waldweg und federt angenehm. Ihr Bewegungsapparat weiß das zu schätzen. Obendrein riecht das Holz toll, das macht vor allem im Sommer Spaß. Jedenfalls bis Sie einen Drehwurm kriegen, denn selten ist eine Finnenbahn länger als 1.000 m.

» **Auf Sand** Sand ist nicht gleich Sand. Es gibt Traumstrände für Läufer, deren fester Boden Ihren Fuß feinkörnig umschmeichelt. Aber auch weichen Treibsand, der die Kraft Ihres Fußabdrucks im Wortsinne versanden lässt. Oder grobkörnigen Lavasand, der an Ihren Fußsohlen wie Schmirgelpapier reibt (siehe Kapitel 079, „Unten ohne laufen"). Machen Sie, egal auf welchem Sand, am Anfang nur sehr kurze Läufe. Vor allem, wenn Sie barfuß laufen, sollten Sie Ihre Haut und Muskulatur nur ganz allmählich an die ungewohnte Belastung gewöhnen. Wenn Sie mit Schuhen laufen, wählen Sie am besten sehr leichte Modelle mit einer dünnen Mittelsohle, die den Abstand zwischen Fuß und Sand gering hält.

» **Auf Kies** Auf losem Kies haben Sie bei jedem Schritt Schlupf, das heißt, Sie rutschen weg. Das ist nicht weiter schlimm, denn die Kiespassagen sind ja meist nicht sehr lang. Auf verfestigten Kieswegen läuft es sich in der Regel sehr gut. Sie fühlen sich nicht zu hart an, bieten Abwechslung und geben der Schuhsohle guten Halt. Problematisch sind mitunter Parkwege mit sehr feinem Kies und vielen kleinen Kieselsteinen: Hier rutscht der Fuß bei jedem Abdruck ein kleines Stück zurück. Anfangs merken Sie das vielleicht gar nicht. Aber wenn Sie viele Kilometer auf solchen Kieselwegen laufen, strapaziert das Ihre Gelenke und Sehnen. Nutzen Sie dann alternativ Routen über Gras, Waldboden oder Asphalt.

» **Auf Asphalt** Asphalt ist nur vermeintlich hart. Er gibt beim Aufprall Ihres Fußes leicht nach, auch wenn Sie das beim einzelnen Schritt nicht bewusst spüren können. Beton und Verbundstein sind deutlich unelastischer. Der Grund liegt in der organischen Zusammensetzung von Asphalt. Er besteht aus mehr oder weniger grobkörnigem Gestein und einem aus Erdöl gewonnenen Bindemittel. Im Straßenbau kommen 30 verschieden gekörnte und dadurch unterschiedlich elastische Asphalt-Arten zum Einsatz. Das merken Sie beim Laufen zum Beispiel am Wechsel zwischen Radweg und Fahrfläche für Autos. Letztere ist oft noch glatter und elastischer, darauf läuft es sich noch besser. Eine glatte Oberfläche bietet Ihnen vor allem den Vorteil, dass Sie stets wissen, was Sie beim Auftreten und Abrollen des Fußes erwartet. Ihr Fuß muss auf der ebenen Fläche keine Ausgleichsbewegungen vollziehen. Sie können sich also mit dem geringsten Kraftaufwand fortbewegen. Asphalt ist außerdem ein vergleichsweise leiser Laufuntergrund, auf Beton oder Verbundstein ist das Aufprall- und Abrollgeräusch meist lauter. Ihre Füße patschen mehr, was das ungute Gefühl eines harten Untergrunds sogar noch verstärken kann. Asphalt ist angenehmer. Außerdem sind viele Laufschuhe für diesen Untergrund konzipiert und mit Sohlen ausgestattet, die besonders gut mit Asphalt harmonieren.

» ***Auf der Tartanbahn*** Der meistens dunkelrot gefärbte Stadionbelag fühlt sich weich und federnd an und lädt zum schnellen Laufen ein. Sie kommen sich darauf vor wie ein Sprinter. Für Laufanfänger kann das tückisch sein. Sehnen und Muskulatur werden ungewohnt belastet. Zusätzlich verursacht der vergleichsweise nachgiebige Untergrund Muskelvibrationen, die gewöhnungsbedürftig sind. Am Anfang sollten Sie nur einmal pro Woche auf der elastischen Bahn trainieren.

» ***Auf Bergwegen*** Wanderwege in den Mittelgebirgen und den Alpen sind ideal zum Laufen. Ständig unterschiedliche Untergrundbeschaffenheit sorgt für Abwechslung, die Ihr Bewegungsapparat mag. Achten Sie auf die geeigneten Schuhe, und der Bergweg ist Ihr Freund (siehe Kapitel 080, „Laufschuhe durchschauen").

SCHUHE BINDEN

Durch Ihre Laufschuhe werden Sie geerdet, durch offene Schnürsenkel gereizt. Nichts ist schlimmer, als deshalb anhalten zu müssen. Allein schon deshalb sollten Sie sich mit der geeigneten Schnürmethode auseinandersetzen, auch wenn es das letzte Mal im Kindergarten passiert ist, dass Sie zu diesem Thema eine Nachhilfelektion bekamen.

» ***Mit dem richtigen Senkel*** Eine gut sitzende und sich vor allem nicht von selbst lösende Schleife fängt mit der Wahl des geeigneten Schnürsenkels an. Sie können die Senkelformen in Spaghetti und Tagliatelle unterteilen. Als Läufer werden Sie ein inniges Verhältnis zu beiden Nudelsorten haben. Beim Kochen sind die flächigeren Tagliatelle immer dann von Vorteil, wenn die Nudel an sich mehr Soße binden soll. Und auch beim Senkel eignet sich die Tagliatelle-Form besser zum Schleifenbinden: Die abgeflachte Form bietet mehr Reibungsfläche als ein runder, spaghettiförmiger Senkel. Vielleicht kennen Sie die Problematik auch von Leder-Schnürsenkeln, die sich allzu leicht lösen. Kein Wunder, denn auch diese Senkel sind rund, und die glatte Oberflächenstruktur des Leders bietet dem Knoten innerhalb der Schleife nicht genügend Reibungswiderstand, um sie gegen den Druck des Fußes geschlossen zu halten. Die Senkel Ihrer Laufschuhe sollten besser rau sein und elastisch: Wenn Sie dann Knoten und Schleife richtig festziehen, werden sie sich kaum von selbst lösen.

» **Mit dem richtigen Zug** Binden Sie Ihre Schuhe nicht in Eile. Machen Sie das Schuheschnüren zu einem kleinen Ritual. Nehmen Sie sich einen Moment Zeit für sich und Ihre Füße. Kontrollieren Sie die gleichmäßige Länge beider Senkelenden. Ziehen Sie die Senkel an allen Ösen fest. Beginnen Sie vorne, oberhalb des Großzehengrundgelenks: Fassen Sie bei jedem Schuh mit linker und rechter Hand die Schnürsenkel an der Stelle, wo sie die Öse verlassen, ziehen Sie sie gleichmäßig sanft an. Der von der Schnürung ausgeübte Druck sollte über den gesamten Fußrücken gleich verteilt sein. Arbeiten Sie sich von einer Öse zur nächsten vor. Erst dann beginnen Sie mit dem Knoten.

» **Mit der nötigen Härte** Während des Laufens arbeitet Ihr Fuß, er bewegt sich, dehnt sich aus. Um ihn nicht zu deformieren, sollte der Schuh flexibel sein. Das wird durch elastische Schnürsenkel gewährleistet. Wenn die Senkel aber zu elastisch sind, haben Sie ein schwammiges Gefühl. Machen Sie den Test bei der Anprobe: Nehmen Sie einen Senkel in die Hand und ziehen Sie ihn auseinander. Er sollte dehnfähig sein, aber dabei auch einen Widerstand bieten.

» **Mit dem stabilsten Knoten** Es gibt zahlreiche Möglichkeiten, zwei Senkel miteinander fest zu verbinden. Die gewöhnliche Schleife hat sich bei Schuhen durchgesetzt, sie ist schnell und einfach zu binden und erfüllt in der Regel ihren Zweck. Sie beginnt mit dem aus beiden Senkeln gezogenen Knoten, über dem zwei Schlaufen gebildet werden, die wiederum miteinander verknotet werden. Die Frage ist nur: wie?

Altweiberknoten: Der erste Knoten ist in der gleichen Richtung gebunden wie die Verknotung der beiden Schlaufen. Das ist nicht optimal, die Schnürung kann sich leichter lösen.

Kreuzknoten: viel stabiler als der Altweiberknoten. Die Richtung der beiden Knoten ist hier entgegengesetzt. Sie nehmen den rechten Senkel in die rechte Hand, den linken in die linke. Ziehen Sie gleichmäßig und sanft an beiden Senkeln. Schlagen Sie die Senkel übereinander. Halt! Welcher Senkel liegt bei Ihnen vorn? Viele Läufer legen im ersten Schritt den linken Senkel über den rechten, führen ihn um den rechten Senkel herum und unter der Überkreuzung durch. Falsch! So beginnt der klassische Altweiberknoten. Führen Sie stattdessen den linken Senkel hinter den rechten, dann ziehen Sie ihn von vorne unter der Überkreuzung der Senkel hindurch und ziehen den Knoten fest. Über diesem ersten Knoten binden Sie die Schleife. Sie bilden mit dem rechten Senkel eine Schlaufe, führen den linken Senkel am unteren Ende der Schlaufe locker drumrum und ziehen ihn selbst als Schlaufe von hinten nach vorne unter dem vorne liegenden Teil des linken Senkels hindurch. Die entstehende Schlaufe ziehen Sie gleichzeitig mit der rechten Schlaufe fest – und zwar richtig fest, das ist entscheidend für einen guten Halt des Knotens. Bei dieser Reihenfolge liegt der erste Knoten nämlich in entgegengesetzter Richtung zur Schleife. Gegen den Druck des Schuhs, beziehungsweise Ihres Fußes zieht sich die Schleife so von selbst fest. Dass Sie es richtig gemacht haben, erkennen Sie daran, dass die Schlaufen der Senkel gleichmäßig nach links und rechts vom Schuh fallen – und nicht etwa nach oben und unten abstehen.

Ian-Knoten: erfunden und benannt nach Ian Fieggen, einem Australier, der irgendwann seinen Job gekündigt hat, um sich dem Schnürsenkel im Allgemeinen und der Schleife im Besonderen zu widmen. Sein Ian-Knoten, den er besonders für Sportschuhe empfiehlt, der aber zum Beispiel auch bei runden Lederschnürsenkeln gut hält, geht so: Sie beginnen ganz einfach wie bei Ihrer üblichen Schnürung und binden den Startknoten wie den Altweiberknoten. Dann fassen Sie jeweils einen Senkel mit rechter und linker Hand mit Daumen und Zeigefinger. Bilden Sie mit linkem und rechtem Band je eine Schlaufe. Auf der rechten Seite führen Sie das lose Ende des Senkels hinter die Schlaufe nach rechts, auf der linken Seite vor dem Senkel nach links. Legen Sie beide Schlaufen übereinander, so, dass sich die jeweils inneren Hälften der Schlaufen überlappen. Die

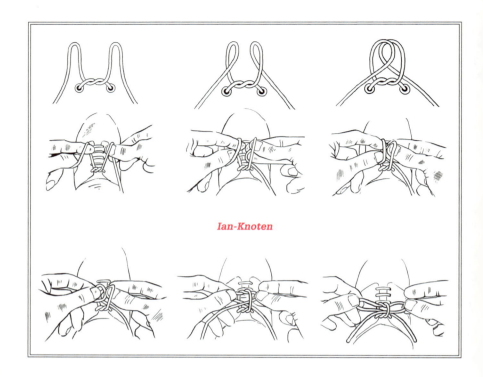

Ian-Knoten

linke Schlaufe liegt oben. Fassen Sie mit dem rechtem Daumen und Zeigefinger von hinten durch die rechte Schlaufe, um die linke Schlaufe zu ergreifen, während Sie mit Ihrem linken Daumen und Zeigefinger durch die linke Schlaufe hindurch die rechte Schlaufe greifen. Ziehen Sie beide Hände auseinander, die Schleife schließt sich, ziehen Sie sie ordentlich fest.

» **Mit geschützter Schleife** Durch äußere Einwirkungen kann sich Ihre Schleife schneller lösen. Etwa wenn Sie auf ein Ende des Senkels treten und die Schleife aufziehen. Um das zu vermeiden, sollten Sie die Enden der Senkel kürzer schnüren oder Sie unter die festgezogene Schnürung zwischen den Ösen stecken. Das empfiehlt sich auch beim Waldlauf, damit Sie mit der Schleife nicht im Geäst hängenblieben. Auch bei Regen oder Schnee lösen sich die Senkel leichter: Sie saugen etwas Wasser an, die Enden werden schwerer und ziehen die Schleife durch das Hin- und

Herschlackern bei jedem Schritt langsam auf. Noch schneller passiert dies, wenn sich kleine Eisklumpen an den Senkelenden bilden. Bei Winter- oder Trailschuhen gibt es bei einigen Modellen eine kleine Stoffflasche, eine Schnürungsgarage, unter der Sie die Schleife und die Senkelenden verstauen, dann kann nichts mehr passieren.

» **Mit schneller Reaktion** Sollte Ihr Schuh dennoch aufgehen, warten Sie nicht lange. Stoppen Sie sofort und lösen Sie das Problem. John Kagwe hielt bei seinem New-York-Marathon-Sieg 1997 deshalb sogar zweimal an, Kenenisa Bekele 2008 bei seinem Weltmeistertitel im Crosslauf ebenfalls. Usain Bolt siegte bei den Olympischen Spielen 2008 in Peking mit offener Schnürung. Ein schönes Bild gibt es auch von Bill Rodgers: Er lief beim Boston-Marathon 1975 alleine an der Spitze, kniete gemächlich nieder, legte sogar noch seine Handschuhe zum Schutz des Knies unter – band seinen Schuh und gewann. Insgesamt musste er seine Schuhe in diesem Rennen sogar zweimal binden.

088 — *SCHEIN WAHREN*

» **Schmutz verteilen** Das Profil Ihrer Laufschuhe hat einen wesentlichen Einfluss auf den Grad ihrer Verschmutzung. Ein grobes Außensohlenmuster, wie bei Trailrunning-Schuhen üblich, krallt sich regelrecht in den Schmutz und sammelt ihn zwischen den Rillen. Dadurch sorgen die grobsohligen Schuhe für besseren Vortrieb – schleudern den Dreck aber auch im hohen Bogen durch die Gegend, bis hoch an Ihren Rücken. Halten Sie Ihre Füße flach, laufen Sie mit kurzen Schritten, dann wirbeln Sie weniger Schmutz auf.

» **Schmutz vermeiden** Die einfachste Methode, Ihre Schuhe zu schonen, ist, einen weiten Bogen um alles zu machen, das sie beschmutzen könnte. Oder Sie laufen barfuß und halten Ihre Schuhe in der Hand. Oder Sie stülpen Plastiküberzieher über Ihre wertvollen Teile, wie es in Laboren gemacht wird, in denen alles steril sein muss. Auf keinen Fall sollten Sie an rustikalen Veranstaltungen wie dem Strongman Run am Nürburgring oder dem britischen Vorbild, dem Tough Guy Race, mitmachen. Bei diesen Hindernisrennen geht es unter anderem über Lehmhügel, durch Schlammlöcher, eisige Tümpel und alle anderen nur denkbaren Aggregatszustände von Dreck. Auch der jährlich stattfindende Nordseelauf, dessen Königsetappen durch das Watt führen, ist eher nichts für Freunde blitzblanken Schuhwerks *(siehe Kapitel 069, „Beine heben")*. Der Veranstalter warnt die Teilnehmer: Für die Wattpassagen rät er zu alten Modellen, die man hinterher wegwirft – kein Putzmittel der Welt hilft gegen den hartnäckigen, geruchsintensiven Schlick. Für extreme Antiseptiker gibt es dann noch die saubersten Laufstrecken der Welt:

Im Fitnessstudio: Sauberkeit gehört hier zum Service. Grobem Schmutz werden Sie auf dem Laufband nie begegnen, aber stauben kann es durchaus schon mal. Die Luftverwirbelungen, die durch die rotierenden Bänder entstehen, folgen jedoch einem sauberen Muster: Auf den äußeren Laufbändern einer Reihe staubt es am wenigsten, weil sich hier nicht so viel Schwebepartikel ansammeln können.

Im Haus: Ob sich draußen der Schneematsch türmt oder sich durch den Regen schmutzige Pfützen bilden – bei einem Indoor-Lauf müssen Sie sich keine Sorgen um Ihre Schuhe machen. Sie drehen Ihre Runden auf dem besenreinen Kunststoffbelag einer Turnhalle, auf dem gekachelten Untergrund eines Einkaufszentrums oder sogar auf dem pflegeleichten, grauen Teppich eines Bürokomplexes. Indoor-Rennen gibt es so gut wie überall und über sämtliche Distanzen: zum Beispiel einen Marathon über die Flure des TÜV Rheinland LGA in Nürnberg, einen Zwölf-Stunden-Lauf in einer Turnhalle in Fürth oder fünf Kilometer in einem Einkaufszentrum in Linz. Nicht zu verwechseln mit dem Indoor-Trailrun in der Dortmunder Westfalenhalle. Da wird extra Schmutz zu Hindernissen aufgehäuft, auch wenn ein Dach darüber ist.

Im Parkhaus: Fahren Sie bequem zum Start, Sie finden garantiert einen schönen Parkplatz. Laufen Sie direkt vom Auto aus los, kombinieren Sie dabei nach Belieben Steigungen, Abwärtspassagen und Krafttraining auf den Treppen – alle Ebenen des Parkhauses gehören Ihnen. Ein trockener, sauberer Spaß. Denken Sie aber an die Ölflecken am Boden. Organisierte Parkhausläufe gibt es unter anderem in Hamm, Dresden und Mülheim an der Ruhr.

Im Treppenhaus: Hier ist es nicht nur sauber, sondern auch das ganze Jahr über hell und warm. Selbst im Winter können Sie in kurzer Hose und Kurzarmshirt trainieren. Wenn Sie zum Beispiel beruflich bedingt viel reisen, sind Hotel-Treppenhäuser die sauberste Lösung für unkomplizierte Laufrunden in fremden, schmutzig-grauen Städten. Da die anderen Gäste naturgemäß fauler sind als Sie und garantiert den Aufzug nehmen, wird Sie beim Stufensprint kaum jemand stören. Der Trainingseffekt ist enorm, insbesondere für die Kräftigung Ihrer Muskeln. Nur die Luft ist meist abgestanden und staubig. Dafür gibt es in vielen Häusern sogar einen Bürstenautomat zum Aufpolieren Ihrer Laufschuhe *(siehe Kapitel 012, „Aussicht genießen")*.

Zu Hause: Falls Sie reich sind, üben Sie kurze Steigerungsläufe in Ihrem 150-Quadratmeter-Loft. Falls Sie arm sind und wenig Platz haben, imitieren Sie Laufbewegungen auf der Stelle. Wenn Ihre Wohnung hellhörig ist, legen Sie zur Geräuschdämpfung ein Kissen unter. Vor dem Fernseher macht das Ganze noch mehr Spaß.

In Singapur: Der Spitzname der Metropole, „fine city", lässt sich mit „schön" genauso wie mit „Geldstrafe" übersetzen. Spucken, urinieren, Zigarettenkippen auf den Gehweg werfen – alles streng verboten. Überall stehen Verbotsschilder, auf denen Sie nachlesen können, wie viele hundert Singapur-Dollar die Verstöße kosten. Putzkolonnen durchkämmen die Straßen und sorgen dafür, dass Ihre Laufstrecke sauber bleibt.

Im Bachbett: Wenn Sie an einem Fluss oder Bach entlang laufen, absolvieren Sie ein paar Meter im flachen Wasser. Eine bessere natürliche Waschanlage für Schuhe gibt es nicht.

Im Schwimmbad: Gehen Sie ins Hallenbad. Machen Sie Aquajogging. Sie schweben im Becken, imitieren Laufbewegungen und erhalten dabei Auftrieb von einer speziellen Weste, von einer Schaumstoffnudel oder von sonst einer Schwimmhilfe, die Sie beim Bademeister ausleihen können. Ihre Laufschuhe behalten dabei garantiert ihren ursprünglichen Glanz, denn Sie tragen sie überhaupt nicht. Das Chlor im Wasser sorgt darüber hinaus für absolute Keimfreiheit *(siehe Kapitel 069, „Beine heben")*.

» **Schmutz vertreiben** Sie können stolz sein auf Schuhe, die von den Anstrengungen vergangener Läufe gezeichnet sind. Beiläufig eingestreute Sprüche wie „Ah, da klebt doch tatsächlich noch Erde vom letzten Transalpine Run dran" machen sich gut bei jedem Lauftreff. Andererseits müssen Sie ja nicht unbedingt ein halbes Kilo Lehm an den Sohlen mit sich herumschleppen. Außerdem macht Schmutz Ihre Schuhe mit der Zeit spröde und lässt sie schneller verschleißen.

Hand anlegen: Stecken Sie Ihre Laufschuhe niemals in die Waschmaschine. Form und Farbe der Schuhe leiden unter der Kombination aus Wasser, Hitze und Waschpulver. Klebstoffe, die halbwegs umweltverträglich sind, verlieren schon ab 30 Grad Celsius Ihre Bindekraft. Das heißt, Ihr Schuh geht buchstäblich aus dem Leim und fällt auseinander. *Auseinandernehmen:* Ziehen Sie die Einlegesohle nach dem Laufen aus den Schuhen. Waschen Sie die Sohle separat mit milder Seife unter dem Wasserhahn. Zum Trocknen lassen Sie sie draußen, dann lüftet der Schuh besser durch. Auch die Schnürsenkel können Sie herausziehen und mit Seife unterm Wasserhahn auswaschen. *Bürsten:* Groben Schmutz entfernen Sie mit warmem Wasser und sanfter Neutralseife, mit den Händen, einer kleinen Bürste oder einem Tuch. Verzichten Sie auf aggressive Chemikalien oder Putzmittel. Die greifen das Material stark an. *Trocknen:* Stellen Sie Ihre Schuhe zum Trocknen auf den Balkon oder ins Freie, jedenfalls an einen gut belüfteten Ort – und nicht an eine Heizung, denn durch Hitze können sie sich verformen. Stopfen Sie Zeitungs- oder Küchenpapier hinein, das saugt die Feuchtigkeit heraus. Gönnen Sie Ihren Laufschuhen ruhig mal eine Pause und benutzen Sie ein anderes Paar, solange das eine trocknet. *Nicht imprägnieren:* sonst geht die Atmungsaktivität der Materialien verloren. Ein Schuhdeo-Spray kann dagegen nicht schaden, es bekämpft unangenehme Gerüche. *Luftig lagern:* Lassen Sie Ihre Schuhe auch nach dem Trocknen an einem gut durchlüfteten Ort stehen. Stecken Sie sie nicht in eine geschlossene Kiste.

(089) *EINLAGEN HERAUSNEHMEN*

Tagtäglich sperren Sie Ihre Füße in lederne Zwangsjacken, Schuhe genannt, welche die Zehen quetschen, das Fußgewölbe einengen und die Muskulatur mit der Zeit verkümmern lassen. Wenn Sie Ihren Füßen dann eine ungewohnte Belastung zumuten, beispielsweise einen längeren Lauf, gehen Sie rasch zu weit und bekommen eventuell Beschwerden. Orthopäden raten dann meist zu Einlagen. Das kann eine richtige Maßnahme sein, muss aber nicht unbedingt.

» **Fehlstellungen korrigieren** Einlagen brauchen Sie nur, wenn Sie eine Fußfehlstellung haben, die sich schmerzhaft auf Fuß, Knie oder Hüfte auswirkt. Darüber muss grundsätzlich der Arzt entscheiden. Orthopäden sprechen dann gerne von der „Einlagenversorgung" – ein Wort, so sperrig wie die Dinger selbst. Die Erfahrung zeigt, dass Ärzte viel zu schnell dazu neigen, Ihnen etwas unterzuschieben. Einlagen unterstützen und führen Ihren Fuß zwar, aber die Ursache Ihrer Probleme bleibt.

» **Ohne probieren** Tragen Sie Einlagen in den Schuhen, und das schon seit Jahren, dann wird es Zeit, es auch mal wieder ohne zu probieren. Nicht immer, aber immer öfter. Wenn Sie eine Einlage brauchen, bedeutet das noch lange nicht, dass Sie diese immer, ein Leben lang und in jeden Laufschuh einsetzen müssen. Nehmen Sie die Einlagen einfach mal heraus. An einem Tag, an dem Sie wenig laufen. Spüren Sie keine negativen Folgen, dann nehmen Sie die Einlagen in den folgenden sechs Wochen jeden dritten Lauftag heraus. Wenn Ihnen auch das keine Probleme macht, lassen Sie die Einlagen jeden zweiten Lauftag weg. Vielleicht können Sie am Ende sogar ganz darauf verzichten.

» **Füße trainieren** Simple Übungen, die Sie in den Alltag integrieren können, sind sehr wirkungsvoll für die Fußkräftigung und machen Einlagen eventuell überflüssig. Außerdem kosten sie nicht viel Zeit.

Die tägliche Grundübung: Stehen Sie regelmäßig mehrmals am Tag, zum Beispiel beim Abwasch oder Zähneputzen, auf den Zehenspitzen und lassen Sie erst die eine, dann die andere Ferse zehnmal nach links und zehnmal nach rechts kreisen, ohne dass Sie die Fersen dabei aufsetzen. *Fünf Übungen zur Stärkung des Fußgewölbes:* je Übung zehn Wiederholungen, zweimal wöchentlich. **Bleistift rollen:** Legen Sie einen Bleistift unter Ihren Fuß. Rollen Sie darauf mit der Fußsohle von der Ferse bis zu den Zehen hin und her. Wechseln Sie die Füße mehrmals ab. **Bleistift greifen:** Versuchen Sie, den Bleistift mit den Zehen zu greifen. Heben Sie ihn ein wenig vom Boden auf. Das ist gar nicht so leicht. **Ball rollen:** Legen Sie sich einen kleinen Ball unter die Füße. Schieben Sie den Ball von den Zehen bis zur Ferse. Seien Sie dabei mit dem Fuß aktiv, rollen Sie nicht nur einfach mit ihm drüber. Von der Ferse rollen Sie den Ball wieder nach vorn zu den Zehen. **Ball heben:** Setzen Sie sich auf einen Stuhl und nehmen Sie die Füße vom Boden hoch. Nehmen Sie den

Ball zwischen die Füße. Klemmen Sie ihn kräftig zwischen den Fußballen ein. **Handtuch zerknüllen:** Versuchen Sie, ein Handtuch mit den Zehen zu zerknüllen. Am Anfang ist ein dünnes Geschirrhandtuch einfacher. Durch ständiges Anziehen der Zehen bringen Sie das Handtuch langsam unter Ihre Füße. **Zum Abschluss:** Schütteln Sie Ihre Beine aus und massieren Sie Ihre Füße mit den Händen.

» Leder meiden Bringen alle Fußübungen nichts und müssen Sie Einlagen tragen, dann nutzen Sie langsohlige Modelle. Halbe Einlagen für Rück- und Mittelfuß würden beim Laufen verrutschen und zu Druckstellen und Blasen führen. Zum Einpassen der Einlagen müssen Sie zunächst das Fußbett des Laufschuhs herausnehmen, sonst würden Einlagen und Füße auf der instabilen Schaumstoffbettung schwimmen. Außerdem wäre der Schuh zu eng. In Konfektionsschuhen werden Einlagen aus Kork und Leder benutzt, in Sportschuhen leichte Kunststoffeinlagen, die in Schalenbauweise gefertigt werden. Für besonders stabile Sporteinlagen, zum Beispiel beim Knickfuß notwendig, wird als Gerüst sehr harter Kunststoff eingesetzt. Sollen die Einlagen flexibel sein und auch dämpfen, wird in der Regel Ethylenvinylacetat (EVA) benutzt, das gleiche Material wie in den Zwischensohlen der meisten Laufschuhe. Die Oberfläche der Einlagen muss mit einem hautfreundlichen, strapazierfähigen und abwaschbaren Material überzogen sein. Orthopäden sagen, dass es sinnvoll sei, alle zwei bis drei Jahre neue Einlagen anzupassen.

» Selber basteln Theoretisch könnten Sie es wie der finnische Lauftrainer Lauri Pihkala in den fünfziger Jahren machen. Der schnitzte für seine Weltklasseathleten Hannes Kolehmainen und Paavo Nurmi Einlagen aus Birkenholz. Aber das war nur ein missglücktes Experiment. Die Athleten hatten von den Holzeinlagen Blut im Schuh, so schlecht saßen diese. Selber basteln können Sie sich höchstens Einlagen, die den Fußaufsatz dämpfen, zum Beispiel mit einem Zuschnitt aus Moosgummi nach Ihrem Fußabdruck, aber auch da sollten Sie sich eher auf die Dämpfungskeile verlassen, die es im Lauffachgeschäft zu kaufen gibt. Einlagen müssen einfach sehr exakt auf Ihre Füße abgestimmt werden. Dazu gibt es computergestützte Messverfahren, die Ihren persönlichen Schnitzkünsten weit überlegen sein dürften.

ACHILLES BESIEGEN

Die Achillessehne ist die Achillesferse des Läufers. Nur das Knie ist noch anfälliger für Verletzungen. Die Schmerzen an der Sehne sind entzündungsbedingt, die Entzündung ist belastungsbedingt. Ursache ist fast immer eine verkürzte Wadenmuskulatur. Diese soll eigentlich die Stöße abfangen, die Sie beim Laufen abkriegen. Die Achillessehne selbst ist dazu nicht dehnfähig genug. Ist die Wadenmuskulatur verkürzt, erhöht sich die Vorspannung der Achillessehne. Dadurch können Sie Belastungen nicht mehr gut abfedern. Chronische Schmerzen sind die Folge. Aber es gibt Gegenmittel.

» ***Beschwerden vorbeugen*** Die Achillessehne setzt an der Ferse an und leitet die Kraft der Wadenmuskulatur an Ihren Fuß weiter. Sie ist eine der am stärksten belasteten knöchernen Regionen des Körpers. Je elastischer und kräftiger Ihre Wadenmuskulatur, desto weniger Zug liegt auf der Sehne. Um Achillessehnenverletzungen vorzubeugen, sollten Sie also Ihre Muskulatur geschmeidig halten.

Mit Dehnung: Am besten machen Sie zur Vorbeugung täglich eine einfache Dehnübung. Die simpelste: Stellen Sie sich mit durchgedrückten Knien auf eine Stufe, eine Leiter oder Bank. Dabei liegt das Körpergewicht zunächst auf den Fußballen. Die Fersen stehen über die Kante hinaus. Dann senken Sie die Fersen etwa 15 bis 20 Sekunden lang, zehn- bis hundertmal. Sie können die Intensität der Übung steigern, indem Sie abwechselnd nur jeweils eine Ferse senken. *Mit Kräftigung:* Gehen Sie in dieselbe Ausgangsstellung wie bei der vorherigen Dehnübung. Anstatt die Fersen zu senken, drücken Sie sich in den Zehenspitzenstand. Wiederholen Sie zehn- bis 40-mal. *Mit Training:* Wärmen Sie sich vor jedem schnellen, explosiven Lauftraining auf. Dehnen Sie die Sehne vor und achten Sie darauf, dass Sie Ihre Trainingsumfänge nicht sprunghaft steigern. Auch Bergaufläufe belasten die Achillessehne erheblich. *Mit Schuhen:* Vielleicht tragen Sie zu steife Schuhe, die eine Verdrehung der Sehne erzwingen. Oder Schuhe mit ungünstig platzierter Fersenkappe. Oder Sie haben eine starke Überpronation, knicken also mit dem Fuß übermäßig nach innen ein. Durch Schuhe mit guter Fußführung oder spezielle Einlagen können Sie das übermäßige Pronieren verhindern. Benutzen Sie im akuten Stadium der Beschwerden Ferseneinlagen für die Schuhe, etwa fünf bis sieben Millimeter stark.

» **Beschwerden ertragen** Achillessehnenbeschwerden äußern sich durch einen diffusen oder hin und wieder stechenden Schmerz oder auch durch Schmerzen bei Druck auf verschiedene Stellen der Wade, vor allem in Fersennähe. Die Beweglichkeit Ihres Sprunggelenks ist eingeschränkt, der schmerzhafte Bereich gerötet und heiß. Werden die Schmerzen chronisch, können Sie eine Knotenbildung durch vernarbtes Gewebe ertasten, das bei Dehnung gegen die Sehne reibt.

Nach dem Training: Treten Sie beim Laufen unbedingt kürzer oder pausieren Sie ein paar Tage ganz. Sind die Schmerzen nur leicht spürbar, etwa als Ziehen beim Laufen oder erst danach, dann sollten Sie die betroffene Stelle sofort 15 bis 20 Minuten lang kühlen. Unter Umständen hilft Ihnen auch eine Selbstmassage direkt nach dem Training. Tragen Sie tagsüber eine wärmende Sprunggelenks-Manschette, um die Durchblutung zu verbessern. Dehnen Sie die Wadenmuskulatur vorsichtig, aber nicht in schmerzendem Zustand. Leichte Sprungübungen sollten Ihnen problemlos möglich sein, bevor Sie wieder anfangen zu laufen. *In der Ruhepause:* Dehnen Sie Ihre Wadenmuskulatur. Das ist auch mit entzündeter Sehne möglich. Nehmen Sie ein Dehnbrett zu Hilfe, so wirkt die Gymnastik am besten. Übungsvorbereitung: Besorgen Sie sich ein stabiles Brett, das etwa 30 auf 30 cm misst. Nehmen Sie ein dickes Buch, zum Beispiel ein Telefonbuch, und legen Sie es 20 Zentimeter von einer Wand entfernt auf den Boden. Legen Sie nun das Brett mit einer Seite auf das Buch, die andere liegt direkt an der Wand, so dass von der Wand zum Buch eine schiefe Ebene entsteht. Übung: Stellen Sie sich mit aufgewärmter und leicht vorgedehnter Muskulatur auf das Brett. Drücken Sie Gesäß, Rücken, Schultern und Kopf fest an die Wand. Den Anstellwinkel des Bretts sollten Sie so wählen, dass Ihre Fersen das Brett gerade noch berühren. Den Winkel können Sie durch das Unterlegen von weiteren

Gegenständen, zum Beispiel Zeitschriften, beliebig verändern. Beginnen Sie mit zwei Minuten Dehnung pro Tag und steigern Sie die Dauer der Dehnung nach zwei Tagen täglich um jeweils eine Minute. Beugen Sie in den letzten 20 Sekunden den Rumpf nach vorne, die Knie bleiben durchgedrückt – dies erhöht den Effekt der Dehnung erheblich. **Nach der Ruhepause:** In der Regel benötigt Ihre angeschlagene Achillessehne sechs bis acht Wochen, bis sie wieder belastbar ist. Aber hier sind die individuellen Unterschiede groß. Stellt sich nach zwei Wochen Selbstbehandlung keine Besserung ein, gehen Sie zum Arzt.

091 — NÄGEL PFLEGEN

Wenn Sie einen Aufkleber abkratzen wollen, einen Pickel ausquetschen oder einen Fussel von der Kleidung zupfen, benutzen Sie Ihre Fingernägel. Die praktischen Hornplättchen machen aus Ihren Händen präzise Werkzeuge und schützen die Fingerkuppen – nicht anders, als das bei tierischen Klauen oder Hufen der Fall ist. Aber wozu sind Fußnägel gut, außer dass sie bei langen Läufen schwarz werden oder sogar abfallen? Darauf weiß niemand eine vernünftige Antwort. Aber da Sie die Dinger nun mal haben, passen Sie lieber gut auf sie auf.

» **Platz lassen** Blaue bis schwarze Verfärbungen der Zehennägel kommen in der Regel von zu engen Schuhen oder vom Bergablaufen – jedenfalls davon, dass Sie mit den Zehen im Schuh ständig anstoßen. Selbst wenn die Schuhe eigentlich passen und Sie überhaupt keinen Schmerz spüren, stoßen die Zehen ans Obermaterial. Das kann mit der Zeit zu einer Prellung oder einem Bluterguss unter dem Zehennagel führen. Da sich das Fußgewölbe im Laufe des Tages oder bei einem langen Lauf senkt und die Füße bei Hitze anschwellen, sollten Ihre Laufschuhe ohnehin eine halbe bis eine Nummer größer sein als Ihre gewöhnlichen Schuhe. Eine Daumenbreite mehr sollten Ihre Zehen auf jeden Fall Platz haben. Falls Sie bei einem mehrtägigen Ultralauf merken, dass Ihre Nägel abfallen, schneiden Sie die Zehenbox Ihrer Schuhe auf und verschaffen Ihren Füßen Luft.

» **Schneiden** Ihre Zehennägel sollten nicht zu lang sein, sonst stoßen Sie zu sehr mit ihnen an. Aber sie sollten auch nicht zu kurz sein, sonst besteht die Gefahr, dass sie einwachsen, sich entzünden und heftig schmerzen. Schneiden Sie die Nägel gerade, also nicht so gebogen wie Fingernägel, insbesondere an der großen Zehe. Nach dem Duschen sind Ihre Nägel weich und lassen sich besonders leicht kürzen. Feilen Sie die Ecken rund.

» **Auswachsen lassen** Zehennägel wachsen etwa einen halben bis einen Millimeter pro Woche. Der schwarze Nagel wächst sich also von selbst aus, wenn Sie ihn nicht mehr belasten oder größere Schuhe tragen – aber es dauert ein paar Monate. Das Auswachsen tut normalerweise nicht weh. Falls doch, gehen Sie zum Arzt. Der bohrt dann zum Beispiel ein kleines Loch in die Nagelplatte, damit Blut aus der Schwellung abfließen kann. Wenn Sie Ihre Zehen nicht schonen, sondern weiter prellen, fällt der Nagel ab. Sie spüren ihn als Fremdkörper in Ihrer Socke.

» **Abfallen lassen** Wenn sich der Nagel langsam löst, bildet sich unter ihm bereits ein neuer nach. Diesem sollten Sie Zeit zum Wachsen lassen. Behalten Sie den abfallenden Nagel deshalb so lange wie möglich zum Schutz des neuen, ziehen Sie ihn nicht ab. Sonst haben Sie eine offene, leicht entzündliche Wunde. Schneiden Sie bereits abstehende Teile des alten Nagels vorsichtig weg. Kleben Sie ihn beim Laufen mit einem Pflaster ab, damit er nicht an der Socke hängenbleibt. Waschen Sie Ihre Füße regelmäßig, trocknen Sie sie danach gründlich ab und tragen Sie stets frische Socken, damit sich kein Fußpilz bilden kann. Falls Sie eine Entzündung bemerken, gehen Sie sofort zum Arzt.

» **Entfernen lassen** Falls sich der Nagel entzündet, müssen Sie sich vielleicht gleich von ihm trennen. Es gibt Salben, die den Zehennagel so weich machen, dass Sie ihn abkratzen können. Der Wirkstoff ist jedoch derart aggressiv, dass Sie die umliegende Haut beim Auftragen der Salbe schützen müssen. In der Regel wird ein kranker Nagel operativ entfernt: Nach der lokalen Betäubung hebt der Arzt den Nagel oder einen Teil von ihm aus dem Nagelbett heraus. Entzündete Stellen schabt er aus. In besonders schweren Fällen, wenn der Nagel irreparabel geschädigt und das Nagelbett chronisch entzündet ist, wird die Nagelwurzel teils oder ganz verödet, dann wächst der Nagel nicht mehr nach.

» **Falls Sie in einen rostigen Nagel treten** Ziehen Sie ihn nicht heraus. Zwar ist die Gefahr, durch eine Fußwunde zu verbluten, geringer als bei einer Verletzung anderer Körperstellen, weil die größeren Blutgefäße der Fußsohle durch eine dicke Gewebeschicht geschützt sind. Trotzdem kann es auch hier zu weiteren Verletzungen kommen, falls Sie den Nagel entfernen – vor allem, wenn er glatt durch den Fuß gegangen ist. Rettungssanitäter lassen grundsätzlich alles, was im Körper steckt, bei der Erstversorgung stecken – egal ob Nagel, Messer oder Pfeil. Sie desinfizieren die Wunde und verbinden sie mitsamt dem Fremdkörper, den Rest erledigen die Fachleute im Krankenhaus. Die große Gefahr bei einem rostigen Nagel ist eine Infektion durch Tetanus-Bakterien, die sich höchstwahrscheinlich auf dem Nagel befinden. Ob rostig oder nagelneu spielt dabei keine Rolle, die Bakterien sind nahezu überall. Tetanus, auch Wundstarrkrampf genannt, ist eine oft tödlich verlaufende Erkrankung der Nervenzellen. Gehen Sie auf jeden Fall zum Arzt, der gibt Ihnen zur Not eine Tetanus-Spritze oder Antibiotika.

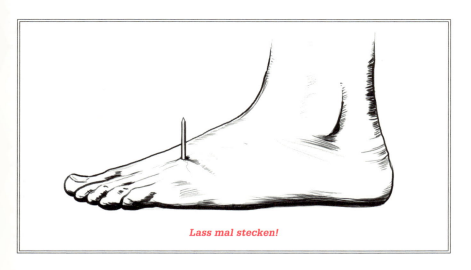

Lass mal stecken!

092 — EINEN MARATHON IN FLIP-FLOPS LAUFEN

Vielleicht wird um Laufschuhe auch zu viel Theater gemacht. Während sich die halbe Welt den Kopf zerbricht, welche Schuhe die besten sind, läuft die andere Hälfte barfuß oder in Flip-Flops herum. Am Vortag des Tahiti-Marathons auf der Südsee-Insel Moorea gibt es einen Schülerlauf, bei dem die meisten Kinder ohne Schuhe am Start sind, viele auch in Badelatschen. Der Flip-Flop-Importeur Christophe Barret lief 2008 zu Werbezwecken die gesamte Strecke des Tahiti-Marathons in Zehentretern. Klimatisch hatte er kein Problem, in der schwülen Hitze war ihm jeder Luftzug willkommen. Aber einfach ist so ein Lauf keineswegs.

» **Hornhaut bilden** Der Zehensteg zwischen großer und zweiter Zehe ist der einzige Punkt, an dem das minimalistische Schuhwerk an Ihren Füßen hängt. Die Haut zwischen Ihren Zehen muss sich erst einmal daran gewöhnen. Der Nippel sollte nicht zu lang sein, und der von ihm ausgehende Riemen über Ihre Zehen sollte eng sitzen. Ob die Latschen aus Gummi oder Stoff sind spielt dagegen keine Rolle.

» **An die Latschen gewöhnen** Christophe Barret rät: Gehen Sie mindestens ein Jahr lang vor dem Marathon nur noch in Flip-Flops aus dem Haus. Gewöhnungsbedürftig ist vor allem die fehlende Sprengung – im Fachjargon wird so der flache, barfußgleiche Stand in Flip-Flops bezeichnet. Ihr Ballen und Ihre Ferse sind auf einer Ebene. Ihre Ferse wird nicht durch einen Absatz erhöht, im Gegensatz zu den meisten Laufschuhen, wo mindestens vier Millimeter, meist aber acht oder mehr Millimeter Sprengung üblich sind.

» **In Form bleiben** Laufen Sie verschiedene Formen und Versionen der Schlappen Probe. Sie müssen Ihre Marathon-Flip-Flops gut einlaufen und auch bei längeren Läufen über zwei Stunden hinaus bereits im Training testen. Die Latschen sollten nicht zu groß sein, trotzdem müssen Ihre Füße stets sicher darauf landen können und dürfen nicht seitlich abrutschen. Die Form der Flip-Flops sollte möglichst genau mit ihren Füßen übereinstimmen. Vor allem der Abschluss vorne an dem Gummilatschen, am so genannten Zehenwinkel, sollte mit dem Winkel Ihrer Zehen parallel verlaufen.

» **Flip-Flops maßfertigen lassen** Es gibt Hersteller, bei denen Sie sich Ihre Flip-Flops individuell auf den Leib schneidern lassen können. Dazu hinterlassen Sie einen Fußabdruck in einem weichen, verformbaren Schaumstoffkissen, der Footprint-Box. Daraufhin werden Ihnen innerhalb von etwa vier Wochen Flip-Flops maßgefertigt. Ab etwa 110 Euro sind Sie dabei – teuer für einen Flip-Flop, günstig für einen Maßschuh.

(093) ALBERN LAUFEN

Sie pendeln beim Laufen nicht zufällig besonders auffällig mit den Armen? Schlackern Sie auch nicht mit den Füßen? Kein Stampfen, Staksen? Gar nichts? So haben Sie keine Chance, jemals einen Termin beim „Ministry of Silly Walks" zu bekommen, dem „Ministerium für alberne Fortbewegung". Falls Sie das noch nicht kennen, sollten Sie sich unbedingt den gleichnamigen Sketch der Künstlergruppe Monty Python aus dem Jahr 1970 anschauen. Darin kommt der Hauptdarsteller John Cleese besonders bescheuert daher: Bein hoch im Storchenschritt, drei Schritte vor, einen zurück, einmal drehen. Anregungen zu „silly runs" gibt es aber auch im richtigen Leben. Marathon-Weltrekordlerin Paula Radcliffe ist mit hochgezogenen Schultern und wildem Kopfnicken ganz vorne dabei. Noch besser sind die Vorschläge mancher Laufgurus.

» **Die Vorfußtechnik** Bei der Vorfußtechnik erfolgt der erste Bodenkontakt beim Laufen über die Fußballen und Zehen. Falls Ihnen das schwerfällt, stellen Sie sich einfach vor, Sie seien mit Ihren feinsten Lackschuhen auf dem Weg zur Oper und müssten um Schlammpfützen herumhüpfen. Sie brauchen einen leichten, tänzelnden Schritt mit kurzen Bodenkontakten. Zwingen Sie sich dazu, auch wenn Sie ein Fersenläufer sind. Beim Sprinten wird jeder Läufer zum Vorfußläufer, denn da erfolgt der komplette Bodenkontakt immer über den vorderen Fußbereich. Der Fußaufsatz liegt direkt unterhalb des Körperschwerpunktes, was zum Beispiel laut Matthias Marquardt und seiner „Natural-Running"-Methode *(siehe Kapitel 017, „Erleuchtung finden")* einen Vorteil darstellen soll. „Das Fußgewölbe fängt den Aufprall auf natürliche Weise ab. Bei diesem Laufstil geht kaum Energie für die Vorwärtsbewegung verloren", behauptet der Arzt und selbsternannte Laufguru. In der Praxis tun sich Läufer mit der Umstellung allerdings schwer, denn die Belastung der Wadenmuskulatur und der Achillessehne ist dabei hoch. Eine komplette Umstellung kann einige Zeit dauern. Außerdem ist der Vorfußlauf nicht für lange Strecken wie einen Marathon geeignet. Klassische Vorfußläufer wie der ehemalige Marathon-Weltrekordler Haile Gebrselassie haben für den Marathon extra auf den Mittel- beziehungsweise Fersenlauf umgestellt. Wie langweilig.

» **Die Pose-Methode** Lassen Sie sich beim Laufen kontrolliert nach vorne fallen und ziehen Sie die Füße nach jedem Aufsatz schnell wieder vom Boden weg. Das Wichtigste: Sie laufen leicht vornübergebeugt, der Fußaufsatz erfolgt direkt unter dem Körperschwerpunkt. Erhöhen Sie die Schrittfrequenz gegenüber dem normalen Laufschritt. Ihre Vorbilder sind die Orks, die fiesen Monster aus „Der Herr der Ringe". Die sind mit ihrem plumpen Geschlurfe auch noch furchtbar schnell. Der Vorteil der Lauftechnik des russischen Arztes Nicholas Romanov: weniger Muskelaktivität und verringerte Aufprallkräfte. Ein hohes Lauftempo und ein raumgreifender Schritt sind allerdings unmöglich. Sinnvoll ist diese Methode höchstens für Astronauten, die sich nach ein paar Wochen im All wieder an die Erdanziehungskraft gewöhnen müssen. Oder für Läufer, die sonst wie Kängurus mit überzogenem Kniehub durch die Gegend hüpfen und lernen wollen, wie sie sparsamer mit ihrer Energie umgehen können.

» **Die Alexander-Technik** Die Alexander-Technik ist nach ihrem Erfinder Frederick Matthias Alexander benannt, einem australischen Schauspieler. Sie ist keine reine Laufmethode, sondern dient der Verbesserung der Körperhaltung. Sie müssen sehr aufrecht laufen, Ihre Schultern sind entspannt. Während die Beine normal nach vorne ausgreifen, ist die Bewegung des Oberkörpers eine bewusst vertikale. Gerade so, als ob Sie nicht nur einen Kleiderbügel verschluckt, sondern mit ihrer Jacke den gesamten Kleiderständer angezogen hätten. Unterstützt wird das aufrechte Laufen dadurch, dass Sie Ihre Fersen so hoch wie möglich in Richtung Gesäß ziehen und den Kopf gerade halten. Sollte der Blick normalerweise beim Laufen fünf bis zehn Meter voraus auf den Boden gerichtet sein, empfehlen die Alexander-Jünger 30 bis 40 m. Anzuraten ist die Technik vor allem Soldaten, die eine aufrechte Körperhaltung mit durchgedrücktem Rücken gewohnt sind, außerdem buckligen Lastenträgern, die Ihre Defizite ausgleichen müssen. Und natürlich Sightjoggern, die den Blick bewusst in die Ferne schweifen lassen.

» **Der Rückwärtslauf** Die Deutschen sind Weltmeister im Rückwärtslaufen: Thomas Dold und Achim Aretz setzen mit dieser Lauftechnik Maßstäbe, sie sind die Weltrekordler auf nahezu allen Laufdistanzen von 400 Meter (Thomas Dold, 1:09,56 Minuten) bis Marathon (Achim Aretz, 3:42,41 Stunden). So können Sie den beiden nacheifern: Drücken Sie Ihren Fuß über den Vorfuß ab. Danach ziehen Sie wie beim Vorwärtslaufen den Unterschenkel zu einem 90-Grad-Winkel an, führen das komplette Bein nach hinten und setzen auch wieder mit dem Vorfuß auf. Achten Sie auf eine gute Beckenstreckung und einen aktiven Armeinsatz. Die Armführung ist vor allem im Rückwärtsschwung bewusst aktiv. Wenn Sie sich als Insider beweisen wollen, wählen Sie eine Profi-Technik: Winkeln Sie das Bein nicht an, sondern lassen Sie es steif und führen Sie es mit einer leichten Bogenbewegung nach hinten. Das sieht etwas eierig aus, weil die Bewegung aus dem Hüftgelenk erfolgt, aber es bringt Sie erstaunlich schnell vorwärts, beziehungsweise rückwärts. Das Rückwärtslaufen ist anstrengender als das Vorwärtslaufen. Sie setzen mehr Kalorien um. Außerdem werden beim Rückwärtslaufen Muskeln trainiert, die beim Vorwärtsstil vernachlässigt werden, was positive Auswirkungen auf Ihre Laufform hat, egal, ob Sie ein echter Rückwärtsläufer werden wollen oder nicht. Einziges Problem: Das Rückwärtslaufen sorgt für schräge Blicke, das müssen Sie mögen. Andererseits haben es Spötter schwer, hinter Ihrem Rücken zu tuscheln, denn Sie drehen ihn ja weg. Falls Sie einen Ultra-Rückwärtslaufrekord anstreben, müssen Sie sich etwas ganz Besonderes einfallen lassen. Eine USA-Durchquerung hat schon vor Ihnen jemand geschafft: Der Inder Arvind Pandya lief in 107 Tagen rückwärts von Los Angeles nach New York *(siehe Kapitel 012, „Aussicht genießen")*.

094 FÜSSE HOCHLEGEN

Falls Sie laufen, um viel Geld zu verdienen und später mal die Füße hochlegen zu können, sparen Sie sich die Mühe und schulen Sie lieber gleich auf Fußballprofi oder Formel-1-Fahrer um. Über das Gehaltsniveau eines Zweitliga-Kickers kommen Sie als Läufer kaum hinaus. Und dafür müssen Sie schon ganz vorne mitlaufen können.

» Mit Gagen Wenn Sie zu den Topstars der Szene gehören, brauchen Sie ein gutes Selbstmanagement. Sie verdienen nicht alleine durch Ihre Siegprämien, sondern auch durch Ihr Auftreten und Ihren Werbeeffekt. Sie sollten sich als Gesamtpaket in eine gute Mischung bringen und sich zur Marke machen, wie es im Sportmarketing heißt. Dann können Sie auf verschiedene Arten Geld einnehmen:

Antrittsgelder: Sie verdienen schon allein dadurch, dass Sie an der Startlinie erscheinen, bevor Sie überhaupt einen Laufschritt getan haben. Die Antrittsgage wird von den Veranstaltern streng geheim gehalten. Verhandeln Sie gut, seien Sie ruhig selbstbewusst, vor allem, wenn Sie bereits internationale Erfolge vorweisen können. Haile Gebrselassie wurden beim Berlin-Marathon angeblich schon 350.000 Euro Antrittsgage gezahlt. Da hatte er dort allerdings schon mehrfach gewonnen, war mehrfacher Olympiasieger und Weltrekordhalter. Weltrekordinhaberin Paula Radcliffe wurde ihr Start beim New-York-Marathon schon mit einer halben Million Dollar versüßt, heißt es. Zu Hause in England ist sie der absolute Publikumsliebling, weshalb ihr der Veranstalter des London-Marathons für die Zusage von vier Starts 1,5 Millionen Euro geboten haben soll. Der Star der deutschen Marathonszene der Frauen, Sabrina Mockenhaupt, erhielt für ihren Start in Frankfurt angeblich 12.000 Euro. Meistens werden Ihnen die Antrittsprämien in einem Vertrags-Paket unterbreitet. Dazu gehört auch, dass der Veranstalter Ihnen garantiert, Hasen zu verpflichten. Das sind die Läufer, die mit Ihnen laufen und für Sie das Tempo machen, beziehungsweise kontrollieren. Den Hasen werden bei den großen Läufen Reisekosten, Spesen und zwischen 2.000 und 15.000 Euro Prämie gezahlt. Wenn Sie noch nicht bekannt sind, aber gut laufen, können Sie sich mit Ihren Bestzeiten empfehlen. Lokale Veranstalter machen dann schon mal 200 Euro locker. Gute Chancen haben Sie selbst dann, wenn Sie gar nicht schnell laufen können, der Veranstalter Sie aber wegen des Werbeeffekts an der Startlinie stehen haben will. Selbst für einen C-Promi können da durchaus 3.000 Euro drin sein. So viel soll etwa die ehemalige No-Angels-Sängerin Lucy Diakovska für Moderation und Auftritt beim Women's Run in Köln erhalten haben.

Siegprämien: Richtig lohnen werden sich Ihr Training und Ihr asketischer Lebensstil erst, wenn Sie bei den ganz großen Laufevents als Siegerin oder Sieger durchs Ziel gehen. In die Millionen-Prämienbereiche stoßen nur wenige Läufer vor: etwa Haile Gebrselassie, Paul Tergat, Patrick Makau und Paula Radcliffe. Mit etwas Abstand folgen beispielsweise Irina Mikitenko, Sabrina Mockenhaupt, Uta Pippig und Dieter Baumann. Überlegen Sie sich genau, bei welchen Rennen Sie Weltrekordversuche starten. Die Prämien sind extrem unterschiedlich. In Dubai wurde mehrmals eine Million Dollar für den Weltrekord ausgesetzt – die können Sie sich noch abholen, bislang hat das dort noch niemand geschafft. Das liegt am frühen Termin des Marathons, der vielen Topläufern nicht in die Jahresplanung passt, und am Gegenwind. Bei anderen, schnellen Strecken gibt es überhaupt keine offizielle Weltrekordsumme, selbst beim Berlin-Marathon 2011 war das so. Patrick Makau lief trotzdem Weltrekord in 2:03:38 Stunden – und ging nicht leer aus. Er bekam 90.000 Euro: die Siegprämie von 40.000 Euro und 50.000 Euro Zeitbonus. Diese Boni werden zwischen Veranstalter und Athlet individuell ausgehandelt und sehen eine Geldstaffel für die Minuten oder Sekunden vor, um die ein Läufer eine bestimmte Zeit unterbietet. Frauensiegerin Florence Kiplagat erhielt nur die 40.000 Euro Siegprämie. Generell erhalten Spitzenläuferinnen genauso hohe Prämien wie die Männer, zumindest wenn sie auf den ersten drei Plätzen eines großen Rennens landen. Ab Platz vier verdienen sie weniger als ihre Kollegen – weil es weniger weibliche Teilnehmerinnen als männliche Teilnehmer gibt und entsprechend weniger Konkurrenzdruck in der Frauenspitze herrscht. Die höchste Siegprämie einer deutschen Marathonläuferin erzielte Irina Mikitenko: Für Ihren ersten Platz in der World-Marathon-Majors-Serie, einer Kombinationswertung der Ergebnisse von Berlin-, Boston-, London-, Chicago- und New-York-Marathon, erhielt sie eine halbe Million US-Dollar – zusätzlich zu den Prämien für den Sieg der einzelnen Rennen. Dadurch steigerte sie ihren Marktwert deutlich. Anschließend sollen ihr allein als Antrittsprämie bei einem

Marathon bis zu 50.000 Euro geboten worden sein. Orientieren Sie sich also an den großen internationalen Veranstaltungen mit den hohen Preisgeldern. Siegprämien wie 150.000 Dollar in Boston oder 250.000 Dollar in Dubai können Sie sonst nirgends in weniger als zweieinhalb Stunden Laufzeit verdienen.

Die bestbezahlten Marathons der Welt

Die Angaben beziehen sich auf 2011. Zusätzlich zu diesen Summen können Sie noch Boni für das Unterbieten bestimmter Zeiten erreichen, die allerdings von Veranstaltung zu Veranstaltung sehr unterschiedlich gehandhabt werden.

	Sieg	Streckenrekord	Weltrekord
Berlin-Marathon	40.000 Euro	keine Prämie	keine Prämie*
Dubai-Marathon	250.000 Dollar	keine Prämie	1.000.000 Dollar
London-Marathon	55.000 Dollar	25.000 Dollar	125.000 Dollar
New-York-Marathon	130.000 Dollar**	60.000 Dollar	keine Prämie
Chicago-Marathon	125.000 Dollar	25.000 Dollar	50.000 Dollar
Boston-Marathon	150.000 Dollar	25.000 Dollar	50.000 Dollar

* 2012 gibt es eine Prämie von 50.000 Euro.
** Wenn Sie schon einmal dort gesiegt haben, bekommen Sie 200.000 Dollar.

Werbeeinnahmen: Hier müssen Sie eindeutig Abstriche gegenüber den großen Publikumssportarten Fußball, Tennis, Ski-Rennen und Formel 1 machen. Als Langstreckenläufer sind Sie keine Werbe-Ikone. Andererseits können Sie sich als mehr oder weniger prominenter Mensch beim Laufen gut in Szene setzen. Der Talkmaster Christian Clerici etwa lief beim Hamburg-Marathon mal in gewöhnlichen Straßenschuhen mit, wofür ihm der Hersteller eine Gage gezahlt haben soll – prompt wurde Clerici im Ziel von Fernsehjournalisten interviewt. Oder Joey Kelly – der Musiker und Extremsportler läuft zwar auch nicht besonders schnell, dafür aber viel. So erhielt er einen Werbevertrag mit einem Schuhdiscounter.

» Mit einem Laufstall Wenn Sie selbst nicht oder nicht mehr laufen, können Sie immer noch laufen lassen. In Deutschland und Europa ist eine eingeschworene Szene von Lauf-Managern unterwegs. Sie haben jeweils mehrere Athleten, meist afrikanischer Herkunft, unter Vertrag. Stellen Sie sich auf einen hart umkämpften Markt ein. Wenn Sie mitmischen wollen, fliegen Sie nach Afrika. Suchen Sie sich junge Talente. Binden Sie sie vertraglich an sich. Fliegen Sie die Athleten nach Europa ein, sorgen Sie für Unterkunft, Verpflegung und Training. Dann bringen Sie Ihre Sportler bei lukrativen Laufveranstaltungen unter, erst in Deutschland, dann europa- und schließlich weltweit. Wenn einer Ihrer Läufer gewinnt, verdienen Sie in der Regel 15 Prozent der Siegprämie. Das klingt zunächst nach wenig Geld, aber allein die kenianischen Läufer haben im Jahr 2010 schätzungsweise insgesamt mehr als acht Millionen Euro erlaufen.

» **Mit Aktien** Falls Sie Aktien von Sportartikelherstellern kaufen wollen, sollten Sie sich gut mit dem Aktienmarkt, den Unternehmen und dem internationalen Sportgeschehen auskennen. Aus Läufersicht kommen recht wenige Aktiengesellschaften in Frage. Adidas, Nike und Puma kennen Sie als Marken sicher – Under Armour, Skechers und K-Swiss sind in Deutschland noch nicht so geläufig. Aber gerade junge, aufstrebende Unternehmen wie Under Armour haben in den vergangenen Jahren ähnlich stark oder besser zugelegt als die großen Marken. Einen starken Knick im Aktienkurs hat das Krisenjahr 2009 hinterlassen – und zwar bei fast allen Sportartikelherstellern. Die Ursachen sind allerdings uneinheitlich. Die Formkurve der Aktien zeigt oft dann wieder nach oben, wenn große internationale Meisterschaften anstehen. Das war auch 2010 durch die Fußball-WM so und 2012 durch die Fußball-Europameisterschaft sowie die Olympischen Spiele in London. Große Hoffnungen werden in den Wachstumsmarkt Russland gesetzt, und auch China trägt zum Beispiel bereits gut zehn Prozent zum Adidas-Umsatz bei. Pumas Aktienkurs eiert seit der Krise 2009 auf demselben Niveau herum, obwohl der Umsatz deutlich zulegte. Skechers und K-Swiss haben bei den Börsenkursen nicht außergewöhnlich geglänzt, obwohl sie bei Laufschuhen auf niedrigem Niveau gute Erfolge erzielen. Fazit: Sichere Aktieninvestitionen sind ebenso formabhängig von der wirtschaftlichen Ausdauer der Unternehmen wie gute Laufleistungen von Ihrem Trainingszustand. Doch während Sie Ihre Formkurve relativ sicher steuern können, haben Sie keinen Einfluss auf die Werte der Unternehmen.

095 LAUFSCHUHE AUSZIEHEN

Wahrscheinlich erinnert Sie das an Ihre Kindheit, als Sie den Klassenstreber zum Spielen besucht haben. Aber es hilft nichts – an manchen Orten müssen Sie Ihre Laufschuhe ausziehen. Am Ende Ihrer Laufbahn tun Sie das für immer. Das sollten Sie stilvoll zelebrieren.

Zwischendurch in Discos, Nachtclubs und gehobeneren Restaurants; auf bestimmten Festen und Mottopartys; beim Staatsempfang; im Taj Mahal und in allen anderen Moscheen; in den Schlafräumen von Berghütten, Internaten und Ferienheimen; in den Klassenzimmern, Küchen und Aufenthaltsbereichen mancher Schulen; in Japan: in Privatwohnungen, Tempeln, Umkleidekabinen und Toiletten; beim Square Dance, Schuhplattln und Tango tanzen; an Kletterwänden; auf Segelbooten; im Labor; beim Sportreiten – im Sattel genauso wie im Sulky; bei der Sicherheitskontrolle am Flughafen, wenn die Laufschuhe verdächtig dicke Sohlen haben; auf dem Golfplatz und beim Kricket; in der Turnhalle und auf dem Tennisplatz; als Angestellter am Bankschalter, in den Büroräumen eines altbackenen Unternehmens oder als Mitarbeiter einer Anwaltskanzlei – selbst dann, wenn der Chef einen auf locker macht und verkündet, Sie dürften freitags „smart casual" angezogen erscheinen.

Für immer **Verschenken:** Falls Sie Freunde kennen, die sich überlegen, mit dem Laufen anzufangen, aber die Investition in Schuhe scheuen und Ihre Schuhgröße haben – bittesehr! **Spenden:** Die karitativen Einrichtungen Ihrer Stadt freuen sich über Schuhspenden, insbesondere auch für Sportprojekte mit sozial benachteiligten Jugendlichen, die sich solche teuren Modelle nicht leisten können. Oder für Obdachlose, die damit zwar nicht laufen, aber sehr viele Kilometer gehen können. Andere gemeinnützige Organisationen, zum Beispiel Shoe Aid, verteilen Ihre Schuhe kostenlos in Afrika. **Versteigern:** Über die Verkaufsplattformen im Internet erhalten Sie vielleicht noch ein paar Euro für Ihre ausgemusterten Modelle. Für manche Sammlerstücke zahlen Liebhaber in den USA und Japan bis zu 1.000 Euro: unter anderem für den Adidas Micropacer (Baujahr 1984, am besten noch mit der damals beigelegten Floppy-Disc), den Adidas Torsion ZX 8000 (1987), den Reebok Pump Fury (1994), die Erstserie des Nike Shox (2001). Der Fußballer Kevin Prince Boateng ersteigerte im September 2011 bei Ebay ein Paar Mag 2011 von Nike für 15.000 Euro. Es handelte sich um eine PR-Aktion mit einer limitierten Auflage eines Schuhmodells mit beleuchteter Zwischensohle. Wenige Wochen später sackte der Preis bereits in den Keller. Die Mag 2011, die der Hersteller explizit nicht zum Sporteinsatz empfiehlt, gibt es jetzt schon für 3.500 Euro. **Ins Museum stellen:** Der Grünen-Politiker und spätere Marathonläufer Joschka Fischer sorgte 1985 für einen Eklat, als er zu seiner Vereidigung als hessischer Umweltminister in weißen Nike-Turnschuhen erschien. Er hatte die lässige Provokation lange geplant und trug die Turnschuhe nur zu diesem einen Anlass. Heute kann man die wie neu aussehenden Teile im Ledermuseum Offenbach bestaunen. Auch das Deutsche Sport- und Olympiamuseum in Köln stellt Laufschuhe aus. Fragen Sie doch mal

Museumsstücke: Joschka Fischers Turnschuhe

nach, ob Ihre alten Treter genügend historische Bedeutung haben, um als Exponate in Frage zu kommen. **Kompostieren:** Laufen ist umweltfreundlich, aber Laufschuhe sind es nicht. Bei ihrer Herstellung fallen Umweltgifte an. Insbesondere die verwendeten Kunststoffschäume sind problematisch. Der Kunststoff Ethylenvinylacetat (EVA), der für die Mittelsohlen verwendet wird, braucht 1.000 Jahre, um auf einer Müllkippe zu verrotten. Ihre alten Laufschuhe sind also im Grunde genommen Sondermüll. Wenn Sie die Schuhe allerdings in die Haustonne werfen, werden sie in der Regel verbrannt, nicht auf einer Mülldeponie abgeladen. Deshalb ist das Kompostieren von Laufschuhen eigentlich kein Thema in Deutschland. Manche Hersteller werben dennoch mit biologisch abbaubaren Zwischensohlen. Die brauchen dann nur noch 20 Jahre, um sich zu zersetzen. **An den Nagel hängen:** Schmücken Sie Ihr Wohnzimmer mit Ihren Lieblingslaufschuhen. Schreiben Sie mit Benzinstift die Bestzeiten drauf, die Sie mit ihnen gelaufen sind. Rücken Sie einen bequemen Sessel darunter. Zünden Sie sich eine Zigarre an. Träumen Sie von glorreichen Zeiten.

DANK AN UNSERE LAUFPARTNER

Falls wir uns an irgendeiner Stelle verlaufen haben sollten oder über das Ziel hinausgeschossen sind, ist das allein unsere Schuld. Ohne die Auskünfte vieler Experten wäre dieses Buch jedoch nie zustande gekommen. Und dafür möchten wir uns bedanken.

Hendrik Auf'mkolk, Initiator der Spendenaktion „Run4Haiti", für sein Wissen darüber, wie man ein großes Herz zeigt. *Harald Bajohr,* Journalist und Ultraläufer aus vollem Herzen, für seine Durchhalte-Tipps, unabhängig vom Lauftempo. *Gregor Baldrich* vom Deutschen Sport- und Olympiamuseum, dank dem wir unsere Urkunden jetzt sogar für unsere Ur-Ur-Enkel aufheben können. *Simon Bartold,* Podologe und Laufschuhentwickler, der uns erklären konnte, warum es kein unnatürliches Laufen gibt. *Dieter Baumann,* 5.000-Meter-Olympiasieger, der uns sein Spätzle-Rezept verriet und es geschafft hat, dass wir uns vornehmen, ein Leben lang zu laufen und auch unsere Kinder zum Laufen zu bringen. *Verena Bentele,* zwölffache Paralympicssiegerin, die uns die Augen öffnete für die Welt blinder Läufer. *Siegfried Breitenbach,* ehemaliger Physiotherapeut der deutschen Triathlonnationalmannschaft, der die besten Tape-Muster auf Knie kleben kann. *Elena Buchholz,* Läuferin und Medizinerin, für erste Hilfe bei der Frage, ob man sich einen rostigen Nagel aus dem Fuß ziehen darf oder drin lassen muss, bis der Arzt kommt. *Natalie Buchholz,* für extreme Ultra-Unterstützung und lange, inspirierende Läufe. *Thomas Dold,* Treppenläufer, der unser Wissen in Sachen Turmläufe eine Stufe höher brachte. *Daniel Eilers,* Jurist mit Ausdauer, für seine rechtliche Expertise für den Fall, dass man auf einen Hund tritt. *Matthias Essers,* Parcouring-Weltmeister, der uns die elegante Flanke über Motorhauben beibrachte und uns einige Denkhürden für das Geradeauslaufen nahm. *Dieter Eßfeld* von der Deutschen Sporthochschule, für die Anleitung zum richtigen Trinken. *Elk Franke,* Professor für Sportpädagogik und Sportphilosophie, für seine Lehren zum ethischen Verhalten. *Ian Fieggen,* international anerkannter Fachmann für Schuhschnürungen, der uns geduldig die perfekte Schleife erklärte. *Jürgen Wasim Frembgen,* Ethnologe und Orientexperte, für viel Verständnis in der Begegnung mit anderen Kulturen. *Karl-Eugen Friedrich* vom Bundesverband der Juweliere, der uns erklärte, wie man sich als Läufer am besten schmückt. *Ingo Froböse,* Deutsche Sporthochschule, für Hilfe beim Strümpfe anziehen. *Haile Gebrselassie,* 27-facher Weltrekordler, *Ulrike Maisch,* Marathon-Europameisterin, und *Patrick Makau,* Marathon-Weltrekordler, für ihr weises

Verständnis für die dumme Frage, wann sie mit dem Rauchen beginnen würden. **Peter Genz,** Vorsitzender des 100 Marathon Clubs, für die Einführung ins Marathonsammeln. **Norbert Gloor** von der Interessengemeinschaft Rauhwollige Pommersche Landschafe, der als einziger Experte die Höchstgeschwindigkeit ausgewachsener Schafböcke im geschorenen Zustand schätzen konnte. ***Björn Grass,*** Laufreisender, für das Nachzählen seiner nur scheinbar unzähligen Laufrunden auf den Kreuzfahrtschiffen dieser Erde. ***Hedi Grunewald,*** Ernährungs-Expertin, die unter anderem wusste, wie lange Grünkohl im Magen liegt. ***Willi Heepe,*** Deutschlands bekanntester Marathon-Arzt, für seine warmherzigen Hinweise zum Läuferherz. ***Eric Hegmann,*** Single-Coach und Online-Dating-Experte, der sich mit Laufen und Lieben auskennt. ***Roger Hofmann,*** Sportmediziner, der uns von Marathonsitzungen in der Sauna abriet. ***Asker Jeukendrup,*** Ernährungsexperte der Universität von Manchester, der zahlreiche Tests zur Frage durchgeführt hat, wie viel man beim Laufen essen kann, ohne sich übergeben zu müssen. ***Martl Jung,*** der uns mit packenden Schilderungen barfuß über die Alpen mitgenommen hat. ***Marius Keussen,*** Pferdezahnarzt, der uns alle seine Tattoos gezeigt und deren Bezug zum Laufen erklärt hat. ***Andre Kriwet,*** Laufschuhentwickler, der uns erklärte, wie man einen Laufschuh baut. ***Nancy Landgrabe*** für ihre Motivation und ihre ungeschminkten Tipps. ***Rune Larsson,*** schwedischer Ultraläufer, der bei seinem Solo-Lauf quer durch die USA die Schiebetechnik seines Babyjoggers perfektioniert hat – und uns an diesem Wissen teilhaben ließ. ***Peter Lemke,*** Läufer, Landwirt und Deichgraf, für seine überlebenswichtigen Tipps im Umgang mit angriffslustigen Rindviechern. ***Rino Mathis,*** Poker-Profi aus der Schweiz, der uns in nicht nur in die Karten, sondern auch in die Augen der Pokerspieler blicken ließ. ***Marion Meyer,*** die das Konzept dieses Buches mitentwickelt und einzelne Kapitel bei gemeinsamen, morgendlichen Laufrunden auf ihre Praxistauglichkeit überprüft hat. ***Mark Milde,*** Renndirektor des Berlin-Marathons, der als einziger offen darüber sprach, wie man mit Laufen richtig Geld verdient. ***Anke Molkenthin,*** Ultraläuferin und Reiseveranstalterin, für ihre Ratschläge zum Durchqueren einer Wüste. ***Rainer Müller,*** Technische Universität Braunschweig, der extra eine Formel zum Schmucktragen für uns aufgestellt hat. ***Andreas Nieß,*** Universität Tübingen, für seine umfangreiche Expertise zu den verrücktesten Fragen rund um die Gesundheit, speziell zum Abnehmen und zu Bauchschmerzen. ***Benno M. Nigg,*** Physiker, Biomechaniker und Laufschuhentwickler, der für uns Sinn und Unsinn des Barfußlaufens abwog. ***Sonja von Opel,*** Personal Trainerin, für ihren professionellen Rückhalt und die Expertise, wie Schminke hält, auch wenn man beim Marathon-Zieleinlauf weinen muss. ***Roland Ott,*** sportlicher Bäckermeister, für seine praxisnahen Tipps zum Semmeltransport beim Laufen. ***Elisabeth Pohlhammer,*** Physiotherapeutin, für ihre enorme praktische Erfahrung mit Läuferbeschwerden, außerdem für kühlende Topfenumschläge und Zauberhände beim Transalpine Run. **Dominik Prantl,** Bergfex, fürs Lauf-ABC. **Paula Radcliffe,** Marathon-Weltrekordlerin, für ihre Tipps zum Laufen im Allgemeinen und in speziellen Lebenslagen, zum Beispiel in der Schwangerschaft. **Nissa Ole Rinyaga,** Massai, Ranger im Lewa Wildlife Conservancy in Kenia, der schon mehrmals schnell entscheiden musste, ob er vor wilden Tieren weglaufen oder lieber etwas anderes unternehmen sollte. **Roger Robinson,** Läufer, Literaturwissenschaftler und Laufexperte, der vielen Lauflegenden näher kam als irgendjemand sonst – und sie uns näher brachte. **Bill Rodgers,** Marathon-Legende, wegen dem wir beim Laufen jetzt nur noch mit Handschuhen anzutreffen sind. **Kai Röcker,** Universität Freiburg, der ein wandelndes Lexikon ist, wenn es um die physiologischen Vorgänge beim Ausdauersport geht. **F.-Michael Sadre Chirazi-Stark,** Psychiater, für sein Wissen über Burnout und den Segen der Bewegung. **Peter Schlickenrieder,** früherer Weltklasse-Langläufer und Abenteurer, für seine Erkenntnisse darüber, wie man auch im Winter in der Spur bleibt. **Ali Schneider,** seit 25 Jahren Veranstalter von Marathonreisen, der uns erklärt hat, wie weit ein Läufer in fremden Kulturen gehen kann. **Bertram Seydell,** Strömungstechniker, der für uns berechnete, wie viel Energie bei der Nasenatmung flöten geht. **Martyn Shorten,** Laufschuhentwickler, Biomechaniker mit eigenem Forschungslabor und Feinschmecker, der uns erklärte, wie man die Komponenten zur Herstellung von Schuhsohlen sowie Waffelteig zusammenrührt – und was das miteinander zu tun hat. **Willibald Spatz und Henry Bellosa,** Naturwissenschaftler, die sich schon allein aus Liebe zu ihren Reptilien mit dem Nährwert von Insekten auskennen. **Billy Sperlich,** Sportwissenschaftler, der uns genau erklärte, wie die Luft in die Lunge kommt, was sie da macht und wie sie wieder rauskommt. **Uli Spindler,** Bekleidungs-Techniker von der Firma Gore, für die Einführung in die Schwitzzonen des Menschen. **Linda Stahl,** Speerwurf-Europameisterin, für ihre Tipps zum Loslassen im richtigen Moment. **Thomas Steffens,** Laufjournalist der ersten Stunde und Multiplikator in der deutschen Laufszene, der hinter sehr vielem von unserem Läuferwissen steht. **Peter Stein,** Läufer, der am liebsten oben und unten ohne läuft. **Sabine Sternagel-Böttger,** die uns unterwegs über einige besonders fiese Stolperstellen geholfen hat. **Kathrine Switzer,** Lauf-Pionierin und erste Siegerin des Boston-Marathons, für ihre anschaulichen Erzählungen und dafür, dass sie durch ihr läuferisches Werk Türen mit dicken Vorhängeschlössern aufgestoßen hat. **Michael Veith,** Tierarzt, der uns beim Wiederbeleben eines Kampfhundes zur Seite stand. **Beat Villiger,** Swiss Olympic Medical Center Bad Ragaz, der untersuchte, was Freizeitläufer so alles schlucken, damit sie über sich hinauswachsen. **Udo Walz,** Friseur, der sich anfangs sehr über unsere Bitte gewundert hat, etwas zum

Thema Laufen zu sagen – und trotzdem mitmachte. **Thorsten Wanzek,** Experte für Holz- und Stahlbau, dank dessen Expertise wir uns nicht mehr vor negativen Schwingungen bei Brückenläufen fürchten. **Arthur Webb,** Ultraläufer, von dem wir erfuhren, wie man bei 50 Grad Hitze noch laufen kann. **Thomas Wessinghage,** Europameister und Deutschlands populärster Laufdoktor, für sein umfangreiches Wissen zu Cellulite, Fettrollen, Arthrose, Massage und Einlagen undundund. **Ruben Jonathan Wiethüchter,** Fitnesstrainier und Tänzer an der Bayerischen Staatsoper, der mit uns den Spagat wagte. **David Wilchfort,** Arzt und Paartherapeut, für Hinweise zum erfolgreichen Paarlauf. **Sascha Wingenfeld,** Lauf- und Triathlon-Coach, der uns erklärte, dass Lungenvolumen nicht alles ist. **Denis Wischniewski,** Laufjournalist und Trailläufer, der uns für das Laufen in der Arktis erwärmte. **Jonathan Wyatt,** sechsfacher Berglaufweltmeister, der uns erklärte, was die Armhaltung mit der Beinarbeit beim Laufen zu tun hat. **Günter Zahn,** Lauftrainer und Entzünder des Olympischen Feuers 1974, der uns die Fackel hielt.

REGISTER

Aaken, Ernst van	074, 122
Abnehmen	203, 210, 247
Achillessehne	367, 374
Ackergaul	298
Adrenalin	012, 041, 268
aerob	034, 133
Alexander-Technik	374
Alkohol	042, 231, 283
Al-Sultan, Faris	053
Altersklasse	315
American Staffordshire Terrier	284
Amphetamine	216
anaerob	034, 133, 186
Antrittsgeld	376
Aquajogging	234, 289, 363
Aretz, Achim	060, 375
Arthrose	265 f., 309

Asphalt	331, 354, 356
Aspirin	216, 219
Atemvolumen	111, 267
Auf'mkolk, Hendrik	114
Aufwärmen	048, 282, 295
Babyjogger	131, 182
Badwater	141, 157, 191
Ballerina-Knoten	067
Banister, Eric	205
Barfußlaufen	076, 114, 127, 140, 288, 324, 328, 330, 355, 367
Bauchschmerzen	236
Baumann, Dieter	017, 039, 090, 150, 184, 223
Behinderung	057, 314, 334
Beinfreiheit	208, 302 ff.
Bentele, Verena	044, 099
Bergläufe	058, 175
Berlin-Marathon	046, 135, 149, 319, 334, 376, 378
Bewegungskontrollschuhe	337
Bierkistenrennen	181 f.
Bikila, Abebe	323
Bluthochdruck	026, 079, 107, 230, 269
Boston-Marathon	043, 110, 122, 138, 178, 255, 320, 324, 361, 378
Bowerman, Bill	347
Brustwarzen	021, 024, 103, 160, 214
Burfoot, Amby	043, 138
Cannabis	216
Cellulite	026, 207
Cheese Race	200
Cholesterin	107, 209
Coffein	219, 232, 240
Copacabana	063, 169
Cortisol	012, 268
Dackel	022, 024
Dämpfung	076, 328, 335, 352
Daniels, Jack	031

Dehnen	291
Depressionen	013, 079
Diabetes	209, 232, 269
Dörrenbächer, Werner	255
Dold, Thomas	060, 286, 375
Doping	018, 026, 215, 261
Dreitage-Bart	067
Drosophila	087
Durchblutung	054, 083, 134, 142, 291 ff., 300, 307, 309, 368
Durst	229
Einlagen	364
Eisbäder	293
Eiweiß	237
Elbtunnel-Marathon	061
Endorphine	035, 207, 246 f.
Energiegel	086, 249, 301
Energiegetränk	236, 249
Energiespeicher	035, 207, 246 f., 249, 303
Energieverbrauch	190, 205, 210, 249
EPO	216
Erholung	290
Ermüdungsbruch	022, 185
Erschöpfung	013, 035, 207
Ethylenvinylacetat (EVA)	352, 366, 381
Fett	203 f., 246 f., 273
Fettleibigkeit	183
Fettstoffwechsel	133
Finisher	022, 176 ff., 191 f.
Finnenbahn	355
Fischer, Joschka	076, 381
Fitness-Studio	362
Fitschen, Jan	097, 099
Fiz, Martin	110
FKK	271
Flip-Flops	372

Flirt	117
Flüssigkeit	137, 142, 228 ff., 236, 260, 300
Frauenläufe	125, 320
Frauentragen	128
Frisur	065
Funktionsbekleidung	143 ff., 264 f.
Fußnägelkette	191
Fußpflege	140
Fußtypen	343
Galloway, Jeff	075
Gay Games	126
Gebrselassie, Haile	090, 110, 374
Gehirnjogging	016
Genusslauf	199
Geruch	139, 147, 364
Gleichberechtigung	085, 122, 322
Gleitmittel	264
Glykogen	231, 246
Gourmet-Marathon	200
GPS	022, 155
Grace-Kelly-Banane	067
Graham, John	106
Greif, Peter	076
Grußgesten	166
Guangdong	346
Guru-Matte	068
Hamburger	221
Handschuhe	300
Harrer, Corinna	110
Hasen	376
Hayward Field	347
Hegmann, Eric	118
Heinz, Pius	054
Herzfrequenz	132
Herzinfarkt	134

Herz-Kreislauf-System / -Belastung	142, 150, 334
Herzvolumen	113
High-Heels	127
Hildenbrand, Klaus-Peter	148
Hill, Ron	324
Höhentraining	217
Honolulu-Marathon	057, 075
Hormone	012, 216, 233, 235, 268
Huaraches	346
Huflattich	257
Hunde	277, 284
Hungerast	246
Ian-Knoten	359
Isotonie	023
Jogger	023, 091, 189
Jubelposen	176
Justus, Steffen	110
Juvenal	017
Käserennen	200
Käsespätzle	227
Kaffee	137, 216, 232
Kaiserschmarrn	202, 210, 221, 226
Kalorien	026, 203 f., 246 f.
Kampfhund	284
Kastanie	256
Kater	283
Katze	283
Kenianer	150, 222, 325
Kies	356
Kleiderbeutel	064
Klo	048, 252 f.
Knastmarathon	061
Knight, Phil	348
Körperpflege	140
Kohlenhydrate	023, 204, 212 f., 231, 246 f.

Kompostieren	381
Kompressionsstrumpf	300, 329
Konkurrenten	055, 068, 131, 178, 260, 287
Kopfschmerztablette	020
Kouros, Yiannis	042
Krafttraining	128, 186
Kreuz	152, 187
Kreuzknoten	359
Kriegsbemalung	070
Labradoodle	281
Läuferdreieck	171
Läuferknie	306
Läuferschmuck	191
Laktat	023, 132, 283, 291
Larson, Rune	043
Laufguru	031, 074 f., 373
Laufschuhe	027, 245, 328, 335 f.
Laufstall	378
Lebensläufer	040, 322
Lebenspartner	012, 050, 063, 129
Liebe	117 f., 266 f., 350
Lightweight Trainer	214, 337
Loroupe, Tegla	255, 322
Lunge, Lars und Ulf	349
Lungenvolumen	111, 149
Maisch, Ulrike	110, 234
Makau, Patrick	110, 151, 377
Make-up	069
Mann mit dem Hammer	022, 133, 248
Marathon des Sables	023, 155, 191
Marquardt, Matthias	076, 374
Medikamente	020, 159, 215 f., 270
Melpomene	320
Menstruation	239
Mikitenko, Irina	059, 235, 261, 377

Milch	200, 210, 235, 349
Mineralien	023, 141, 249
Minimalschuhe	329, 338, 356, 372
Ministry of Silly Walks	373
Mitläufer	030, 044, 055, 148, 179, 254
Mitternachtslauf	201
Mockenhaupt, Sabrina	099, 261, 376
München-Marathon	123, 129
Mütze	072, 093, 293
Mundatmung	082
Musik	094 f.
Nackt laufen	106, 169, 271 f.
Nahrung	014, 168, 203, 222, 230, 237, 246 f.
Nasenatmung	081
Nasenbluten	054
Nasenpflaster	083
Natural Running	374
Neandertaler	012
Nervosität	053
Neutralschuh	337
New York	046, 056, 058, 060, 073, 076, 090, 098, 123, 126, 149, 161, 286, 313, 319 f., 376 ff.
Niederlage	038
Nike	347, 352, 379 f.
Nordic Walker	023, 210
Nordpolmarathon	023
Nordseelauf	288, 362
Notlüge	021
Nudeln	210, 212, 357
Oben ohne	106, 170
Obst	064, 200
Öl	226, 293, 349
Östrogen	239
Ohrstöpsel	091 f.
Olympische Spiele	024, 161 f., 180, 214, 220, 224, 272, 312 ff., 320 ff., 379
Online-Dating	118

Orks	374
Orsippos von Megaron	272
Paarlauf	130
Parcouring	093, 180
Park	024, 354
Parkhaus	061, 362
Party	063, 202, 212 ff.
Passanten	019, 052, 084
Patellofemorales Schmerzsyndrom (PFPS)	306
Pause	238, 290, 368 f.
Pferdeschwanz	066
Pflaster	102
Pheidippides	024, 214
Pinkel-Matrix	252
Pinole	222
Pippig, Uta	178, 255
Pistorius, Oscar	195, 333
Po	273
Pokerface	054
Pommes	210, 221
Portemonnaie	175, 340
Pose-Methode	374
Prämien	376 ff.
Prefontaine, Steve	068, 089, 325
Pronation	276, 337, 368
Prothese	195, 333
Pumps	126, 336
Pupsen	020
Puste	051, 111, 119
Quälen	205, 254
Qualifikation	046, 313
Quark	200, 308
Quatsch	023 f.
Querschläger	242
Radcliffe, Paula	053, 234, 254, 293, 300, 373, 376

Radiergummi	206
Rarámuri	151
Rasieren	067 f., 265
Rauchen	106 ff.
Rauhwoller	299
Regen	124, 143, 362
Reha	234, 266, 289
Reiben	077 f., 102, 264
Rekorde	024, 045, 059 f., 126, 149, 198, 235, 255, 260, 297, 304, 375 ff.
Renntaktik	049 ff., 287
Rhabarber	256
Rhythmus	182, 232, 287
Rift Valley	024
Rocky	089, 094, 098, 145
Rodgers, Bill	110, 192, 214, 361, 385
Rollstuhl	315, 324, 334
Rono, Henry	325
Rubenbauer, Gerd	090
Rückwärtslauf	059 f., 375
Ruhestoffwechsel	269, 290, 307, 368 f.
Ruhetag	031 ff., 265, 290, 307
Run4Haiti	114
Sächsische Schweiz	332
Sauerstoff	015
Sauna	141 f., 189, 271, 294
Schabernack	312
Schafbock	299
Schaumstoffnudel	363
Scheel, Walter	015
Schienbeinschmerzen	055, 288
Schildkrötenblut	223
Schlafstörungen	013, 268
Schlangenbiss-Set	156, 158
Schleife binden	357
Schleimhäute	081

Schlick	288, 362
Schlupf	356
Schlurfer	079
Schmerzgrenze	291, 296
Schmerzmittel	158, 215 f.
schnäuzen	084
Schneeketten	157
Schnürung	357 ff.
Schuhtick	345
Schwan	298
Schwarzbär	299
Schwerkraft	234, 273, 289
Schwimmen	068, 108, 113, 210, 236, 243, 307, 349
Schwimmnudel	290
Schwindel	057
Schwitzen	051, 069, 071 f., 093, 103, 130, 136 f.
Sehkraft	079
Sehnenentzündung	367
Semmeltüte	173
Seneca	017
Sex	125, 211, 216, 266 ff.
Shirt	102, 146 f., 159 ff., 170, 272
Shorter, Frank	312
Sicherheitsnadel	159 f.
Simon, Lidia	110
Singapur	123, 287, 363
Single	118, 120
Sitzball	307
Skalpell	155
Socken	140, 156, 288, 300, 340, 370
Sonnenschutz	141, 192
Spätzle	222 f.
Spagat	295 ff.
Speisewagen	303
Sport-BH	104

Sportlerherz	113 f.
Sportler-Snack	303
Spreewald-Gurke	191
Sprengung	372
Sprint	048, 090, 097, 126 f., 129, 289, 373
Sprücheklopfer	019, 051
Sprungfedern	333
Spucken	083 ff., 363
Spurenleser	342
Stadion	186, 347, 357
Startnummer	159 f.
Steffny, Herbert	076
Steffny, Manfred	076
Steidl, Uli	110
Steigerungsläufe	363
Steinzeitmensch	013 f.
Stier	299
Stiletto-Run	126
Stilfrage	020
Stinkefinger	019
Stoffwechsel	014, 034, 048, 133, 207, 219, 236, 246, 248
Stoppelfeld	331
Stoßdämpfer	265, 353
Straßenlauf	123, 148, 186, 245
Straßenwettkampf	021
Strauß	298
Stress	012 f.
Stretching	048, 291 f., 302
Superkompensation	290
Superman	060
Switzer, Kathrine	022, 125, 320
Tahiti-Muschel	191
Tal des Todes	157 f.
Tape	155, 158
Tarahumara	151, 222, 345 f.

Tempo	021, 029 f.
Tempodauerlauf	032
Tempohärte	034
Tempo machen	045
Temposteigerung	037
Theorie	328
Thermodynamik	082
Thermosocken	157
Toilettenpapier	256
Tour de France	177, 225
Trail	024, 055, 123, 245, 277, 338, 355, 361
Training	029 ff., 047, 075 f., 086, 097, 107, 113, 124 f., 132 ff., 136 f., 150 f., 174, 184 ff., 203, 205 ff., 219, 234 f., 239, 246 ff., 260, 268 f., 281, 286 ff., 334, 367 f.
Trainingsplan	076, 150, 265, 290
Trainingsreiz	260, 290
Trainingstempo	033
Transalpine Run	023, 059, 154, 191, 194, 214, 363
Trelawny	220, 226
Treppenläufe	057 f., 094
Triathlon	075, 110, 118, 384
Trickspiel	312
Triumph	090, 111
Türme	057 f.
Überpronation	276, 337, 368
Ugali	222
Uhr	008, 022, 030, 039, 049
Ultra-Trail du Mont-Blanc	023, 194, 214
Urethan	347 f., 352
UV-Schutz	158
Vaseline	024
Viagra	269
Vulkangestein	332
Wackelbrett	307
Wade	273, 277, 288, 291 f., 305, 377
Waffeleisen	347 f.

Waldboden	332
Waldlauf	302, 360
Waldniel	074, 122, 178
Walz, Udo	008, 066 f.
Werbeeinnahmen	378
Wessinghage, Thomas	076
Wildschwein	298
Wimmer, Robert	077
Windchill Chart	143 f.
Wissenschaft	016, 023, 040 f., 072, 094 f., 107, 112, 114, 150, 162, 182, 206, 222, 224, 229, 232, 266 f., 270, 292, 300, 306, 308, 329
Wolf	298
Wunder	880
Wundscheuern	024, 264 f., 272
Wurzeln	244, 332
Wyatt, Jonathan	221
X-Beine	276
Yams	220, 226
Y-Chromosom	024
Yukon Arctic Ultra (YAU)	023
Zahnfleisch	024
Zamperl	354
Zehennägel	369 f.
Zehenschutz	338
Zehenwinkel	340, 343, 373
Zeitumstellung	303
Zickzackläufer	022
Ziellinie	022, 067, 090, 097, 125, 148, 177 f., 312
Zigarette	106 ff.
Zigarre	110, 381
Zivilisationskrankheiten	015, 079, 107
Zugläufer	303
Zugspitze	059, 191 f., 331
Zwischensohle	335, 351 f., 366, 381
Zwischenzeit	063

AUTOREN

von links: Urs Weber,
Martin Grüning, Jochen Temsch
© Alessandra Schellnegger

Martin Grüning gehörte mit seiner Marathon-Bestzeit von 2:13:30 Stunden zu den besten deutschen Marathonläufern der 80er und 90er Jahre. Der Laufexperte ist auch heute noch täglich in Laufschuhen unterwegs und bei diversen Laufveranstaltungen von zehn bis 100 Kilometern am Start. Er hat an der Universität Köln seinen Magister in Geschichte und Germanistik gemacht und ist seit 19 Jahren stellvertretender Chefredakteur der deutschen Ausgabe des größten Laufmagazins der Welt Runner's World. Er hat inzwischen unter anderem elf Fachbücher zum Thema Laufen verfasst und gibt sein Wissen regelmäßig auch in Vorträgen und Seminaren weiter.

Jochen Temsch leitet den Reiseteil der Süddeutschen Zeitung. Er ist im Schwäbischen geboren, gelangte aber trotzdem bereits in früher Jugend an Orte, an denen nicht einmal mehr Hochdeutsch gesprochen wurde. Unter anderem durchquerte er Skandinavien mit einem schrottreifen Wohnwagen und befuhr die Südsee auf einem Frachtschiff. Als passionierter Freizeitläufer ist er am liebsten in den Bergen unterwegs. Zu seinen schönsten Läufen und Ultraläufen zählt er Alpenüberquerungen, ein 100-Meilen-Rennen durch den Himalaya und einen Marathon auf der Chinesischen Mauer. Von ihm ist außerdem das „Reisebuch" in der Süddeutschen Zeitung Edition erschienen.

Urs Weber ist Redakteur bei der deutschen Ausgabe von Runner's World. Hier verbindet der Spezialist für Ausrüstungsfragen Hobby und Beruf, denn er läuft seit seiner Jugend regelmäßig. Neben den Metropolen sucht er sich immer wieder gerne neue Orte zum Laufen, wie das Himalaya-Gebirge, die Südsee oder den nördlichen Polarkreis. So hat er zahlreiche Marathons erlebt. Gleichzeitig reizt ihn der Ausflug in andere Disziplinen, ob zur Alpenüberquerung, zum Ironman-Triathlon, zum Skilanglauf oder um in einem selbstgebastelten U-Boot mit Pedalantrieb die warmen Gewässer der Florida Keys zu erkunden.

IMPRESSUM

© Süddeutsche Zeitung GmbH, München für die Süddeutsche Zeitung Edition 2012

Ein Buch von
Martin Grüning, Jochen Temsch und Urs Weber

Gestaltung
Nina Hardwig und Philipp von Keisenberg

Illustrationen
Michael Matthias und Alex Zoebisch

Projektleitung
Marion Meyer und Sabine Sternagel-Böttger

Herstellung
Herbert Schiffers und Hermann Weixler

Druck und Bindearbeiten
CPI – Ebner & Spiegel, Ulm

2. Auflage
Printed in Germany
ISBN: 978-3-86615-974-7

Alle hier versammelten Informationen und Preise wurden im Sommer 2012 mit der größtmöglichen Sorgfalt zusammengetragen, gefiltert und geprüft. Für die Richtigkeit aller Angaben kann dennoch keine Gewähr übernommen werden.

Lauflogbuch
Neu im Angebot der Süddeutschen Zeitung Edition
192 Seiten | 9,90 € | 978-3-86497-079-5

Laufen ist die schönste Form der Bewegung – und mit dem Lauflogbuch haben Sie noch mehr Spaß daran. Hier dokumentieren Sie Ihre Trainingsrunden, Ihre Fortschritte und Erfolge.

Praktische Wochen- und Jahresübersichten mit ausreichend Platz für persönliche Bemerkungen motivieren Sie. Umfangreiche Trainingstipps helfen Ihnen, das Beste aus sich herauszuholen.